古文字与古文献论集 續編

郭永秉 著

出土文獻與古文字研究叢書

上海古籍出版社

圖書在版編目(CIP)數據

古文字與古文獻論集續編 / 郭永秉著. —上海：上海古籍出版社，2019. 8
ISBN 978-7-5325-9297-5

Ⅰ. ①古… Ⅱ. ①郭… Ⅲ. ①漢字—古文字學—文集 ②古文獻學—中國—文集 Ⅳ. ①H121-53②G256. 1-53

中國版本圖書館 CIP 數據核字(2019)第 155904 號

出土文獻與古文字研究叢書
古文字與古文獻論集續編
郭永秉 著
上海古籍出版社出版發行
（上海瑞金二路 272 號 郵政編碼 200020）
（1）網址：www. guji. com. cn
（2）E-mail：guji1@guji. com. cn
（3）易文網網址：www. ewen. co
常熟新驊印刷有限公司印刷
開本 700×970 1/16 印張 29 插頁 2 字數 561,000
2019 年 8 月第 1 版 2019 年 8 月第 1 次印刷
ISBN 978-7-5325-9297-5
H·214 定價：98. 00 元
如有質量問題，請與承印公司聯繫

序

永秉兄將出第二本論文集，遠道來信索序，且許以一年，這點教我感動。平常友朋命序，則多如年關催債，這在並不善作此類文字的我，自是窘迫莫名。

永秉的文章，多數我都讀過，有些還是承他惠示初稿而得以先睹爲快。他文章的好壞，讀者自有判斷，我無需在此饒舌。這裏我只想表達兩點願望：一是關於作序，一是關於治學。既是對永秉的希望，也是自勉。

書成請人作序，是很常見的事情。不過也有勸人不要這麽做的，我印象最深的，是 1945 年洪業(煨蓮)先生回復侯仁之的一信：

> 仁之賢弟如晤：廿餘年來，友好以著作來命作序文者，無慮數十起，業輒遜謝，弗敢執筆。就中唯憶《太平天國起義記》譯本，因原書板本源流宜有叙述，遂增改簡君序文以爲之，仍用簡君名(案：即譯者簡又文)，不署業名。蓋少年時，曾讀《遜志齋集·答閔鄉葉教諭書》"文當無待於外，序實無益於書"之論，深感正學先生之言有理，因自立志，吾讀書但恐無成，倘博觀約取，厚積薄發，而能有述作，當不求人爲序。又推"己所不欲，勿施於人"之意，亦不敢爲朋友文字作序耳。古代序文之流傳至今者，如《易》之序卦，《詩》、《書》之小序，《淮南》之要略，《史記》之自序，劉向之《叙録》、《書録》，班固之《漢書叙傳》，許慎之《説文序》，應劭之《風俗通義序》，趙岐之《孟子題辭》，何休之《公羊解詁序》之屬，雖其名稱間有異同，雖其或殿書後，或弁篇前，體例微殊；雖其或僅爲目録綱要，或僅注意校讎完闕；或復縱論古

今著述，或並兼道家人身世；亦自不必一律。然其有一貫相同者，一端則自己之著作，自己爲之序。其爲昔人之著作，亦必以己爲校訂注釋之故，而爲之序是已。未見有書成自我，序出友朋，借彼吹嘘，發此幽潛者也。《世説·文學篇》言左思《三都賦》成時，時人互有譏訾，追求詢於皇甫謐，得謐爲作序，然後先相非貳者，莫不斂衽而贊述。然此由漢末黨人標榜之習已興，魏晉文士品藻之風更劇，已不足爲尚矣。且《文選》所載，左賦固有自序，簡而有致亦自佳；士安之序，則離居他卷，蛇足之累，反相形見絀者也。唐宋已後，此風尤甚。降及近代，且弊端百出，或達官貴人假手門客，虚炫提倡風雅之功，或文豪名士姑徇俗宜，慣作模棱敷衍之辭。病之輕者，徒滋譏笑；患之大者，竟啓禍讎。甚矣，此風之不可不革也。業於仁之豈吝數行序文，顧自愧學問文章之妄以傳授仁之者都無足道，唯鏗鏗小人之心可以自布於仁之之前，而敢信仁之必不我怪耳。抑亦欲仁之自序其著作，文章千古事，得失寸心知，不特不復别求序文，且使世之名貴雖欲爲仁之文字作序而將不可得也，不亦快哉！……（《燕京學報》新二期，1996年，第418～420頁）

洪先生到底是大家，他的理由教你不能不服。他七十年前所批評的風氣，雖不敢説"於今爲烈"，但仍有其市場。我希望永秉在讀過此信後，將來也能"自序其著作"而"不復别求序文"；而我自已也能在鼓吹了洪信之後，從此不再爲人寫序。這是我的第一個願望。

關於治學，我想説的也很簡單。年輕學人常會糾結於治學格局之類的問題。馬雲在成爲中國首富後，他説過的話，便在網上瘋傳，最近我無意中看到他説過這樣的話：

做企業贏在細節，輸在格局。細節好的人格局一般都差，格局好的人從來不重細節，兩個都幹好，那叫太有才。

其實不僅做企業如此，做學術也是一樣。細節和格局兩個都做好當然是好事。但人之性格天賦,壽數有限,真能兩者兼顧,且都做得出色的人,恐怕是少之又少。因此,我以爲能隨了各人的性情,潛心在自己有興趣的方向上努力做到極致,便是上善。記得過去李榮先生在評價有“聖人”之稱的丁聲樹先生時,用了一個今天已消亡的詞——“八級工”。何謂“八級工”,大概只有“神乎其技”四字可以定義。我以爲這也是對一個做學術工作的人的最高評價了,當然也是我所羡慕的境界和願望。

永秉兄加油!

吴振武

2014年12月20日於長春

目　　録

戰國竹書研究

馬王堆漢墓文字資料及秦漢文字研究

書評與文評

古文字考釋與研究

從戰國楚系"乳"字的辨釋談到戰國銘刻中的"乳(孺)子"

上博簡《周易》2 號簡"需"卦卦名之字作(此字該簡共五見,寫法相同),①即"右上从'勹'、左下从'子'之形",學者對此字有多種分析,似皆成問題。唯陳劍先生以筆名"陳爻"在簡帛研究網上發表的一則短文《竹書〈周易〉需卦卦名之字試解》釋此字爲"乳"字異體的觀點最爲合理,②但因爲相關材料太少,此説當時似並未引起學者重視。

2011 年 7 月 31 日,中國文字學會第六届學術年會在張家口召開,趙平安先生提交了《釋戰國文字中的"乳"字》一文。③ 趙先生在未注意到上引陳劍先生文的情況下,亦將上博簡《周易》的卦名之字釋爲"乳",此外,趙文還將清華簡《楚居》11 號簡"王"由整理者所釋的"孠＝(嗣子)王"改釋爲"乳₌(乳—孺子)王",④並將曾侯乙墓鐘磬銘文用作律名的、、

---

① 馬承源主編:《上海博物館藏戰國楚竹書(三)》,上海古籍出版社,2003 年,圖版第 14 頁、釋文考釋第 138 頁。整理者分析字形"疑从子、从而省,即'孺'字"。按古文字"而"字從不省作此形,其説非是。

② 簡帛研究網 2004 年 4 月 29 日首發,http://www.jianbo.org/showarticle.asp? articleid=911。前文引號中對需卦卦名字形的分析,即出自此文。

③ 《中國文字學會第六届學術年會論文集》,河北張家口,2011 年,第 63～66 頁。

④ 清華大學出土文獻研究與保護中心編、李學勤主編:《清華大學藏戰國竹簡(壹)》,中西書局,2010 年,第 122、181、189 頁。

、、等一系字形也改釋爲“乳”⑤(傳世古書中與此律名對應者作“羸亂”,“亂”字在漢代古隸中經常寫作“乳”形,因以致誤)。趙先生的新釋,在會上引起了討論,有學者在肯定辭例的同時,也指出在字形上尚有缺環,尚應存疑。⑥

趙平安先生反對將此字釋“孠”的主要理由是“司”所从的上部没有寫作  這種形狀的,這恐怕難以成立,因爲楚文字中的“司”字上部多有寫作此形之例。⑦ 但是把這個字釋成“孠”,卻無法解釋《周易》需卦卦名之字,這的確是釋“孠”之説的真正弱點。趙先生還認爲這類字形是甲骨文寫作形的“乳”字(《甲骨文合集》22246)到秦漢文字“乳”字的中間形態,其字“爪形和側面身形還没有分離,又在字頭上加上  ”作爲“飾筆”。按此字上部所从的 ,過去視爲“勹”,顯然是合理的。古文字中的這種形體,有一部分來自俯身人形,如西周金文的“匍”字,本作  ,也可作、等形,⑧其間演變軌迹可見;又如“朋”字(此字舊多釋“倗”),⑨本亦从“勹”,可作、等形,西周時也有寫作形的,春秋楚器王孫遺者鐘作(淅川下寺春秋楚墓出土的“朋”器器主之名亦多如此寫),⑩都是這種譌變的結果。趙先生認爲 形下部的兩筆是爪形的筆劃;我則在初稿中提出一種懷疑,認爲這兩筆所勾勒的似當是乳形或突出小兒之口的形狀,從《楚居》之形和曾侯乙鐘磬銘文寫作形的字形看,“子”形

⑤　李守奎:《楚文字編》,華東師範大學出版社,2003 年,第 130 頁。

⑥　此爲撮述會上黄德寬先生的發言大意。我當時跟趙平安先生在會下討論,也表達了類似看法。

⑦　參看李守奎、曲冰、孫偉龍編著《上海博物館藏戰國楚竹書(一～五)文字編》,作家出版社,2007 年,第 435 頁“司”字條第二欄的寫法。

⑧　容庚編著,張振林、馬國權摹補:《金文編》,中華書局,1985 年,第 649 頁。

⑨　參看黄文傑《説朋》,《古文字研究》第 22 輯,中華書局,2000 年,第 278～280 頁。

⑩　《金文編》,第 560～561 頁;《楚文字編》,第 489 頁。

的口部(此時已由甲骨文張口的"子"形類化爲一般的"子"形)正和上部的筆劃粘連,正像嬰兒就乳之形。初稿完成之後,陳劍、吴振武兩位先生先後提示我,此字字形宜與金文"孝"、"考"、"老"等字從覆手形的演變到之形的過程聯繫起來看。其實陳劍先生在上引文中,曾懷疑上博簡《周易》之形是從原始的"一人伸出隻手攬'子'於懷(以就乳)之形""省去手形而保留位於'子'形右上方的'人'形"的結果,⑪也已經隱約透露出字形演變的這種可能。但是我一開始因爲與有關的一系字目前尚未看到寫作一般覆手形的字形,而且從上引曾侯乙墓鐘磬銘文、等形和下文我們要排比的字形看,此字多見的从"口"、"甘"之形的寫法,在"孝"、"考"、"老"三字後來的形體演變過程中卻極少看到,所以我當時仍很懷疑,位於這一系的字"勹"旁和"子"旁中間的部分,也許有其他特殊的形體來源,而不是從覆手之形變來。⑫

最近經過反復考慮,發現其實已至少有兩個證據表明,陳、吴兩位先生的推測是有道理的,我的懷疑也許是有些多慮了。

一是李學勤先生曾發表的一件"樂孝子壺",⑬"孝子"合文原作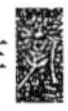,李學勤先生和葛亮先生皆摹作和,從著録此器的《玫茵堂藏中國銅器》收録的清晰的照片看,他們的摹寫是可靠的。⑭ 葛亮先生在網上發表的

---

⑪ 陳劍:《竹書〈周易〉需卦卦名之字試解》。

⑫ 因爲戰國文字有从"子"形頭上加V形之字(《戰國文字編》,第154頁),和"乳"字所从不知有無關係,這更加深了我的這種懷疑。

⑬ 李學勤:《海外訪古續記・戰國文字札記》,《文物天地》1993年第1期;收入李學勤《四海尋珍》,清華大學出版社,1998年,第84～85頁。鍾柏生、陳昭容、黄銘崇、袁國華:《新收殷周青銅器銘文暨器影彙編》(下簡稱"《新收》"),藝文印書館,2006年,第1297頁1944號。

⑭ 汪濤:《玫茵堂藏中國銅器》(Chinese Bronzes from the Meiyintang Collection), London: Paradou Writing, 2009。此書未見,我原來根據葛亮《〈玫茵堂藏中國銅器〉有銘部份校讀》(復旦大學出土文獻與古文字研究中心網站,2009年12月1日首發)一文所附照片和汪濤先生的摹本,對李、葛二位先生的摹寫提出懷疑,認爲上部作"老"頭乃將泐痕當作筆劃,字當釋爲本文所講的"乳子"合文。後來蒙葛亮兄提供原書圖版高清掃描件,始知我的看法是錯誤的。

《〈玫茵堂藏中國銅器〉有銘部份校讀》還明確指出"'孝=' 較一般'孝子'合文多出一'口'形,或許是由'孝'字下的兩斜筆譌變而來"。⑮ 他的意見是正確的。

在上引葛亮先生文章的網絡評論中,高佑仁先生還指出新蔡葛陵楚簡甲188、197用作"老童"之"老"寫作,他認爲該字中部的"口"形可能就是從"老"字中部V形筆劃演變而來的。⑯

例子雖然不多,卻已經能夠較爲充分地證明楚系"乳"字中間寫作"口"、"甘"的部分,也應以來自覆手形的可能性較大。此字所像當是成人以手攬子於懷哺乳之形,這個字應是爲"乳"的哺乳、乳育等義造的本字。由此可見,只要將趙平安先生的看法略作修正和補充,他的釋法是很正確的。

不過,從曾侯乙墓鐘磬銘文和下文排比的一些字形看,"乳"字中部作"口"、"甘"一類的寫法頗多,在字形譌變的規律之外,有没有突出"子"以"口"就"乳"之字意的目的在内,似乎仍然並非不可考慮。而且從前文所引曾侯乙墓鐘磬銘文最後作的一例看,"子"形和"人"形之間的筆劃若非鑄壞,似有點類似"孔"字所从,這似乎也暗示出其非"爪"形變來的可能。裘錫圭先生還提示我,"乳"字所从的"口"、"甘"之形,若單純地分析成"爪"旁變來,從表意位置上講也並不很準確,它們似乎有可能是合併了"乳"形和"爪"形而形成的一個部件。事實如何,尚待進一步研究。

讀了趙先生的會議論文之後,我發現,戰國楚系之外的璽印、陶文、銅器銘文中其實還有不少尚未認出的"乳"字,它們幾乎全部都是以"乳子"合文形式出現的,這些字形正可以很好地爲趙先生所釋楚系文字中的"乳"字作補充證明。下面試作闡述。

---

⑮ 葛亮:《〈玫茵堂藏中國銅器〉有銘部份校讀》,復旦大學出土文獻與古文字研究中心網站,2009年12月1日首發。

⑯ 葛亮《〈玫茵堂藏中國銅器〉有銘部份校讀》2010年7月17日評論。但高先生又認爲此字當隸定爲"咾"則不正確,蘇建洲先生在2010年7月19日所作評論已指出這一點。

首先是一批舊釋“余(餘)子”合文的古璽文和陶文。這批璽陶文字的釋讀見吴振武先生 1984 年所撰博士學位論文《〈古璽文編〉校訂》。⑰ 此文論及的《璽彙》5345 號可能與吴先生所釋“余(餘)子”合文無關,⑱可暫不討論。那些被吴先生釋爲“余(餘)子”的,作(《璽彙》0594“王～”)、(《璽彙》0907“肖～”“私坏”兩面印)、(《陶彙》9. 60“王罢□尹～”,“尹～”應爲人名)一類合文形式,“子”上部分被解釋爲“余”之省形。

古璽中確定無疑的“余(餘)子”見於“左邑余(餘)子嗇夫”(《璽彙》0109、0110)、“余(餘)子嗇夫”(《璽彙》0111)和“左余(餘)子”(《璽彙》1651,此印“余”字寫法較怪,如果此印可信,疑當是官璽而非私印,“余(餘)子”似是職官),皆不作省形,而作爲私名的“余(餘)子”,卻從没有不省之形。“余”字在古文字中其實從無省作形的,而且此合文在一方古玉印裏寫作(《古玉印集存》18“畋(田)～”),⑲似亦可説明上部非“余”字省。這是字形上的疑難。古書和秦漢印中,從未見以“余(餘)子”爲名的例子(“餘子”本是低賤的身份,以此爲名似不太合常情),而這與此名在古璽中較多見的事實是一個矛盾。

從我們上文對《楚居》字形的分析看,字顯然與此當爲一字,而這類寫法顯然是在一類寫法的基礎上更加簡省而來的,類似的變化,可參看“匋”字等从“勹”之字的演變。⑳ 所以這些璽文當釋爲“乳(孺)子”合文。此外,《璽彙》1574 ,現在看來也應當釋爲“絑孺子”。

古代有“孺子”之稱者甚多,文獻中有南孺子、孟孺子、欒孺子、晏孺子

---

⑰ 吴振武:《〈古璽文編〉校訂》,人民美術出版社,2011 年,第 251～253、257 頁;又見吴振武《古璽合文考(十八篇)》“十三 餘子”,《古文字研究》第 17 輯,中華書局,1989 年,第 277～278 頁。

⑱ 《〈古璽文編〉校訂》,第 251～253 頁。

⑲ 轉引自《戰國文字編》,第 1000 頁。

⑳ 參看《戰國文字編》,第 334～335 頁,此書“缶”字下所收有些字形實爲“匋”字。又參看田煒《古璽探研》,華東師範大學出版社,2010 年,第 30 頁注 2。

等(其中有些是下面要講到的作爲卿大夫等貴族繼承者的“孺子”和貴族夫人的“孺子”);漢印資料如《十鐘山房印舉》24.53“盍遲孺子”。稱“孺子”的漢印,大多爲兩面印,如《十鐘山房印舉》17.34“閔遂”“閔孺子”、17.43“蓋丘”“蓋孺子”、14.9“王右乘”“王孺子”,又如“乙强”“乙孺子”(《兩漢印帚》)、㉑“蘇廣大”“蘇孺子”(《赫連泉館古印存》)、㉒“胡丙”“胡孺子”(盛世收藏網),這些兩面印,皆可與下面要考釋的《璽彙》2371“韓志”“韓乳(孺)子”兩面印比較。

第二類是舊釋爲“向子”或“石子”合文的古璽文(《璽彙》2202“邙～”、2371“韓～”“韓志”兩面印)。“向子”之釋見《古璽彙編》,㉓吴振武先生釋爲“矴”字,施謝捷先生釋爲“石子”合文。㉔ 二例分别寫作和,容易看出無論釋“向子”、“矴”或“石子”合文,在字形上都有疑難,以“向子”、“石子”等爲名亦難尋他例。其實這兩個字的上部所从亦爲“勹”(即俯身人形,方向與前舉諸例相反)。此字顯然與上引趙平安先生文中所舉曾侯乙鐘銘之字爲一字,故亦當釋爲“乳(孺)子”合文。

第三類是舊或釋“冢子”合文的璽文和金文。《璽彙》3102 “梠～”、3543 “梠～”,李家浩先生分别釋爲“塚子”、“冢子”,㉕李先生還連帶將《三代》2.53 下著録的梁上官鼎(《集成》2451)的和《三代》4.20上著録的平安君鼎(《集成》2793.1—2)的、都釋爲“冢子”。㉖

我們覺得,這些字形和一般的戰國文字中的“冢子”寫法有别。實際

㉑ 王獻唐編:《海岳樓金石叢編》,青島出版社,2009 年,第 79 頁。

㉒ 羅振玉編:《赫連泉館古印存》,上海書店出版社,1988 年,第 57 頁。

㉓ 《古璽彙編》,文物出版社,1981 年,第 231 頁。

㉔ 《〈古璽文編〉校訂》,第 257 頁;施謝捷:《〈古璽彙編〉釋文校訂》,《容庚先生百年誕辰紀念文集》,廣東人民出版社,1998 年,第 644 頁;又見施謝捷《古璽雙名雜考(十則)》“六石子”,吉林大學古文字研究室編:《中國古文字研究》第一輯,吉林大學出版社,1999 年,第 125～126 頁。

㉕ 李家浩:《戰國時代的“冢”字》,《著名中年語言學家自選集・李家浩卷》,安徽教育出版社,2002 年,第 6～7 頁。

㉖ 李家浩:《戰國時代的“冢”字》,第 7 頁。

上,現在可以確定的戰國銅器銘文、璽印文字中的“冢子”,没有寫成這種合文形式的。過去何琳儀先生認爲字應釋“嗣”,㉗從平安君鼎的字形看,何先生的釋法要比釋“冢子”合理一些。現在看來,它們也應是“乳(孺)子”合文,字右側一竖上的圈形,不知是不是乳形的孑遺或標示乳形位置的指事符號。

釋這些爲“乳(孺)子”合文,還有近年出土所謂龍陽庶子燈爲證。㉘此燈發表者西安市文物保護考古所定銘文爲三晉文字。所謂“庶”字原作,釋“庶”顯然不可信,後來何琳儀先生釋讀爲“邑子”,㉙我曾改釋爲“序(?)子”,㉚皆不可從。從我們上文的討論看,此字當也是“乳(孺)子”合文。“龍陽孺子”和梁上官鼎的“宜信孺子”例同,“宜信”即見於《戰國縱横家書》的宜信君,㉛龍陽就是《戰國策・魏策四》的龍陽君,㉜“孺子”指的是這些封君的繼承人。錢大昕《十駕齋養新録》卷二“孺子”條指出:“考諸經傳,則天子以下嫡長爲後者乃得稱孺子。”㉝《左傳》襄公二十三年有“孺子秩”,楊伯峻《春秋左傳注》指出他是孟莊子的繼承人,㉞亦可參看。先秦有“孺子容”(《説苑・權謀》)、西漢有“孺子嬰”等稱呼,與平安君鼎的“孺子熹”可比較。十三年陔陰令鼎有“上官冢子疾”(《集成》2590),㉟是三級鑄造制度中的主造者,與平安君鼎的“單父上官孺子熹”實際上並不能比附(單父上官是孺子熹的職掌)。

㉗　何琳儀:《平安君鼎國别補正》,《考古與文物》1986 年第 5 期,第 81～83 頁。

㉘　西安市文物保護考古所:《西安北郊尤家莊二十號戰國墓》,《文物》2004 年第 1 期,第 7、9、16 頁。

㉙　何琳儀:《龍陽燈銘文補釋》,《東南文化》2004 年第 4 期,第 86 頁。

㉚　郭永秉:《古文字與古文獻論集》,上海古籍出版社,2011 年,第 201 頁。

㉛　李家浩:《戰國時代的“冢”字》,第 7 頁。

㉜　何琳儀:《平安君鼎國别補正》,《考古與文物》1986 年第 5 期,第 81～83 頁。

㉝　錢大昕著,楊勇軍整理:《十駕齋養新録》,上海書店出版社,2011 年,第 25～26 頁。

㉞　楊伯峻:《春秋左傳注》,中華書局,1990 年,第 1080 頁。

㉟　鼎銘“陔”字爲施謝捷先生釋,見吴振武《新見十八年冢子韓矰戈研究——兼論戰國“冢子”一官的職掌》,陳昭容主編:《古文字與古代史》第一輯,臺北中研院史語所會議論文集之七,2007 年,第 323 頁注釋 32。

最後是舊或被釋爲“嗣”及“嗣子”合文的銅器銘文。[36] 出土於洛陽金村古墓,現藏加拿大多倫多安大略博物館和中國國家博物館的一對“命(令)瓜(狐)君嗣子壺”,所謂“嗣子”之“嗣”原作(《集成》9719)、(《集成》9720),[37]也當釋爲“乳”讀爲“孺”。“令狐君孺子”與前文所釋的“宜信孺子”、“龍陽孺子”同例,當即作爲令狐君繼承人的嫡子之意。

蔡運章等先生曾發表一般所謂“右孠(嗣)鼎”或所謂“右冢子鼎”,[38]“右”下一字作、,亦應爲“乳(孺)子”合文。[39] 這個“孺子”,含義與前舉諸例不同。“右孺子”,疑應指貴族的右夫人。以“孺子”爲貴族夫人美稱,古書多見(前引錢大昕《十駕齋養新録》“孺子”條即已指出“《左傳》季桓子之妻曰南孺子,則又以爲婦人之稱”),如《戰國策・齊策三》“齊王夫人死”章:“齊王夫人死,有七孺子皆近。”[40]《魏書・孝文五王傳》:“初,高祖將爲(拓拔)恂娶司徒馮誕長女,以女幼,待年長。先爲娉彭城劉長文、滎陽鄭懿女爲左右孺子,進恂年十三四。”是古“孺子”可分左右之證。

吴振武先生曾指出,平安君鼎銘文“只是説明該器是單父上官冢子憙從平安君那裏得到的,並不涉及鑄器”,梁上官鼎銘文“也僅涉及該器的校

---

[36] 這些釋法可能都受到了前引何琳儀先生《平安君鼎國别補正》一文的影響。蒙蘇建洲兄向我指出,魏三體石經“嗣”字古文寫作、等形,施謝捷先生《説“㐭(㐭㐭㐭)”及相關諸字》分析爲从“㐭”的“㐭”形,認爲是“嗣子”之“嗣”的專字(復旦大學出土文獻與古文字研究中心編:《出土文獻與傳世典籍詮釋——紀念譚樸森先生逝世兩週年國際學術研討會論文集》,上海古籍出版社,2010 年,第 49 頁注 9),並提示我《集篆古文韻海》“嗣”字作的情况。這兩個字形似乎和我們考釋的“乳”字字形接近,但是傳抄古文从“㐭”的字多有作與石經字形偏旁類似之形,《集篆古文韻海》之形當爲譌變之形(此承吉林大學李春桃兄指教)。所以施謝捷先生對石經“嗣”字古文的分析是可信的。

[37] 郭沫若:《兩周金文辭大系考釋》,東京文求堂,1935 年,第 239 葉;此字或釋爲“厚”(于省吾:《雙劍誃吉金文選》,《于省吾著作集》,中華書局,2009 年,第 158 頁),亦非。

[38] 蔡運章、趙曉軍、戴霖:《論右孠鼎及其相關問題》,《文物》2004 年第 9 期,第 81～84 頁;《新收》,第 263 頁 380 號。

[39] 此字寫法當是從前舉《璽彙》3102、3543,以及梁上官鼎和平安君鼎等“乳”字寫法進一步變來的。

[40] 俞正燮認爲這種表示貴族夫人義的“孺子”是一種謙稱,見《癸巳類稿》卷七“釋小補楚語笄内則總角義”條(遼寧教育出版社,2001 年,第 215～216 頁)。此蒙匿名審稿專家指示。

量,未涉及鑄器”,而所謂右冢子鼎銘文“雖然有‘工帀(師)’等字樣,但拿銘中出現‘右塚(冢)子’的那條銘文跟器(3)——秉按,即梁上官鼎——相比較,恐怕勒銘的本意也不涉及鑄器。因此,‘冢子’究竟是不是掌鑄器的工官,還可以重新考慮。”[41]有意思的是,這三件與鑄器無關的銘文,現在看來,其實都和“冢子”無涉——“宜信孺子”、“單父上官孺子憙”和“右孺子”,都是銅器的所有者。這對我們再次思考“冢子”的職掌,是有意義的。我認爲,把這些與器物鑄造無關而且也和“冢子”無涉的銘文排除掉之後,“冢子”就都是和鑄器有關的了,所以“冢子”仍然以鑄器工官的可能性較大。

《古陶文彙編》3.678 有“□里它”,[42]字似亦爲“乳”字(“匋”字的“勹”旁即有省作一横筆之例[43]),解釋爲省略合文號的“乳(孺)子”合文,這個“孺子”大概是説明“它”這個手工業勞動者爲未成年人。

如果承認文章開頭所引陳劍、吴振武兩位先生的分析方法,則可以將秦系和六國文字的“乳”字統一起來解釋。秦系文字亦當是從突出哺乳者手形的寫法直接演變出篆隸的“乳”字,其右側的“乙”形,是人身軀脱離之後的筆劃。所以秦系的“乳”字和六國文字的“乳”字,來源似應一致,但至少在戰國早期,六國文字的寫法已經開始發生頗爲顯著的譌變,導致秦和六國“乳”字異形嚴重的狀況。情況大體如此,但有些細節問題的解釋,尚待新材料加以充實,現在還難以下非常確定的結論。

曾侯乙墓鐘磬銘文的律銘“嬴乳”之“乳”,有从“肉”之形,[44]此字疑是“臑”之異體。

按:此文寫作時得到裘錫圭先生和施謝捷先生的指教和幫助,並同

㊶ 吴振武:《新見十八年冢子韓矰戈研究》,《古文字與古代史》第一輯,第 324～325 頁。

㊷ 高明:《古陶文彙編》,中華書局,1990 年,第 213 頁。

㊸ 《戰國文字編》,第 334 頁“缶”字第 4 行第 1 形(此字爲“匋”之誤釋)。又參看王恩田《陶文字典》,齊魯書社,2007 年,第 130 頁“匋”字第 2 行第 4 形。

㊹ 《楚文字編》,第 263 頁。

鄔可晶、謝明文和石繼承三位多有討論。令狐君孺子壺的字形本來未曾注意,是裘先生指示我的;漢印"孺子"的材料,除"閔孺子"、"蓋孺子"兩例外,都是施謝捷先生指示的。文章初稿寫成後,又先後蒙陳劍先生、吴振武先生、田煒先生、趙平安先生、蘇建洲先生、吴良寶先生指正;葛亮先生賜示《玫茵堂藏中國銅器》樂孝子壺的清晰照片,並提出很好的修改意見。趙平安先生告訴我,在《清華大學藏戰國竹簡(貳)》所收《繫年》中也有"乳(孺)子王",趙先生釋"乳"的意見已被採納到書中。在此一併向各位致以衷心謝意!

2011 年 9 月 23 日寫完草稿
2011 年 11 月 10 日二稿
2011 年 11 月 20 日改定

又,蒙李零先生賜告,他在《中國歷史文物》2006 年第 6 期上發表的《讀上博楚簡〈周易〉》一文中,也懷疑與《周易》需卦卦名相當之字"應是古乳字",並指出此字所从的"勹旁,像人俯身,是從人旁分化"(第 55 頁)。本文失引,是嚴重失誤。

2011 年 12 月 3 日謹記

追記:本文按語中提到的《清華大學藏戰國竹簡(貳)·繫年》的"乳(孺)子王"見該書第十八章,辭例分别是"康王即世,乳₌(孺子)王即立(位)","乳₌(孺子)王即世,霝(靈)王即立(位)"(97 號、98 號簡,中西書局,2011 年,上册第 88 頁),與《楚居》篇一樣,"孺子王"亦指楚康王之子郟敖;此外,該書第十八章注二在徵引了趙平安先生《釋戰國文字中的"乳"字》之後,還指出"查清華簡有'兹武王乳₌肇嗣'一語,'乳'、'嗣'二字形體用法明顯有别,足證其説可從"(下册第 181 頁,據該書"本輯説明",此章的負責人是劉國忠先生)。趙平安先生《釋戰國文字中的"乳"字》經過修改,已收入其論文集《金文釋讀與文明探索》(上海古籍出版社,

2011 年,第 112～117 頁),請讀者參閱;本文則仍據《中國文字學會第六届學術年會論文集》所收者引用。

本文在會後修改定稿時,得到裘錫圭先生、沈培先生和李春桃先生的指教,謹表感謝。

2011 年 12 月 30 日

承蒙匿名審稿專家提出寶貴修改意見,特此致謝! 又,近見《商周金文資料通鑑》(2011 年)02468 號著録一件戰國晚期的"吴嗣子鼎"。所謂"嗣子"原爲合文,字形作。它顯然就是本文討論的"乳(孺)子"合文,跟《古玉印集存》18 號著録的"畋(田)乳子"寫法最近,唯方向相反。此鼎蓋沿也有銘文,《商周金文資料通鑑》釋"食官",似應釋爲"厶(私)自(官)"合文。

2012 年 5 月 30 日

原刊陳致主編《簡帛・經典・古史》,上海古籍出版社,2013 年。

編按:"乳"字的類似寫法,亦見秦簡,參看趙平安先生《釋睡虎地秦簡中一種古文寫法的"乳"字》(載安徽大學漢字發展與應用研究中心編《漢語言文字研究》第一輯,上海古籍出版社,2015 年)。

重印按: 關於三晉銘刻中"孺子"的身份,本文認識不準確,請參閱拙文《戰國工官屬吏中的成童——再談三晉銘刻中所見"孺子"的身份》(徐剛主編《出土文獻: 語言、古史與思想》,《嶺南學報》復刊第十輯,上海古籍出版社,2018 年)。

補説“麗”、“瑟”的會通

——從《君人者何必安哉》的“⿰兀元”字説起

《上海博物館藏戰國楚竹書(七)·君人者何必安哉》甲乙二本皆出現了“竽衡於前”(此甲本之形,乙本作)之語。① “竽”字,原整理者已引古書記載指出是作爲“五聲之長”的樂器。字,原整理者隸定爲“⿰兀元”,謂“疑‘元’聲,讀爲‘管’”。一開始,研究者多從釋“管”之説。只有趙平安先生在網上發表了《談“瑟”的一個變體》一文,對整理者的這個意見提出質疑,他説:

> 其實仔細想來,這種釋法並不是没有問題。從字形看,隸作⿰兀元不成字。從搭配關係看,“竽”“管”雖都爲樂器,卻罕見連用。

並提出了他的看法:

> 我們認爲這個字當釋爲瑟,是瑟的一個變體。戰國文字中的瑟字是劉國勝先生考釋出來的(原注:《曾侯乙墓 E61 號漆箱漆書文字研究——附“瑟”考》,載《第三届香港中國古文字學國際學術研討會論文集》,香港中文大學,1997 年。秉按:實際上,劉信芳先生也在很

① 馬承源主編:《上海博物館藏戰國楚竹書(七)》,上海古籍出版社,2008 年,圖版第 55、67 頁,釋文注釋第 198 頁。原釋文此句斷句有誤,“衡”字未釋出,此從復旦大學出土文獻與古文字研究中心研究生讀書會《〈上博七·君人者何必安哉〉校讀》説斷讀,《出土文獻與古文字研究》第三輯,復旦大學出版社,2010 年,第 271 頁。

> 早就釋出了楚文字中的“瑟”字，兩位劉先生可以説是幾乎同時不約而同釋出“瑟”字的。劉信芳先生説見《楚簡文字考釋五則·釋“瑟”》，《于省吾教授百年誕辰文集》，吉林大學出版社，1996年，第186頁），並不斷爲新的材料所證實。……
>
> 戰國時期，瑟的形態十分豐富。其中最複雜的寫法是形聲結構，作（包山260）。省去聲符作（望山M2.49）、（望山M2.50）之形，進一步省作（郭店《性自命出》24）、（郭店《六德》30）等形。很顯然，“竽”後一字的結構，和類同。考慮到瑟字構件可以寫作，因此它有一個異體从横置的兩，譌變爲、，是完全可能的。
>
> 竽是管樂中最進步的類型之一，……先秦至漢，竽在器樂合奏中既是主要的旋律樂器，又是諸樂的定音標準，居於重要的地位。……由於竽瑟配合使用的關係，古書中兩字常連用。……（下舉古書“竽”、“瑟”連用例證，從略。）②

趙先生釋“瑟”的意見，得到了後來大多數研究此篇的學者的贊同。③ 這大概是字形與楚文字的“瑟”確實接近，而改釋後文義又特别通順的緣故。張崇禮先生在趙平安先生網上發表的文章後面評論認爲：“陳麗子戈的‘麗’，也有可能是‘瑟’字。”④按，陳麗子戈著録於《殷周金文集成》11082號，銘文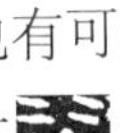字一般據《説文》“麗”字古文釋爲“麗”。⑤ 張先生顯然是同意趙先生釋《君人者何必安哉》“瑟”字的意見，並認爲陳麗子戈的“麗”字與之寫法接近，故而提出改釋“瑟”的意見的。

---

② 趙平安：《談“瑟”的一個變體》，復旦大學出土文獻與古文字研究中心網站，2009年1月12日。此文後來經過修改，以“《君人者何必安哉》中‘瑟’的一個變體”爲題，收入趙先生《上博簡釋字四篇》一文（《簡帛》第四輯，上海古籍出版社，2009年，第205～206頁）。此據後者引用。

③ 參看前引《〈上博七·君人者何必安哉〉校讀》一文執筆者程少軒所作的補記。

④ 趙平安《談“瑟”的一個變體》文後評論，2009年3月9日。

⑤ 參看董蓮池《新金文編》，作家出版社，2011年，中册第1400頁。

2011年6月26日，白於藍先生在復旦大學出土文獻與古文字研究中心講座，他在講座中對趙平安先生的新説提出懷疑。白先生認爲字當釋爲“麗”，字形與《説文》“麗”字古文、篆文接近，在簡文中讀爲“篪”。⑥

“篪”和“竽”一樣，亦屬管樂，從文意上顯然不如以“竽、瑟”這兩種重要的吹管樂器和彈撥樂器來涵蓋一般樂器來得合理，而且古書中“竽”、“篪”連言之例亦極罕見。所以將字釋讀爲“篪”恐難取信於人。

不過，白先生不同意趙先生釋“瑟”的意見，是從字形的角度考慮的，不可謂無據。他聯繫《説文》古文、篆文，釋爲“麗”的意見，非常值得重視(由下文分析可知，整理者釋字爲“丽”，並非如趙平安先生所批評的“不成字”)。而這種意見，恰好跟上引張崇禮先生改釋本已與《説文》古文聯繫起來的陳麗子戈之“麗”字爲“瑟”的意見，形成鮮明對立。所以，《君人者何必安哉》這個字是“麗”還是“瑟”的争論，把“麗”、“瑟”二字究竟是什麼關係的問題正式擺到了我們面前，有必要對此作一些補充説明。

在趙平安先生所舉的楚文字用作“瑟”的字形中，郭店簡《六德》30號的兩個字，早就有學者釋爲“麗”，這種意見並被吸納到《楚文字編》中列爲一説。⑦《六德》相關簡文如下(釋文用寬式)：

> 爲父絶君，不爲君絶父。爲昆弟絶妻，不爲妻絶昆弟。爲宗族朋友，不爲朋友宗族。⑧

---

⑥　鍾馨：《白於藍教授來我中心作講座》，復旦大學出土文獻與古文字研究中心網站，http：//www. gwz. fudan. edu. cn/srcShow_NewsStyle. asp? Src_ID＝1566。我因有事未去聽取講座，本文所引有些上述報導中未提及的意見，是聽裘錫圭先生轉告的。

⑦　參看李守奎《楚文字編》，華東師範大學出版社，2003年，第708頁此二形下按語。學者的意見參看下文。

⑧　荆門市博物館：《郭店楚墓竹簡》，文物出版社，1998年，圖版第71頁，釋文注釋第188頁。

"裘按"認爲"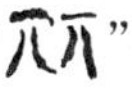"字"似與《性自命出》'（瑟）'爲一字，疑當讀爲'殺'，省減"。[9] 很多學者從喪服角度理解這幾句話，故大多將"絶"理解爲"喪服用詞，減殺意"，"與禮書中的'絶服'相當"。[10] 按照《六德》上文所説，爲父爲君皆服"疏斬布絰杖"，爲昆弟爲妻皆服"疏衰齊牡麻絰"，爲宗族爲朋友皆服"袒免"，如有"絶服"之説，怎麼在服喪時體現是爲父還是爲君，爲昆弟還是爲妻，爲宗族還是爲朋友呢？這顯然是不好講通的。這也是過去對"絶"字之釋仍有不必要争論的徵結所在。[11]

李零先生指出，《六德》作者"强調的是'親親'重於'尊尊'，而不是服制規格"，[12]這是有道理的。從上下文看，簡文的"絶"字當是一般的絶交之義，與《緇衣》"輕絶貧賤而重絶富貴"（此語見《緇衣》郭店本 44 號，上博本 22 號）之"絶"字用法相同，都是斷絶來往的意思。簡文是説，雖然父與君、昆弟與妻、宗族與朋友，在喪服等制上相同，但是仍有内外之别，當父與君、昆弟與妻、宗族與朋友發生矛盾、利益出現衝突時，應該採取的立場是與君、妻、朋友"絶"，而不能與父、昆弟、宗族"絶"。因此簡文的字所表示的應該是一個與"絶"字意義可相關聯的詞。

就我閲讀注意所及，李零先生大概是較早注意到此字跟"麗"有關的。李先生在"裘按"懷疑釋"瑟"的基礎上，認爲字"似可讀'疾'（'疾'是從母質部字，與'瑟'讀音相近）"，同時又指出：

> 又此字也爲"麗"字所從，"麗"雖爲來母支部字（秉按："麗"字古韻歸部一般有支部、歌部兩説，今多從歌部説，[13]但歌、支古音接近），但從麗之字多在山母支部（如"曬"、"灑"），與"瑟"古音相近（"瑟"是

---

[9] 荆門市博物館：《郭店楚墓竹簡》，文物出版社，1998 年，圖版第 71 頁，釋文注釋第 190 頁注［二一］引。

[10] 劉樂賢：《郭店楚簡〈六德〉初探》，《郭店楚簡國際學術研討會論文集》，湖北人民出版社，2000 年，第 386 頁；彭林：《再論郭店簡〈六德〉'爲父絶君'及相關問題》，《中國哲學史》2001 年第 2 期。

[11] 参看魏啟鵬《釋〈六德〉"爲父繼君"——兼答彭林先生》，《中國哲學史》2001 年第2 期。

[12] 李零：《郭店楚簡校讀記（增訂本）》，北京大學出版社，2002 年，第 138 頁。

[13] 参看何九盈《古韻三十部歸字總論》，《音韻叢稿》，商務印書館，2002 年，第 66～67 頁。

生母質部字)。⑭

李先生後來又補充説：

“疾”,有非難之義。這裏衹是一種嘗試性的讀法。從讀音考慮,此字也可讀爲“失”(書母質部字)。⑮

由此可見,雖然李先生注意到了此字和“麗”的關係,但他還是傾向於從釋“瑟”的角度來考慮字讀法的。

顔世鉉先生也看到了此字與“麗”的關係,並且徹底抛開了與“瑟”的聯繫,所以他的意見完全不同,顔先生説：

此爲麗字古文之形,《汗簡》、《古文四聲韻》所引“麗”字與簡文相近,“麗”讀作“離”,……訓“絶”,正與上文“絶”字相合。⑯

吕浩先生將《六德》此字隸定爲“丽”,據《汗簡》古文和包山簡 164 號整理者釋作“纚”的字,謂“疑當釋爲‘麗’”,“在此處疑讀爲‘離’”,“與上句‘爲父絶君’句之‘絶’義近,絶即抛棄,離即叛離”。⑰

從上下文義看,顔、吕兩位先生的意見是很值得重視的。

2007 年,安徽鳳陽縣卞莊一號墓出土鎛鐘一套,有銘文的編鐘 5 枚,器主自稱“童麗公”。⑱ 劉信芳先生等撰文指出所謂的“童麗公”,即安徽

⑭ 李零:《郭店楚簡校讀記》,陳鼓應主編:《道家文化研究》第十七輯“郭店楚簡”專號,生活・讀書・新知三聯書店,1999 年,第 520 頁。又見同作者《郭店楚簡校讀記(增訂本)》,第 133 頁。

⑮ 李零:《郭店楚簡校讀記(增訂本)》,第 137 頁。

⑯ 顔世鉉:《郭店楚簡〈六德〉箋釋》,《中研院歷史語言研究所集刊》第 72 本第 2 分,2001 年。

⑰ 吕浩:《〈郭店楚墓竹簡〉釋文訂補》,《中國文字研究》第二輯,廣西教育出版社,2001 年,第 282 頁(吕文將“《汗簡》”誤作“《漢簡》”,“爲父絶君”的“爲”誤作“見”,已逕改)。吕文所引包山簡 164 號“纚”字的考釋依據,看湖北荆沙鐵路考古隊編《包山楚墓》,文物出版社,1991 年,上册第 383 頁。

⑱ 闞緒杭等:《鳳陽卞莊 M1 鎛鐘銘文“童鹿”即“鍾離”初識》,安徽省文物考古研究所、鳳陽縣文物管理所編著:《鳳陽大東關與卞莊》,科學出版社,2010 年,第 197～203 頁。按,發表者可能把 9 號鎛鐘之字釋爲“鹿”,但我印象中 2010 年北京香山古文字學會上似已有學者發言指出,從 9 號鎛鐘的拓本看,其實仍是一般的“麗”字,只是字形上部稍有些泐損,被誤以爲是“鹿”字。

舒城九里墩出土鼓座銘文的“童鹿(麗)公”(古文字中“鹿”可用作“麗”,學者多有論述⑲),它們皆應讀爲“鍾離公”。劉先生的文章還在文字上作了説明,並以此爲綫索,找到了古璽中的“鍾離”:

> 銘文10-3“麗”字下从鹿,上从丌丌,可以啟發我們重新認識《璽彙》0279楚鉨“童幵京鉨”。幵乃楚簡“瑟”字,如郭店簡《性自命出》24“聖(聽)㝅(琴)幵(瑟)之聖(聲)則誖(悖)女(如)也斱(斯)戁(嘆)”;又用作“麗”聲字的聲符,如葛陵簡甲三79“一兖(乘)絑(朱)逄(路),騳犠(犧)馬”,葛陵簡乙二10“兖(乘)韓(雀)逄(路),騳【犠馬】”,乙三21“☐絑(朱)逄(路),騳(驪)義(犧)馬☐”等,騳字原簡字形作,以“丌丌”(麗之省形)爲聲符。京,讀爲“亭”。可知“童幵”應釋爲地名“鍾離”,戰國時屬楚,淪爲亭制,其時鍾離古國已被滅。⑳

古璽中的“幵(麗)”字用作“鐘離”之“離”,與顔世鉉、吕浩先生將《六德》之“丌丌”釋爲“麗”、讀爲“離”的意見,彼此正可互證。㉑

劉信芳先生已敏鋭地注意到楚文字“丌丌/幵”字既用作“瑟”,亦用作“麗”的事實,這是極富啟發性的。結合白於藍先生指出的,《君人者何必安哉》那個趙平安先生認爲用作“瑟”的字與《説文》“麗”字古文、篆文相近的事實,以及上引李零先生指出的“麗”、“瑟”二字語音關係密切這一

---

⑲ 參看何琳儀《楚國熊麗考》,《中國史研究》2000年第4期;范常喜:《上博簡〈容成氏〉和〈天子建州〉中“鹿”字合證》,《古文字研究》第28輯,中華書局,2010年。

⑳ 劉信芳:《安徽鳳陽縣卞莊一號墓出土鎛鐘銘文初探》,《紀念徐中舒先生誕辰110年國際學術研討會論文集》,第188～195頁。此文又見《考古與文物》2009年第3期;又收入《鳳陽大東關與卞莊》,第204～212頁。劉信芳先生又在他所著《楚簡帛通假彙釋》的“序言”中,根據葛陵簡“騳”字用作“驪”的例子,認爲包山簡164號从“丌丌”从“糸”用作人名之字可能也應讀爲“麗”(高等教育出版社,2011年,第6頁。此蒙蘇建洲先生向我指出)。按此説似稍有問題。包山簡整理者釋“纚”正確可信,不能據葛陵簡的“驪”字寫法就推斷从“丌丌”从“糸”之字就“應讀爲‘麗’”。葛陵簡用作“驪”之字,只是其聲旁是以“丽”爲聲符的“纚”字而已,此類形聲字聲旁較後世字形來得繁複的情況在古文字中甚多(參看《裘錫圭學術文集》第三卷,復旦大學出版社,2012年,第275頁)。

㉑ “麗”、“離”音近可通,古文獻例證很多(前引吕浩先生文有舉證);傳抄古文也有以“麗”表“離”的例子(參看李春桃《傳抄古文綜合研究》,吉林大學博士學位論文,2012年,第536頁)。

點(此點又可參看下文),我們認爲,對於這一現象的解釋已然呼之欲出——楚文字用作“瑟”的“丌丌/幵”字,應當就是“麗”字古文的一種譌變形體。

《説文・十上・鹿部》:“麗,旅行也,鹿之性見食則必旅行,从鹿丽聲(秉按:段注删“聲”字,今不從),《禮》‘麗皮納聘’,蓋鹿皮也。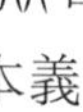古文,篆文麗字。”段玉裁主張“旅行”(即相耦而行之義)爲“麗之本義。其字本作丽,旅行之象也。後乃加鹿耳”,“古文衹作丽,後乃加鹿之意如是”。[22] 也就是説,段氏主張先有表示“旅行”本義的“丽”字,後來加“鹿”旁分化出表示鹿喜旅行的“麗”字。這個意見從古文字資料看,恐有問題。商代文字中已有“麗”,如商代耶簋(或稱邐簋)銘文有从辵从麗的“邐”字:

所从“麗”旁的上部象一種繁複的角。“邐”字在商、西周早期的銅器銘文中曾數次出現;[23]在周原甲骨文中也有“麗”字和“驪”字,[24]“麗”及“麗”旁寫法基本一致。凡此皆説明“麗”字作爲一個整體表意字,出現得相當早,其本義似非《説文》所説的“旅行”,季旭昇先生疑“麗”字所象“爲某種大角鹿類動物”,[25]其説可參。從稍晚的古文字中“鹿”可用爲“麗”的情況看,“鹿”、“麗”語音相近,似有可能是一字分化,“麗”所象的乃是一種特殊的“鹿”或表示具有這種繁複大角的鹿的屬性——“麗”(美麗)。這也就是説,“麗”字本來跟“旅行”可能並無關聯。從古文字資料看,大概在春秋時代以後,“麗”字象特殊大角的部分,就逐漸被改造爲“丽”聲了。[26]

㉒　段玉裁:《説文解字注》,上海古籍出版社,1988年,第471頁。

㉓　參看董蓮池《新金文編》,上册第185頁。

㉔　曹瑋:《周原甲骨文》,世界圖書出版公司,2002年,第84頁H11:123、第153頁FQ5④。

㉕　季旭昇:《説文新證》,福建人民出版社,2010年,第776頁。

㉖　董蓮池《新金文編》中册第1400頁所列的取膚盤、匜可以看成是變化的過渡階段,同書所列童麗君�以及前引童麗君鎛鐘的“麗”則已經徹底完成了聲化。

儘管段玉裁所説"麗"是从"丽"加旁分化的意見不合事實,但他指出"古文麗"爲"旅行之象"則很可能是正確的。《説文》古文麗和"麗"字本身,從文字角度講,本來應該是没有關係的。《説文》所謂"篆文(秉按:毛刻本作"籀文")麗字",亦見於傳抄古文,作如下之形:

汗簡　汗簡

當以第一形爲較原始,後者是前者的譌變之形。㉗ 此字從前一形看,當分析爲二並列的"元"形。清人孔廣居《説文疑疑》謂:

> (秉按:孔氏逕將《説文》篆文(或籀文)所从改寫作篆文的"元"旁,與《説文》篆文形略有筆勢的不同,恐是結合了《汗簡》前一形的寫法),耦也。从二元。元,首也。以二首相並爲意,即伉儷字也。㉘

其説基本可從。不過孔氏所謂字"以二首相並爲意"之説稍嫌拘泥,字之所从雖爲"元",但所象仍是二側面人形並列,並非"首"之並列。此字應就是"麗(儷)耦"之"麗"的表意初文。字之所以从"元",大概以之兼起表音作用。"麗"、"元"韻部有歌元對轉的關係,聲母則分别是來母和疑母,它們的關係也是十分密切的(比如"樂"字就有來母、疑母兩讀)。當然,字从"元"大概也有跟"从"字區别開來的目的。

在殷墟甲骨文中,有一個寫作、等形的字(見於《合》1487、27938、34585、35288,《屯》810、1048、3103、3629 等),過去或釋爲"競",㉙唐蘭先生"疑仍是从字",㉚裘錫圭先生指出此字的"用法與'競'相近,似有比、並

㉗ 傳抄古文从"麗"聲之字,皆寫作从前一形,參看李春桃《傳抄古文綜合研究》,第536頁。

㉘ 丁福保主編:《説文解字詁林》,雲南人民出版社,2006年,第四册第2429頁下欄之左下。

㉙ 劉釗等:《新甲骨文編》,福建人民出版社,2009年,第134～135頁;李宗焜:《甲骨文字編》,中華書局,2012年,第47頁。

㉚ 唐蘭:《甲骨文自然分類簡編》,山西教育出版社,1999年,第61頁。

一類意思”。㉛ 在上面提到的白於藍先生在復旦大學的那次講座中，他指出、就應該釋爲“麗”。這是很有道理的。“麗(儷)”字古有偕、並等義，㉜放在卜辭中文義皆可講通。由此可見，《君人者何必安哉》和傳抄古文的“朊(麗)”字，整理者的釋寫是正確的，它正是一個從商代傳承下來的字形。戰國文字尤其是楚文字保留了不少早期古文字的字形及寫法，這又是一個例子。

從商代至戰國，像二人相比並的“麗”字和“从”字一樣，一般寫作平列的二“元”(或“兀/丌”)形，但“麗”字在戰國時代也出現了、這類上下相疊的寫法。這可以比照上博簡《緇衣》8 號簡、17 號簡“從”字寫作“人”旁上下相疊之例和殷墟甲骨文寫作“人”旁上下相疊之形的“从”和“從”字。㉝ 過去一般將“丌丌”、“亓”視爲一字異體，是正確的。

楚文字用作“瑟”或“瑟”之偏旁的“麗”，絶大多數已由“朊”形譌變成“丌丌/亓”形，也就是跟《汗簡》古文“麗”字後一形寫法相同。“朊”字之所以產生這種譌變，除了可能有意將筆勢變得易於書寫之外，主要大概是當時人已經對“麗”字古文造字本義產生了誤解的緣故。㉞ 我們知道，楚文字用作“琴”之字，亦从“丌丌”及其繁簡體(即或省爲一個“丌”形，或作“丌”旁三疊形)作，這似乎説明當時人可能已把“丌丌”所从的“丌”形誤認作類似於几案之形(《説文・五上・丌部》:“丌，下基也，薦物之丌。象形。”)，並在全字當中視其爲表意偏旁了，這也許跟琴、瑟多置於几案之上使用有關(琴、瑟二字難以找到合適的表意偏旁，在改造原來的假借字“朊”時，大概

㉛ 裘錫圭:《關於殷墟卜辭的“瞽”》，《裘錫圭學術文集》第一卷，第 514 頁。

㉜ 宗福邦等主編:《故訓匯纂》，商務印書館，2003 年，第 169、2617 頁。

㉝ 參看馮勝君《郭店簡與上博簡對比研究》，綫裝書局，2007 年，第 122～123、164 頁;劉釗等:《新甲骨文編》，第 469 頁。

㉞ 戰國文字用作“瑟”之字和“琴”、“瑟”字所从者，還有更進一步的譌變寫法，如信陽簡 2.3、曾侯乙墓衣箱漆書等(《楚文字編》，第 707～708 頁)，皆可説明當時人對“麗”字古文不甚了了。

就順帶考慮到了與琴、瑟密切相關的几案之形)。㉟ 由此似乎可以推想,从"丌""金"聲的"銮"這種字形,除了可以分析爲"琴"的本字之外,似乎也有可能是爲"禁"這種器物所造的本字,表示"琴"則是假借用法或者引申義。㊱ 總之,在戰國時代的楚地,對於"丌丌"是"麗(儷)"的本字以及"丌丌"字何以借表"瑟"這兩點,很可能已經相當模糊了。當"丌丌"字被借用來表示"瑟"這個詞的時候,往往復加聲符"必",一方面是要从"丌丌"字徹底分化出一個後起本字字表"瑟",㊲另一方面無疑也是明確其讀音的需要,這也是

㉟ 楚簡遣策裏,置瑟之"几"與"瑟"數次同時記載,包山楚墓的瑟出土時疊壓在"拱足形几"上(參看劉信芳《楚系簡帛釋例》,北京師範大學出版集團、安徽大學出版社,2011 年,第 191～192、197 頁)。

㊱ 漢人常說"琴者,禁也"、"琴之爲言禁也",是從語源"禁止"的角度爲說。"琴"、"瑟"和"禁"的外形都有些相似,"琴者,禁也"除了聲音相近外,不知是不是也有形制近似角度的考慮,如此則以"銮"爲"琴"似可解釋爲引申用法。

㊲ 把加"必"聲的"瑟"說成是"瑟"的後起本字,就有必要在此對徐寶貴先生所釋殷墟花園莊東地甲骨的"瑟"字作一辨正。徐先生據《說文》"瑟"字古文釋花東卜辭 130、372 的字爲"瑟",並認爲楚文字的"瑟"與《說文》古文都是甲骨文此形的譌變(《殷商文字研究兩篇》,《出土文獻與古文字研究》第一輯,復旦大學出版社,2006 年,第 155～164 頁)。按從字形看,說戰國楚文字用作"瑟"之字是從甲骨文形譌變顯然難以取信於人;按照我們上文對楚文字用作"瑟"之字的分析看,此說也是不可信的。更加應該指出的是,據《說文》古文釋花東字爲"瑟",雖然看上去很有字形的根據,其實是經不起推敲的。我們知道,《說文》古文"瑟",從字形看實是《說文》"珡"字(《說文》以"珡"爲篆文"琴"字字頭)的譌變。段玉裁《注》認爲"玩古文琴瑟二字,似先造瑟字而琴从之";《說文句讀》引"何願船曰:古文以琴從瑟,篆文以瑟從琴"(皆參看丁福保《說文解字詁林》,雲南人民出版社,2006 年,第五册第 3102 頁)。比較《說文》"琴"字古文去掉"金"聲部分和古文"瑟"以及"琴"字字頭,即可明段說、何說所指。"珡"兼可用作"琴"、"瑟"的原因不明,也許是誤讀(或義近换讀)。《說文》"琴"、"瑟"字所从,似本从二"玉"形作,傳抄古文如《汗簡》"瑟"字作、等形,皆可作爲旁證,其來源不明,但寫作之形則可肯定乃是後來譌變。陳介祺曾舉出所謂瑟仲狂卣的字所从與《說文》古文瑟比附(吴大澂《說文古籀補》,中華書局,1988 年,第 51 頁引),雖然很巧,但亦難說可信(已有學者指出此字應釋"盄")。《說文》古文瑟所从的"大"形或類似"人"形,說不定是用作"瑟"的"幵"形譌省亦未可知;戰國文字的"琴",有的就寫作从"玉",如《孔子詩論》14 號簡的"琴"字作(馬承源主編:《上海博物館藏戰國楚竹書(一)》,上海古籍出版社,2001 年,圖版第 26 頁),左下似从"玉",與《說文》古文瑟从"玉"正可以聯繫。反觀花東卜辭之怪字,似當分析爲从"大"形頭部處加上"賈"字上部所从横寫之形,與"瑟"字古文可以說肯定絶無關聯。而且,從花東卜辭辭例看,將釋爲"瑟"也毫無必然性。因此我們不能同意徐先生釋甲骨文"瑟"字的意見。

對“𠮦”字字理逐漸模糊的反映。㊳ 然而《君人者何必安哉》的抄手(或底本的書手),似乎仍然知道借“爪(麗)”字的來源,因而保存了一個很古老的寫法,這對我們搞清楚“麗”、“瑟”二字關係而言,可以説是一個至關重要的依據了。

楚文字“麗”可用作“瑟”,是音近假借。“麗”和“瑟”的語音關係,前引李零先生文已經有所提及。他對二者聲母的關係已經講得比較清楚,但是對韻部的關係講得還不很充分,下面試略作補充。“麗”字先秦没有作韻脚的例子,所以對其韻部的推斷主要是从諧聲、通假的角度進行的,因此争論很大,比如段玉裁對“麗”字歸部就自相矛盾,在《説文解字注》中歸十五部(脂部),在《六書音均表》中則歸十六部(支部)。㊴ “麗”和从“麗”得聲的字,雖然現在一般多歸爲歌部,段玉裁歸“麗”爲脂部的意見是有問題的,但是的確有一些从“麗”聲的字跟上古脂部字有密切關係,如《廣韻》上聲薺韻盧啟切禮小韻“鱧”字的異體作“鱺”(“鱧”字《説文》訓“鳠也”,爲《廣韻》所承;《説文》亦有“鱺”字,但只説是“魚名(小徐本作‘魚也’)”㊵),同小韻還收从“麗”聲的“𪉈”和“欐”字。“鱧”上古是來母脂部字,這幾個从“麗”聲的字跟脂部字的讀音應該是很接近的。

《説文》“灑”、“汛”二字互訓,段玉裁説:

> 按“汛”與“灑”互訓而殊音。“洒”則經典用爲“灑”之假借。然謂“洒”即“汛”之假借,則於古音尤合。蓋“洒”从“西”聲,“西”古音如“詵”也。小顔注《東方朔傳》“洒埽”云:“洒音信。”此謂即“汛”字也;云“又山豉反”,此謂即“灑”字也。此等必皆《漢書音義》舊説。㊶

《説文》謂“洒”的本義是“滌也”,段玉裁指出它就是今所寫的“洗”的古字;

㊳ “必”、“瑟”皆質部字;“必”的聲紐雖與“瑟”遠隔,但亦可舉出“𠧴”、“𤼭”一字分化、“閟”从“𤼭”聲的語音關係爲例(參看《裘錫圭學術文集》,第二卷第162、179頁)。

㊴ 段玉裁:《説文解字注》,第471、828頁。參看楊劍橋《漢語現代音韻學》,復旦大學出版社,1996年,第197頁。

㊵ 段注認爲《説文》此字即鰻鱺之“鱺”,與“鱧”無關(《説文解字注》,第577頁)。如此則《廣韻》作爲“鱧”之異體的“鱺”與《説文》的“鱺”爲同形字。

㊶ 段玉裁:《説文解字注》,第565頁。

《説文》又謂“洒”“古文爲灑埽字”,段玉裁説:

> “洒”、“灑”本殊義而雙聲,故相假借。……《毛詩》“洒埽”四見,《傳》云:“洒,灑也。”鄭注《周禮·隸僕》、韋注《國語》皆同,皆釋假借之例。若先鄭云“洒當爲灑”,則以其義别而正之,以漢時所用字正古文也。㊷

“洒”、“灑”古多通用。㊸ “灑”字《廣韻》上聲蟹韻所蟹切灑小韻有“所綺切”的又音,此即用作“洒滌”之“洒”(枚乘《七發》:“灑練五臟。”)。㊹ 灑水、洒滌,音義本相關,“灑”、“洒”二字雖然按照《説文》本義有别,但是這兩個字古代都是既可以表示灑水,也可以表示洒滌的。“灑”與“洒”(“汛”、“洗”)的密切關係,正説明“灑”字上古音跟脂部及其陽聲真部以及微部的陽聲文部,讀音很接近。表示洒滌義的“洒”上古音是心母脂部,㊺ “瑟”字上古音是生母質部,韻部有陰入對轉的關係。由此可見,借“麗”字表“瑟”的語音條件是完全具備的。

《爾雅·釋樂》:“大瑟謂之灑。”(按,此語又見《白虎通義·禮樂》)郭璞注:“長八尺一寸,廣一尺八寸,二十七弦。”楊樹達先生曾對大瑟何以謂“灑”有過辨正和解釋:

> 按大瑟所以名灑者,疏引孫叔然云:“音多變布如灑出也。”此望文之説,難以置信甚明。焦循《孟子正義》釋《滕文公篇》趙注“五倍曰蓰”引《爾雅》此文爲證,謂蓰灑字通,琴五弦,大瑟二十五弦,爲琴之五倍,故名曰灑。按焦説捨形而求之於聲,視孫説爲差進。然其意謂瑟之作因於琴,於古無徵。愚謂“灑”之得名蓋受之“析”。《邢疏》引《世本》云:“庖犧氏作五十弦,黄帝使素女鼓瑟,哀不自勝,乃破爲二十五弦,其二均聲。”此二十七弦大瑟出於破析之事也。《墨子·兼愛

㊷ 段玉裁:《説文解字注》,第 563 頁。

㊸ 高亨、董治安:《古字通假會典》,齊魯書社,1989 年,第 117、676 頁。

㊹ 參看漢語大字典編輯委員會《漢語大字典(縮印本)》,四川辭書出版社、湖北辭書出版社,1993 年,第 754 頁;王力主編:《王力古漢語字典》,中華書局,2000 年,第 649 頁。

㊺ 周法高:《新編上古音韻表》,1980 年内部交流本,第 223 頁。

中篇》説禹治水之事云："東爲漏大陸（從孫詒讓校），防孟諸之澤，灑爲九澮。"按灑爲九澮即孟子之禹疏九河，謂分爲九河也。《漢書·司馬相如傳》相如《難蜀父老》云："夏后氏戚之，乃堙洪原，決江疏河，灑沈澹災，東歸之於海，而天下永寧。"師古注云："灑，分也。"又《溝洫志》云："禹迺釃二渠以引其河。"注引孟康云："釃，分也，分其流，泄其怒也。"按此釃字《史記·河渠書》作廝。《索隱》云："廝，《漢書》作灑。《史記》舊本亦作灑，字從水。韋昭云：疏決爲釃。"據此則《史記》之"廝"、《漢書》之"釃"，舊皆作"灑"，此"灑"字訓爲分決之證也。《易·離》云："離者，麗也。"離有分離之義，《易》以麗訓離，則麗亦宜有分決之義。然《爾雅》《史》《漢》之灑釃，蓋以聲近假爲廝。今《史記·河渠書》作廝，《文選·難蜀父老》注引蘇林云："灑或作澌，音讀並同。"皆其證也。《説文·十四篇上·斤部》云："斯，析也，从斤，其聲。"引《詩》曰："斧以斯之。"灑斯聲近，故假灑爲斯。按破五十弦爲二十五弦，其事爲斯，遂名其物曰灑，故曰灑之得名蓋受之析也。㊻

按楊先生對舊説的批評是有道理的。他推測大瑟稱"灑"，得名於破析五十弦爲二十五弦之"析"的意見，實際是以二十五弦之瑟即"大瑟"爲基礎立論的。這雖然頗有啟發性，但並不是没有問題。邢昺《疏》所引《世本》之説又見《史記·孝武本紀》，其文謂"泰帝使素女鼓五十弦瑟，悲，帝禁不止，故破其瑟爲二十五弦"，又同篇下文"作二十五弦"裴駰《集解》引"徐廣曰：瑟也"，可見古人或以爲二十五弦的就是一般的"瑟"（古文獻亦多以二十五弦者即"瑟"而並不特稱爲"大瑟"或"灑"。學者經過研究，指出"周漢時期通行的瑟爲二十五弦" ㊼），未經破析的五十弦的那種"瑟"，是不是反而應該是大瑟也就是"灑"呢？㊽ 若是如此，楊説似乎就失去立論根據了。

㊻ 楊樹達：《積微居小學金石論叢》，中華書局，1983 年，第 214 頁。

㊼ 參看李純一《漢瑟和楚瑟調弦的探索》，《考古》1974 年第 1 期；黄曼華、朱安嵐：《江陵出土的楚瑟》，《樂器》1994 年第 3 期。

㊽ 《三才圖會》等就認爲大瑟五十弦，中瑟二十五弦。參看楊蔭瀏《中國音樂史綱》，萬葉書店，1952 年，第 65 頁。

古文獻多以瑟弦多少爲瑟之大小分類的依據，但早有學者根據考古發現的瑟的實物指出這種分類是不可行的，因爲“根據江陵出土的瑟，證明在長短上有顯著差别的楚瑟，在弦數多少上似乎是一樣的，甚至小瑟比大瑟的弦數還多”，所以他們主張根據瑟的長短及瑟體長、寬之比將瑟分爲大、中、小三型。㊾ 可見古書按照瑟弦多少來區分大瑟和一般的瑟，其實是一種理想化的設計，並不一定符合古人對瑟之大小的看法。總之，楊樹達先生以“灑”得名於破析之“析”，是過分相信了古文獻記載的不合實際的傳説與解釋，大概也是不可信的。

結合我們上文的研究，似可以對《爾雅》“大瑟謂之灑”這句話作出新的理解了。楚文字的“瑟”，可借“麗”字古文表示，“灑”字从“麗”得聲，故所謂大瑟稱名曰“灑”，很可能是與“瑟”之音義只有極細微差别的一個同源詞，表示的意思一種特殊的瑟——大瑟。㊿ 當然，也完全有可能只是後來不知戰國文字借“麗”表“瑟”用字習慣的人，附會出了“大瑟謂之灑”的説法，其實“灑”就是“麗(瑟)”。《玉篇・竹部》、《集韻》上聲蟹韻所蟹切曬小韻有“簁”字，皆訓“瑟”，當是爲表示“瑟”的“灑”所造的後起本字，這似乎對後一種説法較有利。㉛ 如果前一種解釋符合事實，除了楚文字中那些從辭例可以確定應讀爲“瑟”(如“琴瑟”連稱的)的“麗”字和加了“必”聲的“瑟”字外，有些一般讀爲“瑟”的“麗”，是否可能就應讀爲“灑”，也並不是不可以考慮。比如本文開頭提到的《君人者何必安哉》篇與“竽”並提的“麗”，似乎就可以讀爲“灑”。《吕氏春秋・仲夏紀》“調竽笙壎篪”高誘注

㊾ 黄曼華、朱安嵐：《江陵出土的楚瑟》，《樂器》1994年第3期。

㊿ 王力先生認爲，古訓“小瑟”的“筝”，跟“瑟”是同源詞(《同源字典》，商務印書館，1982年，第332頁)。其説若確，則“瑟”、“灑”的關係與“筝”、“瑟”關係相類，且“瑟”“灑”語音關係更爲密切。

㉛ 《爾雅・釋樂》：“大琴謂之離。”按，大琴稱“離”，是否後來因搞混了表“瑟”義的“麗”字而附會出來的講法，似也可以考慮。古人對琴瑟的分别往往不是很嚴格(參看何曉兵《“琴瑟同源”假説》，《齊魯藝苑》1990年第3期)，把用來表示“瑟”的假借字“麗”誤解爲“琴”的一種似乎並不是不可能(就跟前面注中提到的《説文》“珡”字兼可用作“琴”、“瑟”的情況類似)。《白虎通義・禮樂》引《樂記》有“弦，《離》音也”之説(此語不見今本《樂記》)，《禮記・樂記》孔疏引崔氏説亦有“絲聲爲《離》”之説，那是將五種樂器與八卦比附的後起説法，大概不能引來解釋《爾雅》所謂“離”。

云:“竽,笙之大者,古皆以匏爲之。竽三十六簧,笙十七簧。”簡文以“大瑟”與“笙之大者”相並,似亦頗爲合理,姑記此待考。

1960年,在江蘇省鹽城縣麻瓦墳遺址發掘到一方封泥,其摹本最先於1964年發表,原摹如下:

發表者未作釋文。[52] 2005年,鹽城市博物館王紅花先生發表了這方封泥的原物照片和“鈐本”【編按:吴振武先生告訴我所謂“鈐本”實是此封泥的局部照片】:

並釋爲“祝其亭璽”四字,“祝其”見於《左傳·定公十年》、《漢書·地理志》,位於今江蘇贛榆縣西北。[53] 王先生大概因篇幅所限,没有交代釋“祝其”二字的根據。

施謝捷先生在他的博士論文《古璽彙考》中,著録了這方封泥,並將文字釋爲“鄀(鑄)郤京鈢(璽)”。[54] 施先生釋第一字爲“鄀(鑄)”,不知是不是受了王先生釋“祝其”的影響。但從釋文看,施先生顯然不同意釋讀封泥第二字爲“其”的意見。

雖然封泥照片不是非常清楚,但跟摹本比對後,從文字風格可判斷是典型的楚璽所抑。戰國文字用作地名之字喜增从“邑”旁,所以封泥的前兩字當爲地名無疑。第一字除去“邑”旁部分,下部从“心”,上部从“臼”形,結合施謝捷先生公布的另一個摹本和上引封泥鈐本看,似乎“臼”中間

---

[52] 南京博物院(黎忠義、尤振堯執筆):《江蘇射陽湖周圍考古調查》,《考古》1964年第1期。

[53] 王紅花:《江蘇鹽城市出土戰國封泥》,《考古》2005年第9期。

[54] 施謝捷:《古璽彙考》,安徽大學2006年博士學位論文,第179頁。下引此封泥的另一摹本,或來自施先生文中“著録”一欄所列的“鹽城藏苑1996.8.18”,此刊未見。

的豎筆上端寫得比下部筆劃粗一些：

所以我懷疑此字右旁上部是从"昆"的。⑤⑤ 郭店簡《尊德義》16 號簡有从"心"从"昆"聲之字寫作如下之形：⑤⑥

頗疑與封泥第一字所从相同。當然，因爲照片不甚清楚，此字是否可能應作其他分析【編按：例如从"曳"的可能性】，待考。封泥第二字所从，顯然和劉信芳先生討論的古璽中用作"鍾離"之"離"的"幵(麗)"爲一字。"惃(？)麗(離？)"指的是什麼地方，有待進一步研究。

附記：本文的寫作，在不少關鍵環節得到裘錫圭先生的指示和大力幫助，謹向先生致以衷心謝意。稿成之後，蒙鄔可晶、蘇建洲二兄先後閱看指正，亦極感謝。文中錯謬，當由本人負責。

2011 年 7 月中旬初稿
2012 年 8 月 29 日修改補充
2012 年 9 月 1 日再改

追記：小文交稿後，又承田煒兄和李春桃兄指教，十分感謝。田煒兄在《古璽探研》中曾考釋南京市博物館所藏一方古璽中上从二"丁"形(二"丁"形並列，寫得與"开"形混同)、下从"必"的"瑟"字(華東師範大學出版

⑤⑤ 楚文字"昆"字寫法，參看《楚文字編》，第 421 頁；李家浩：《著名中年語言學家自選集・李家浩卷》，安徽教育出版社，2002 年，第 306～309 頁。

⑤⑥ 《楚文字編》，第 626 頁。

社,2010 年,第 225～226 頁),本文失引。此字是“瑟”的可能性相當大。正如田煒在考釋中已指出的,其寫法可以跟曾侯乙墓衣箱漆書的“瑟”字所从比較。我認爲此形當亦是來自“□”形的譌省。春桃兄向我指示傳抄古文中有寫作□、□、□形的用作“元”之字(皆見《古文四聲韻》),他認爲“古文从兩個‘元’字,當係‘元’字異體”(《傳抄古文綜合研究》,第 707 頁),這應該是正確的。此字當是重複“元”字而成的繁形,它與本文所提到的,白於藍先生指出的甲骨文寫作□、□的“麗”字、傳抄古文的“麗”字以及《君人者何必安哉》的“麗”字,似當是同形字的關係。推測這種繁形“元”字應是在“麗”字古文來源、音讀、用法等已不爲人熟悉之後造出來的。

看校追記:顔世鉉先生的博士學位論文《戰國秦漢簡帛校讀方法研究》(臺灣大學文學院中國文學研究所博士論文,2012 年,第 181～184 頁),已據《爾雅·釋樂》“大瑟謂之灑”和傳抄古文“麗”字寫法,認爲《君人者何必安哉》之字可能是“麗”讀爲“瑟”;但是他關於“麗”、“瑟”二字關係的看法,與本文不同。請讀者參看。世鉉先生於 2012 年 7 月 29 日曾賜下大作,我在修改小文時没有及時注意參考引用,是很不應該的。今附識於此,並向世鉉先生致歉。

原刊《中國文字》新三十八輯,臺北藝文印書館,2012 年。

編按:上博簡《容成氏》24 號原釋“濦”之字,陳劍先生指出應是“死(灑)”字,參看《〈容成氏〉補釋三則》(載《出土文獻與古文字研究》第六輯,上海古籍出版社,2015 年)。

談談戰國文字中可能與“庖”有關的資料

先秦古書中有關“庖”的記載頗多。單説《莊子》,就出過“越俎代庖”、“庖丁解牛”這些現在還常用的成語。古人當中,夏代少康逃奔有虞氏,“爲之庖正”(《左傳・哀公元年》);伊尹舉於商湯庖廚,更是先秦古書膾炙人口的典故。凡此皆可見在古人心目中“庖”之源遠流長。

從出土文字資料觀察,戰國文字中的“廚”已頗爲多見;①然而關於“庖”的資料,除了《臨淄齊墓》著録的一件春秋晚期或戰國早期宋左大師睪鼎銘文寫作“胸”的“庖”之外,②幾無踪迹可尋。大家知道,戰國時代楚國和三晉的銅器銘文資料是相當豐富的,在與置用地“庖”、“廚”密切相關的戰國青銅食器上面,鑄刻有不少銘文;楚文字更因楚簡的大量出土而面貌一新。可是至今爲止,我們還没有在戰國文字中找到更多可靠的關於

① 參看李剛《戰國銅器銘文“廚”字論略》對相關資料的綜述,《瀋陽師範大學學報》2007 年第 2 期,第 165～167 頁。

② 山東省文物考古研究所編著:《臨淄齊墓》(第一集),文物出版社,2007 年,第 87～88 頁。此字釋讀爲“庖”,是編者引裘錫圭先生意見。其説將字分析爲从“广”从“肉”,“缶”聲,“缶”、“包”上古音極近,故此字當爲“庖”之異構;又其説認爲字所从“广”旁反寫,故所謂“左師”也有可能當釋爲“右師”。今按,“广”旁可能應視作“勹”旁,字宜釋爲“胸”。古書“庖廚”之“庖”常作“胞”(如《莊子・庚桑楚》的“胞人”即“庖人”),因“庖”爲屠肉之所,故字从“肉”作(與“胞衣”之“胞”當視爲同形字),“胸”即這種“胞”的異體(齊國金文以从“革”从“陶”聲之字爲“鮑叔”之“鮑”,參看王輝編著《古文字通假字典》,中華書局,2008 年,第 222 頁;吴鎮烽:《鮑子鼎銘文考釋》,《中國歷史文物》2009 年第 2 期,第 51 頁)。

“庖”的資料，③這跟古文獻中大量“庖”的記載和戰國文字中“廚”的豐富資料都形成了强烈的反差，似乎應該引起我們的思考。

我在研讀戰國銅器銘文和其他戰國文字資料的過程中，懷疑有一些材料可能和“庖”有關(其實早有一些學者已經隱約注意到這一點，惜未得到充分注意和推闡，詳下文)。但是，就目前掌握的戰國文字知識看，本文所論還帶有相當大的推測成分，我的目的僅僅是把相關資料解讀的可能性提出來供大家參考别擇，錯誤和不當之處肯定不少，望大家批評指教。

一、從安徽壽縣朱家集楚國銅器的一個疑難字説起

在安徽壽縣朱家集李三孤堆出土的一件鑄客大鼎銘文中，有一個曾被研究者釋讀爲“祭”(朱拜石説)、“散”(徐乃昌説)、“膴”(李學勤、郝本性、陳秉新説)、“饎”(朱德熙等説)、“屠”(夏渌説)、“腏”(黄錫全、劉釗、董蓮池、劉彬徽説)、“肴”(何琳儀、李零説)、“胥”(吴振武説)、④錭(周晓陸説)、⑤“飧”(劉洪濤説)⑥的字，寫作如下之形：⑦

③　李學勤先生曾將上世紀80年代發表的泌陽官莊北崗3號墓出土的平安君鼎器蓋銘文“憙”字上的合文釋讀爲“庖宰”，見《秦國文物的新認識》，收入《新出青銅器研究》，文物出版社，1990年，第279～280頁。其説非是。李家浩先生曾將銘文改釋爲“冢子”合文(見《戰國時代的“冢”字》，收入《著名中年語言學家自選集・李家浩卷》，安徽教育出版社，2002年，第7頁)，我改釋爲“乳(孺)子”合文(《從戰國楚系“乳”字的辨釋談到戰國銘刻中的“乳(孺)子”》，陳致主編：《簡帛・經典・古史》，上海古籍出版社，2013年。已收入本書)。

④　前述諸説出處請參看程鵬萬先生《安徽壽縣朱家集出土青銅器銘文集釋》(下簡稱“程鵬萬書”)，黑龍江人民出版社，2009年，第169～189頁。爲簡便起見，下文涉及這些學者對A字的考釋，皆請參看此書，不再出注。又董蓮池先生雖釋A字从“叕”，但讀爲“廚”，參看下文。

⑤　周曉陸：《戰國楚壽春飤鼎跋》，《文物研究》總第九輯，黄山書社，1994年，第204～207頁。

⑥　劉洪濤：《釋“肙”》，武漢大學簡帛網，2011年8月1日首發。本文引劉洪濤先生説法皆出自此文，不再出注。

⑦　董蓮池：《新金文編》，作家出版社，2011年，第486頁。鑄客大鼎著録於中國社會科學院考古研究所編《殷周金文集成(修訂增補本)》，中華書局，2007年，第二册第1248頁2480號。

現藏安徽省博物館的一件傳出朱家集的鑄客銅鼎上也有此字：⑧

下面我們把這個字形稱爲 A。A 還見於《殷周金文集成》著録的 1807 號集 A 鼎、2302 號膪鼎。⑨ 幾處銘文的辭例分别是“鑄客爲集 A 佶 A 鳴夜 A 爲之”(鑄客大鼎)、“鑄客爲集 A 爲之”(鑄客鼎)、“集 A”(集 A 鼎)、“中 A”(膪鼎)。A 之前的限定語“集”、“佶”和“鳴夜”的含義現在還不是十分明確,有些學者認爲可能是地名或官署機構名。⑩ “中”則應當是表示“A”的屬性或類型的詞。

A 的上部,最接近於楚文字中“窕(乘)”的上部和“叕”旁。所以已經有不少學者分别從這兩種途徑來分析字形。單從字形上講,這兩種分析各自都有成立的可能。不過,陳邦懷、朱德熙等先生曾經提出,下面兩個字很可能應與 A 聯繫,甚至可能就是一個字:⑪

---

⑧ 董蓮池:《新金文編》,第 486 頁。此鑄客鼎著録於鍾柏生、陳昭容、黄銘崇、袁國華編《新收殷周青銅器銘文暨器影彙編》(簡稱“《新收》”),臺北藝文印書館,2006 年,第 915 頁 1325 號。

⑨ 《殷周金文集成(修訂增補本)》,第二册第 1029 頁,第 1185 頁。

⑩ 關於“集”的含義,參看程鵬萬書第 173 頁引朱德熙等先生説,第 156 頁引李零先生説,第 157 頁引劉國勝先生説。按這種含義的“集”,亦見於《上海博物館藏戰國楚竹書(四)·昭王毁室》所記的職官“集人”,此字原整理者誤釋爲“雍”,此從董珊先生《讀〈上博藏戰國楚竹書(四)〉雜記》改釋(簡帛研究網 2005 年 2 月 20 日),但董先生在“集人”後括注“宗人?”似不可從,“集人”疑即見於鄂君啟節的“集尹”;關於“佶”,程鵬萬書指出與包山楚簡常見的“佶+官名”的“佶”意義相同(第 190 頁),這種“佶”一般讀爲“造”,視爲中央的製造機構(參看陳穎飛《從楚簡的“卜(从辶)”、“佶”、“戠”等職官看楚國的這一系列機構》,武漢大學簡帛網,2009 年 6 月 20 日;劉信芳:《楚系簡帛釋例》,北京師範大學出版集團、安徽大學出版社,2011 年,第 52～53 頁);關於“鳴夜”的含義,參看程鵬萬書第 192 頁。

⑪ 天津市文化局文物組:《天津市新收集的商周青銅器》,《文物》1964 年第 9 期,第 35～36 頁轉第 40 頁。東陵鼎蓋銘見《殷周金文集成(修訂增補本)》,第二册第 1159 頁 2241 號;壽春府鼎銘見同書第 1216 頁 2397.1 號。

東陵鼎蓋　　　　壽春府鼎

下面以 B 來代表這類字形。它們的辭例分別是"東陵 B"和"暑(睹—曙)官 B"。"暑(睹—曙)官",似當是負責貴族早餐的飲食機構。⑫ 東陵則一般認爲是地名。

A 和 B 下部都由肉、刀兩個部件構成,上部則有一定差異。它們是否一字,在以字形爲主要出發點的學者和以辭例爲側重點的學者中間,看法是很不一樣的。以字形爲主要準則的學者,尤其是把 A 字上部視爲"堯(乘)"之省形和"叕"旁的學者,大多認爲 A 與 B 無法聯繫,所以他們在討論 A 形的時候,是撇開了 B 的。雖然陳邦懷和朱德熙等先生的看法實際上也結合了對字形的考慮,但主要可能還是從辭例出發作出的判斷。前一種意見並非不能自圓其説,但如果的確像陳、朱等先生所説,A 和 B 是一個字的話,認爲 A 字从"堯(乘)"和从"叕"的意見則不得不重作考慮。⑬

爲解決這個問題投入一綫曙光的,是一些學者在包山楚簡中找出的一個可能跟 A、B 有關係的字(下將之稱爲 C,其中部分字形左旁从"人"和"邑"。爲圖簡便,下文所説的 C 皆指去掉疊加的"人"旁、"邑"旁後的形體——即 95 號簡之形),我們把 C 按寫法的差異分成如下三類:

C1.　[字形]95　[字形]141　[字形]143

C2.　[字形]132 反　[字形]77

C3.　[字形]193　[字形]166

---

⑫　郭永秉:《古文字與古文獻論集》,上海古籍出版社,2011 年,第 86 頁。
⑬　也有個别主張 A、B 爲一字的學者,將 A 和 B 都視爲从"叕",如禤健聰《釋戰國文字的"叕"》,陶新民主編:《古籍研究》2007 年(卷下),安徽大學出版社,2007 年,第 185～188 頁。但其説對 B 和下面舉到的 C 形而言不無疑點。

高智先生認爲 C 是“衰”的本字。⑭ 李守奎先生將此字上部釋爲“衰”，與 A 字歸爲一字。⑮ C1 還見於襄陽王坡楚墓出土的一件鼎銘，寫作如下之形：⑯

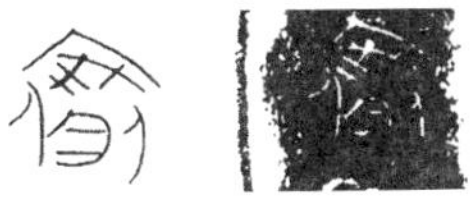

左側爲發表者的摹本，基本忠實；不過字形上部“文”形腿部的短斜筆，本來都應該是左右對稱的兩道，摹本在右側摹漏一筆是小疏失。

釋 A、C 爲“膌”的意見，得到了劉洪濤先生的支持。劉先生進一步認爲，B 也應該和 A、C 爲一字，並且還構想了字形上部所从演變的過程，以下圖表示：

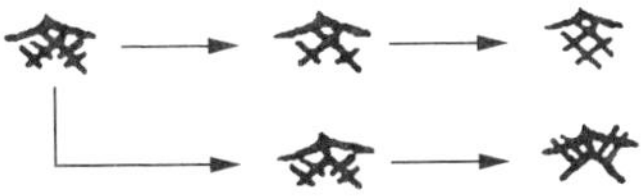

從此圖可以看出，劉先生認爲 B 和 A 去除掉肉和刀旁之後的部分，都是從所謂“衰”變來的。所以他由字从“衰”得聲出發，將 A、B、C 統一讀爲音近的“飧”字。

目前討論這一系列字形的看法和認識，大致就如上面所述。簡而言之，學者中將 B 和 A 分開討論的意見似乎佔據上風（具體的釋讀則以釋字从“叕”和从“椉（乘）”省的意見較佔優勢）；李守奎和劉洪濤等先生的意見後出，尚未見到後續的討論。

二、在辭例和字形之間權衡抉擇

從字形上講，劉洪濤先生對 A、B、C 演變過程的構擬和設想，實際

---

⑭ 高智：《〈包山楚簡〉文字校釋十四則》，吉林大學古文字研究室編：《于省吾教授百年誕辰紀念文集》，吉林大學出版社，1996 年，第 184～185 頁。

⑮ 李守奎：《楚文字編》，華東師範大學出版社，2003 年，第 271 頁“膌”字條。該條所收《古璽彙編》0637 號字，右下非“刀”旁，與 C 字是否爲一字，當待考。又李守奎先生 1997 年寫成的吉林大學博士學位論文《〈楚文字編〉與〈楚文字編〉歸字説明》已指出鑄客大鼎之字與包山簡字形爲一字，但尚未將上部視爲“衰”（參看程鵬萬書第 184 頁引）。

⑯ 湖北省文物考古研究所、襄樊市考古隊、襄陽區文物管理處：《襄陽王坡東周秦漢墓》，科學出版社，2005 年，第 155～156 頁。此鼎發表者將字上部隸定爲“叕”，似是認同 A、C 爲一字的。

上並非没有疑點。比如從C變到B和A的中間環節,就還缺乏實際字形的根據。當然,在古文字考釋中,適當構擬字形演變的環節,並非完全不可以,只要合乎字形演變的一般規律,參酌其他旁證,還是可以接受的。不過,劉先生認爲B形是直接來自C的,我們卻無法同意。因爲不管C是不是"衺",C上部的主體是"文"形,即使C可以變出這種形體(實際上此形並不存在),與B的上部實際上仍然有明顯差異。從B的偏旁組合及其位置關係看,學者多把B除去"爻"形、"肉"旁和"刀"旁的部分視作"厂"旁,顯然是有道理的。劉先生自己在文章中説了這樣一段話:

> 需要説明的是,我們上面所説的"衺"字的形體變化,如果放在"乘"字、"叕"字甚至"文"字上,也都有成立的可能。我們之所以認爲j的三個形體(引者按,此指我們所説的A、B)所从都是"衺"字,主要是因爲它們跟包山簡的"膌"字一樣,下部都既从"肉"又从"刀"。從文字的系統性出發,或者説根據偏旁的制約性來看,把它們與包山簡的"膌"字看作同一個字,恐怕是最好的選擇。

可見劉先生對他關於字形演變的分析也不見得非常自信,把B上部的"厂"旁和"爻"旁結合而成的形體看成"衺",實在有些勉强。因此,我們不贊成劉洪濤先生對字形演變過程的設想。

不過,從辭例和文字使用場合的角度考慮,我們認爲劉先生把A、B、C視爲一字,則是可信的。除了A、B、C字形本就有部分相同的構件之外,還可以從以下幾方面加以説明。第一,A在鑄客大鼎中有"佫A",C在包山簡中有對應的"佫C司敗";第二,B前冠以地名和官署名,辭例與A同;第三,銅器銘文上出現此字的,目前看全部是鼎銘,而且這些鼎的形制都很接近,請看下表(圖像除東陵鼎蓋外,⑰皆取自《商周金文資料通鑑》⑱):

---

⑰ 東陵鼎蓋圖像取自曹錦炎《東陲鼎蓋考釋》,《古文字研究》第14輯,中華書局,1986年,第50頁。

⑱ 吴鎮烽編撰:《商周金文資料通鑑》(簡稱"《通鑑》"),陝西省考古研究院,2011年。

器名器號	圖像
集A鼎(《集成》1807)	
東陵鼎蓋(《集成》2247)	
膳鼎(《集成》2302)	
壽春府鼎(《集成》2397)	
鑄客鼎(《新收》1325)	

續 表

器名器號	圖 像
C鼎(《通鑑》00289)	

鑄客大鼎因爲是鑄客同時爲三個不同的A所鑄,故鼎的形制、大小與他例不同,可不予考慮;東陵鼎雖只存器蓋,但它跟壽春府鼎等器形制當接近或基本一致。也就是説,A、B、C都可以出現在時代和形制相近的、劉彬徽先生所分的東周七期子母口鼎上(比如刻有B字的壽春府鼎和王坡墓地的C鼎,形制即基本一致)。⑲ 這個事實對於説明A、B、C的關係雖然並無直接證明的作用,但至少可以讓我們自然地聯想,“東陵B”、“者官B”的B和C,如果表示的不是一個意思,反倒是一件不好解釋的事兒了。不管A、B、C字形應當如何分析,這樣的偏旁組合本身在楚文字中都是極爲特異的——即下从肉、刀爲表意偏旁,上部再疊加一個似衰非衰、似乘非乘、似叕非叕的部件,在當時的文字系統裏,一旦出現這樣的偏旁組合,當時的人絶不會不識或誤認。但如果A、B、C三字是互相有區别的不同的字,表示的是不同的詞,由於字形十分接近,時代相近,出現的場合又一致,它們之間的區分度必然就比較低,辨識起來會有困難。

從A、B、C的地域分佈來看,A、B兩類字形,除了東陵鼎蓋的置用地暫時無法斷言之外(“東陵”地望有河南固始和湖南岳陽兩説,⑳但也有可

⑲ 劉彬徽:《楚系青銅器研究》,湖北教育出版社,1996年,第136頁。劉彬徽、劉長武:《楚系金文彙編》,湖北教育出版社,2009年,第27、30頁。

⑳ 曹錦炎:《東陲鼎蓋考釋》,《古文字研究》第14輯,第45～46頁。包山簡、葛陵簡也多見地名“東陵”,鄭威先生認爲與《魏書·地形志中·潁州》所記北魏潁州南頓縣的東陵城有關,“即今阜陽市與新蔡縣之間的範圍内,東陵最初的得名或許也與此方位有關”(《楚“東陵”考》,武漢大學簡帛網,2008年1月4日),宋華强先生認爲其説“可以參考”(《新蔡葛陵初探》,武漢大學出版社,2010年,第68頁)。其地與東陵鼎蓋銘的“東陵”是否一地似亦難肯定。

能實與此二地無關。吴鎮烽先生懷疑此鼎爲“壽縣出土楚器之一”㉑),只在今安徽境出土或置用地在今安徽境(如壽春府鼎的“壽春”)的銅器上出現;C 類字形則只在今湖北境出土的竹簡和銅器上出現,似正好有異體地域對立的現象,這大概不會是偶然的。

而且,僅從研究的角度而言,要分别對 A、B、C 作出三種不同的釋讀,或者將 B 與 A、C 對立起來作出兩種釋讀,恐怕更是治絲益棼。通過各方面情況的綜合分析,我們認爲只有將 A、B、C 視爲一字的意見才是正確的。㉒

在對 A、B、C 進行字形分析之前,我認爲有必要先從辭例上看看它們所代表的詞的特徵。我同意劉洪濤先生的意見,無論以往釋字从“叕”,還是从“豖(乘)”或“衰”,對字形作出的解釋,雖然都不完全確切,㉓但也還並不是不可以勉强爲之。但問題的關鍵在於,即使從這些途徑出發落實了字形的解釋,卻仍難找到一個合適的詞。

我認爲,過去有不少學者對 A、B 所代表的詞進行的推測和判斷,實際上很有可以注意之處。我們在考釋此字時,當充分考慮、吸納他們意見中的合理成分。朱德熙等先生説(爲引起重視,引者對部分文句加了下劃綫):

> 東陵鼎銘曰“東陵塍”,壽春鼎銘曰“□□塍”,塍字都在最後。上文説過,大鼎集字以下應分三段來讀,每段之末也是塍字(引者按:朱文釋 A、B 爲塍,讀爲饍)。這就是説,這些塍字所處的語法位置相同。<u>就辭例看,把某塍,某某塍解釋爲職官的名稱是最合理的。東陵很像是地名。以地名名塍,猶漢代長安廚,雝(雍)廚之以地名名廚。</u>

郝本性先生説:

> 《三代吉金文存》三·一二上著録有一塍鼎,……銘文……即中

㉑ 吴鎮烽編撰:《商周金文資料通鑑》,第 01635 號。

㉒ 前引禤健聰《釋戰國文字的“叕”》一文也傾向於主張 A、B、C 爲一字的意見。

㉓ 比如釋“叕”之説對解釋 B、C 兩形較困難;釋“豖(乘)”之説難以解釋 C 形;釋“衰”之説難以解釋 A、B 兩形。

> 膴，可讀爲中廡，《商周金文録遺》一九・七〇著録有大右秦鼎（引者按：即東陵鼎蓋），……壽春府鼎……，均爲廡。都是表明該鼎的置用場所。

夏渌先生説：

> 聯繫大鼎（引者按：指鑄客大鼎）本身作爲物證，這三個單位應當是供給楚王后宫和親戚肉食的屠宰單位。這個字有可能是“庖”、“宰”、“屠”一類字。陰和陰廚（引者按：夏文誤釋“集”爲“陰”），一爲宰殺牲口提供肉源，一爲烹飪加工。……聯繫銘文，讀“陰庖、徭庖、胄腋庖”的可能性頗大。……（引者按：下文論證 A 字應讀爲“屠”，從略。）

李零先生説：

> 我們認爲這個字（引者按：指 A）是从兩爻从肉从刀，東陵胹鼎和壽春府鼎所从爻皆單作，説明這個字可隸定爲劕。肴是切細的肉，从刀作兼有會意的成份，上加厂旁或宀旁，是表示製造肴饌的處所。可見這個字和庖意思差不多。

董蓮池先生説：

> （A）可隸定爲胬。……如果這一推測不錯，則此文疑即廚字的異體之一。……（此處説明“叕”聲與“廚”字上古音關係，從略。）因此胬與廚字上古音肯定相近。胬从“肉”从“刀”爲義符，……這應當理解爲和庖廚掌切割有關。……從辭例上分析，此云“集胬”又用以鼎銘，鼎則爲廚中所用之具，在楚器銘文中，銘以“集脰（廚）”者數見，因此“集胬”與“集脰（廚）”意義相同。

曹錦炎先生認爲 B 从“荆（㓷）”聲，可讀爲倉廩之“倉”，是楚國“倉”字的另一種寫法，他説：

> 在東陵鼎蓋和壽春鼎銘文中，胷字是作爲名詞出現的。……胷字从厂，正有房舍之意，从肉，表示貯藏物有肉類，……

雖然這些學者的具體釋讀意見我們不同意，但是他們從辭例分析，指出A、B是負責製造或儲存餚饌的處所，類似“廚”一類意思，是非常合理的。從字形看，不少學者從B形从“厂”的事實出發，指出此字所表之詞與處所有關，顯然也很有道理。

我認爲，從上述角度看，過去佔據優勢的釋讀爲“腏”、“肴”、“胥”的意見以及新出的釋讀爲“飧”的意見等，大概都是難以符合要求的（不過釋“肴”之説有部分合理之處，詳下文）。但是從“處所”義來考慮釋讀方向的意見，也多少存在問題。如董蓮池先生釋A字爲“廚”的意見恐於音理、用字習慣都有不合之處，董先生後來也已放棄此説；㉔曹錦炎先生釋B爲“倉”，也碰到用字習慣的問題，而且較難對A、C兩類字形作出解釋。

值得注意的是，雖然夏渌、李零等先生持釋“屠”、“肴”之説，但他們在討論時已明確將A、B跟“庖”聯繫起來，董蓮池先生考慮字釋爲“廚”的可能性，這都是極有啟發性的。我認爲將A、B、C三字讀爲“庖”，從辭例上看是目前爲止最合理的選擇。

A和B的辭例，前引學者意見有較詳細的討論，情況已比較清楚。“集A”可以跟朱家集銅器銘文中的“集脰（廚）”類比。壽縣楚器中有一件集緖甗（《殷周金文集成》914號）㉕和一件集緖鼎（《殷周金文集成》2299號）㉖。李家浩先生指出包山簡與“宰檷”相對的“緖檷”應讀爲“屠檷”。㉗如李説可信，則“集緖”可讀爲“集屠”。“集屠”跟“集A”也可以類比。“中A”大概是指供楚王專用之A，猶如楚王的馬廄稱“中廄”（《左傳・昭公二十七年》“中廄尹”）、楚王的近侍稱“中射”（《戰國策・楚策四》“中射之士”）；楚簡有“中舍”之官，有學者以爲是宫中的舍人職，有學者認爲就應讀爲“中射”。㉘

㉔　董先生後來已改從吴振武先生釋“胥”之説（參看《新金文編》，第486頁）。

㉕　《殷周金文集成（修訂增補本）》，第一册第737頁。

㉖　《殷周金文集成（修訂增補本）》，第二册第1183頁。

㉗　李家浩：《包山266號簡所記木器研究》，《李家浩自選集》，安徽教育出版社，2002年，第224頁。參看禤健聰《釋戰國文字的“叕”》，第187頁。

㉘　參看吴曉懿《〈上海博物館藏戰國楚竹書（四）〉所見官名輯證》，簡帛網，2009年6月5日。

C和从C之字,除了包山簡77號从“人”从“邑”之字用作地名無需討論外(此字圖版不是很清楚,似是从C2之形),都可以注意,下面分別予以簡單討論(下文討論辭例時,爲簡便起見,以～代表這些相關字)。

包山簡132號反、141號、143號、193號的辭例都是“～尹”[前三個例子的“～尹”均記有私名“傑(左旁或不从“人”而从“力”)”]。包山166號簡的辭例是“佶～司敗郞”。“～尹”從字面上看當是掌“～”的官吏,疑類似《周禮》的“庖人”職;但是從簡文内容看,“～尹”之職在當時未必是真掌庖廚的職官,而很有可能和“膳夫”這類職官一樣,已經從掌管周王及相關貴族膳食的官吏轉變成掌有一定權力的王的近臣之職。[29] 有學者從包山簡的記載分析,認爲“～尹”是楚國左尹的附貳,[30]是否如此可以進一步研究。不過從包山簡的記載看,“～尹”有時參與聽訟(142號、143號)、接受左尹之囑(193號)、傳遞致送案卷(132號反),好像確有出入政令的行政職能,這跟西周金文中膳夫的職能似頗有一些相似之處。[31] 包山簡139號有“大脰(廚)尹”,173號有“正昜脰(廚)尹”,天星觀遣册有“集脰(廚)尹”。[32] “庖”“廚”雖詞源有別,[33]古代散言可通。但是從包山簡等材料看,“～尹”、“廚尹”似不太可能是同一官職或職掌近似的官職,它們的關係有待研究。前面已説,“佶～”已見於鑄客大鼎,“佶～”當爲“佶”之“庖”的意思。“司敗”是楚國屢見的官名,“多爲官署、地方官、貴族封地之司敗”,如包山簡所見的“司禮司敗”(21號簡)、“鲝尹之司敗”(28號簡)、“大廐御司敗”(69號簡)等。[34] “佶庖”有司敗之職,也是合乎情理的。

包山簡95號簡云(釋文用寬式):[35]

---

[29] 張亞初、劉雨:《西周金文官制研究》,中華書局,1986年,第42～43頁。

[30] 陳偉:《包山楚簡初探》,武漢大學出版社,1996年,第29、64～65頁。

[31] 關於膳夫的職能轉變,可參看李峰《西周的政體:中國早期的官僚制度和國家》,生活·讀書·新知三聯書店,2010年,第96～97頁。

[32] 滕壬生:《楚系簡帛文字編(增訂本)》,湖北教育出版社,2008年,第407頁。

[33] 參看王鳳陽《古辭辨(增訂本)》,中華書局,2011年,第212頁。但王氏對“庖”“廚”二詞所作的具體的詞源分析,不一定正確,參看下文。

[34] 劉信芳:《楚系簡帛釋例》,第15頁。

[35] 湖北省荆沙鐵路考古隊編:《包山楚墓》,文物出版社,1991年,上册第355頁、下册圖版一三二。

九月戊午之日,邵無害之州人鼓鼗張㤁訟鄢之鳴狐邑人某𢤹與其～大市米堣人者(?),謂者(?)□(此字不識,待考)其弟㚅而𢤹殺之。

"～大市米堣人"是參與殺人的"者"的身份,很容易讓人聯想其中的"～"當讀爲77號簡曾出現的从C得聲之地名。不過,"～大市米堣人"前有"其"字。此"其"指代"某𢤹","其"領屬修飾的很可能只是"～","其～"疑應指屬於某𢤹的某種人。所以"其～"與"大市米堣人"很可能是同位語的關係。"大市米堣人"含義不明,可能是交代"者"的出身,也可能是此人掌管的内容。㊱ 這樣看來,者似有可能爲某𢤹私屬的"～"職,他大概是因爲協從𢤹殺害張㤁之弟㚅而被㤁告發的。如果這個"～"確可讀爲"庖",也許這個掌庖廚的者就是利用其手中工具的便利協助𢤹殺人的。當然,如果"～"在簡文中不是地名的話,我不敢説簡文的"～"讀爲"庖"是唯一正確的選擇,但相較"胐"、"肴"、"胥"、"殽"諸説而言,釋讀爲"庖"的優勢卻是很明顯的。

由上述討論可以看到,將A、B、C在各辭例中都釋讀爲"庖"是全都可以順利講通的。

三、論B與A、C所从基本聲符爲"爻"及其譌變形

下面分析字形。我認爲,對於上文所討論之字的A、B、C三種寫法,如果依讀"庖"的意見統一作解,則應當視B爲字形的較早形體(B與A、C相較,多出一"厂"旁)。B當分析爲从厂、从肉、从刀、爻聲,過去主張將B釋爲"肴"之異體的何琳儀先生和黄錫全先生,以及後來討論相關字形的劉釗、李零等先生,對B形就是這樣分析的。李零先生還將東陵鼎蓋的B

㊱ 或以爲"大市"即《周禮·地官·司市》的"大市","堣"應讀爲《司市》"思次"之"思"(鄭注:"思次,若今市亭也。"),見陳偉主編《楚地出土戰國簡册[十四種]》,經濟科學出版社,2010年,第44頁。

隸定爲𠛱。[37] 我認爲他們的意見是正確的(李零先生持釋"肴"説,故他的隸定將"刀"旁跟"肴"旁並列,實際上比較嚴格的隸定是將"刀"旁和"肉"旁並列在字形下部)。从肉、从刀,董蓮池先生已指出所會之義正和庖廚負責切割相合;从厂,前引諸説已指出與"庖"爲處所相合。所以 B 當是庖廚之"庖"的本字。"爻"爲什麼可以作爲讀爲"庖"之字的聲旁,則需要作解釋。

"爻"是匣母宵部字,从"爻"聲的字如"駁"則是幫母藥部字(藥部是宵部的入聲)。[38] 楚文字中有兩個用作"暴"之字亦从"爻"聲。郭店簡《性自命出》64 號云:

怒谷(欲)浧(盈)而毋[39]

周鳳五先生最早指出最末一字當釋爲"暴",[40]文從字順,但周先生未對字形作出圓滿解釋。魏宜輝先生曾經對該字形作出如下分析:[41]

---

[37] 參看程鵬萬書第 177～178、182、183 頁。據黄錫全先生文轉引的何琳儀先生 1986 年寫成的《古璽雜識續》油印本,大概是何先生最早認爲此字應釋"肴"。何文未見【編按:何文收入《安徽大學漢語言文字研究叢書·何琳儀卷》,北京師範大學出版集團·安徽大學出版社,2013 年,第 265 頁】。

[38] 古代脣音字和喉音字通轉之例甚多,可參看黄焯《古今聲類通轉表》,上海古籍出版社,1983 年,第 171～183 頁("駁"字例見第 171 頁)。楚文字常以从"人""爻"聲之字表示容貌之"貌",見郭店簡《五行》32 號簡(《郭店楚墓竹簡》,第 150、153 頁)、上博簡《孔子見季桓子》7 號簡(何有祖《讀〈上博六〉札記》,簡帛網 2007 年 7 月 9 日)等。"貌"也是脣音字。趙彤先生對舌根音聲母字和脣音聲母字的交替現象作過解釋,認爲這是上古楚方言中發生了 $*K^{w}-$ > $*P-$ 的演變,文中就舉到了"駁"从"爻"聲的例子,請參看《中古舌根聲母字和雙脣聲母字在戰國楚系文獻中的交替現象及其解釋》,《中國語文》2006 年第 3 期,第 249～255 頁(趙文蒙沈培先生提示)。

[39] 荆門市博物館:《郭店楚墓竹簡》,文物出版社,1998 年,圖版第 66 頁,釋文注釋第 181 頁。末字原不識,僅摹出原形。

[40] 周鳳五:《郭店〈性自命出〉"怒欲盈而毋暴"説》,謝維揚、朱淵清主編:《新出土文獻與古代文明研究》,上海大學出版社,2004 年,第185～186 頁。上博簡《性情論》27 號簡對應之文爲"慮欲淵而毋暴",學者傾向於認爲這句是合《性自命出》"慮欲淵而毋僞"、"怒欲盈而毋暴"爲一句(參看馮勝君《郭店簡與上博簡對比研究》,綫裝書局,2007 年,第 248 頁),句中"暴" 字原作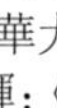,字形不甚清楚,但似乎可以辨出上部寫作"大"形,下从"火"(關於楚文字"暴"字上寫作"大"形,詳下文;从"火"的"暴"形參看清華大學出土文獻研究與保護中心編、李學勤主編《清華大學藏戰國竹簡(壹)》,中西書局,2010 年,下册第 234 頁)。

[41] 魏宜輝:《楚系簡帛文字形體譌變分析》,南京大學博士學位論文,2003 年,第 20 頁。下引魏文中所摹《性自命出》字形似取自張守中等《郭店楚簡文字編》(文物出版社,2000 年,第 210 頁),此形跟原整理者釋文中所摹略有出入,當以張摹接近原形。

> 在A例中,“暴”所從的“日”旁譌省作“”形(引者按,A例指曾侯乙墓竹簡4號簡的字),因此我懷疑“”所從的“口”可能是“日”之譌省。至於“”所從的“”形,可能是“暴”字所從“”形的變體。這樣看來,“”所從的“”可能就是“暴”字。至於“”字所從的“”,我認爲當是“爻”字。“爻”古音爲匣母宵部,“暴”爲幫母宵部(引者按,“暴”字當是並母字)。二者韻部相同,而聲紐關係非常密切,如“爻”的諧聲字“駁”即爲幫母字。“爻”在“”字中是一個綴加的聲符。

他對字形的分析基本可從(唯中部形是否來自“暴”字中部象草木之形的部分則有待進一步研究),尤其是將字形上部分析爲加注的聲旁“爻”,顯然是正確的。

《上海博物館藏戰國楚竹書(四)·昭王與龔之脽》9、10號簡可連讀,簡文説:㊷

> 楚邦之良臣所晷骨,吾未有以憂。

原整理者引上博簡《周易》和《逸詩》用作“衛”的“戕”字,認爲“晷”字也从讀作“衛”的“戕”爲聲,在簡文中讀爲“慧”或“衛”。但這種讀法無法講通簡文。陳劍先生認爲:㊸

> “晷”字从日“戕”聲,“戕”又从戈“爻”聲,故可讀爲“暴”。“暴”字上古音或歸入宵部,或歸入藥部,與“爻”或同部或爲陰入對轉,從“駁”字从“爻”得聲可以看出其聲母也有密切關係。……(此處引上舉上博簡用作“衛”的“戕”字例以及秦樺林先生認爲用作“衛”的“戕”爲“歲”字簡化譌變之體的意見,從略)“晷”字的聲符“戕”跟用爲“衛”的“戕”字就是本來没有關係的兩個字,因形體譌變而混同。“暴骨”

㊷ 馬承源主編:《上海博物館藏戰國楚竹書(四)》,上海古籍出版社,2004年,第189～190頁。

㊸ 陳劍:《上博竹書〈昭王與龔之脽〉和〈柬大王泊旱〉讀後記》,簡帛研究網,2005年2月15日。

> 古書多見，猶言捐軀拋屍，"暴"意爲"暴(曝)露"(《國語·越語上》有云"暴露百姓之骨於中原")，"㬥"从意符"日"，跟"暴"和"曝"皆以"日"爲意符相同，則"㬥"字就應係"暴曬"、"暴露"(此二義實亦相因)之"暴"及其後起分别字"曝"之異體。簡文此段蓋昭王言國有吴王入郢之難，其役中爲國捐軀暴骨中野之士，王尚未有表彰其人、存恤其後等"憂之"之舉，今正好借賜龔之脽(其父當即死難暴骨者之一)以袍之事，欲令國人皆見之而知昭王存恤烈士之後之意。

結合文義以及上舉魏宜輝先生對郭店簡《性自命出》"暴"字聲符的分析，我認爲陳先生的意見很可能是正確的。㊹ 由此可見"爻"字在楚文字中經常可以作爲並母宵部字"暴"的聲旁。

从"包"聲的"庖(或胞)"，聲母是並母，與"暴"字相同。雖然"庖"跟"爻"、"暴"兩字上古韻部有幽宵之别，但關係十分密切。《説文·十三下·風部》以从"包"聲的"颮"字爲"飆"字或體，㊺是从"包"聲字跟宵部字關係密切的證據。以"爻"爲基本聲符的"學"、"覺"等字，則是覺部字(幽部入聲)。《説文·七上·日部》"㬥(暴)"字下云："古文㬥从日、麃聲。"春秋時人"申包胥"，《鶡冠子·備知》作"申麃"；《儀禮·既夕禮》"木鑣"鄭注"古文鑣爲苞"，㊻皆"庖"、"暴"古音接近之證。可以注意的是，"庖"和"爻"的中古音韻地位也十分接近——"庖"是並母肴韻平聲開口二等字，"爻"是匣母肴韻平聲開口二等字，兩字上古音主要元音雖不完全相同，但讀音必定非常接近，以致中古韻合流。前已説明，楚文

㊹　陳劍先生後來對用爲"暴"的聲符的"戔"和用作"衛"的"戔"來源不同的看法又有所補充，參看《清華簡〈皇門〉"䍃"字補説》，復旦大學出土文獻與古文字研究中心網，2011年2月4日；又載復旦大學出土文獻與古文字研究中心編：《出土文獻與古文字研究》(第四輯)，上海古籍出版社，2011年，第183～184頁。

㊺　例引自高亨、董治安《古字通假會典》，齊魯書社，1989年，第765頁。

㊻　高亨、董治安：《古字通假會典》，第763～764頁。有學者指出秦漢幽、宵合韻是楚方言的特徵，古幽部的豪、肴、蕭韻字和宵部宵韻字相押，參看華學誠、謝榮娥《秦漢楚方言區文獻中的宵部和幽部》，《語文研究》2009年第1期，第1～4頁。《鶡冠子》的作者爲戰國楚人，此書内容與長沙子彈庫楚帛書、馬王堆漢墓帛書相關(參看李學勤《〈鶡冠子〉與兩種帛書》，《李學勤文集》，上海辭書出版社，2005年，第388～398頁)，將"申包胥"寫作"申麃"，也可看作是楚地方音的反映。

字用作"暴"之字或从"爻"聲，那麽，把从"爻"聲的B字讀爲"庖"當也是没有問題的。

雖然就B形本身而言，可以强制拆分出"肴"旁，但釋B爲"肴"的意見從文字學上嚴格地講畢竟是不正確的。不過我認爲此説也並非完全没有合理的地方。"肴"字古訓"肉"、"肴饌"，[47]屠宰切割放置肉肴的地方正是"庖"，所以"庖"和"肴"説不定還是有親屬關係的同源詞。[48]"脰"字古訓"饌"，楚國銅器銘文應釋爲"廚"的"脰"和訓"饌"的"脰(字書或作"臄"、"䐭")""至少是出自一源的同源詞"，[49]情況與此頗爲類似。

將B分析爲从"爻"聲，並釋讀爲"庖"，似還有一些古文字資料可以合觀，下面略作介紹。《殷周金文集成》2302號著録一件襄公鼎，銘文如下：[50]

襄公上陽曲尊　(耳銘)

襄公上芇(共—供)陽曲尊　(器銘)[51]

---

⑰　參看宗福邦等主編《故訓匯纂》，商務印書館，2003年，第1850頁。

⑱　《周禮》鄭玄注等以"庖之言苞也"(宗福邦等主編：《故訓匯纂》，第694頁)，也就是認爲"庖"取包裹、苞苴之義。其説未必可信。

⑲　參看程鵬萬書第171頁引朱德熙等説注①。

⑳　《殷周金文集成(修訂增補本)》，第二册第1185、1634頁。

㉑　此銘"陽曲"二字原作合文，戰國銅器和貨幣銘文中的陽曲，參看吴振武《談戰國貨幣銘文中的"曲"字》，《中國錢幣》1993年第2期，第16～17頁。"芇"字，過去多誤釋或漏釋，字當與伯簋銘(《集成》4331)"又(有)于大命"的字以及包山楚簡、秦封泥用作"巷"之字的聲旁爲一字。關於這些字，學者多已據相家巷秦封泥"永巷"之"巷"字的寫法正確釋出，較早的論著有白於藍《釋包山楚簡中的"巷"字》，《殷都學刊》1997年第3期，第44～45頁；趙平安：《釋包山楚簡中的"衖"和"䢽"》，原載《考古》1998年第5期，收入同作者《新出簡帛與古文字古文獻研究》，商務印書館，2009年，第339～342頁。關於相關字形的分析，可參看李學勤《秦封泥與齊陶文中的"巷"字》，原載《陝西歷史博物館館刊》第8輯，收入同作者《中國古代文明研究》，華東師範大學出版社，2005年，第190～192頁。"尊"字原亦多誤釋，關於此字可參看《郭店楚墓竹簡》，第174頁注釋[一]引"裘按"；劉國勝：《信陽長臺關楚簡〈遣策〉編聯二題》，《江漢考古》2001年第3期，第67頁。此字和郭店簡《尊德義》的"尊"字寫法不同處僅在於把"酉"旁寫在"廾"的上下兩個偏旁之間。

“上”下之字，一般分析爲从“土”、“爻”聲，[52]是正確的。我認爲“上坔”之“坔”似亦當讀爲“庖”，用爲“庖”之字从“土”，與戰國楚系和三晉文字中用爲官府之“府”之字作“𡊁”是一個道理。[53] 我們知道，戰國時代韓魏等國食官分“上官”（如垣上官鼎、滎陽上官皿、梁上官鼎等）和“下官”（平安君鼎、安邑下官鍾、信安君鼎、魏下官鍾等）。[54] 所謂“上坔（庖）”也許就是上官所屬之庖的意思。此鼎本來可能在襄公上庖置用，後來供給陽曲，故稱“襄公上庖供陽曲尊”。[55] 陽曲是漢太原郡屬縣，地在今山西省太原市東北，戰國時屬趙。[56] 吴良寶先生指出襄公鼎的“襄”字作是韓國文字的特有寫法。[57] 因爲“襄公”所指不明（校案：蒙吴良寶先生賜告，此“公”可能指“公私”之“公”，故鼎應稱“襄公上坔”鼎而不宜稱“襄公”鼎），如這件器本來確屬韓國，那麽器銘所記似是國家間器物貢獻饋贈的一個實例。

《集成》9514 號著録戰國晚期的公子裛壺銘文云：“公子裛”。[58]

[52] 黄德寬主編：《古文字譜系疏證》，商務印書館，2007 年，第一册第 772 頁。但此書以“坔”爲人名則非。上博簡《弟子問》8 號簡有一個从“水”从“坔”聲的字（參看李守奎等《上海博物館藏戰國楚竹書（一～五）文字編》，作家出版社，2007 年，第 473 頁、第 924 頁），陳劍先生認爲是“啜（?）水”合文（《談談〈上博（五）〉的竹簡分篇、拼合與編聯問題》，簡帛網，2006 年 2 月 19 日），陳斯鵬先生則以字爲“澆”字異構（《讀〈上博竹書（五）〉小記》，簡帛網，2006 年 4 月 1 日），《上海博物館藏戰國楚竹書（一～五）文字編》取後説。按《弟子問》此字讀爲“啜水”雖於文義甚佳，但文字學根據尚嫌薄弱，讀爲“澆”似乎文義又不夠好。此字與襄公鼎的“坔”字不知有無關係；如有關係，文句當如何解釋，待考。

[53] 李家浩：《戰國官印考釋（兩篇）》，《語言研究》1987 年第 1 期，第 122～124 頁。

[54] 朱德熙、裘錫圭：《戰國銅器銘文中的食官》，《朱德熙文集》第五卷，商務印書館，1999 年，第 86 頁；羅紅俠：《青銅器銘文中的食官考》，《文博》2010 年第 4 期，第 62 頁。

[55] 以“某地共”表示器物進貢的例子，在漢代銅器銘文中有其例，如九江共鍾的“九江共”；又如滿城漢墓出土中山國御銅金雍甗有“趙獻”二字銘文，也是類似的情況，皆參看徐正考《漢代青銅器銘文綜合研究》，作家出版社，2007 年，第 192 頁。

[56] 參看吴振武《談戰國貨幣銘文中的“曲”字》，第 16 頁。

[57] 吴良寶：《戰國布幣四考》，《考古與文物》叢刊第四號《古文字論集（二）》，《考古與文物》編輯部，2001 年；同作者《戰國金文考釋兩篇》，《中國歷史文物》2006 年第 2 期，第 22 頁。

[58] 《殷周金文集成（修訂增補本）》，第六册第 4989 頁。器主之名舊釋“裙”。周忠兵兄告訴我，此字寫法與中山王方壺“裛”字寫法相同（參看張守中撰集《中山王𠑇器文字編》，中華書局，1981 年，第 66 頁），甚是，今從其説改釋。

末字左从“人”,右从“支”是清楚的,中間部分有學者摹釋爲“肴”,[59]也有學者將之隸定爲从“爻”从“攴”之形,[60]不管取何種分析,此字从“爻”得聲的可能性很大。若確是如此,此字似亦有讀“庖”的可能。庖雖主管屠宰切割烹製,但一定也要用到水、酒、調味品等物,故壺這類器物亦可置用於庖。

《商周金文資料通鑑》02442 號著録一件新見的出土地不明的戰國晚期扁球形蹄足環紐蓋銅鼎,[61]吴鎮烽先生根據器、蓋上皆見的銘文命名爲“右府戭鼎”。實際上所謂“府”字原作(器蓋銘,左爲照片,右爲拓本)、(器銘照片),是燕國特有的“中”字寫法,釋“府”是錯誤的。[62] 看來這件鼎多半曾置用於燕國(但原未必爲燕國所造)。所謂的“戭”字,原作如下之形(下以“～”代表):

(器蓋銘)

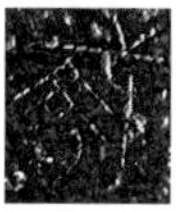(器銘)

“～”字从“戈”从“貝”没有疑問,但字中間部分顯然不能視爲“父”,吴先生的隸釋恐非。我認爲“～”所从的這個寫法近於“文”字之形,亦應視爲“爻”旁的譌變(校案:此字過去已經見於燕國戈銘,請看文末追記)。

我們知道,“爻”字如果上面兩斜筆不相交叉,便很容易寫得與“文”混

[59] 黄德寬主編:《古文字譜系疏證》,第一册第 771 頁。

[60] 湯志彪:《三晉文字編》,吉林大學 2009 年博士學位論文,第 523 頁。

[61] 這種形制的鼎,還有鳳翔野狐溝 1 號戰國秦墓出土的銅鼎和泌陽官莊 3 號戰國秦墓出土的二十八年平安君鼎。這兩件鼎,前一件是中山國的(李學勤:《秦國文物的新認識》,《新出青銅器研究》,第 277 頁,此書第 277 頁和 278 頁有這兩件鼎的圖像),後一件的國别則有争論,吴良寶先生以爲鼎銘的平安君屬衛國或魏國的可能性都存在(《平安君鼎國别研究評議》,《吉林大學社會科學學報》,2009 年第 4 期,第 81～86 頁)。可見這類鼎式是戰國時代習見的。

[62] 裘錫圭:《戰國貨幣考(十二篇)・十二 明刀“中”字考》,《古文字論集》,中華書局,1992 年,第 445～447 頁。

同。魏宜輝先生指出：[63]

> 楚簡文字中的"教"字多寫作從爻從子從攴。
>
> 包 2・99　郭・語一 43
>
> 郭店簡《語叢一》中有這樣一個合文字：
>
> 郭・語一 61
>
> 此字爲"教學"二字的合文字，二字共用下部的"子"旁。其中"教"字所從的"爻"旁作""形，亦是由於筆劃錯位致譌。"學"字本從"爻"，後代有俗體寫法作"斈"，其上所從的"文"也是由"爻"譌變來的。

其說可從。《古璽彙編》1641 號著録一姓名私璽：[64]

《古璽文編》將左邊一字列入附録，[65]實際上此字下部"見"旁的筆劃稍有泐損，《璽印文綜》對此字有正確摹寫，並釋爲"覺"，[66]可信。秦漢隸書和漢印文字中的"樊"、"學"、"希"等字所从的"爻"旁，都經常寫作"文"形。[67]這種"爻"形與"文"形混同的現象，在戰國時代顯然也已經出現了。因此，"～"字應當分析爲从"貝"、"茲"聲，字所从的聲旁"茲"，似即當視爲陳劍先生所釋《昭王與龔之脽》篇"譖"字所从之"戔"的異體。從銘文內容來看，"右中～"的"右"是限定"中～"的，"中～"疑與前舉膉鼎銘文的"中 A"

[63] 魏宜輝：《楚系簡帛文字形體譌變分析》，第 21 頁。

[64] 故宫博物院編：《古璽彙編》，文物出版社，1981 年，第 170 頁。

[65] 故宫博物院編：《古璽文編》，文物出版社，1981 年，第 483 頁。

[66] 方介堪編纂、張如元整理：《璽印文綜》，上海書店出版社，1989 年，第 526 頁。

[67] 羅福頤編：《漢印文字徵》，文物出版社，1978 年，卷三・一二。漢語大字典字形組編：《秦漢魏晉篆隸字形表》，四川辭書出版社，1985 年，第 220、541 頁。魏先生上引文中所指出的後世"學"的俗體"斈"，就來自秦漢隸書中的這種寫法。

是一個意思,似是專供燕王所用的"～"。結合"～"字所从基本聲旁亦爲"爻"聲的情況看,它顯然也很有可能應讀爲"庖"。此説若不誤,鼎銘説明燕國的"中庖"可能分爲"左"、"右"兩個。《禮記・玉藻》:"夫人與君同庖。"《列女傳》卷四"衛寡夫人"條:"夫人者,齊侯之女也,嫁於衛,至城門而衛君死。保母曰:'可以還矣。'女不聽,遂入。持三年之喪畢,弟立,請曰:'衛小國也,不容二庖,願請同庖。'夫人曰:'唯夫婦同庖。'"禮書所記古代國君和君夫人同庖也許並非定制,衛君之弟的話透露出有些大國的君主是可以有二庖的(當然,二庖不一定皆供國君本人使用)。這件燕國鼎銘似乎可以印證這一點。(重印按:燕器銘文此字,本文所釋恐誤,劉洪濤先生等認爲可能是"罰"字異體,請參看劉洪濤、李桂森《右中戥鼎銘文補釋》,《出土文獻》第十一輯,中西書局,2017年。)

1966年在陝西咸陽塔兒坡戰國秦墓中曾出土過一件形制與上舉右中～鼎非常接近的銅鼎,[68]其銘文著録於《殷周金文集成》2100號(2100.1爲蓋銘,2100.2爲器銘,器銘比蓋銘多出鼎的編號"三(四)"字),器蓋相同之銘一般被釋爲"半斗"。[69] 下面分别是蓋、器銘文拓本:

所謂"半斗"二字之釋不可信。其實第一字顯然是楚文字典型的"身"字。[70] 第二字亦不得釋爲"斗"。此字可以釋作"文",但銘文卻難以講通(除非將"身文"視作私名,但這樣的人名似顯得很奇怪)。結合上舉右中～鼎銘看,此"文"形有可能也應該是上文所説的"爻"的譌變形,似乎也有讀爲"庖"的可能。器銘刻"身庖"二字,或即表示在屬於"身"這個人的庖或"身"地之庖置用的意思。戰國晚期的秦國似乎已經不太使用"三"

---

[68] 器形見《商周金文資料通鑑》01452號。

[69] 《殷周金文集成(修訂增補本)》,第二册第1112頁。

[70] 李守奎:《楚文字編》,第508頁。看校時按:蒙周波提示,湯志彪《三晉文字編》(吉林大學2009年博士學位論文)第531頁已正確釋出"身"字。但此銘很難肯定是三晉文字。

字,但楚文字卻還經常使用。[71] 從“身”字寫法和用“三(四)”字看,這件鼎很可能本來是楚國的(至少應是六國器),後來因爲某種原因(如交換、贈予、掠奪等)被輸入秦國使用。附帶一提,《古陶文彙編》5.380號和5.381號爲同人提供的出於鳳翔的兩件陶文,文字分别是“上官”和“爻”;5.382號則是另一件出於鳳翔的陶文,文字爲“上官/爻/爻”。[72] 從字形和出土地看,似是戰國晚期的秦陶文,但也不能完全斷定。頗疑其中的“爻”也有讀爲“庖”的可能,指的是屬於上官之庖。但因爲這幾件陶文的地域、性質皆不太明確,讀“爻”爲“庖”把握並不是很大,姑記此待考。

上舉右中～鼎器銘之～字的寫法很可注意,此字的“爻”旁不但譌變爲“文”,而且在“文”形的兩腿部各加了一個短筆,大概是就要跟“文”字區别開來。我認爲,這種寫法正是包山簡等C1  形上部似衰非衰之形實亦是“爻”之譌變加飾筆的證據。由此可見,C這類寫法的演變過程應如下:

字形譌變、加飾筆,[73]所以變得跟“衰”形混同,最後一例(包山簡166號)中間似乎又因飾筆的加繁譌變而還原成了一個類似“爻”形的部件,這好像隱約透露出抄手仍知道字形所从的來源和理據。C形加“人”旁之字,當是爲庖人之“庖”造的分化字。

那A形怎麽解釋呢?前引李零先生認爲“這個字是从兩爻从肉从刀”,雖然對於我們的説法有利,但這種設想成立的可能性似不大。我認爲A形上部所从來自“爻”與“大”混同的另一種譌變形(如果“爻”上面兩斜筆跟下面兩斜筆都互不交叉,則易跟“大”形混同)。上博簡《從政》篇發

---

[71] 李守奎:《楚文字編》,第830頁。

[72] 高明編著:《古陶文彙編》,中華書局,1990年,第83頁、第508～510頁。

[73] 楚文字“文”旁加飾筆之例尚可參清華簡《繫年》124號“虔”字的寫法(在象左右手臂的筆劃上各加兩道短斜筆),同書119號的“虔”字則作普通之形(清華大學出土文獻研究與保護中心編、李學勤主編:《清華大學藏戰國竹簡(貳)》,中西書局,2011年,下册第228頁)。

表後，陳劍先生和周鳳五先生指出甲篇15號的字應據郭店簡《性自命出》“怒欲盈而毋暴”的“暴”字釋爲“暴”。⑭ 魏宜輝先生指出：

> 上博簡中的“”字，其上部寫法明顯與“”字不同。張光裕先生隸定作“𡙦”（原注：馬承源主編：《上海博物館藏戰國楚竹書（二）》，第228頁，[上海]上海古籍出版社，2002年。），顯然他對字形的理解是有問題的。我認爲“”字上部的“”形並非“去”字的一部分，而是“爻”字的變體。
>
> 我認爲楚簡“”字中所從的“爻”旁，可能在形體上也發生了類似的變化，上博簡“”字所從的“”形，應是“爻”字筆劃錯位而形成的譌體。

其説正確可從。楚文字中後來多次出現的“暴”和从“暴”之字，都是寫作从“大”形的。⑮ “大”形再加飾筆，便成了A形中類似“𠂔(乘)”上部的寫法，實際上跟“乘”並没有關係。楚文字中“𠂔(乘)”的上部，偶爾會簡省成“大”形，如郭店簡从“𠂔(乘)”从“力”的“勝”字或作（36號簡）便是一例。⑯ 與此過程相反的A的變化，可比較曾侯乙墓竹簡寫成如下之形的“齮”字：⑰

“奇”旁所从之“大”即加有飾筆。當然“奇”的“大”旁所加是純粹的飾筆，並無其他意義；A字所加飾筆當有與一般“大”形進行區别的作用。⑱

---

⑭ 陳劍：《上博簡〈子羔〉、〈從政〉篇的拼合與編連問題小議》，簡帛研究網站，2003年5月30日；周鳳五：《讀上博楚竹書〈從政（甲篇）〉劄記》，簡帛研究網站，2003年6月5日。

⑮ 李守奎等：《上海博物館藏戰國楚竹書（一～五）文字編》，第473、379頁；《清華大學藏戰國竹簡（壹）》，下册第234頁。

⑯ 李守奎：《楚文字編》，第788頁。

⑰ 張光裕等主編：《曾侯乙墓竹簡文字編》，藝文印書館，1997年，第191頁。

⑱ 也不排除加了這種飾筆有使字形上部跟象四筆交叉的“爻”字靠攏的作用。所以李零先生認爲字从二“爻”的意見未必完全符合事實，但也並非没有合理的地方。

包山楚簡、望山楚簡等有寫作如下形的从“貝”之字：[79]

从此形从“攴”之字，在曾侯乙墓竹簡和包山楚簡中多見；天星觀簡有从此形从“糸”之字。[80] 曾侯乙墓竹簡的整理者裘錫圭、李家浩先生，包山楚簡的整理者以及望山楚簡的整理者朱德熙、裘錫圭、李家浩先生將相關之字分析爲从“𠅘(乘)”聲。[81] 曾侯乙墓竹簡 65 號簡有寫作如下之形的一個字：[82]

從辭例看當是从同批竹簡形譌變後的異體。推測“𠅘(乘)”旁與“爻”形相混，可能是先省變成“大”，再變成“爻”形的。A 的譌變過程，則當與此相逆。

郭店簡《語叢一》11 號簡有一個整理者釋爲“諺”的字寫作如下之形：[83]

“彦”字上部本从“文”，此字上部寫作“爻”形，故裘錫圭先生疑此字當釋爲“㸚(教)”。[84] 但是此字“言”旁左側有一豎筆，對釋“㸚(教)”説恐有困難。

---

[79] 滕壬生：《楚系簡帛文字編(增訂本)》，第 609 頁。

[80] 滕壬生：《楚系簡帛文字編(增訂本)》，第 317、1108～1109 頁。

[81] 參看蕭聖中《曾侯乙墓竹簡釋文補正暨車馬制度研究》引各家關於此字的説法，科學出版社，2011 年，第 79～80 頁。或以爲此字从“叕”，然於各處辭例難以講通，似不可信。

[82] 張光裕等主編：《曾侯乙墓竹簡文字編》，第 62 頁；參看滕壬生《楚系簡帛文字編(增訂本)》，第 317 頁。滕書所列與此形寫法相同的新蔡葛陵楚簡零・三七七之例，經核對圖版知其摹寫有誤，故不取。

[83] 荆門市博物館：《郭店楚墓竹簡》，圖版第 77 頁，釋文注釋第 193 頁。

[84] 荆門市博物館：《郭店楚墓竹簡》，釋文注釋第 200 頁注[四]引“裘按”。

劉洪濤先生根據上博簡《顔淵問於孔子》1號簡用作"顔淵"之"顔"的那個字寫作指出整理者釋《語叢一》11號之形爲"諺"是正確的，其説可從。[85] 實際上，這類从"爻"形的"彦"旁，在戰國晚期的秦文字中也還有，如睡虎地秦簡《日書》甲種數見整理者認爲與"顧"通用的"顝"字，[86]施謝捷先生指出此字實際上是从"産"的"顔"字，[87]其説甚是。還可以注意的是，劉洪濤先生指出包山楚簡116號簡的"産"字寫作上部與"窔(乘)"形混同的如下之形：[88]

這也可以作爲"爻"、"文/大"、"窔(乘)"形互譌的有力證據。所以，楚文字中"窔(乘)"旁、"大"旁和"爻"旁，在部分字形中是可以互相轉化的。由此看來，將B和A、C三形釋爲从"爻"及其譌變之形是有成立的可能的。

上博簡《從政甲》18號簡有寫作形的一個字。[89] 李守奎先生等指出："上部與楚文字'暴'字所从相同，下部左从肉，右从戈，疑爲'暴虐'之'暴'。"[90]從簡文辭例"……則暴毁之"看，將此字讀爲"暴"是可信的，認爲字是"暴虐"之"暴"的初文，也是值得考慮的意見。此字下部从肉、从戈很值得注意。我們知道，"刀"旁和"戈"旁作爲義符有時可以通用，如戰國文字用作"傷害"之"傷"字，既可寫作"剔"，又可作"戕"。[91] 西周金文常見的

---

[85] 劉洪濤先生認爲《顔淵問於孔子》1號簡之字"最上部的'宀'字形爲'厂'字形改變位置和書寫角度的寫法"，按"宀"旁是否由"彦"所从的"厂"形變來，有待進一步研究。

[86] 參看張守中《睡虎地秦簡文字編》，文物出版社，1994年，第142頁。

[87] 董珊《吴王者彶虘虘劍銘考》(復旦大學出土文獻與古文字研究中心網站，2009年10月2日)文後評論，2009年10月2日。

[88] 李守奎先生《楚文字編》將此字上部隸定爲"乘"(第376頁，滕壬生《楚系簡帛文字編(增訂本)》亦作相同隸定形)，其實並無必要，此字可徑釋爲"産"(此字用爲人名，同人之名在116號簡中寫作普通的"産"形)。

[89] 馬承源主編：《上海博物館藏戰國楚竹書(二)》，上海古籍出版社，2002年，圖版第76頁。

[90] 《上海博物館藏戰國楚竹書(一～五)文字編》，第680頁。此書列該字爲存疑字。

[91] 湯餘惠主編：《戰國文字編》，福建人民出版社，2001年，第278、821頁。

“⿹戈肉”字,一般從高田忠周和郭沫若等先生的意見釋爲“胾”之初文,認爲字“象以戈刃裁割肉塊之意”,似可信;《説文》訓“胾”爲“大臠也”,“與‘⿹戈肉’之初文形意相合”。[92] 金文的“⿹戈肉”字,自然不必與簡文之字所从視爲一字,但至少説明从“戈”从“肉”亦可會裁割肉塊之意,與从“刀”从“肉”表意作用相近【編按:燕璽和明刀背文有“⿱宀⿹戈肉”字,所从或亦有關】。所以《從政甲》這個用作“暴”的字形,也許可以看成是糅合了楚文字的“暴”和用作“庖”的B一系字形的特殊形體。如果確實如此,則字就正好可以看作釋本文討論之字爲“庖”的一個旁證了。

四、結　　語

“庖”是古代的常用詞,按理不會在先秦文字資料中如此罕見。如果本文的討論大致可信,則可知戰國時代的不少“庖”其實是以“爻”和从“爻”聲之字來表示的,只是過去没有認識清楚而已。

但是本文對相關字形的分析方法、將相關辭例中的字讀爲“庖”,我仍然不敢説是必然正確的選擇。這是因爲考慮到如下幾點:第一,本文雖然努力考慮每一條相關辭例統一解釋的各種可能,但畢竟這些材料的性質跟辭例限制性相對較强的古書資料的性質有所不同,我對本文所臚列辭例的判斷、選擇很有可能會産生一定誤差,並不能保證一定符合事實;第二,本文討論的A、B、C三個主要字形的演變,雖然可以作出我認爲相對合理的解釋,但是這種解釋畢竟還缺乏字形上的堅强的確證。比如“爻”作爲全字聲符在楚文字中還没有變作類似“兖(乘)”形的可靠例子,也没有變作類似“衺”形(嚴格來説C形——尤其是C1——所从跟“衺”也是有距離的)的例子。我推測這是因爲偏旁和辭例的制約,使得A、C等形仍能表“庖”而不致誤認,但因爲字形的缺環,這也只能是一種猜想;第三,本文對A、B、C的字形演變以B爲出發點,但是A、B二形主要出現在楚國徙都壽春之後的銅器上面,比包山楚簡的時代反而來得晚。雖然我

---

[92] 張世超等:《金文形義通解》,中文出版社,1996年,下册第2971頁。

可以用晚期的字形較早期字形在表音表義功能上更優的例子在古文字中並不罕見,而且C形除了C鼎之外全部是楚簡用字,毛筆文字發生字形譌變的可能比銅器銘文來得高等理由作爲解釋,但反對拙説的人,畢竟仍可在以C或A爲較早形體的基礎上作出其他的釋讀。對此種種,必須承認我暫時無法作出令人信服的解釋。

總之,本文的結論主要是從辭例出發進行討論的結果。雖然現在對字形方面的一些細節難以作出完全合理的解釋,但如果將所有材料和全部問題放在一起考察研究,似乎又會發現本文的某些設想和解釋並非偶然巧合。所以本文的結論即使將來被新材料證明完全錯誤,從檢討資料和清理相關認識的角度看,大概也不會完全没有價值。如果本文的結論有成立的可能,我們將再次認識到:在考釋文字時,不能只糾纏字形分析而低估辭例對釋字的重要性。

附記:本文構思時曾向裘錫圭先生請教,並和周忠兵、鄔可晶諸兄反覆探討,他們既給了我很多啟發和幫助,也提出不少質難,讓我更加深入地思考相關問題。文成後又蒙忠兵兄、程鵬萬兄和可晶兄審看,提出寶貴修改意見。謹此致以衷心謝意!

2012年6月23日寫畢初稿
2012年6月28日二稿
2012年7月2日三稿

追記:

關於楚文字“大”旁可以變爲“文”形,“文”又譌爲“爻”的現象,蘇建洲先生有集中論述(見《楚文字“大”、“文”二字譌混現象補議》,《楚文字論集》,萬卷樓圖書股份有限公司,2011年,第475～478頁)。本文所舉施謝捷先生指出的睡虎地秦簡从“産”之“顔”例,此文已經舉出,並且補充了銀雀山漢簡《晏子》“顔”字寫法爲證。請讀者參看。建洲兄贈我大著,我卻没有及時仔細拜讀,以致失引其高見,很不應該。

蒙建洲兄閲看後賜告,包山簡遣册265號“大卯之金器”,劉國勝先生曾讀“大卯”爲“大牢”(“中國簡帛學國際論壇2006”學術研討會論文,武漢大學2006年11月,第166～170頁),後來則傾向於李家浩先生提出的“大庖”的讀法(劉國勝:《包山二號楚墓遣册研究二則》,《考古》2010年第9期,第67～68頁;參看陳偉主編《楚地出土戰國簡册[十四種]》,第128頁)。如李先生之説成立,265號簡文是使用了一個假借字表示“庖”,與本文所論用字不同。不過從遣册上下文看,簡文讀爲“大庖”不無疑問。“大庖”見《詩・小雅・車攻》,朱熹《詩集傳》等指出是“君庖也”,君庖所掌之用器何以成爲包山墓主人的隨葬器,尚待研究。所以“大牢”説似不宜斷然否定。當然,也不排除“大卯”另有解釋的可能。

又承蒙建洲兄和可晶兄分别賜告,宋左大師睪鼎銘用作“庖”的“胸”字,魏宜輝先生《説“匋”》(復旦大學出土文獻與古文字研究中心網,2011年9月29日)和陳斯鵬先生等《新見金文字編》(福建人民出版社,2012年,第132頁)已有正確釋寫。拙文注2當視爲他們意見的補充。

2012年7月9日

看校追記:

蘇建洲兄後來又提示我,清華簡《繫年》34號簡有一個加注“爻”聲的“保”字,其形與《古文四聲韻》卷三引《古老子》“抱”字字形全同(參看清華大學出土文獻讀書會《〈清華大學藏戰國竹簡〉(貳)研讀劄記(二)》,清華大學出土文獻研究與保護中心網,2011年12月29日;顔世鉉:《試説清華竹書〈繫年〉中的兩個“保”字》,簡帛網,2012年1月4日),這是戰國簡从“爻”聲之字與“包”聲字相通的確證。謹此致謝。

文稿交出後,我又查到本文中提到《通鑑》著録的右中～鼎之“～”字尚兩見於戰國燕國戈銘(《集成》11292、《新收》979,二戈基本同銘,後者銘文存字不如前者多)。《集成》11292銘云:“二年厶具府受迖(御)～。宕(右)厶。”(釋字、斷句參看陳世輝、湯餘惠著《古文字學概要》,福建人民出版社,2011年,第260頁)此字在戈銘中很可能也是用作“庖”的,“厶具府受御庖"就是𠱩具府發授給御庖的(格式猶秦兵器銘文多見的"武庫受屬邦"之類)。韓國兵器數見"大(太)官"鑄造兵器的例子,吴振武先生推測"太官鑄造兵器,至少與其自身的防衛有關係"(《新見十八年冢子韓矰戈研究——兼論戰國"冢子"一官的職掌》,陳昭容主編:《古文字與古代史》第一輯,中研院史語所,2007 年,第 329 頁)。"御庖"需要使用兵器,可能也是出於類似的原因,只不過它跟韓國的太官不同,不是自己鑄造兵器而是從𠱩具府那兒領受兵器。不過,"～"字在銘文中用爲"暴"的可能性也不能完全排除。"𠱩具府受御～"的意思也可能是𠱩具府發授(此戈以)禦暴(《孟子・盡心下》:"孟子曰:'古之爲關也,將以禦暴。'")。

承蒙吴振武先生、沈培先生、陳劍先生和吴良寶先生審看小文並提出寶貴意見,衷心感謝!

2012 年 10 月 4 日

原刊中國文化遺産研究院編《出土文獻研究》(第十一輯),中西書局,2012 年。

編按:據李學勤先生《有紀年楚簡年代的研究》(載《文物中的古文明》,商務印書館,2008 年,第 437 頁)披露,葛陵楚墓所出的一件現已流散海外的扁球形鼎,其蓋内、器底對銘九字,李文釋作"坪(平)夜君成之宫(中)膖饋貞(鼎)",並將所謂"膖"字讀爲"脽","意思是臀肉"。我因未見此器原銘,無法確切判斷"膖"字原來寫法,但从李文的釋寫來看,最有可能近於本文所舉的 C 形。過去所見的 C 的辭例,並無"中 C",但本文已指出膯鼎有"中 A"、《通鑑》02442 號有"右中𢦏"的辭例,這也可以説明 A 和 C 應爲一字異體無疑。"平夜(輿)君成之中 C 饋鼎",應即平輿君成專用之庖中的饋鼎。

説“索”、“剢”

與鄔可晶合寫

一

殷墟甲骨文中有如下之字：

A1：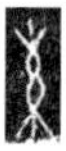[《甲骨文合集》(以下簡稱“《合》”)20306 乙(𠂤組，字形取自《乙編》105)]、[《合》21306 甲(𠂤組，字形取自《乙編》124)]

A2：[《合》335(賓組)]

A3：[《合》15121(𠂤賓間組)]

前人多以 A1、A2、A3 爲一字異體，本文從之。在没有必要加以區分的時候，統一用“A”作爲此字代號。

《甲骨文編》、《新甲骨文編》、《甲骨文字編》皆收 A 於“糸”字條下；①

---

① 孫海波：《甲骨文編》，中華書局，1965 年，第 505 頁；劉釗等：《新甲骨文編》，福建人民出版社，2009 年，第 713 頁；李宗焜：《甲骨文字編》下册，中華書局，2012 年，第 1247 頁。按，《甲骨文編》“糸”字下所收與上舉 A3 同形者尚有“《京津》4487”，即《合》28401，《甲骨文合集釋文》逕釋爲“叀”，從文例看可信；此字當係“叀(惠，義近於‘唯’)”之省譌。所收“《乙》6733”一例，從已加綴合的《合》6477 正看，實爲“奚”字之殘。順便提一下，《合》27714 的貞人名“”，似作从“又”从“A3”之形。《甲骨文合集補編》1164、1165、1167 等片數見貞人名“專”，參照《合》28401“叀”譌作“A3”之例，疑《合》27714 的貞人名亦爲“專”之譌體。

各家亦多釋爲“糸”或“束”，而以釋“糸”之説佔優勢。②

在商代晚期或西周早期的記名金文中，又有作爲族名的如下之字（在没有必要加以區分的時候，統一用“B”爲此字代號）：

B1：［子刀▲B觚，③《三代吉金文存補》581、《商周金文資料通鑒》1.2版（以下簡稱“《通鑒》”）09761］、［B子④觚，《殷周金文集成（修訂增補本）》（以下簡稱“《集成》”）6996］、（子B爵，《集成》8105）

B2：（子刀▲B觚，《集成》7255）、（子刀▲B簋，《新收殷周青銅器銘文暨器影彙編》1504、《通鑒》3986）

B3：（子刀▲B父癸鼎，《集成》2136）、（子B爵，《集成》8107）

B4：（B父丁鬲，《集成》501）

此外，尚有一些字形殘缺不全者，難以準確歸入上舉諸類，一併列舉於下：

（子B爵，《集成》8106）、（B▲子刀父己爵，《集成》9055）

前人多以B1～B4及上舉未歸類諸字爲一字異體，本文從之。各家亦多釋B爲“糸”。⑤

雖然A2、A3在B中、B2～B4在A中尚未見過，但A1與B1基本同形（A1中間的圈形爲兩個，B1爲三個，是它們的唯一不同之處。但A2中

---

② 于省吾主編：《甲骨文字詁林》，中華書局，1996年，第3217頁；［日］松丸道雄、高嶋謙一編：《甲骨文字字釋總覽》，東京大學出版會，1994年，第355頁。

③ “子刀▲B”類器上複合族名的釋讀順序，參考謝明文《商代金文的整理與研究》，復旦大學博士學位論文（指導教師：裘錫圭），2012年3月，第461～462、722等頁。

④ 此觚“B”下一字多釋爲“保”，其實應該就是“子”。

⑤ 周法高主編：《金文詁林》第13册，香港中文大學，1975年，第7247～7249頁；董蓮池：《新金文編》中册，作家出版社，2011年，第1791頁。

間有三個圈形,B2～B4 中間皆爲兩個圈形,可知此點不構成 A1、B1 同形的反證)。A 在卜辭中多用作人名或族名,B 全用作族名(也可能間或用作人名),上古人名、族名往往二位一體;A2 所從出的《合》335,如果“A2”與其下一字“子”確當連讀(此前文有殘缺),則“A2 子”與 B2 第二例觚銘的“B2 子”文例亦同,可能均指此族的首領(但非同一人)。總之,從字形和文例兩方面看,A、B 没有問題應爲一字。研究甲骨的學者和研究金文的學者分别釋 A、B 爲“糸”,大概也是這樣看的。

A、B 的上端或上下兩端作分爲三歧或兩歧之形,這一字形特徵十分穩定,應具有獨特的表意作用。“絲”从二“糸”(據古文字單複無别之例,“糸”可能就是“絲”的初文,《説文》“讀若硯”大概是晚起的讀音),但殷墟甲骨文中可以確定的“絲”字,其上端或上下兩端,幾乎没有分爲三歧或兩歧之形者,大約到西周金文裏才出現下端有分爲三歧或兩歧之形的,如:

(《甲骨文編》第 507 頁);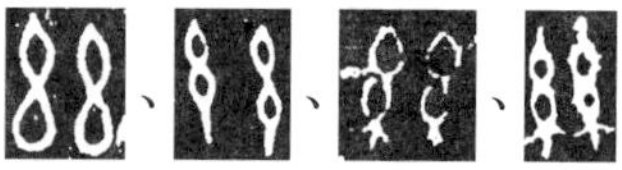(《新金文編》第 1848～1849 頁)

从“糸”及从“絲”之字的情況也大致如此。所以就字形來説,釋 A、B 爲“糸”,實有可疑。

需要説明的是,作爲表意偏旁的“糸”偶有换作 A、B 之形者。⑥ 唐蘭先生曾指出:“凡同部(即由一個象形文字裏孳乳出來的)的文字,在偏旁裏可以通用——只要在不失本字特點的時候。例如,大、人、女,全象人形,所以在較早圖形文字,常可通用……欠、丮、卩、尾、企等字本是有區别的,在偏旁裏卻常可通用。”⑦這一點也不能成爲 A、B 當釋“糸”的確證(A、B 與“糸”的關係另詳下文)。

商代晚期或西周早期的族名金文中,還有寫作(糸父丁爵,《集成》8497)、(糸父壬爵,《集成》8665)、(糸祖乙爵,《續殷文存》下 21.12、

⑥　董蓮池:《新金文編》中册,第 1800、1801、1802 頁。
⑦　唐蘭:《古文字學導論(增訂本)》,齊魯書社,1981 年,第 235～236 頁。

《通鑒》07671)等形之字,前人多與B歸爲一字,並釋爲“糸”。從上面所説的來看,這三個字可能確實是“糸”,但與A、B恐非一字。

于省吾先生曾釋《合》6073(即《甲骨續存》下286)的(引者按:周忠兵先生已將此版與《合》18596綴合。[⑧] 綴合後同版上另有此字作,較爲清晰)字爲“𣪠”。他説:

> 第二條(引者按:即《合》6073)的𣪠字右(引者按:似爲“左”之筆誤)从,即古索字,𣪠爲索的繁構。甲骨文的𢑚字,左从也从,是其證。至於甲骨文偏旁中从和从互作,是習見的。[⑨]

據陳劍先生最近的研究,從相同或相似的辭例及與之具有通用關係的字形來看,《合》6073+18596的這個从“殳”之字實當釋讀爲“斲”,陳先生並認爲此字左半非“索”而係“‘束’形之變”。[⑩] 于先生“𣪠爲索的繁構”之説自不可信,不過,既然與“𣪠”通用的从“木”从“殳”、从“玉”从“殳”之字,可能是“斲木”之“斲”、“琢玉”之“琢”的會意字,此字應可看作是爲斲斷繩索之“斲”而造的會意字。也就是説,于先生對“𣪠”字的釋讀雖有問題,但他釋甲骨文、(即文首所舉A1、A3)爲“索”,卻是很正確的。聯繫西周金文中已有確釋的“索”,更可以證明這一點。

金文一般釋爲“索”及从“索”之字作如下諸形:[⑪]

C1:(索諆爵)、(輔師𠭰簋)、(九年衛鼎)

⑧ 周忠兵:《甲骨綴合一則》,先秦史研究室網站,2006年9月9日。

⑨ 于省吾:《甲骨文字釋林》,中華書局,1979年,第284~285頁。

⑩ 陳劍:《釋“”》,《出土文獻與古文字研究》第三輯,復旦大學出版社,2010年,第42~48頁。

⑪ 以下字形,除C3外,皆取自董蓮池《新金文編》,上册第778~779頁、中册第1014頁。

C2：(索戈)、(夾伯壺蓋)

C3：[師克盨(蓋),《集成》4468)]、[師克盨(蓋),《集成》4467]

C1 中第二、三兩例的"索",去掉象雙手的"収"形之外的形體(以下用"D"指稱之),其上部顯然是由第一例變來的,猶 C2 中第一例"索"所从 D 的上部變作第二例"索"所从 D 的上部。C1 寫法的"索"一直到戰國時代的楚文字仍然沿用。⑫ C3 中 D 的上部增从"⊢⊣"形筆劃。上引于省吾先生已指出甲骨文"黔""左从也从"。金文"黔"字左旁也有、二形;⑬一般隸定爲"𩏩"之字,其左旁或作,即上舉 C1 所从 D 之形,或作,即 C3 所从 D 之形,⑭均可爲證。

C3 所从的 D,其上部的、應即之變,同類的變化可舉"𡴘"的上部既作、又作爲其比。⑮ 所以,如不計"⊢⊣"形筆劃,C3 第一例所从的 D 實與 A1、B1 基本同形;C3 第二例所从的 D,其下部如無分爲三歧或兩歧的筆劃,則與 A3 基本同形。由此可見,從字形上講,A、B 就是金文"索"所从的 D。

學者們已經指出,作 C1、C2、C3 等形的"索",象"兩手以作繩之意",⑯"本意或爲作繩、搓繩,爲動詞",即《詩·豳風·七月》"宵爾索綯"之"索"。⑰ 按"宵爾索綯"之"索",朱熹《詩集傳》訓爲"絞",即《楚辭·離

---

⑫ 李守奎:《楚文字編》,華東師範大學出版社,2003 年,第 372 頁;李守奎等:《上海博物館藏戰國楚竹書(一～五)文字編》,作家出版社,2007 年,第 325 頁;馬承源主編:《上海博物館藏戰國楚竹書(八)》,上海古籍出版社,2011 年,圖版第 92 頁。

⑬ 董蓮池:《新金文編》,中册第 1848 頁。

⑭ 同上書,第 1847 頁。

⑮ 參看董蓮池《新金文編》,中册第 1464～1465 頁。

⑯ [日] 高田忠周:《古籀篇》卷七十二,第 18 頁;參看施謝捷《釋"索"》,《古文字研究》第 20 輯,中華書局,2000 年,第 201 頁。

⑰ 施謝捷:《釋"索"》,《古文字研究》第 20 輯,第 202 頁。

騷》"索胡繩之纚纚"之"索"。[18]《説文・十三上・素部》有"𦃃"字,作如下之形:

訓作"素屬",分析其形爲"从素、収聲"。施謝捷先生指出,從字形看,"𦃃"即上舉作 C1、C2、C3 等形的"索"的"古形"(引者按:郭店簡《緇衣》簡 29 "索"作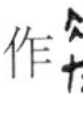,所从 D 上部的彎筆作兩重,與《説文》此字上部同),"許慎已不明白其真正歸屬及用法,遂致誤解"。[19] 其説甚是。

《説文・六下・㞢部》另有"索"字作:

分析其形爲"从㞢、糸"。施謝捷先生也已指出,此形"實係古文字中'索'異構''的訛變之形,許慎據此已訛變之篆形爲説,不足爲據"。[20]

施先生所舉的"",即 C3 所从的 D 一類形體。這種 D 在戰國古璽和秦印中變作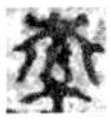(《古璽彙編》3898)、(《戰國文字編》第 388 頁),再進一步省變,即成《説文》小篆"索"之形。[21] 所以,從字形演變的角度來看,不从"収"的 D 才是真正的《説文》的"索",而从"収"从"D"的"索",則

⑱ 参看《漢語大字典》,崇文書局、四川辭書出版社,2010 年,第 3369 頁"索"字條下⑤項。

⑲ 施謝捷:《釋"索"》,《古文字研究》第 20 輯,第 202 頁。

⑳ 同上。

㉑ "索"字中間部分由"⊢⊣"形變爲似"冂"之形,後爲小篆、隸楷所繼承,季旭昇先生在《説文新證》中已有論述(福建人民出版社,2010 年,第 517 頁)。有的學者認爲上引古璽、秦印(秦簡"索"亦如此作)及小篆"索"的字形,其中間部分似"冂"之形爲"収"的譌變(張世超等:《金文形義通解》,京都中文出版社,1996 年,第 1514～1515 頁),這是不正確的。戰國文字、三體石經古文有从"艸"从"索"的"葛"字(字形分析詳下文),其所从的"索",從無加"収"形者。這種"葛"或作,中間部分似"冂"之形即由"⊢⊣"形變來(参看陳劍《上博竹書"葛"字小考》,《中國文字研究》2007 年第 1 輯(總第 8 輯),大象出版社,2007 年,第 68～70 頁),跟這裏所説的"索"中間部分的變化平行。

應從陳漢平先生説，相當於《説文》的“𢍏”。[22] 既知D與A、B同形，A、B當然應該隸定爲“索”而非“糸”。

“素”、“索”本一字分化，已是古文字學者的共識。[23]《説文》所收“素”字小篆作，秦漢文字亦多作此形，[24]後演變爲隸楷的“素”。可見“素”是從那種中部不从“⊢⊣”的“索”分化出來的。上舉金文中一般隸定作“𦃃”之字，其左旁或不从“⊢⊣”，前人已有釋此字爲《説文・十三上・素部》“𦃃”者。[25] 這也是“素”由“索”分化之證。據此，象雙手搓繩索的“𢍏(索)”其實也可以隸定爲“𢍏”。

在𠂤組、賓組、歷組卜辭中，數見一個一般隸定爲“�”的字，主要作如下諸形：[26]

其除去“尹”的部分，分别與上舉A1、B1、A3、B4和C1所从D同形，只有少數寫作(《合》22274等)。可知一般隸定此字爲“紃”是有問題的(但隸定其左旁爲“糸”，也並非全無道理，詳下文，這裏姑且沿用這種隸定)。

卜辭不但有“紃”之稱，又有“多紃”之稱(參看《殷墟甲骨刻辭類纂》，第1232～1233頁)，多數學者認爲“紃”係一種職官之名，且多分析此字从“尹”得聲。[27] 張秉權先生根據《殷虚文字丙編》78著録的一版經過綴合的龜腹甲上，“多紃”與“尹”並見之例，推斷“多尹與多紃似非同一官職”。[28] 此説可取。故所謂“紃”，不得視爲从“尹”聲之字。

---

[22] 陳漢平：《金文編訂補》，社會科學出版社，1993年，第146頁。

[23] 朱德熙：《朱德熙古文字論集》，中華書局，1995年，第66頁。

[24] 漢語大字典字形組：《秦漢魏晉篆隸字形表》，四川辭書出版社，1985年，第947頁。

[25] 參看董蓮池《新金文編》，第1847頁。

[26] 劉釗等：《新甲骨文編》，第716頁。

[27] 于省吾主編：《甲骨文字詁林》，第3219～3220頁。

[28] 張秉權：《殷虚文字丙編考釋》，第109頁；參看上注所引書，第3220頁。

與上舉所謂"紓"字時代相同或相近的殷墟花園莊東地所出占卜主體爲"子"的甲骨中,有如下一辭:

庚戌卜:其畀(摹本作)尹,若。一(178.13)

此辭中未加隸定之字(以下用"～"代替)的基本聲符顯然就是上舉 C3 所从的 D,"～尹"應即他組卜辭的"紓",但前者明爲二字而非一字。由此可知,所謂"紓"當視爲"D(A/B)尹"合文。

殷墟花園莊東地所出甲骨中又有如下一辭:

丁卜:子令庚又(侑)又(有)女(母),乎(呼)求囟,索尹子人。子曰:不于戊,其于壬人。一(125.1)

"囟索尹"三字,原整理者誤釋爲"尹西索",此從黄天樹先生、[29]姚萱先生改釋。姚先生指出:

"尹索"二字原作,疑實爲"索尹"之合文"紓"。[30]

其説正確可從。此"索"字實作"索(索)"。

根據花東卜辭的"～尹"和"索(索)尹",可以斷定所謂"紓"實爲"索尹"合文,"多紓"當讀作"多索尹";A、B、D 既與"紓(索尹)"除去"尹"的部分同形,且與"索(索)"有通用關係,無疑應從于省吾先生之説釋爲"索"。

值得注意的是,上舉"紓(實當隸定爲'紓')"字形最後一例出自《合》34256,爲歷組卜辭。此辭"紓"下緊跟一"尹"字,看來這個"紓"不是當作"索尹"合文來用的,而就應該讀爲"索"。可能歷組卜辭的契刻者已把"紓"視爲索尹之"索"的專字,故於其下另刻了一個"尹"(如同"玟"、"珷"本爲"文王"、"武王"的合文,後變爲文王之"文"、武王之"武"的專字,其下遂另增"王"字)。歷組卜辭的用字習慣往往有不同於他組之處,學者們多

[29] 黄天樹:《花園莊東地甲骨中所見的若干新資料》,《陝西師範大學學報(哲學社會科學版)》2005 年第 2 期,第 59 頁。

[30] 姚萱:《殷墟花園莊東地甲骨卜辭的初步研究》,綫裝書局,2006 年,第 265 頁。

已指出,㉛“⿰糸尹”又爲此提供了一個例子。

作A、B、D等形的“索”象繩索交索之形,當即繩索之“索”的象形初文。D或增从“⊢⊣”形,可能代表製作繩索的工具、架子,㉜而非一般的飾筆。前面説過,A、B的上端或上下兩端較爲固定地作分爲三歧或兩歧之形,這可能是跟“糸/絲”相區别的主要特徵。

總之,從古文字看,作動詞的搓繩索之“索(⿱索廾)”與作名詞的繩索之“索”本非一字;《説文》説解字形字義雖誤,但保留了“⿱索廾”、“索”二字,是其孑遺。从“𠬞”从“索”的“⿱索廾”字,在戰國時代的六國文字中仍見使用,㉝至秦漢文字中似已絶迹,大概已爲“索”字所吞併。

A、B大多用作族氏之名。殷墟花園莊東地所出卜辭中還有一個从“卩”、“索”聲之字,也常用作族名、人名或地名(見174.1、226.9、226.10、370.1、370.2、370.3、437.5、480.5等條。所从“索”,有A3、C3——去掉“𠬞”——二體)。施謝捷先生在考釋甲骨文的“索”[實作“⿱索廾(⿱索廾)”,詳下文]字時指出,《合》1763“叀(惠)索乎(呼)弋(代)”的“索”即《左傳·定公四年》所説屬於“殷民六族”的“索氏”;《合》2802“帚(婦)”下一字从“女”从“索”,“是來自‘索’氏族的女子,很可能是索氏進奉給商王作爲配偶的”。㉞ 用作族氏之名的A、B和花東卜辭的“⿰索卩”,應該也是《左傳》所記載的索氏之“索”。前人或云“索氏”“爲繩索之工”,㉟這跟甲骨金文用作族名“索”的A、B作繩索之形恰巧相合。殷墟卜辭中的職官“索尹”、“多索尹”,也許指來自索氏或索族的任“尹”職者,但也可能有别的解釋。

《古璽彙編》2130著録一方晉系的私名印,首字作,一般隸定其左旁爲“素”,讀爲姓氏“素”。據上文所論,此字左旁也有可能其實是“索”;

㉛ 參看陳劍《殷墟卜辭的分期分類對甲骨文字考釋的重要性》,同作者《甲骨金文考釋論集》,第439～448頁。

㉜ 高江濤、龐小霞《索氏銅器銘文中“索”字考辨及相關問題》在討論下文將會談到的从“索”从“刀”之字時,已指出“索”所从“⊢⊣”“爲作繩工具,將絲繩之類集束在一起”(《南方文物》2009年第4期,第92頁)。

㉝ 參看何琳儀《戰國古文字典》,中華書局,1998年,第585頁。

㉞ 施謝捷:《釋“索”》,《古文字研究》第20輯,第205～206頁。

㉟ 楊伯峻:《春秋左傳注(修訂本)》第四册,中華書局,1990年,第1536頁。

字既从"邑",當是索氏之"索"的專字。漢印中有"索尼"、"索長年"等人名,㊱皆以"索"爲姓。

河南魯山縣東農田古墓葬中出土幾件以""爲"氏"的簋。㊲ 李零、董珊先生釋此字爲"从八从糸","一種可能的解釋是,它是辦字異體(八、辡音近可通),讀爲'卞'"。㊳ 從字形看,此字所从實爲"索"而非"糸"。其字待考。

在賓組、出組卜辭裏,有一個過去釋爲"絲"的字,現在看來當隸定爲"繛"(參看《殷墟甲骨刻辭類纂》,第 1232 頁):㊴

卜辭多"上繛"連用作方國名。㊵ 古文字形體往往單複無别,不知"繛"是否即"索"之繁構。㊶

屬於賓組的《合》18513 有如下殘形:

舊多無釋。位於"丮"(姑取此隸定)形之右的字雖僅餘殘劃,但跟 A1、B1 等形比較一下,似可看出亦是"索"。只是由於其辭甚殘,"索"與"丮"究竟是一字還是二字(合文);如是一字,能否視爲"𢍰"之繁構,目前只能存疑。

㊱ 羅福頤編:《漢印文字徵》6.13,文物出版社,1978 年。

㊲ 兩件爲保利藝術博物館所收藏,其中一件最早發表於《保利藏金——保利藝術博物館精品選》(嶺南美術出版社,1999 年,第 90 頁),另一件過去未發表,現已著録於《通鑒》04868 號;河南葉縣博物館收藏的一件,發表於《華夏考古》2008 年第 5 期,第 63 頁。

㊳ 《保利藏金——保利藝術博物館精品選》,第 90 頁。

㊴ 劉釗等:《新甲骨文編》,第 717 頁。

㊵ 參看孫海波《甲骨文編》第 507 頁"絲"字條第一形下所加按語。

㊶ 《合》6819 爲一條殘辭,所存有"上"之文,"上"下一字顯然是前文討論過的"索尹"合文。如"上索尹"當連讀,並且不是指分作"上中下"或"上下"的"索尹"之職的話,則此職可能指來自上索的任"尹"者,似可爲"上繛"即"上索"之證。録此以備考。

殷墟卜辭裏還有一個作之形的怪字(參看《殷墟甲骨刻辭類纂》,第1234頁)。有一件西周早期簋的器主名作(《集成》4246),其中間部分與此怪字“囗”之中的形體當是一字,大概都是从“索”的。其字“索”旁增从小點,不知與“率”的構形是否有關,㊷待考。

關於“𢍰”、“索”,還有幾個問題需作交代。

自賓間組、賓組卜辭中有字(以下用“C4”作爲代號),㊸施謝捷先生釋爲“象以兩手持糸以作繩索之形”的“索”;賓組卜辭還有一個从“C4”的,㊹施先生釋爲从“女”从“索”之字。㊺ C4釋讀爲“索”,有關辭例都能講通,字形上也有道理,應該是可信的。不過按照我們的看法,C4實可釋爲“𢍰(𢍰—索)”。

殷墟花園莊東地甲骨中有一個可隸定爲“㒸”的字,又見於子組、非王圓體類、非王劣體類、非王婦女類、午組卜辭,現舉其具有代表性的字形於下:㊻

(《花東》241.11)、(《合》21567)、(《合》22391)、(《合》21909+21886㊼)

花東卜辭的這個字有的還增加“”旁,見44.1、286.18等片。以下用“C5”作爲“㒸”字代號。

姚萱先生認爲,從卜辭文義看,C5大多表示“病愈”一類意思;“字形

㊷　殷墟花園莊東地甲骨中有字(見294),與這裏所說的怪字的構形很相似,可惜文義不明,難以詳考。

㊸　劉釗等:《新甲骨文編》,第143頁。

㊹　同上書,第683頁。

㊺　施謝捷:《釋“索”》,《古文字研究》第20輯,第201～211頁。

㊻　全面的字形和辭例,參看姚萱《殷墟花園莊東地甲骨卜辭的初步研究》,第199～204頁。

㊼　魏慈德:《殷墟YH127坑甲骨卜辭研究》,臺灣政治大學中國文學系博士學位論文,2001年,第148頁綴合。

像兩手各執一絲緒，將其搓成絲綫或繩索一類東西之意”，疑即“‘搓’的表意初文”，在表“病愈”義的卜辭中可讀爲“瘥”；286.18 條“C5”與 286.19 條的“玄”處於相同位置，均作爲“圭”的修飾語，可讀爲訓“玉色鮮白”的“瑳”。㊽

何景成先生考釋 C5 時聯繫了 C4 的字形，認爲 C5 與 C4 及金文“索”字（引者按：即上舉 C1、C3，實爲“𡙇”）“字形一致，表意方式亦相同”，皆應從施謝捷先生説釋爲“索”。他認爲 C5 在卜辭中的意義大多當“求、祈求”或“不祥、不好”講，花東卜辭 286.18 的 C5 則應讀爲“素”。㊾

何景成先生釋 C5 爲“索”，從字形看是合理的。按照我們的看法，實可釋寫作“𡙇（𢍰）”。不過，姚先生對 C5 字形所表示的字義的分析，跟施先生、何先生所釋的“𡙇（𢍰）”其實並不矛盾，後吞併“𡙇（𢍰）”的“索”字，在古書中就有當“搓”講的用例，已見上引。但“搓”這個詞出現較晚，逕釋“𡙇（𢍰）”爲“搓”的表意初文，似乎不如釋爲“索”來得妥當。

從文義看，卜辭中的 C5 大多應從姚萱先生意見，理解爲“病愈”一類意思。姚先生指出《合》22049 承“至（致）妻忉（禦）”而言的“良又（有）C5”，跟戰國楚墓所出卜筮祭禱簡中的“良瘥”、“良有間”文例很近，是很有道理的；若像何景成先生那樣將 C5 解釋爲“不祥、不好”，則難以説通卜辭文義。戰國楚簡中屢見義爲“病愈”的从“疒”、“叡”聲之字，應讀爲“瘥”，已爲學者所公認；此詞在睡虎地秦簡《日書》中寫作“酢”。㊿“叡”从“且”聲，“酢”从“乍”聲，都是齒音魚部字，跟“索”音很近。“且”聲字與“疋”聲字古通，[51]馬王堆漢墓帛書《五行》“索纑纑”之“索”，郭店楚墓竹簡本作“疋”。所以，C5 改釋爲“𡙇（𢍰）”，也仍可以讀爲“瘥”。至於花東卜

㊽　姚萱：《殷墟花園莊東地甲骨卜辭的初步研究》，第 199～213 頁。

㊾　何景成：《釋〈花東〉卜辭中的“索”》，《中國歷史文物》2008 年第 1 期，第 75～79 頁。

㊿　湖北省文物考古研究所、北京大學中文系編：《望山楚簡》，中華書局，1995 年，第 94～95、104～105 頁。

[51]　參看吴振武《説仰天湖 1 號簡中的“蘆苴”一詞》，武漢大學簡帛研究中心主辦：《簡帛》第二輯，上海古籍出版社，2007 年，第 41～42 頁。

辭 286.18 中修飾“圭”的 C5，讀“瑳”讀“素”似皆有可能，也可能有其他讀法，待考。

作 C5 之形的“𢀜(𢍁)”字，其雙手所搓之物下端分爲兩歧。何景成先生在分析 C5 字形時指出，“金文‘索’字表示繩索未搓好的部分向上”，C5“則向下，並省去表示繩頭的‘小’形”。[52] 何先生是拿 C1、C3 跟 C5 作比較的，所以有 C5“省去表示繩頭的‘小’形”之説。其實，C2 寫法的“𢀜(𢍁)”和 B4 寫法的“索”，其下端均無“表示繩頭”的兩歧之形，C5 中的繩索之形不過是把 C2 所从和 B4 倒了過來。C5 把“表示繩頭”的兩歧之形置於下方，跟“収”相配合，大概爲了更好地表現雙手搓繩索的字義。而且，殷墟甲骨文中的“糸”(多用作偏旁)，幾無下端分爲兩歧或三歧之形者，跟 C5 所从也不一致。C5 那種“𢀜(𢍁)”字，其雙手所搓之物以看作“索”爲宜。

作 C4 之形的“𢀜(𢍁)”字，其雙手所搓顯然不是作 A、B、D 等形的“索”，而是“糸”。這是 C4 與 C1～C3、C5 的最大不同。殷墟甲骨文中的“𢀜(𢍁)”，从繩索之“索”的，只見於花東卜辭、子組、午組及其他非王卜辭(屬於午組的《合》22072 上有字，舊多無釋，可能也應釋“𢀜”)；从“糸”作 C4 之形的，只見於自賓間組、賓組等王卜辭。在西周春秋金文裏，从“糸”的“𢀜(𢍁)”迄今未見，似已爲从“索”的“𢀜(𢍁)”所取代。長沙楚帛書和戰國古璽中有個别从“糸(下端分爲三歧)”的“𢀜(𢍁)”，[53]不知是繼承了 C4 這種古體，還是所从“糸”只是“索”的省形而已。上文説過，在卜辭的“索尹”合文中，有少數“索”確實寫作“糸”(如《合》4551、4614、9472 正、20090、22274)；作爲表意偏旁時，“索”、“糸”二形也有通用之例。根據上述情況可以推測，“糸”、“索”二字本用同一形體，在 C4 及那些作“�”的“索尹”合文中，“糸”形可能代表的是“索”；其上端或上下兩端分爲兩歧或三歧之形的“索”，大概是從“糸”形分化出來的。

文首所舉 A1 見於自組卜辭，這説明在現存殷墟甲骨文的早期，獨體

---

[52] 何景成：《釋〈花東〉卜辭中的“索”》，《中國歷史文物》2008 年第 1 期，第 76 頁。

[53] 參看施謝捷：《釋“索”》，《古文字研究》第 20 輯，第 202 頁。

的“索”已與“糸”分化。但殷墟甲骨文中的“⿱索廾(⿱素廾)”字,至賓組卜辭仍有从“糸”者;“索尹”合文中作“⿰糸尹”者,亦皆見於自組和賓組卜辭。看來,“索”、“糸”共用一形的現象在合體字中保存得較久。由於商代从“索”之字的資料還較爲有限,目前尚難以確知“索”、“糸”二形的徹底分化最後完成於何時。希望將來能發現更多的資料解決這一問題。

殷墟花園莊東地甲骨中,既有作 C1～C3 類形體的“⿱索廾(⿱素廾)”,也有作 C5 之形的“⿱索廾(⿱素廾)”,但前者只用爲“索尹”之“索”,後者大多用爲“瘥”,彼此絶不相混。也許花東卜辭有意分用“⿱索廾(⿱素廾)”字的不同寫法來表示音義有所差别的詞。

作爲族氏名的索氏之“索”,在殷墟各類組的甲骨卜辭中多數用“索”字表示,唯賓組卜辭並用“索”和作 C4 形的“⿱索廾(⿱素廾)”,這是不足爲怪的。花東卜辭中索氏之“索”寫作“⿰索卩”;“索尹”之“索”或用“⿱索廾(⿱素廾)”,或用从“索”聲的从“㫃”、从“口”之字。如“索尹”之“索”確指索氏或索族而言,則花東卜辭在表示族氏名“索”時,實際上用了三個不同的字,比賓組的用字情況就更複雜了。

二

在商代金文和甲骨文中,有一個从“索”从“刀”之字,皆用作地名或族名。此字以“索”旁是否加“⊢⊣”形,可以區分出如下兩種寫法:

E:(⿰索刂爵,《集成》7614,參看《集成》7613)、(《合》152 正)、(《合》780)、(《合》17464)、(《合》36953)、(《花東》395.8)、(《花東》286.7)

F:(⿰索刂妣乙爵,《集成》8735)、(⿰索刂父癸爵,《文物》1990 年第 7 期第 37 頁圖 7,《近出殷周金文集録》889 等)、(⿰索刂册父癸壺,

《文物》1990 年 7 期 37 頁圖 3、4,《近出殷周金文集録》581)、（《合》24460)、(《合》24461)、(《合》24459)、(《花東》480.6,又見 252.4、252.5)

在傳世西周中期的金文中,也出現過與《合》17464 之形寫法相近的“索刂”字:

(格伯簋,《集成》04262、04263、04265)

此字一般被隸定爲“紉”。劉心源、周名煇等學者在討論簋銘時有釋“絶”之説,爲不少人贊同。㊹ 他們之所以釋此字爲“絶”,其根據主要是《説文·十三上·糸部》説“絶”字“从糸、从刀、从卩”。古文字“糸”、“索”雖本用同一形體,但古文字中的“絶”字,均从“糸”而無从“索”之例,㊺所以《説文》釋“絶”字本義爲“斷絲也”。且釋“索刂”爲“絶”,不但格伯簋銘辭例難以講通,殷墟卜辭中用作地名、族名的“索刂”也難以找到合理的讀法(關於這些辭例的討論詳下文),所以此字釋“絶”的理由恐不充分。㊻

有些學者因金文、卜辭中的“索刂”用爲地名或族名,字又从“索”作,就將“索刂”釋讀爲“索”,㊼認爲“索刂”即見於《左傳》的“索氏”。㊽ 此説亦不可

㊹ 李孝定、周法高、張日昇:《金文詁林附録》,香港中文大學出版社,1977 年,第 1683～1687 頁;參看施謝捷《釋“索”》,《古文字研究》第 20 輯,第 209 頁。

㊺ 參看黄德寬主編《古文字譜系疏證》第三册,商務印書館,2007 年,第 2487～2488 頁。

㊻ 在賓組和黄組卜辭裏,有一個可以隸定爲“紉”的寫作形之字(參看《殷墟甲骨刻辭類纂》,第 1224 頁),《殷墟甲骨刻辭類纂》等書將它跟 E、F(E 見第 1233 頁,F 見第 1231 頁“索刂”條。第 1233 頁所收《合》21073 之例當移入“”條下)分開列字頭。按,此字與“索刂”是否爲一字異體,有待研究。

㊼ 參看[日] 松丸道雄、高嶋謙一編《甲骨文字字釋總覽》,第 136 頁。

㊽ 鄧少琴、温少峰:《論帝乙征“人方”是用兵江漢(下)》,《社會科學研究》1982 年第 4 期,第 58 頁;孟世凱:《甲骨學辭典》,上海人民出版社,2009 年,第 562 頁引陳邦懷、鄭傑祥等先生説;《古文字譜系疏證》第二册,第 1629 頁。

信。從字形本身來看，過去或以爲“剌”字是“索之繁文”（陳邦懷先生《殷契辨疑》説[59]）的意見，難以解釋字爲何要从“刀”旁。施謝捷先生曾指出釋“剌”爲“索”不確，[60]是有道理的。對此字不應釋“索”，後來高江濤等先生也有論證，可以參看。[61]

雖然我們也不贊同釋“剌”爲“絶”的意見，但“剌”字確應是一個與“絶”字初文表意方式類似的表意字。前面提到，殷墟卜辭“殺舟”一類辭例中，“殺”字當從陳劍先生説釋讀爲“斲”。“殺”字似可看作以“殳”斲“索”的表意字。[62] “剌”字造字意圖與“殺”也可以類比，字所表示的大概就是以刀割繩索之意。[63] 屬於賓組的《合》2857 殘辭中有一個字，左半从“索”，右半从“勿”。裘錫圭先生指出“勿”象用刀切割東西，其本義爲“分割、切斷”。[64] 所以字應當就是“剌”字的異體，而且它表示的用刀分割繩索之造字本意更爲顯豁。

安陽殷墟西北岡墓葬中出土一類銅刀，常與礪、戚等同出，石璋如先生有“刀刃爲短兵、敵人於貼身時用之”，“好像是戰國所用劍的前身”之説，陳夢家先生反對石説，認爲“礪是用來磨戚刃的，刀是縛柲時切割所用”。[65] 陳振中先生在陳夢家先生意見的基礎上指出，這類刀“一般尺寸較小，弧背凹刃，也不便刺殺，用作切割繩索的可能性較大”，並舉出《貞松

---

[59] 孟世凱：《甲骨學辭典》，第 562 頁引。認爲“剌”即“索氏”之“索”的，還有郭克煜等《索氏器的發現及其重要意義》，《文物》1990 年第 7 期，第 37～38 頁；李學勤：《海外訪古續記（九）》，《文物天地》1994 年第 1 期，第 39 頁；王恩田：《山東商代考古與商史諸問題》，張光明等：《夏商周文明研究：'97 山東桓臺中國殷商文明國際學術研討會論文集》，中國文聯出版社，1999 年，第 52 頁。

[60] 施謝捷：《釋“索”》，《古文字研究》第 20 輯，第 209 頁。

[61] 高江濤、龐小霞：《索氏銅器銘文中“索”字考辨及相關問題》，《南方文物》2009 年第 4 期，第 92～94 頁。

[62] 以“殳”爲斲繩索的工具，可能如李旼姈先生所説，具有表音的作用［李旼姈：《甲骨文字構形研究》，台灣政治大學中國文學系博士學位論文（指導教授：蔡哲茂），2005 年，第 171～172 頁］。

[63] 前人或釋此字爲“絶”，高江濤等先生認爲此字“所表初意”爲“以刀斷繩”（《索氏銅器銘文中“索”字考辨及相關問題》，第 93 頁），他們對此字造字意圖的分析可以參考。

[64] 裘錫圭：《釋“勿”、“發”》，同作者《古文字論集》，中華書局，1992 年，第 72 頁。

[65] 陳夢家：《殷代銅器》，《考古學報》第七册，1954 年，第 52 頁。

堂集古遺文》卷二著録的“索刀癸鼎”銘文，作爲“表示用刀割繩索之意”的圖像印證。[66] 我們認爲，陳振中先生對這類商代小銅刀切割繩索功能的推測是很有道理的。當然，這樣的小銅刀也完全可以像陳夢家先生所説，用以切割綁縛兵器於柲的繩索。“索刀癸鼎”，就是前文所舉過的《集成》2136 號著録的子刀索父癸鼎，銘文“刀”、“索”二字實爲複合族名中的兩個組成部分，且“刀”字位於“索”形之上，兩者不一定有什麽内在關聯，視作商代用刀切割繩索的實物證據恐不妥當。上舉《集成》7613、7614 的 E 形，則正是刀刃面向“索”形的“㓞”字，將此字作爲陳振中先生意見的佐證，无疑是很合適的。

從字形所會之意和辭例兩方面考慮，“㓞”可能就是“割”的表意初文。

“割”是古漢語中詞義相當穩定的一個常用詞，可以表示“用刀割”、“割斷”的意思。[67] 用刀切斷繩索一類東西，現在我們仍然用“割”這個動詞(前引陳夢家、陳振中兩位先生在談青銅刀切繩索的功能時都用到“割”字)，這種用法正是從古漢語裏繼承下來的。《陳書・章昭達傳》：“周兵……於江上横引大索，編葦爲橋，以度軍糧。昭達乃命軍士爲長戟，施於樓船之上，仰割其索，索斷糧絶……”(又見《南史・章昭達傳》)，雖然語料時代並不很早，但“割索”的説法足備參考。

2012 年版《商周金文資料通鑒》02503 號著録了一件私人收藏的伯上父鼎，鼎銘嘏辭有“用眉壽”之語。“用”下一字，《通鑒》正確釋爲“㓞”。西周金文嘏辭表示祈求、錫予“眉壽”所用的動詞，最常見的是 “祈” 、“匄”和“錫”。伯上父鼎的“㓞”字如從前劉心源、周名煇等人説釋爲“絶”，顯然無法讀通辭例，這也説明釋“㓞”爲“絶”是不可信的。我們知道，西周金文一般只用“易”字表示“錫”；“祈”則一般假借“旂”字，極個别的以从“言”从“㫃(旂)”聲之字表示[68](它們顯然有字形上的聯繫)；但是“匄”除了大量

[66] 陳振中：《我國古代的青銅削刀》，《考古與文物》1985 年第 4 期，第 79～80 頁；參看同作者《青銅生産工具與中國奴隸制社會經濟》，中國社會科學出版社，1992 年，第 50～51 頁。

[67] 王力主編：《王力古漢語字典》，中華書局，2000 年，第 74、686 頁。

[68] 《集成》04628 伯公父簠等。

使用“匄”的例子外,[69]還偶爾假借“害”、“割”二字表示:

無惠鼎(西周晚期):用割(匄)眉壽萬年(《集成》02814)

伯家父簋蓋(西周晚期):用易(錫)害(匄)眉壽、黄耇、靈終、萬年(《集成》04156)

春秋早期的銅器也有“割(匄)眉壽無疆”(《集成》04443～04445 曩伯子□父盨),是延續了西周晚期的用字習慣。《通鑑》定伯上父鼎爲西周晚期器,從時代和用字習慣考慮,“用剢眉壽”之語最有可能應與西周晚期金文常見的“用匄眉壽”相聯繫。這個“剢”字如果確應讀爲“匄”,便正是釋“剢”爲“割”之初文的一個文字學佳證了。從目前掌握的資料看,从“刀”、“害”聲的“割”字,最早見於上引西周晚期的無惠鼎,並一直沿用到今天;“剢”字在西周晚期的伯上父鼎之後似已基本不見使用。由此可見,西周晚期可能就是“割”的古體表意字和後起形聲字並存、前者逐漸爲後者所取代的過渡階段。假“剢”表“匄”與假“割”表“匄”,只是假借一個字的古體和後起字的不同而已。

釋“剢”爲“割”字表意初文,須對兩個問題作一説明。

第一,可用刀“割”之物甚多,爲何造字時選取“索”爲刀割的對象呢?我們懷疑,在“剢(割)”字當中,“索”旁很可能兼起一定的表音作用。“割”雖是見母月部字,但我們知道上古“害”字和从“害”聲之字(如“割”字本身),和見母魚部的“古”字及从“古”聲之字有密切關係。[70] “素”和“索”的韻部分别是魚部和鐸部,與“割”字韻部應當極爲接近。“素”、“索”是心母字,雖與“割”的聲母稍遠,但從諧聲角度看,心母和見母並非完全没有關係,見母月部的“劌”从心母月部的“歲”字得聲,心母東部的“松”从見母東部的“公”得聲,从基本聲符“丯”(見母月部)得聲的“契”字中古有訖黠切和私列切兩讀(後一讀爲心母字)等等,都是可相類比的例子。[71] 前文論

---

[69] 《集成》02821～02823 號此鼎,04432、04433 號曼龏父盨,00141 號師臾鐘,02681 號姬鼎,04147～04151 號梁其簋等。

[70] 裘錫圭、李家浩:《曾侯乙墓鐘、磬銘文釋文》,湖北省博物館編:《曾侯乙墓》附録二,文物出版社,1989 年,第 554 頁。

[71] 其他例子可參看陳劍《甲骨金文考釋論集》,第 223 頁。

證過，花東及其他非王卜辭中的“粦（粦）”可以讀爲“瘥”，“瘥”爲歌部字（即月部的陰聲），同从“差”得聲的“傞”字，《玉篇》有思何、古何二切，[72]可爲“索”、“割”語音關係的旁證。所以在爲“割”這個詞造字時，是完全有可能選擇“索”作爲表意偏旁，並兼以之起表音作用的。應當看到，“索”在“㓨”字中主要作意符使用，“索”、“割”兩字無論聲母、韻母畢竟仍有一定差別，“索”旁的表音功能只是附帶的，語音條件放寬一點是不得已的，這大概也正是“㓨”字後來最終被表音功能更强的形聲字“割”所取代的一個主要原因。

第二，三體石經《春秋》“介葛廬”之“葛”字作，可能應當跟本文所論“㓨”字聯繫起來考察。施謝捷先生指出三體石經“葛”字下部从“中（艸）”，“所从‘’，從其構形看，與兩周金文裏用爲‘素’的‘索’字相似”。[73] 張富海先生據此形釋出了三晉古璽用作姓氏的“葛”字，[74]陳劍先生據此形釋出了見於上博簡《采風曲目》、《周易》等篇的“葛”字，並指出這些古文字字形都是从“索”或其譌變之形的。[75] 但是“葛”字爲什麼从“索”，是一個頗不容易解釋的問題，比如施謝捷先生説：“从‘索’聲字與从‘曷’聲字古音分别歸鐸部與月部，韻部相隔，俟考。”陳劍先生對此提出過一些猜測，但也認爲“對這個問題還可以進一步研究”。[76] 下文將會論及，“㓨（割）”、“葛”古音全同，甲骨卜辭作爲地名的“㓨（割）”可能當讀爲“葛”，如果上文所論“㓨（割）”字可能兼以“索”旁表音這一點基本符合事實的話，那麼戰國文字及傳抄古文“葛”以“索”爲聲旁也就並不顯得奇怪了。作出這樣的解釋，跟陳劍先生所推測的，“用‘索’、‘艸’兩字會意（‘索’或變作‘素’），從‘可爲繩索之草’的角度來表示‘葛’，或者説由此來‘提示’人們想到‘葛’”的可能性並不互相排斥，也就是説，此字可能是一

---

[72] （梁）顧野王：《大廣益會玉篇》，中華書局，1987年，第14頁上右。

[73] 施謝捷：《魏石經古文彙編》（未刊稿），此據前引陳劍《上博竹書“葛”字小考》引用。

[74] 張富海：《漢人所謂古文研究》，北京大學中文系博士學位論文（指導教師：裘錫圭），2005年，第34頁。

[75] 陳劍：《上博竹書“葛”字小考》，第68～70頁轉第99頁。

[76] 同上引文，第69～70頁。

個比較特殊的會意兼形聲字。當然,事實也許還有另一種可能,即戰國文字和三體石經古文的"葛"字,實爲从"㓹(割)"省聲的一個字,其文字結構類型與从"删"省聲的"珊"、"姍"、"栅"字⑰非常類似。究竟上述哪一種解釋較合事實,有待進一步研究。

甲骨卜辭中的"㓹"多用爲地名,它是商王朝比較重要的農業區(《合》152 正)和商王及與商王有親密血緣關係的高級貴族常去的田獵地(《合》24459、24460,《花東》395+548.8)。卜辭還有"㓹人"(《花東》252),當指㓹地或㓹族之人。從花東卜辭看,商王的子輩等貴族有時在㓹地舉行祭祀:

> 丙子:歲且(祖)甲一牢,歲且(祖)乙一牢,歲匕(妣)庚一牢。才(在)㓹,來自㽙。一(《花東》480.6)

還對㓹地的建築加以視察:⑱

> 壬卜:子又(有)求,曰:視㓹官。一(《花東》286.7)

由此可見,"㓹"應該是一個很重要的地方。

鍾柏生先生曾根據四版地名相互關聯的、記載商王"在某(地名)貞"或"在某(地名)卜"、"步于某(地名)"的出組和黄組卜辭,推測"㓹"位於河南省東部,在商丘的西面、杞的東面。⑲《孟子·滕文公下》記孟子語"湯居亳,與葛爲鄰",同篇孟子語引《書》有"葛伯仇餉"等語,同書《梁惠王上》篇記孟子語引《書》有"湯一征,自葛始"語。前人一般認爲葛伯之國位於河南寧陵縣的葛鄉。⑳ 寧陵縣不但位於河南省東部,而且正好在商丘之西、杞縣之東。我們釋"㓹"爲"割"的表意初文,"割"、"葛"古音全同,可以通用("葛"从"曷"聲,"曷"从"匃(匄)"聲,前引西周春秋金文就有"割"通

---

⑰ 裘錫圭:《文字學概要》,商務印書館,1988 年,第 160～161 頁。按,《廣韻》从"删"省聲的,還有"姗"、"跚"、"跚"等字。

⑱ 參看姚萱《殷墟花園莊東地甲骨卜辭的初步研究》,第 36 頁。

⑲ 鍾柏生:《殷商卜辭地理論叢》,臺北藝文印書館,1989 年,第 116～118 頁。所舉四版卜辭爲:《合》36830+36567=《林》1.28.1+《前》2.9.6+《後上》9.12(島邦男綴合)、《合》24473、《合》36751、《合》24367。

⑳ 參看王國維《説亳》,同作者《觀堂集林》,中華書局,1959 年,第 521 頁。

“匄”之例),所以卜辭地名“剢(割)”似可讀爲古國名“葛”。這樣一來,“剢”的位置就恰好跟鍾先生所考定的地理位置完全相合了。

不過,李學勤先生等根據1973年在山東兖州李宫村出土的“剢”氏銅器,定卜辭“剢”地爲山東兖州附近。㉛ 我們認爲這種可能性無疑是存在的。如卜辭“剢”位於山東兖州的意見可信,“剢(割)”也許可以讀爲商蓋之“蓋”。西周禽簋(《集成》04041)“王伐蓋侯”之“蓋”,陳夢家先生認爲即古書“商蓋”之“蓋”(古書或作“商奄”、“奄”),㉜此説得到普遍認可。《史記·周本紀》“周公爲師,東伐淮夷,殘奄”,《正義》引《括地志》云:“兖州曲阜縣奄里,即奄國之地也。”今兖州在曲阜西南,與商奄故地極近,甚至可能就在商奄範圍之内。㉝ “剢(割)”、“蓋”,皆見母月部字,古音極近,可以通用。商奄的歷史很長,《古本竹書紀年》記商王南庚、陽甲曾居於奄,直到商朝被滅,商奄始終是商朝的重要組成部分;西周初年商奄還因造反而被周人踐伐、西遷。這跟有的學者推測卜辭“剢”地於“早商時期”已經存在,“與商王朝相始終”、“關係緊密,可能是商王朝的一支”㉞的情況若合符節【編按:讀“剢”爲“蓋”之説似無必要,應取消】。

位於河南寧陵的“葛”跟山東兖州畢竟相距並不十分遥遠,山東兖州出土的“剢”氏銅器似乎也有可能是河南“剢(葛)”族遷徙帶過去的,所以前説似亦不能斷然否定。㉟

㉛ 李學勤:《海外訪古續記(九)》,第39頁;高江濤、龐小霞:《索氏銅器銘文中“索”字考辨及相關問題》,第94～95頁。

㉜ 陳夢家:《西周銅器斷代(二)》,《考古學報》第十册,1955年,第75頁;又參看同文第76頁“罔劫尊”條(罔劫尊銘見《集成》05977)、《集成》05383罔劫卣。清華簡《繫年》作“商盍”,見李學勤主編《清華大學藏戰國竹簡(貳)》,中西書局,2011年,上册第46頁。

㉝ 譚其驤主編:《中國歷史地圖集》第一册,中國地圖出版社,1982年,第14頁。有學者認爲古奄國範圍不止曲阜,而要大得多(參看李學勤《清華簡關於秦人始源的重要發現》,《光明日報》2011年9月8日11版),那麼今兖州一帶更是應該包括在商奄範圍内了(看李學勤《夏商周與山東》,《煙台大學學報(哲學社會科學版)》,第15卷第3期,2002年,第334頁)。

㉞ 高江濤、龐小霞:《索氏銅器銘文中“索”字考辨及相關問題》,第94頁。

㉟ 高江濤、龐小霞《索氏銅器銘文中“索”字考辨及相關問題》一文所附王宇信先生的評論已經提出這些銅器有“自他地帶來的可能”(但是王先生似乎以爲這些銅器爲周初封魯時殷民六族帶來,大概意在堅持這些字仍應釋“索”,跟我們的意思不一樣)。

當然,對於文獻中“葛”之故城所在,也是有争論的。王夫之《春秋稗疏》和沈欽韓《左傳地名補注》因《春秋》桓公十五年“葛人”與“邾人、牟人”一起來朝,推測“葛”在“今兖州之嶧縣,與鄒接壤”或爲“泰山旁小國”。[86] 王、沈二説即使有理,春秋時代山東境内的小國“葛”,跟商代與亳相鄰的“葛”是否一地,仍可討論,定河南寧陵爲“葛”並不見得没有道理。不過若在山東境内(如邾國附近)確有“葛”,似乎很可以考慮它跟李宫村銅器和甲骨征人方卜辭所見“剢(割)”以及與“葛”同爲嬴姓(《左傳・僖公十七年》有“葛嬴”)的“蓋(奄)”的聯繫,待考。

格伯簋“剢”字所在銘文辭例如下:

> 格伯履,殹妊彶(及)□(引者按:此字左爲“人”旁,右旁或釋“丩”,當是人名)氒(厥)從格伯安(按),彶甸殷氒(厥)剢雩谷杜木、遼谷旅桑,涉東門。

這是格伯因得到朋生卅田帶領相關人員履田的記載。[87] 楊樹達先生指出,“雩谷、遼谷亦田所在之地,杜木、旅桑,以樹木表田界,所謂封樹是也”。[88] 裘錫圭先生指出,“甸殷”之“甸”可能指古書中當司主田野之官講的甸人,“殷”疑即甸人之名,“銘文的大意可能是説,殹妊和仏跟從格伯按田,又和甸人‘紉’(引者按,裘先生此文從一般釋法釋字爲“紉”)作爲地界標識的樹木並‘涉東門’”。[89]

我們寫作此文時,曾請教裘先生對“紉”字的看法,他告訴我們,他懷疑此句中的“紉”字指在作爲地界標識的封樹上刻標記。結合裘先生的提示,我們認爲此字釋“剢(割)”,在銘文中似可讀爲契刻之“栔/契”。“割”、

---

[86] 王先謙編:《清經解續編》卷四、卷九十五,收入阮元、王先謙編《清經解 清經解續編》,鳳凰出版社,2005 年,第九册第 44 頁,第十一册第 3000 頁。參看楊伯峻《春秋左傳注》,第 142 頁。《中國歷史地圖集》第一册未取此説。

[87] 銘文的“履”字從裘錫圭先生釋(《西周銅器銘文中的“履”》,《古文字論集》,第 368~369頁);“安”讀爲按視、按行之“按”,從吴闓生、楊樹達先生等説(吴闓生:《吉金文録》三・26 下;楊樹達:《積微居金文説(增訂本)》,中華書局,1997 年,第 11 頁)。

[88] 楊樹達:《積微居金文説》,第 11 頁,可參看同書第 17~18 頁。

[89] 裘錫圭:《西周糧田考》,張永山主編:《胡厚宣先生紀念文集》,科學出版社,1998 年,第 222 頁。

“栔/契”古音很近。“栔/契”在古代也有割斷義，所謂契刻，就是割掉整體中的一塊東西使之缺，“栔/契”和“割”顯然是音義皆近的同源詞。《爾雅・釋詁下》“契，絶也”，朱駿聲認爲此義之“契”即假借爲“割”。[90] 用“剢(割)”爲“契”，似可看作用“剢(割)”字表示它的一個引申義或從“割”派生出來的一個詞。古代有“契龜”(指在龜上契鑿，《詩・大雅・緜》“爰契我龜”)、“契舟”(《吕氏春秋・察今》“遽契其舟，曰：‘是吾劍之所從墜。’”)的説法，銘文所謂“契雩谷杜木、邍谷旅桑”，就是在這些樹木上契刻作爲田界的標識。當然，“割”字本義就是用刀割，“割木”、“割桑”也未嘗不能表示在樹木上契刻爲識的意思，所以也不排除這個“剢”字就用其本義“割”的可能性。

附記：此文寫作過程中，曾多次請教裘錫圭先生，得到許多教益，作者二人十分感謝！

2012年7月26日初稿
8月8日修改

追記：本文交稿後，又發現了兩條很重要的材料，可以印證、補正本文的一些説法。現分條敘述於下：

1. 蒙謝明文先生指示，獄盤、獄盉銘文所記賞賜物有“弋(緇)市(韍)、()亢(衡)、金車、金旗”(見《考古與文物》2006年第6期第63頁圖8)。“亢”上一字顯然就是本文所釋殷墟甲骨文中的“”，舊釋爲“絲”，不但與同銘已見的“兹”(與“絲”一字分化)形不合，而且也不符合作爲“亢(衡)”的修飾語的辭例要求。若釋此字爲“𦃃”，視爲“索”之繁構，在銘文中便可讀爲“素”，“素亢(衡)”與“弋(緇)市(韍)”對文，顯然是很合適的。輔師𠭰簋所記賞賜物爲“載(緇)市(韍)、㯱(素)黄、鑾旗”(《集成》

---

[90] (清)朱駿聲：《説文通訓定聲》，武漢古籍書店，1983年，第661頁。

4286)，“𡩜(素)黄(衡)”即𤞞盤、𤞞盨的“𦃡(素)亢(衡)”(其他賞賜物彼此也極爲相近)。這對於釋 A 爲“索”是有利的支持。

2. 新蔡葛陵楚簡甲三 263 記“鳴父、丘、枯☐”，“丘”上一字整理者釋“葪”。宋華强先生在他於 2007 年提交給北京大學的博士學位論文《新蔡楚簡的初步研究》的“新蔡簡釋文分類新編”一節中，同意整理者的釋字，並聯繫三體石經古文“葛”字和戰國文字中被釋讀爲“葛”之字，“懷疑‘葪’字或許應該釋爲從‘刀’從‘葛’之字，讀爲‘葛’。‘丘’、‘陵’同義，‘葛丘’或即‘葛陵’舊稱”(見該節 61 頁注 308)。宋先生在這篇博士論文基礎上修訂出版的《新蔡葛陵楚簡初探》中，刪去了這個見解，引了殷墟甲骨卜辭所見的“剢”字，謂“似即簡文所從”(武漢大學出版社，2010 年，第 463 頁注②)。我們認爲，宋先生懷疑簡文“葪”字所从即甲骨文的“剢”，非常正確；他在博士論文中聯繫戰國文字和傳抄古文的“葛”字，其實也是有道理的，只是他把“葪”字分析爲“從‘刀’從‘葛’”則不妥當。按照本文的看法，葛陵簡整理者所釋的“葪”字，正是从“艸”“剢(割)”聲的“葛”字。這個字形證明戰國文字和傳抄古文从“艸”从“索”的“葛”字，確如本文提出的後一種猜測那樣，是从“剢(割)”省聲的。戰國文字中目前尚未見到獨立的“剢”字。六國文字的“葛”字，因爲絶大多數都已是省聲字，造字理據已不甚明晰。葛陵簡的這個“葛”字聲旁作不省“刀”之形，彌足珍貴，當可以看作早期古文字的一個“孑遺”了【編按：這顯然與葛陵簡時代較早有關】。葛陵簡的“葛丘”，是否如宋先生懷疑的，是“葛陵”的舊稱，似很值得考慮；它跟殷墟甲骨文所見的“丘剢(葛)”有没有關係，也值得研究。

2012 年 9 月 8 日記

看校樣時按：

1.《屯南》2342“伊尹”之“伊”寫作从“㫃”从“伊”，與本文所舉花東卜辭 178.13“索尹”之“索”寫作“”同例。

2. 卜辭所見“黄尹”，左右二字往往挨得很緊(參看李宗焜《甲骨文字編》,下册第 1444 頁),其形式與本文所論"綼(索尹)"頗似。

3. 本文同意釋花東卜辭的"𠌟"(即 C5)爲"𡘷(𡗝)",並作了一些推論。姚萱先生在最近發表的《非王卜辭的"瘳"補説》一文中主張釋此字爲"糾絞"義的"繆"或"摎"的表意初文,在表"病愈"義的有關卜辭中從其他學者之説讀爲"瘳"(《河北大學學報(哲學社會科學版)》2012 年第 4 期,第 108～113 頁)。本文將花東卜辭中的此字與"𡘷"相聯繫的意見應放棄。

4. 吴鎮烽編著《商周青銅器銘文暨圖像集成》12447、12448 號著録私人收藏的復封壺甲、乙(上海古籍出版社,2012 年,第 22 卷第 412～422 頁),銘文兩見專名"者𠜱"(較大可能是地名,"𠜱"不知與"葛"有無關聯),該書定此壺爲春秋早期器。由此可見,"割"的表意初文"𠜱"到春秋早期仍在專名等特殊場合繼續使用,這顯然是專名用字較爲保守的緣故。

2013 年 1 月 14 日

原刊清華大學出土文獻研究與保護中心編、李學勤主編《出土文獻(第三輯)》,中西書局,2013 年。

重印按:里耶簡 9－657 有𡘷字,即《説文》"𡗝"字(參看朱璟依《里耶秦簡(貳)文字編》,復旦大學 2019 年本科畢業論文,246～247 頁)。

續説戰國文字的"夌"和从"夌"之字[*]

戰國楚文字的"陵",大量地存在形的寫法,因其形體與"陲"字乍看極肖,長期未能得到正確辨釋和分析。二十世紀六十年代,于省吾先生改釋鄂君啟節地名"襄陵"爲"襄陲",認爲節銘和曾姬無卹壺、楚帛書的所謂"陵"字與古文字中的"陵"字"迥别",故都應改釋爲"陲",以爲"襄陵本應作襄陲,陵與陲形近易譌。自《史記》誤'陲'爲'陵',晉人寫定《紀年》遂因之,各家釋此節者也因之,不知本應作襄陲",四版《金文編》從于説釋"陲"。①

二十世紀八十年代末,鄭剛先生提出,鄂君啟節所謂"陲"字所从之聲旁的上部並非"垂"字所从的"𠂹",而應是"來",楚文字用作"陵"之字不能從舊説認定爲"陲"字,實應分析爲从阜、从土、來聲(來、陵聲母相同,韻部之蒸對轉)的"陵"字異體。② 後來的研究者對於大量發現的楚簡資料中確定無疑的"陵"字,多在鄭説的基礎上進行文字學的分析,③

---

* 本文是國家社科基金青年項目"清華簡時代特徵及文本源流的語文學研究"(批准號: 14CYY058)的階段性成果。

① 于省吾:《〈鄂君啟節〉考釋》,《考古》1963 年第 8 期,第 442 頁。容庚編著,張振林、馬國權摹補:《金文編》,中華書局,1985 年,第 939 頁。三版《金文編》亦釋曾姬無卹壺之字爲"陲"(容庚編著:《金文編》,科學出版社,1959 年,第 730 頁)。

② 鄭剛:《戰國文字中的"陵"和"李"》,1988 年中國古文字學會第七次年會論文,收入同作者《楚簡道家文獻辯證》,汕頭大學出版社,2004 年,第 61～75 頁。

③ 李守奎、賈連翔、馬楠等先生編著的《包山楚墓文字全編》(上海世紀出版股份有限公司、上海古籍出版社,2012 年,第 502 頁)對"陵"字的隸定即可以反映目前大多數人對楚簡這類"陵"字的認識。

最近有學者更將楚文字中的“陵”全部分析爲从“來”聲，④將其説推展到了極致。不過，堅持戰國“陵”字從文字學角度應釋“陲”的學者，迄今仍亦不乏其人。所以戰國文字的“陵”到底應怎麽分析，似乎尚未取得廣泛共識。

從越來越多的新資料、新研究回看楚文字的“陵”，可知釋“陵”完全可信，同時也可知楚文字“陵”字其實並不从“來”聲。

何琳儀先生1986年發表的《長沙帛書通釋》一文中，曾對子彈庫楚帛書“陵”字發表過如下意見：

> “陵”，原篆作“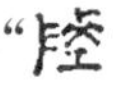”。蔡季襄《晚周繒書考證》釋“陵”，明確不刊。類似的形體在楚系文字中習見，與中原地區作“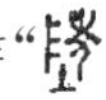”形者有别。但兩者間猶有蜕變之迹。檢曾姬無卹壺“”比常見的“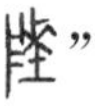”顯然多一撇筆。其中“”即“夌”。下从“人”形。金文“”所从“”亦“人”形。……至於“”作“”，可從“”（《侯馬盟書》344“嘉”旁）、“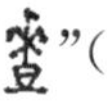”（同上）、“”（小篆），與“”（陳純釜“陵”旁）、“”（見上）、“”（小篆）的平行演變關係中得到佐證。⑤

何琳儀先生注意到的曾姬無卹壺“陵”字的寫法比一般从土的寫法多出一斜筆，並認爲是金文“夌”旁下部的人形“蜕變”而來，也就是意識到楚文字的“陵”與西周金文“陵”字有字形上的傳承演變關係，故不能釋“陲”。這是很重要的意見。不過，何先生將楚文字“陵”所从“夌”頭部看作是金文“夌”旁的頭部直接變來（即由“”變爲“”），則是不夠準確的。

張世超等先生在何琳儀先生説法的基礎上，指出夆伯鬲（《集成》696）

---

④　周波：《試説徐器銘文中的官名“賫尹”》，《出土文獻與古文字研究》第四輯，上海古籍出版社，2011年，第97～98頁。

⑤　何琳儀：《長沙帛書通釋》，《江漢考古》1986年第1期，第53頁。

寫作的"陵"字右旁,"當爲楚文字形變之先聲"。⑥ 這才真正爲楚文字"陵"字字形演變過程找到了直接的源頭。

程鵬萬先生根據何琳儀先生的分析,將楚文字中的"陵"分成多出一小撇(如《容成氏》22號簡、曾姬無卹壺的"陵"字)和没有一小撇(如楚帛書甲3、乙2,鄂君啟節的"陵"字)的兩類寫法,並結合夆伯鬲字形分析道:

> 楚文字中的"陵"所从的"麦"字上部應是西周"陵"字所从的轉變而來。……楚文字中的第一種"陵"所从爲。據湯餘惠的考證,我們知道在戰國時一些从的部分爲從"人"演變而來的,所以我們有理由認爲是(集成696)字下部分人形進一步演變的結果。楚文字中的第二種"陵"字所从的變成土,""旁脱去一撇,這在楚文字中也是很常見的現象。⑦

可見,張世超先生和程鵬萬先生都已經先後注意到《集成》696號夆伯鬲的"陵"字寫法在研究楚文字"陵"字來源上的重要價值。程鵬萬先生指出"楚文字中的'陵'所从的'麦'字上部應是西周'陵'字所从的轉變而來",則是明確糾正了何琳儀先生認爲是從"火"形變來的不夠準確的看法,他並在此基礎上指出曾姬無卹壺"陵"字所从"麦"旁下部的"壬"是夆伯鬲"陵"字"麦"旁下部的"人"形變來,都是有道理的意見。

過去對於這一點未引起重視的原因,也許是没有充分注意何琳儀先生所指出的曾姬無卹壺下部寫作的"陵"形的特殊重要性,加上鄭剛先生將楚文字"麦"字分析爲从土、來聲的意見太過深入人心所致。程鵬萬

⑥ 張世超、孫淩安、金國泰、馬如森撰著:《金文形義通解》,(中文出版社,1996年,第3340頁。

⑦ 程鵬萬:《安徽壽縣朱家集出土青銅器銘文集釋》,黑龍江人民出版社,2009年,第295～296頁。

先生所分的没有小撇的一類“陵”字如鄂君啟節的,未嘗不可以看成是共用“土”旁左上的那一斜筆爲“人”形的手臂之筆。⑧ 近來已有不止一位學者注意到新蔡葛陵楚簡的“陵”字。⑨ 我們就來看一下葛陵簡發表前尚不廣爲人注意甚至不爲人所知的楚文字“陵”字寫法:

A.  乙一 18　 乙二 25、零 205、乙三 48

B.  乙四 149、150　 甲三 219　 乙四 60

C.  乙四 100,零 532、678　 零 200、323

關於這些字形特點及其與早期金文“陵”字的關係,劉洪濤先生已有分類分析,但仍有若干認識不夠明晰和不足之處。⑩ 我們把葛陵楚簡的“陵”字根據寫法的不同分成三類。A 和 B 二類之不同,在於“土”旁有没有跟上方的“人”形結合爲“壬”形;A 形去掉“土”旁之後的形體,特别是頭部尚未譌變成形的乙二 25、零 205、乙三 48 之形,跟夆伯鬲的寫法略無二致。C 類的寫法都不从“土”,而是在“人”形底部或者“人”形軀幹之上加

---

⑧ 關於這一點,參看劉洪濤《論掌握形體特點對古文字考釋的重要性》,北京大學博士學位論文,2012 年,第 142 頁。宋華强先生看過文章後提示我,節銘此字的這一筆,從放大圖片看,其筆勢當以視作表“人”形手臂一筆的可能性較大(也就是與其右上頭部的斜筆並不相連),此字寫法實與下引葛陵簡 A 類字形中的乙一 18 之例完全相同,其説甚是。由此更可證明楚文字“夌”旁上部確非从“來”。

⑨ 我一開始只注意到清華簡〈繫年〉的“陵”字寫法,新蔡葛陵楚簡的“陵”則未留意,跟鄔可晶兄討論此問題時,蒙他向我指出周波《試説徐器銘文中的官名“賫尹”》之文;後又注意到下面所引劉洪濤《論掌握形體特點對古文字考釋的重要性》也已論及葛陵簡“陵”字的寫法。

⑩ 劉洪濤:《論掌握形體特點對古文字考釋的重要性》,第 142 頁。劉先生認爲我們所舉的 A 類形體中的乙二 25、零 205、乙三 48 例上部已變爲“”形,這種觀察是不準確的(他對字形的這種誤判,似乎説明他並没有非常清楚地認識到夆伯鬲“陵”字與後來楚文字的“陵”的直接淵源關係,也就是説,他似乎還没有真正地重視前引張世超、程鵬萬等先生的看法);他還認爲我們所舉的 C 類形體中的零 200、323 之例“爲照顧‘夌’字下部的寫法,把‘土’字最上一横寫作斜筆”,對字形判斷也有比較明顯的失誤;又劉先生所分的 c 類字形,没有太大必要,本文未分出此類。

了一道横筆作爲飾筆,人形左右的四個小點,有可能是常見的飾筆現象(戰國文字經常於“人”旁或“人”形兩側加四個小點爲飾筆,⑪例如“光”、“鬼”、“備”等字,“陵”字可能受這些字寫法類化),但也有可能與早期古文字“陵”所从的“夊”聲有關(爲了美觀,將原來的兩點寫成對稱的四點,楚文字中尚有只寫兩點的字形,參看下文)。這些現象,顯然都與將“陵”字分析爲从“來”之説決不相容,卻適可證明何琳儀、張世超先生早年對楚文字“陵”的分析大體上是合理的。近年出版的清華簡《繫年》,也有寫法很值得注意的“陵”字:⑫

(101 號簡)(120 號簡)(128 號簡)(132 號簡)

其寫法似糅合了上所引葛陵楚簡“陵”字 B、C 兩類的寫法,但是它們都還没有像葛陵簡乙一 18、甲三 219 的“陵”字那樣頭部譌變成,這也是跟早期古文字如夆伯鬲的“陵”字相合的寫法。

由此可見,曾姬無卹壺寫作的“陵”與葛陵楚簡甲三 219 最近,正是由上述具有較早古文字淵源的“陵”字演變到楚系大量寫作“”形的“陵”的中間環節。綜合上述學者的意見,已可非常清楚地看出“陵”字由夆伯鬲之形以下至戰國楚文字的演變序列主流:

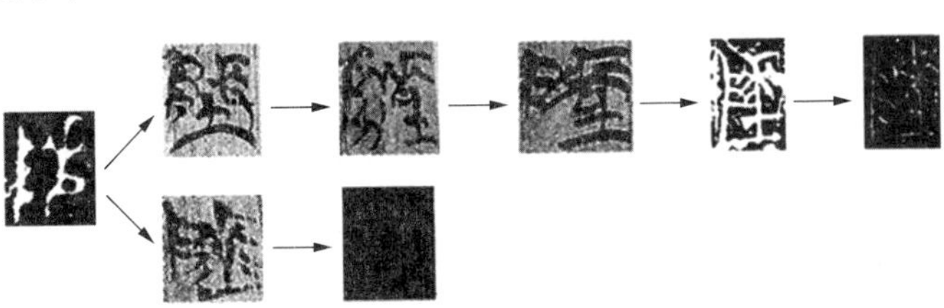

這個示意圖雖然不一定與實際演變過程相符,但大致可以勾勒出楚

⑪ 參看何琳儀《戰國文字通論》,中華書局,1989 年,第 231 頁。

⑫ 李學勤主編:《清華大學藏戰國竹簡(貳)》,中西書局,2011 年,下册第 264 頁。133 號簡還有一例,字形稍損不録。整理者將字徑釋爲“陵”,十分正確。

文字“陵”字從夆伯鬲“陵”字這類寫法一步步變來的完整過程。蒙陳劍先生提示，有一點還須在此交代，即“陵”字所从“夌”旁下作“壬”形的，既有可能是寫作形的“土”旁和“人”形結合而來，但也不排除其中有些只是“人”形的一種繁化而已(古文字中“人”形經常由下加横筆、小點而變作“壬”，如“聖”、“年”、“鬼”等字⑬)。像這類形體，到底是分析爲由、這類本不从“土”的形體變來，還是結合了“土”旁的“陵”，其實是兩可的。爲了統一起見，也爲了釋字的直觀便捷，我建議戰國楚文字絶大多數“陵”字可直接釋“陵”而不必再隸定出“土”旁。因爲在楚文字中人形下不加一横的“夌”(包括進一步繁化爲“壬”旁、譌爲“土”旁的“夌”)極其少見，⑭甚至不能排除葛陵簡之形是將“陵”的繁化之形誤析分出“土”旁的結果(如从“土”是要與山陵字義靠攏，則不排除是有意的析分)。

夆伯鬲的“夌”旁去除冠部的形部件和“夊”旁，⑮是一般的“人”形。這種寫法，不是憑空産生的，它是在商周常見的“夌”字基礎上不斷省變而産生的一種異體。爲了對先秦古文字中的“夌”字寫法有一個全面的了解，在此也有必要簡單梳理一下古文字“夌”的演變脈絡。

殷墟甲骨文中的“夌”字，寫作、等形，西周金文的从“夌”之字大多數沿襲這種形體，一般多加“夊”旁作(陵作父乙尊“陵”)，或在人形之下加“止”形作(三年瘨壺“陵”)形，或者人形頭部之上的∧形部件繁化

⑬ 參看劉釗《古文字構形學》，福建人民出版社，2006年，第343頁。

⑭ 在楚簡中確定的“夌”旁下不加横筆或繁化爲“壬”的例子還没有，《上海博物館藏戰國楚竹書(九)·舉治王天下》篇中的(14號簡)、(17號簡)二字，從本文的分析看似應釋爲“倰”，但這兩個字所在簡文的文義都不太清楚(參看鄔可晶《〈上博(九)·舉治王天下〉“文王訪之於尚父舉治”篇編連小議》，下載自武漢大學簡帛網，2013年1月11日，http://www.bsm.org.cn/show_article.php?id=1806。兩字亦承可晶兄告知)，暫存疑待考。

⑮ 古文字“夌”字多从“夊”聲，參看劉釗《金文考釋零拾·金文“夌”字的特殊結構》，收入同作者《古文字考釋叢稿》，嶽麓書社，2005年，第120～122頁。

爲兩重作(散氏盤“陵”)。⑯ 而夆伯鬲的字下部作“人”形,可能就是陵作父乙尊字這類寫法下部進一步簡省的結果。⑰

春秋戰國以下,古文字的“夌”開始在西周金文異體的基礎上逐漸分道揚鑣。齊系文字的“夌”旁,多作一類形體,忠實繼承了早期古文字(如甲骨文和金文傳統一路)的寫法而未有大的變化。⑱ 秦文字“陵”字寫作(長陵盉,《集成》9452.5),也没有省掉“中”下那一重∧形,但是∧形下部的形體,卻跟楚文字一樣也從寫作形的特殊“人”形變成了普通的“人”形,又特别突出了本來作爲人形之附帶的“止”,這顯然是從西周金文中加“止”形的“夌”旁的寫法演變而來(小篆即此類寫法所變)。楚系“夌”的寫法,則是繼承夆伯鬲這路“夌”之異體而來,與齊、秦兩系的寫法有比較明顯的區别。

戰國楚、齊等系璽陶文字中寫作(《璽彙》101、209 等)的、下部从“土”的一般認爲用作“陵”之字,⑲如確實應釋讀爲“陵”,則疑應爲“陵”的一種特殊省體,它不能釋爲“夌”,但直接釋“陵”似乎也不易被接受,所以我建議暫將此類字形隸定爲“埁(陵)”,但要知道它與後世地名用字和表示“堆”義的

⑯　李宗焜:《甲骨文字編》,中華書局,2012 年,第 19 頁。董蓮池:《新金文編》,作家出版社,2011 年,第 2006 頁。

⑰　前引劉釗先生《金文考釋零拾》文,將陵作父乙尊的“陵”字摹作不加∧形的“人”形(第 122 頁),不夠準確,不過將此形看成省變爲夆伯鬲之形的過渡形,倒還是可以的。

⑱　參看孫剛《齊文字編》,福建人民出版社,2010 年,第 48、150、370～371 頁。

⑲　此字釋“陵”,見李學勤《楚國夫人璽和戰國時的江陵》,《江漢論壇》1982 年第 7 期,第 70 頁。一般認爲戰國時代齊國璽印、陶文中也有受到戰國楚文字譌變从“土”形的“夌”旁影響的“埁(陵)”字(參看孫剛《齊文字編》,第 144 頁),如果這種看法可信,這些寫法在齊國文字裏大概是比較晚出現的(當然,楚璽中類似寫法的“埁(陵)”字也應是較晚出的,它們很可能都是戰國中晚期之物了)。但是戰國楚文字中的“土”一般已不寫作字下部之形,宋華强先生告訴我《璽彙》101 號之字可能並不从“土”,下部實際上是加一横的人形的譌變,其形由類似里耶秦簡第五層具有戰國文字風格的殘簡中寫作(5 正)、(5 背)的“夌”字(湖南省文物考古研究所:《里耶秦簡[壹]》,文物出版社,2012 年,圖版第 4 頁)進一步譌變而成。但是,《璽彙》209 號之字卻似乎不能這樣分析,似仍以分析爲从“土”爲好,若確實是這樣,此字就應該直接釋“夌”了。實際情況如何有待進一步研究,又請參看下引裘錫圭先生説。

“𡐦”並無關聯。不過,裘錫圭先生最近對這一系列字有新的意見,他認爲:

> 《齊文字編》將齊陶文、釋爲“麦”(144 頁),……《戰國文字編》將齊陶文釋爲“陵”(942 頁),當是因其與楚文字晚期的“麦”有些相似之故,恐不可信。《璽彙》209“鄘(?)之鉨”,《戰國文字編》視爲楚璽,釋第二字爲“陵”,《齊文字編》視爲齊璽,釋第二字爲“麦”,亦可疑。[20]

這是基於齊系文字的“麦”字應存古而不可能作類似晚期楚文字極簡之形的考慮。是否如此,有待進一步深入研究。

下面考察一下楚文字“麦”形寫法演變的歷時性。葛陵簡的年代下限爲楚悼王元年至七年的戰國早中期(公元前 401—前 395 年);[21]曾姬無卹壺爲楚聲王夫人器,作於楚宣王二十六年(公元前 344 年);[22]鄂君啟節爲楚懷王六年器(公元前 323 年);[23]包山楚墓的絶對年代爲公元前 316 年。[24] 包山簡的“陵”,絶大多數已譌變爲从頭从“土”之形,“陵”字同樣寫作此形的鄂君啟節與包山簡年代十分接近,它們晚於寫作从“壬”形的曾姬無卹壺二三十年,晚於部分“陵”字寫法很古的葛陵簡七八十年。由此可見,“陵”在楚文字中的字形變化主要來自時代演進的因素,這是研究戰國楚文字内部時代差異的一個很好的實例。[25]

---

[20] 裘錫圭:《〈戰國文字及其文化意義研究〉緒言》,教育部重大課題攻關項目“戰國文字及其文化意義研究”結項報告,2014 年 3 月。

[21] 相關討論參看宋華强《新蔡葛陵楚簡初探》,武漢大學出版社,2010 年,第 113～135 頁。

[22] 李零:《楚國銅器銘文編年匯釋》,《古文字研究》第 13 輯,中華書局,1986 年,第 368 頁。

[23] 李零:《楚國銅器銘文編年匯釋》,第 368～369 頁。

[24] 湖北省荆沙鐵路考古隊:《包山楚簡》,文物出版社,1991 年,第 1、14 頁。

[25] 戰國早期的曾侯乙墓竹簡一見“陵”字,寫作形(73 號簡摹本,見張光裕、滕壬生、黄錫全主編《曾侯乙墓竹簡文字編》,藝文印書館,1997 年,第 292 頁),比曾姬無卹壺多出一個“壬”旁,這也是較古的寫法,可作爲參考。墓葬年代在楚懷王前期的望山一號楚墓,所出竹簡一見“陵”字(116 號簡),可惜字形不是很清楚,摹本將它摹爲从“土”之形(參看李守奎《楚文字編》,華東師範大學出版社,2003 年,第 823 頁)。因爲葛陵簡中已出現這類寫法(參看張新俊、張勝波《新蔡葛陵楚簡文字編》,巴蜀書社,2008 年,第 212 頁;劉洪濤:《論掌握形體特點對古文字考釋的重要性》,第 142 頁),可見此類譌形在戰國早中期已經出現。

上博簡和清華簡是非科學考古發掘的實物,因它們的内容皆爲古書,所以其中涉及的抄寫年代及底本問題就比較複雜。據相關科學檢測,上博簡相對年代爲公元前327至前197年間(檢測結果爲距今2257±65年,此以1995年爲據推算),㉖清華簡年代檢測的校正數據爲公元前305±30年。㉗ 上博簡“陵”字與曾姬無卹壺寫法同(看下文所舉例),清華簡《繫年》的“陵”字寫法則更古。如果清華簡的“陵”字寫法不是與所據底本較早有關,那麽就應該考慮,出清華簡墓葬的絶對年代也許比我們一般估計的公元前三百年還要早一些,這一點有待今後清華簡繼續發表再作觀察研究【編按:《繫年》字形、用字存古的現象頗多,疑與底本或抄寫年代較早有關,另詳】。

明確楚文字“陵”字的來源跟“來”没有關聯,也就使得過去將楚文字的“陵”分析爲从“來”聲的看法失去了根據。過去把楚系“陵”字分析爲从“來”聲,是一種字形分析上的“過度分析”,從客觀上講是不合實際的,也就是説,頭部徹底譌變爲與“來”形相同之“麦”,在當時有無兼有表音的意圖,並不能給予過分的肯定。因爲我們知道,這類形體在當時可以代表的字或偏旁很多,一定要説它在“麦”字當中被看成“來”,也是頗爲勉强的。同時,我們認爲,也不能將楚文字晚期這些譌變的字形跟早期古文字“陵”字未發生譌變時所从“麦”旁頭部的形寫法直接牽合(前述何琳儀先生的分析就有此問題),否則就會産生不合實際的結論。

下面在這種認識的基礎上,看一看幾個可能應重新分析和認識的字。這幾個字,也正可深化我們對戰國文字“麦”的認識。

上博簡《容成氏》45～48號簡説:

於是乎九邦叛之[引者按:指紂],豐、鎬、郙[引者按:此字原釋“鄁”,與字形不合,今改正。但“郙”字與後世“陭”字的譌體“陯/郙”無關,其地當待考]、䈞、邘、鹿、耆(?)、崇、密須氏。文王聞之,曰:“雖君無道,臣敢勿事乎? 雖父無道,子敢勿事乎? 孰天子而可反?”紂聞

㉖ 《馬承源先生談上博簡》,上海大學古代文明研究中心、清華大學思想文化研究所編:《上海博物館藏戰國楚竹書研究》,上海書店出版社,2002年,第3頁。

㉗ 李學勤主編:《清華大學藏戰國竹簡(壹)》,中西書局,2010年,第3頁。

之，乃出文王於夏臺之下而問焉，曰："九邦者其可乎？"文王曰："可。"文王於是乎素端□[引者按：此字不識]裳以行九邦，七邦服，豐、鎬不服。文王乃起師以向豐、鎬。……㉘

一般皆從整理者釋字爲"逨"，讀爲"來"。程鵬萬先生説："其所从與曾壺(引者按：指曾姬無卹壺)'陵'字所从没有任何差别，説明二者在聲音上是相近的，而且在字形上也有混同。"㉙其實包括楚文字在内的戰國文字的"來"，是没有寫作這種形體的。將此字所从解釋成"來"的譌混，或者認爲這種"逨"字是加了"壬"旁作爲羨符，㉚顯然都不可信。我認爲此字應直接據曾姬無卹壺和《容成氏》18、23號簡等寫作、形的"陵"字釋爲"逵"。"逵"字不見於字書。郭店簡《成之聞之》19號簡"故君子所復之不多，所求之不"的字，趙平安先生釋爲"逵"，認爲此字所从是楚文字中極少見的接近於秦系寫法的"夌"，並説"逵"即"䞑"字的異體，即《説文》訓"越"的"夌"的"累增字"。㉛ 鄒安《周金文存》卷六下著録銅柱銘文亦有"逵"字，㉜"竣戠逵"三字相連(看下頁圖)，㉝"戠"字古文字即"侵伐"之"侵"的異體。㉞ 銅柱銘文古奥不易解，"逵"字應作何解，待考。《容

㉘　馬承源主編：《上海博物館藏戰國楚竹書(二)》，上海古籍出版社，2002年，第137～140頁，第285～288頁。原釋讀爲"耆"之字，多有異説(參看孫飛燕《〈容成氏〉文本整理及研究》，清華大學博士學位論文，2010年，第94頁)，今存疑。

㉙　程鵬萬：《安徽壽縣朱家集出土青銅器銘文集釋》，第296頁。

㉚　孫偉龍：《〈上海博物館藏戰國楚竹書〉文字羨符研究》，吉林大學博士學位論文，2009年，第69頁。《容成氏》7號簡"懷以逨(來)天下之民"的"逨"寫作從"來"從"止"的"逨"即可證明此説非是。

㉛　趙平安：《釋郭店簡〈成之聞之〉中的"逵"字》，《新出簡帛與古文字古文獻研究》，商務印書館，2009年，第350～353頁。引者按：《院刊》的一位審稿專家認爲此字當釋"遂"，待考。

㉜　孫剛：《齊文字編》，第48頁。

㉝　鄒安：《周金文存》卷6下，葉132，收入劉慶柱、段志洪主編《金文文獻集成》第23册，綫裝書局，2005年，第410頁。

㉞　湯餘惠主編：《戰國文字編》，福建人民出版社，2001年，第820頁；李守奎：《楚文字編》，第493、703頁。

成氏》的“逵”，應即“䔖”字的異體。

一般釋讀《容成氏》簡文之字爲“來”，是理解爲“招來(徠)”之義，實際上也似是而非。從《容成氏》所描述的紂的行爲和立場等判斷，紂根本不可能從能否招徠九邦那麽和緩的角度設問。他之所以將文王從夏臺釋放出來、詢問他解決辦法，也正是看到文王反對九邦造反，希望讓他站在自己立場上去平叛。文王雖然反對造反，但是又不願輕易殺伐(此篇思想接近於墨家，反對戰争)，下文敘述文王素服行九邦，其實是以喪禮治軍(《老子》第三十一章：“殺人衆多，以悲哀泣之；戰勝，以哀禮處之。”郭店簡《老子》丙組 10 號“哀禮”作“喪禮”㉟)，以明必殺、必勝之志，這是在正式動武前對九邦進行震懾(《容成氏》敘述武王伐商“素甲陳於殷郊”，是一樣的意思)。七邦知文王意圖而降服，豐、鎬二邦不服，文王即起師討伐。所以從上下文看，紂的意思只能是問文王，九邦可不可以進犯(也就是可不可以征討)。只有這樣解釋，下文所敘文王素服、起師、三鼓而進、三鼓而退等等才能跟紂與他的問答相應，我們決不能因爲包括豐、鎬在内的九邦皆在文王的道德感召下最終自動降服而否認文王是奉命征討九邦的事實。我認爲“逵”字在《容成氏》簡文中當讀爲“陵”或“凌”。《戰國策·秦策一》“蘇秦始將連横”章：“今欲並天下，凌萬乘，詘敵國(高誘注：詘，服也。參看《荀子·議兵》“敵國不待試而詘”楊倞注)，制海内，子元元，臣諸侯，非兵不可。”“凌”、“詘”互文同義。《越絶書·越絶外傳本事第一》“威凌諸侯，服强楚”，㊱“凌”、“服”對文，與簡文“七邦凌服”可參看。“凌服”的“凌”用作被動義，即被侵陵(與前文“九邦者其可凌乎”照應)，“凌服”意即因受侵陵畏懼而降服，義近於古書的“鎮服”(《漢書·王莽傳上》：“莽非敢有它，但欲稱攝以重其權，填(鎮)服天下耳。”)、“威(畏)服”。《容成氏》下文敘述武王伐商前有“吾勴(訓“助”)天

㉟ 荊門市博物館：《郭店楚墓竹簡》，文物出版社，1998 年，圖版第 9 頁，釋文注釋第 121 頁。

㊱ 《越絶書》例蒙鄔可晶兄檢示。

畏(威)之”之語,“威(畏)”義與“九邦者其可陵乎”之“陵”義近。“陵/凌”古代表示“受侵凌、欺凌”之義,如銀雀山漢簡《兵之恒失》將“備固,不能難敵之器用”的軍隊稱爲“陵兵”,整理者認爲“疑謂受欺凌之兵”,㊲可從。被侵凌、欺凌則會産生畏懼,所以“陵/凌”又引申出戰栗、恐懼之義(《漢書·揚雄傳上》“虎豹之凌遽”顔師古注:“凌,戰慄也。遽,惶也。”,此義後有分化字“倰”,見《鶡冠子·備知》等)。“威”、“畏”古本一語分化(因受威懾而産生畏懼,給人以畏懼感則威),這跟“陵”的詞義發展演變很接近。古書的“威服”有不少就應理解爲“畏服”,簡文“陵服”的意思當與“威(畏)服”的含義極其接近。

張光裕先生所藏楚國武陵王之戈的“陵”字,寫作,張光裕、吴振武兩位先生釋此字爲“隆”,認爲該字“與古文字中已知之‘陵’(或陸)寫法稍異,然讀爲‘武陵’應可確信”,㊳其説可從。此字應摹作。該字所从的“夌”旁可能應視爲“人”與“土”結合之形,與上引葛陵楚簡B類寫法類似,但也有可能是類似前舉葛陵楚簡乙四100、零532、678之例那樣,只是在“人”形之底加了一道横筆,按照我們前文的意見,此字可逕釋爲“陵”而不必隸定爲“隆”。與前舉葛陵楚簡所有“陵”字寫法有所不同的是,此字“夌”旁的頭部加了一道横筆,且中間豎筆没有穿透這道横筆,譌變成類似楚文字“弁”字頭部之形。這種變化,與金文“奉”、“捧”等字的譌變比較類似,㊴當是一

㊲　銀雀山漢墓竹簡整理小組編:《銀雀山漢墓竹簡[貳]》,文物出版社,2010年,第139頁。

㊳　張光裕、吴振武:《武陵新見古兵三十六器集録》,張光裕:《雪齋學術論文集二集》,藝文印書館,2004年,第82～83、102頁。

㊴　董蓮池:《新金文編》,第1465、1597頁録伯戜簋蓋“奉”(第二例)、“捧”字;陳斯鵬、石小力、蘇清芳編著:《新見金文字編》,福建人民出版社,2012年,第311頁工尹坡盞、申文王之孫州奉簠(皆春秋晚期器)“奉”字。“妻”字在戰國文字中頭部亦訛變爲“弁”頭一類形體,過去一般認爲是早期古文字加“又”形的“妻”字變來,其實也有可能是从“齊”聲的“妻”字頭部筆劃粘連變來(如晉侯作田妻簋的“妻”字,參看朱鳳瀚《對與晉侯有關的兩件西周銅簋的探討》,《古文字研究》第29輯,中華書局,2012年,第330頁),似亦可看作類似變化(晉侯作田妻簋“妻”下从“食”从“奉”之字的“奉”旁頭部寫法,亦類似)。古文字中重疊“中”形的下一重有時往往訛變爲“口”形,與此訛變類同(董珊:《越王差徐戈考》,《故宫博物院院刊》2008年第4期,第25～26頁。按,齊魯系金文“老”字頭的下重經常訛變爲“口”形,情況與此相仿)。

種類化現象。西周時代的大師人鼎(《集成》2469)有字,左旁所从當是“弁”,[40]其上部的省變恰好與武陵王戈“陵”字所从的頭部演變相逆,亦可爲旁證。與武陵王戈寫法類似的“陵”字,楚文字中確實不多見,確定無疑的例子現僅在包山楚簡中找到一個。包山楚簡155號簡“襄之行”,[41]“陵”字所从的“夊”未省,但位置稍微上挪,“人”形與“土”結合變爲“壬”,其上部則與武陵王戈“陵”字一樣在中豎之下加了一横(也有可能是兩横),變爲類似“弁”的頭部之形。

這兩個字形,讓我不由想到上博簡《從政》的一個久未確釋的怪字,似應與“夌”聯繫。《從政》甲17～18號簡有這樣幾句話:

> 【君子先】人則啟道之,後人則奉相之,是以曰君子難得而易史(使)也,其史(使)人,器之;小人先人則敔之,【後人】則暴毁之,是以曰小人易得而難史(使)也,其史(使)人,必求備焉。[42]

此篇整理者張光裕先生引《論語・子路》“子曰:‘君子易事而難説也:説之不以道,不説也;及其使人也,器之。小人難事而易説也:説之雖不以道,説也;及其使人也,求備焉。’”與簡文對照;[43]楊澤生先生進一步指出,簡文中“君子(或小人)先人……,後人……”幾句,與《荀子・不苟》的“君子能則寬容易直以開道人,不能則恭敬繜絀以畏事人;小人能則倨傲僻違以驕溢人,不能則妒嫉怨誹以傾覆人”可以比對,並謂“簡文中的‘先人’、‘後人’與《荀子》中的‘能’和‘不能’相當,‘啟道之’與‘開道人’相當,

---

[40] 参看黄德寬主編《古文字譜系疏證》,商務印書館,2007年,第2816頁。

[41] 湖北省荆沙鐵路考古隊:《包山楚墓》,文物出版社,1991年,下册圖版160;参看李守奎、賈連翔、馬楠《包山楚墓文字全編》,第503頁。

[42] 馬承源主編:《上海博物館藏戰國楚竹書(二)》,第75、76頁。簡文釋讀基本從陳劍《上海博物館藏戰國楚竹書〈從政〉篇研究(三題)》(第三届國際簡帛研討會[Mount Holyoke College, U. S. A. , 2004. 4. 23—25]論文)。“暴”字陳文原只出原形未釋,李守奎先生等認爲該字:“上部與楚文字‘暴’字所從相同,下部左從肉,右從戈,疑爲‘暴虐’之‘暴’。”(《上海博物館藏戰國楚竹書(一～五)文字編》,作家出版社,2007年,第680頁),此從其説。

[43] 馬承源主編:《上海博物館藏戰國楚竹書(二)》,第230～231頁。

‘奉相之’與‘恭敬縛絀以畏事人’相當，‘陷(引者按：此字現一般釋“暴”)毁之’與‘妒嫉怨誹以傾覆人’相當”。㊹ 可見“小人先人則敔之”，應當是與“小人能則倨傲僻違以驕溢人”對應的。字過去有多種釋法，最常見的似是將字釋爲“弁”，從字形看不可謂無據，但也無法講通簡文並與《荀子》之文對應。㊺

我認爲此字與上舉武陵王戈和包山簡 155 號“陵”字所从“夌”旁基本相同，只是因爲兩邊各有兩小點(戰國楚文字“乘”、“來”等作偏旁時都有左右作對稱兩點的寫法；在這個字裏，很可能也是兼以之表示“夌”所从之“夊”左右對稱的繁形，可比較前所舉包山簡 155 號“陵”字所从之“夊”形的位置)，上部“口”形中間又趁空加了一横(如前舉包山簡 155 號“夌”旁頭部中豎之下確爲兩横，即與此字寫法一致)，這就離一般的“夌”越來越遠以致不易辨識了。還可以注意的是，此字是於“人”形之下加一道横筆，與葛陵簡乙四 100、零 532、678 相同。因此我認爲，此字很可能是“夌”字的一種特殊譌形。“夌”在簡文中當讀爲“陵”或“凌”，即《左傳・襄公二十五年》“君民者，豈以陵民”，《禮記・中庸》“在上位，不陵下；在下位，不援上”的“陵”，是欺侮、侵犯之義。“敔”字簡文原从“吾”从“戈”，是“敔”之

㊹　楊澤生：《上博竹書考釋(三篇)》，張光裕主編：《第四屆國際中國古文字學研討會論文集》，香港中文大學中國語言及文學系，2003 年，第 283 頁。

㊺　蔣文先生懷疑清華簡《楚居》用作楚王莊敖(或作堵敖，杜敖)之“莊”或“堵/杜”相當的字與《從政》此字爲一字(復旦大學出土文獻與古文字研究中心研究生讀書會[蔣文執筆]：《清華簡〈楚居〉研讀札記》，復旦大學出土文獻與古文字研究中心網站，2011 年 1 月 5 日，http://www.gwz.fudan.edu.cn/SrcShow.asp?Src_ID=1353)。劉雲先生認爲《從政》之字是該字的訛變，並認爲上部所从是“筐”的初文(上引蔣文文後評論，蔣玉斌先生也有類似看法)。我認爲《楚居》之字上部究竟是否“筐”之初文尚可研究，下部从“土”則無疑問，整理者將字釋讀爲“堵”，似亦不可斷然否定。此字下部與《從政》之形有别，《從政》辭例以《楚居》的綫索推求亦不可通，我以爲二者恐非一字，當待考。關於此字與《從政》之字不可並觀，又可參看蘇建洲先生《〈楚居〉簡 9“𡍮”字及相關諸字考釋》引陳劍、馮勝君、程少軒等先生説(《楚文字論集》，萬卷樓圖書股份有限公司，2011 年，第 340 頁)。蘇先生這篇文章引陳劍先生告訴他的意見，釋《從政》之字爲“呈”讀爲“鎮”(第 340 頁)。雖然楚文字“呈”旁偶然有上加一豎一横之形的譌體(蘇建洲先生文舉的例子即本文後文注釋所引包山 1 號木牘“緹”字)，但獨體的“呈”没有見過這樣寫的，也没見過《從政》左右再加四個小點的寫法，故釋“呈”恐不可信。

異體,在簡文中應讀爲“御(古書亦作‘禦’)”或“迕”。陳劍先生已指出“‘敔’《説文》訓爲‘禁也’,古書多用‘御’、‘御’和‘圉’字,表示的都是同一個詞”,簡文是説“君子處於他人之前則爲他人開路、引導他人,處於他人之後則奉承而輔助他人。小人則反是,處於他人之前則禁敔他人的前進,處於他人之後則憎毀他人”。㊻ 馬王堆帛書《老子》甲本卷後佚書《九主》353 行“干主之不明,䖒下蔽上”,整理者注:“䖒,當是从虍、吾聲之字。䖒字與御、迕二字音近相通,在此處似當解釋爲壓制。《史記・范雎傳》:‘嫉賢妒能,御下蔽上,以成其私。’《鶡冠子・近迭》:‘迕(引者按:此字原作“吾”,當爲誤植)下蔽上,使事兩乖。’”㊼這是从“吾”聲之字表示“禁禦”、“壓制”義的例子。“小人先人則陵御之”,意即小人如有才能、位於人先,便會欺侮、壓制排擠(在其下的)人(《舊唐書・宇文韋楊王傳》:“史臣曰:……張説、李林甫手握大權,承主恩顧,尚遭凌擯,以身下之——引者按:指宇文融等負勢聚斂的奸臣——,他人即可知也。”凌擯,義與“陵御”近)。“陵御”的“陵”和“暴毀”的“暴”對文,與古書“陵”“暴”經常連用、互訓的情況正相吻合,用以形容小人的行事風格,顯然也是妥當的。

武陵王戈和包山簡 155 號“陵”字所从以及《從政》很可能應釋“夌”之字,大概都是較早出現的一種“夌”的譌變形,因爲極易與其他字形混同,㊽所以後來使用得並不廣泛。

㊻　陳劍:《上博簡〈子羔〉、〈從政〉篇的竹簡拼合與編連問題小議》,《文物》2003 年第 5 期,第 58 頁。

㊼　國家文物局古文獻研究室:《馬王堆漢墓帛書[壹]》,文物出版社,1980 年,第 29、31 頁。又承鄔可晶兄告,《鶡冠子》裏還有類似的話,淩襄《試論馬王堆漢墓帛書〈伊尹・九主〉》(《文物》1974 年第 11 期)已引《天則》篇“下之所逜,上之可蔽”等,亦可參。

㊽　信陽長臺關一號墓竹簡 28 號“一□”(“一”下之字李零先生疑爲“填”,參看武漢大學簡帛研究中心、河南省文物考古研究所編著《楚地出土戰國簡册(二):葛陵楚墓竹簡　長臺關楚墓竹簡》,文物出版社,2013 年,第 156 頁,圖版第 86 頁),包山楚墓 1 號木牘“秋之”(湖北省荆沙鐵路考古隊:《包山楚墓》下册圖版 211。此字白於藍先生釋爲“緹”之異體,從辭例看似可信,參看陳偉等著《楚地出土戰國簡册[十四種]》,經濟科學出版社,2009 年,第 134 頁),二字(或其所从)可能與《從政》之字無關,然亦無法斷定。關於這些外形近似字形卻又不一定都有關係的文字的討論,又可參看蘇建洲《〈楚居〉簡 9“𡍮”字及相關諸字考釋》,《楚文字論集》,第 335～341 頁。

最後談一談“𠩺”旁所从與“麦”的混同問題。“𠩺”字在甲骨文中有从“人”和不从“人”的繁簡兩體，不从“人”的(《合集》26899)形，陳劍先生説象“手執扑杖擊打某類植物之形”㊾(引者按：這類寫法的“𠩺”，植物之形下實多从“夊”，與“來”字分化出“麥”類似)，不知道是不是《説文》訓“剥”、“劃”的“𢻹”的初文。古文字學者一般認爲，加“人”形的“𠩺”“从人負來(麥之初文)”，“‘來’也兼有聲符的功能”，㊿這種寫法的“𠩺”是西周金文以下“𠩺”字的直接來源。戰國文字中有如下幾個从“𠩺”聲之字：⑤①

賚：、包山簡28號　徐賚尹晳鼎

釐：望山簡2號　望山簡6號(摹本)　望山簡8號

劉洪濤先生指出，這些字形的“來”字頭下皆有“人”形，應直接釋爲从“𠩺”聲，春秋徐釐尹晳鼎之字，則是从“𠩺”省“攴”爲聲，故可讀爲“釐尹”之“釐”。⑤② 其説可從。這些“𠩺”旁所从“人”形，與曾侯乙墓竹簡寫作(158號摹本)的“賚”字⑤③方向相反(這兩種方向在甲骨文中都是存在的⑤④)。這類“𠩺”旁去除掉“攴”的部分(即徐釐尹晳鼎之字的聲旁)，從字形外觀上講，非常接近於前引葛陵楚簡“陵”所从的“麦”(比較徐器之字所从與葛陵簡零200、323之例)，這是不同來源的字形在戰國文字裏的混同現象。巧合處在於，“𠩺(釐)”、“麦”音近(“𠩺”一般以爲从“來”聲，“來”、“陵”聲音關係已見

㊾ 陳劍：《試説甲骨文的“殺”字》，《古文字研究》第29輯，第11頁。

㊿ 參看季旭昇《説文新證》，福建人民出版社，2010年，第248頁。但從甲骨文看，“𠩺”字所从本與“來”有比較明顯的區别，它應該是跟“來”音義皆近的一個字。《説文》以“𠩺”从“未”聲，當非。

⑤① 周波《試説徐器銘文中的官名“賚尹”》認爲這些字形所从爲“來”(第93～100頁)。

⑤② 劉洪濤：《論掌握形體特點對古文字考釋的重要性》，第143頁。

⑤③ 參看李守奎《楚文字編》，第390頁。

⑤④ 參看李宗焜《甲骨文字編》，第358～359頁。

前文,我們雖然不主張“陵”从“來”聲,但畢竟兩字音近[55]),二者的混同,完全可能造成當時不明字形來源的人把字形看成从“麦”聲的現象。阜陽漢簡《春秋事語》第二十五章殘簡所記爲晉重耳過曹曹無禮之事,其中兩見人名“凌負羅”,韓自强先生指出《左傳·僖公二十三年》、《國語·晉語四》作“僖負羈”,《韓非子·十過》、《史記·曹世家》作“釐負羈”。[56] 如果我們注意到“𠩺”字去掉“攴”的部分在東周文字中有跟“麦”形混同的現象,對“釐(僖)”字在漢初文本中有“凌”的異讀也許就會有更爲深刻的認識了。

附記:小文構思時曾與鄔可晶兄討論,匡我未逮;文成後又蒙裘錫圭、吴振武、趙平安、陳劍、宋華强、程鵬萬、周忠兵、鄔可晶等多位先生審看指正,裘先生和陳先生還提出了重要的意見和建議,在此一併致以衷心謝意。

2013 年 8 月 1 日初稿
2013 年 8 月 6 日修改
2013 年 8 月 23 日再改
2013 年 9 月 6 日三改
2013 年 10 月 23 日定稿

又記:此文曾在中研院歷史語言研究所主辦的“古文字學青年論壇”(2013 年 11 月 25～26 日)上宣讀,會上承蒙主持人許學仁先生和評議人陳美蘭先生以及董珊先生、蔣玉斌先生等指教,十分感謝。會後根據裘錫圭先生的教示,將全文重新修改一過正式發表,求教於方家。

2014 年 4 月 6 日

---

[55] 一位審稿專家指出,《詩經·鄭風·女曰雞鳴》“知子之來之,雜佩以贈之。知子之順之,雜佩以問之。知子之好之,雜佩以報之”,“來”、“贈”爲韻,説明“來”字古可讀入蒸部。無論“來”字上古是否可讀入蒸部,它與“麦”讀音相近是無疑的。

[56] 韓自强:《阜陽漢簡〈周易〉研究(附:〈儒家者言〉章題、〈春秋事語〉章題及相關竹簡)》,上海古籍出版社,2004 年,第 177、204 頁。

蒙《院刊》兩位審稿專家審閱小稿並提出修改意見,謹此致謝!

2014 年 6 月 28 日

原刊香港浸會大學饒宗頤國學院《饒宗頤國學院院刊》第二期,中華書局(香港)有限公司,2015 年。

關於“兆”、“涉”疑問的解釋

容庚先生的三版《金文編》附録，收有下列四個字形(四版《金文編》附録下 507 號同)：

容先生按語指出“舊釋姚”，因第二個字形是器主之名，容先生不採納舊釋，但仍把器名稱作“(即容先生所定“姚”字簡體)鼎”，[1]大概是權宜示意的辦法(四版《金文編》則改摹器主之名原形而未作隸定)。這個字去除女旁部分所从因爲與“涉”之初文相似，該字能否用作女姓“姚”，學者看法有異；主張此字是“姚”的，對其聲旁的分析也有不同看法。容先生闕疑的態度是可貴的。

隨着戰國文字資料的大量發表，大家看到了古文字(尤其是以楚文字爲代表的六國文字)中大量寫作从“止”形的“兆”旁(爲行文方便，姑且亦以“兆”指稱這類字形)；2007 年發表的䚄公簋銘文中出現了學者多釋爲女姓“姚”的字，其字左旁曲綫兩邊从“人”形。這些新資料不斷地引出關於字的討論。爲圖省減篇幅和便於觀覽，我們把前前後後各家的

---

[1] 容庚編著：《金文編》，科學出版社，1959 年，第 1000 頁(參看容庚《簡體字典》，收入《容庚學術著作全集・金石學 古石刻零拾 簡體字典》，中華書局，2012 年，第 243 頁)；參看容庚編著，張振林、馬國權摹補《金文編》，中華書局，1985 年，第 1254 頁。

説法列於下表示意：②

學　者	去除女旁爲何	是否讀爲姚	釋　字　説　明
商承祚	本非兆字	是	認爲"小篆衍變誤作"。
吴闓生	步	否	
于省吾	步,即涉	否	懷疑此字"涉"旁"或兆字變體"。
李孝定	涉	否	認爲"商氏釋姚,無據"。
董蓮池	涉	是	認爲金文的"姚"字所从和楚簡的"兆"旁皆爲"涉",秦漢文字的"兆"也是從"涉"演變分化而來的(止形變人形)。
何琳儀	涉	是	認爲涉與兆乃一字分化(止形變×形再變人形)。
陳漢平	疑爲"趒、跳"或"超"字	是	認爲字所从非涉字,中間一筆所象是垗、畔之形。
張世超	"逃"之象意本字	是	認爲秦漢文字的"兆"旁也是從此字訛變而來,"逃"之象意本字中間一筆非"水"而是象路形。
裘錫圭	涉	是	從古音的宵談對轉來解釋古文字从"兆"(宵部)之字爲何可以"涉"(談部的入聲葉部)爲聲旁。
沈　培	兆	是	受䚄公簋"姚"字聲旁从"人"的啟發,認爲西周金文的"姚"和楚文字从"兆"之字皆由甲骨文从"人"形的"兆"字訛變而來(人形變爲止形)。

② 爲省篇幅,諸家之説不具引出處,請參看沈培《從西周金文"姚"字的寫法看楚文字"兆"字的來源》所引,見張光裕、黄德寬主編《古文字學論稿》,安徽大學出版社,2008年,第323～331頁(下引沈培先生説皆出此文,除了在沈文發表之後提出的蔣玉斌先生的觀點以外,其餘諸家説法沈文皆已引述或已引出主要内容);蔣玉斌:《釋殷墟自組卜辭中的"兆"字》,《古文字研究》第27輯,中華書局,2008年,第104～110頁(下引蔣玉斌先生説皆出此文)。

續　表

學　者	去除女旁爲何	是否讀爲姚	釋　字　説　明
蔣玉斌	兆(逃)	是	認爲西周金文和戰國文字這類从止的“兆”字的寫法,來源於師組小字卜辭中間一筆作急劇轉折曲綫的(舊釋“涉”),該字在卜辭中用作“逃”,應爲“逃”之初文;唐蘭、于省吾所釋的甲骨文从二人背水的“兆(逃)”字應存疑。

也許還有没注意到的意見,但重要的觀點當已大致包括在内。從中容易看出,學者的認識在不斷地深化。可以説,現在大家對這個字在金文中用作“姚”已經基本達成共識,這主要是因爲金文“姚”字聲旁與六國文字大量从“止”的用作“兆”聲之字的關係是無法否認的。只不過大家對這個二止之間加一曲筆的字到底是不是“兆”字,其造字本意爲何,與舊釋甲骨文的“兆”字是何種關係,意見還頗爲分歧。

首先應當看到,䚄公簋的“姚”字寫法,再次證明過去唐蘭和于省吾二位先生所釋的二人背水的“兆”字是無可置疑的。雖然此字所从的“人”形如林澐先生精確描述的那樣,“是一個向着水,一個背着水”,但沈培先生提出,“二人形未作相背形,可能是因爲已作相倒形,取意與二人相背形相同”。沈先生的意見是有道理的。表意字的部件之間往往有制約性,“兆”旁寫法發生類似小訛應在允許範圍内,不會引起誤認。這種寫法的“姚”字與秦漢文字中的“姚”字有着直接的承繼關係應毫無疑問。③

沈培先生於䚄公簋銘發表後很快撰文,提出西周金文“姚”字聲旁和楚文字“兆”旁的“止”形是甲骨文“兆”字所从的背水人形變來的看法,此説即將古文字所有的“兆”看成出自一源。雖然這是解決問題的一種思

③　漢語大字典字形組編:《秦漢魏晉篆隸字形表》,四川辭書出版社,1985年,第881頁。

路,但似還缺乏十分堅强的字形根據。④ 沈先生舉出的“真”字所从由倒人形變爲“止”形,是在較晚的戰國楚系文字中發生的訛變,似無法作爲西周金文中已出現的“姚”字从“止”之事實的平行例證(“真”字的“止”形往往寫得也並不標準【編按:根據新出清華簡等資料似可知,“真”字上部的“止”形實是倒人形與“鼎”上V形贅筆結合的産物】)。正如沈先生已經提到的,“兆”字在早期古文字階段若發生這樣的字形訛變,將面臨着與“涉”字初文混同的麻煩。⑤ 另外,既然“兆”字在西周中期已經變爲从“止”,何以繼承西周文字的秦系文字絲毫不見西周中期以降从“止”之“兆”的影響,卻遠紹甲骨和西周早期金文已經斷裂的一系“兆”字寫法,恐亦是較難回答的問題。

蔣玉斌先生2008年改釋師組小字卜辭的字爲“兆(逃)”,認爲此字是西周金文“姚”字所从和楚文字“兆”字的直接來源。因爲這有可能避開將古文字中的“兆”視作出自一源的困難,頗值得重視。我們注意到,陳漢平先生在《金文編訂補·〈金文編〉附録下訂補補遺》考釋四版《金文編》附録下507號一系字時已經指出:

> 《綴合》380號卜辭:“丙寅卜又三羌其𡕥至自。”“…三羌…既隻。”此二辭之、字似當讀爲“逃”,而不宜讀爲“涉”。兹存疑。⑥

以上所引即蔣玉斌先生所考釋的《合》19756和19755,陳先生的釋文略有問題,當以蔣先生文爲準。⑦ 不過,從前表所列即可知,陳漢平先生並不

---

④　林澐先生認爲覭公簋之字“正好介乎止和人之間”,並説“吉林大學一位年輕教師就認爲,△(引者按,指字)是兩種字形的過渡字形,證明上揭甲骨文(引者按,此指唐蘭和于省吾所釋的甲骨文“兆”字)和金文都是姚字,都从兆”(林澐:《覭公簋質疑》,復旦大學出土文獻與古文字研究中心網站,2008年1月29日首發)。其實這個字所从與“止”毫無關係,無法引爲調停止、人二形的證據。

⑤　沈培先生認爲這是在西周晚期分化出从“水”从“涉”初文的“涉”字的原因。不過“涉”字在春秋戰國文字裏還有很多是寫作不重複疊加“水”旁的“涉”字初文的(詳下),“涉”字分化的原因,我們下文有解釋,請參看。

⑥　陳漢平:《金文編訂補》,中國社會科學出版社,1993年,第263頁。

⑦　蔣玉斌先生文引《合》19756第2辭“其”字後脱落一从爪从囟之字,應是排版疏失。

認爲這個字是“兆”，而以爲是“趒、跳”或“超”字初文（按照他的意見，師組卜辭此字讀爲“逃”是假借用法）。⑧ 這顯然是因爲陳先生相信唐蘭、于省吾先生所釋的“兆”字，所以要對該字作另外的解釋。沈培先生認爲陳漢平先生“提出此字是‘趒、跳’字的觀點，並無多大的根據”。陳先生釋此形爲“趒、跳”、“超”字初文，在字形上是這樣作説明的（着重號爲引者所加）：

> 字右文舊釋爲涉，未確。比較正編1951號涉字作……（引者按：此處原字形略去），步字之間水形較直，轉折較小；而字右文步字中間一畫彎曲，轉折較大，所从似非水形，似爲字之中畫。𠷎聲、周聲古音相通，《説文》……𠷎爲𤰈（疇）字古文，“𤰈，耕治之田也”，“垗，畔也”，“畔，田界也”，故疑字右文之畫所象乃垗、畔之形，故疑此字右文係從𠷎省聲或垗省聲，依聲類及字形推之，當釋爲趒、跳字或超字。⑨

我認爲可以注意的是，陳先生指出“姚”字去除女旁部分的中間一筆“轉折較大”、“似非水形”，與蔣玉斌先生指出的師組小字卜辭所謂“兆”字中間一筆轉折急劇，而《合》19757“涉”字（同爲師組小字）中間一筆則比較圓轉，進而認爲前者所从非水的看法，恰好是合拍的；蔣玉斌先生用來作字形平行演變類比的例子，也正是商代甲骨文和西周金文的所謂“兆”和“𠷎”字。這至少説明陳漢平先生注意到的“姚”字字形特點並不是没有道理的。

我們贊成師組小字卜辭的字應與西周金文“姚”字和六國文字的“兆”字相聯繫，反過來也可以説，我們比較相信師組小字卜辭的字應從陳、蔣兩位先生説讀爲“逃”。但是蔣玉斌先生把這個字直接釋爲“兆”，似把問題看得太簡單了。其説面臨的主要疑難在於甲骨文已經有確定無疑的“兆”字（“逃”之初文），此字也無法解釋爲“兆”字字形的訛變。何況在中間曲筆兩側各置方向相反的一“止”（從較早較規整的字形看，字

⑧ 參看陳漢平《金文編訂補》，第262、232～233頁。

⑨ 陳漢平：《金文編訂補》，第262頁。

曲綫兩旁皆爲一左脚一右脚形，楚文字的“兆”旁還比較好地保留了這個特徵)，似也無法很好地會出“逃”義。張世超先生認爲金文和楚簡从“兆”之字聲旁象人沿曲徑逃跑，沈培先生已經指出“大概是没有根據的”。

我認爲，字中間雖然與一般水形有異，但仍難以跟“涉”字完全撇開關聯。蔣玉斌先生已指出，賓組卜辭和歷組卜辭中的“涉”就有中間一筆作轉折急劇之形(同一類字體卜辭中的“水”也有類似寫法)，似乎正是二者難以截然分開之迹象的反映。師組小字(如《合》19757)的“涉”字中間表示“水”的一筆曲折度較緩，恐怕仍不能否決這種關聯的可能性。《集成》3676 著録的西周早期的一件簋，器主名，或釋其聲旁爲“涉”，[10]但从“㫃”从“涉”爲何字不明；也有學者釋爲《説文》的“旐”字，[11]似較有理。如果這個字釋“旐”可信，則可證明在早期古文字當中，用作“兆”聲之字和“涉”字初文中間都可寫作一道平緩的曲綫，也就是説兩者間的區别也並不像陳、蔣兩位先生描述得那麼嚴格。[12] 主張釋爲“越、跳”或“超”之初文的陳漢平先生，曾表達過下面的意思(着重號爲引者所加)：

> 《廣雅·釋詁二》：“超，渡也。”是超字與渡水事相關。故若字右文所从若爲水形或〈(甽、畎)、巜形，此右文亦可釋爲超或越、跳。兆聲、召聲，刀聲，涉聲、陟聲上古音均屬舌音，僅開口程度不同，又疑“徒行厲水”(引者按，此是《説文》“涉”字注)爲涉，而越過小水則爲超、跳、越。[13]

---

[10] 中國社會科學院考古研究所編：《殷周金文集成》第三册，中華書局，2007 年，第 1947 頁。此字承鄔可晶兄提示。

[11] 黄德寬主編：《古文字譜系疏證》，商務印書館，2006 年，第 857 頁。此書對該字摹寫不很精確。

[12] 西周金文中還有個别可能从“兆”之字，其“兆”旁的中間一筆也屬於比較平緩的曲筆形，與“涉”字無别，參看陳斯鵬、石小力、蘇清芳編著《新見金文字編》，海峽出版發行集團、福建人民出版社，2012 年，第 57 頁“徭”字(引者按：此字除去“兆”旁的部分較怪，可能不是“彳”旁)。西周晚期金文應姚鬲的“姚”字所从“兆”旁的寫法(《新見金文字編》，第 350 頁)，與同樣是西周晚期的散氏盤“涉”字去掉左側水旁部分的寫法(董蓮池：《新金文編》，作家出版社，2011 年，第 1525 頁)幾乎完全一致。

[13] 陳漢平：《金文編訂補》，第 262 頁。

其中隱約可以看出陳先生認爲不能完全切開字及字右旁與“涉”字之關聯的傾向,我認爲這是比蔣説謹慎的地方。不過陳先生説“兆”、“涉”二字音韻關係太過粗糙,説解文字之間的關聯也不夠精確,在此應略作補充。“兆”、“涉”二字之間的古音關係,前表已列的裘錫圭先生説是這樣分析的:

> 在上古音中,“兆”是定母宵部字,“涉”是禪母葉部字。在中古音中,二者都是開口三等字。葉部是談部的入聲。禪母上古音與定母極爲接近,也是古音學者的共識。按照宵談對轉説,“兆”和“涉”是聲母極爲相近,韻母有嚴格陰入對轉關係的字,所以二者作爲聲旁可以通用。⑭

陳先生以“兆”、“涉”“僅開口程度不同”來解釋二字音近並没有根據,但裘先生指出的二字上古音有嚴格陰入對轉關係,則大概是無法否認的事實。

在裘先生意見的基礎上,結合陳、蔣兩位先生指出的情況,我認爲事實有可能是這樣的:商代文字在比較早的時候就通過改變“涉”字中間表示“水”的一筆的曲折度(其實更有可能是選擇“涉”字中間水旁曲折度較大的那種寫法),分化出與“涉”字讀音極近的一個字,這個字就是西周金文“姚”字(除去覭公簋例)的聲旁和楚文字“兆”的來源。從甲骨文看,它表示的是與“涉”音讀極近的“逃”這個詞(甲骨文雖有“逃”的初文“兆”,但並不用作“逃”⑮),這個功能是現所見一般的“涉”字所没有的。但是,如前所述,這個字從字形看不太可能也是爲“逃”這個詞造的另一個本字,所以甲骨用以表示“逃”的,應是一個假借字。綜合各方面情況看,陳漢平先生以此形可能是“趒、跳”的初文,其實不失爲可參考的一種説法(古書裏“跳”字即可表“逃”。《史記 · 高祖本紀》“漢王跳”,《集解》引徐廣曰:“音逃。”)。

《説文 · 九下 · 厂部》有“屵”字,訓“岸上見也”,“从厂、从㞢(之)省(小徐本“省”下有“聲”字)。讀若躍”。陳劍先生懷疑“屵”字上部所从的

---

⑭ 裘錫圭:《從殷墟卜辭的“王占曰”説到上古漢語的宵談對轉》,《裘錫圭學術文集 · 甲骨文卷》,復旦大學出版社,2012 年,第 490 頁。

⑮ 參看詹鄞鑫《釋甲骨文“兆”字》,《古文字研究》第 24 輯,中華書局,2002 年,第 127～128 頁。

“中”形是由“止”變來的,其字本以“止”在“厂”上表示跳躍之意,是“躍”的表意初文;裘錫圭先生認爲,如果陳先生的上述意見正確,則“屵”的造字方法跟陳劍先生考釋的甲骨文“踊”字初文及裘先生考釋的甲骨文从“自”上加“止”形的“踰”字初文的造字方法當屬於一類。⑯ 我認爲陳劍先生和裘先生的意見都是極有啟發性的。《説文》的“屵”字可説是保留到漢代的“躍”字初文的化石。“屵”字、甲骨文的“踊”字初文,其造字意圖和方式都與字甚爲接近,這也可以爲陳漢平先生認爲之本義爲“越、跳”提供類比。早期古文字至今尚未發現“越、跳”的初文,僅從這一點看,陳漢平先生的懷疑也頗值得考慮。至於陳漢平先生認爲字中間一筆是“從𠷎省聲或垗省聲”,這也不是沒有可能的。蔣玉斌先生舉出的甲骨金文“𠷎”字的寫法與之一致,似乎支持陳先生的這種看法[張世超先生也有戰國文字“兆”旁中間一筆“取意與(疇)字相近”的看法]。但是應該指出,即使陳説有理,事實也很可能是將“涉”字中間的水旁曲折程度加大或有意選擇一種曲折程度較大的水形來向疇垗之形靠攏,以起到更好的表音表意作用,⑰並不是這個字本來就是从“𠷎”聲的字。

我還頗爲懷疑,在早期的古漢字當中,“涉”的表意初文(包括从比較繁複的“水”形和簡化作一曲筆的“水”形),大概本來是既有“涉”一讀,也可以借表“越、跳”一讀。這可以用早期古文字多見的“一形多用”或“形借”現象來進行解釋。⑱《孟子·梁惠王上》有“挾太山以超北海”之語(超即跳,二詞乃一語分化⑲);較晚的古書如《晉書·劉牢之傳》有“牢之敗

---

⑯　裘錫圭:《説從“𦣻”聲的從“貝”與從“辵”之字》,《文史》2012年第3輯,第19頁。

⑰　陳劍先生考釋的五年琱生尊用作“通禄”之“通”的那個字,就是將“踊”之初文中象堂之形的“冂”字改成了“同”聲(陳劍:《金文字詞零釋》,張光裕、黄德寬主編:《古文字學論稿》,第132～134頁),與此字情況類似。

⑱　裘錫圭:《文字學概要(修訂本)》,商務印書館,2013年,第212～213頁。

⑲　王力:《同源字典》,商務印書館,1982年,第209～210頁。蔣紹愚先生認爲“跳”“躍”先秦不同義是對的,但他認爲“跳”指的是脚有病則不確(《古漢語詞彙綱要》,商務印書館,2005年,第105頁)。“跳”的語義應當與“超”等爲一系,語義主要指“跳越”、“跳過”一類意思,表示一般的跳起、跳高之“跳”則是後來詞義的泛化。

績，士卒殲焉。牢之策馬跳五丈澗，得脱”的話，此皆水形兩側置止形可會出“跳”義的語料旁證。不過“涉”、“跳”關係比起一般的“一形多用”和“形借”稍有特殊：這一對因在語義上有可相關聯之處而可以相同表意形式記録的詞，⑳讀音也極其接近，所以也未嘗不可以看作一種特殊的假借（即兼有借字表音和形借兩方面的因素）。因爲後來兩詞在人們心中語義明顯有別，音讀差異也漸趨增大，以相同或近似形體表示甚爲不便，遂自然産生字形徹底分化的需求。因此，“逃、跳”的初文中間表示所越過的水形之筆，後以曲折程度較大的一道曲綫來表示，此字西周可能已較少單獨使用，它作爲“化石”被保留在西周金文的“姚”等从“兆”聲的字中及楚文字从“兆”聲的字裏（從楚文字只用它作聲旁“兆”推斷，當時很可能還在單獨使用它，只是目前未見其例）；而“涉”字逐漸開始捨棄在以一道曲綫所表示的水形兩側各置一“止”的原始表意之形，專用比較繁複的“水”形之兩側各置一止形來表示涉水之“涉”（西周金文的“涉”字多這樣寫），進而最晚在西周晚期徹底分化出从“水”从“涉”字初文的形聲字（見散氏盤），㉑這也許正是爲避免與“兆”一類讀法産生糾葛而作的努力。從前舉西周早期金文中那個很可能應釋爲“旐”的字看，這種分化在比較早的古文字裏還是不徹底的（也許與語音分別尚不明顯有關），大概要到加注“水”旁的“涉”字産生，或專用“水”形兩側各一止之形㉒來表示“涉”時，這兩個字纔有可能徹底分化開來。從現有資料看，上述分化過程基本的結束時間似在西周中期。

也許有人會拿同樣的問題來問我們：爲什麽秦系文字中的“兆”和“兆”聲之字，和西周金文絶大多數的“姚”字聲旁寫法有如此顯著的區別，

---

⑳ 陳漢平先生認爲越小水爲超、跳，與“涉”的“徒行厲水”義區別，這似乎無據。

㉑ 參看注 12 所引《新金文編》同頁。

㉒ 春秋中晚期的石鼓文和戰國楚文字的“涉”皆作此形，參看《戰國文字編》，福建人民出版社，2001 年，第 761 頁。馬王堆帛書《式法》202 行有  字（陳松長編著，鄭曙斌、喻燕姣協編：《馬王堆簡帛文字編》，文物出版社，2001 年，第 610 頁），整理小組徑釋作“涉”（馬王堆漢墓帛書整理小組：《馬王堆漢墓帛書〈式法〉釋文摘要》，《文物》2000 年第 7 期，第 94 頁）。此字寫得很怪，似本寫作戰國楚文字常見的“涉”形，但後來又在“水”旁的右方加了“步”，大概是要讓當時使用古隸的讀者明白它是“涉”字。

卻與甲骨文的“兆”字一脈相承;六國文字倒反而保留了西周金文中“姚”字聲旁的寫法呢? 這確是一個需要解釋的問題。

首先,我們目前看到的西周文字資料還十分有限,作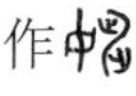形的“姚”字現在看來只是當時“姚”的寫法之一(只不過見得多些而已),我認爲將來很可能還會看到更多類似覞公簋“姚”字那樣,從曲綫(代表水形)兩旁各置一顛倒或相背人形的从“兆”之字,填補我們字形認識上的缺環。也就是説,秦系文字的“兆”決不可能“隔空”直接上承甲骨文“兆”字,真正的“兆”字在西周中期以後斷未消亡。

楚系文字等資料中所見的从“兆”之字,上承師組小字卜辭用作“逃”之字和西周金文“姚”字寫法,與秦系文字使用从“人”的“逃”之初文“兆”不同,這並不奇怪。西周春秋文字及小篆與六國文字的“明”,分别繼承了甲骨文从“囧”與从“日”的“明”字寫法,㉓是大家熟知的,不過這還只是同一字異體分别被秦系文字和六國文字繼承的情況。我曾有小文考釋商代卜辭、西周金文和六國文字中的“要”和“要”旁,並指出秦和六國文字的“要”實際上來自兩個不同的早期古文字的源頭。㉔ 這種情況與古文字“兆”和从“兆”之字更爲類似。我們看到的古文字的“兆”和从“兆”之字,實際上包含了“兆(逃)”之初文和从“涉”、“趒、跳”共同初文分化出來的那個“兆”,秦系文字用前者而不見用後者,楚系文字則用後者,基本上判然不混。又如大家熟悉的秦系文字和楚文字中的“畣”聲字有早期古文字的“㐭”和“沓”兩個不同來源,㉕也是類似的情況。今後這類現象值得繼續注意。在秦統一以後,這些有兩個來源的字無疑都被秦系用字統一了。

裘錫圭先生曾提出“楚文字中从‘涉’聲的‘逃’‘莣’‘覜’,究竟只是戰國時代楚人所沿用的一些並不確切反映實際語音的形聲字舊字形呢,還是可以看作與談部對應的陰聲字轉變爲後來的宵部字的過程在當時的楚

㉓ 裘錫圭:《文字學概要(修訂本)》,第 61、78 頁。

㉔ 郭永秉:《談古文字中的“要”字和從“要”之字》,《古文字與古文獻論集》,上海古籍出版社,2011 年,第 189~201 頁。

㉕ 參看裘錫圭《説從“沓”聲的從“貝”與從“辵”之字》,《文史》2012 年第 3 輯。

方言中尚未完成的一種反映"的問題。[26] 從楚文字"涉"字作"水"形兩側各一"止"之形、與从"兆"聲之字寫法完全不同來看,"涉"與"越、跳"的分化在楚文字中大概很早就已經徹底完成,所以戰國楚文字資料所見"逃""茈""覜"等字的聲旁應當是嚴格反映戰國時讀音的,只是楚文字承襲了較早的形聲字舊字形而已。當然,這無疑也是楚文字保留較早時代文字形體的又一個例子。

附記:此文構思時曾多次向裘錫圭先生請教,獲益很多。張富海師兄審看小文後,指出《方言》卷一有"踏,跳也。自關而西秦晉之間曰跳或曰踏"的記載(參看華學誠《揚雄方言校釋匯證》,中華書局,2006 年,第 84～85 頁),他告訴我,"踏是閉口韻尾的,與'涉'讀音極近,這似乎可以作爲'跳'本有極近於'涉'的讀音的一個證據"。富海兄的指教十分重要。"踏"的聲旁"荅"从"合"聲,鄭玄注《禮記·曲禮上》"拾級聚足"之"拾""當爲涉,聲之誤也",可以證明"踏"、"涉"古音極近("拾級"之"拾"與"踏"不知是否有關,待考)。表示"跳"的"踏",應當是一個與"跳"語音極近的親屬詞。交稿後又蒙陳偉武先生審看並匡正一處失誤,在此向三位先生一併敬致謝意!

原刊中國古文字研究會、中山大學古文字研究所編《古文字研究》第 30 輯,中華書局,2014 年。

編按:從戰國時代六國文字的"兆"旁寫法的時代特徵看,抄寫時代較早或底本有較早來源的葛陵楚簡("𣥺"字)、清華簡、楚帛書("逃"字)中的"兆"旁,多作曲線兩邊各置一背反"止"形,而包山簡、郭店簡、上博簡的"逃"、"𣥺"等字所从皆作同向"止"形,這可以説明从"止"的"兆"是具備早期古文字造字意圖的,而並非從从"人"之"兆"變來。又承吴振武先生賜

---

[26] 裘錫圭:《從殷墟卜辭的"王占曰"説到上古漢語的宵談對轉》,《裘錫圭學術文集·甲骨文卷》,第 490～491 頁。

告,古文字學界對从“止”之“兆”真正袪除疑慮,敢於相信金文用作女姓之字就是“姚”,其關鍵證據是中山王兆域圖“止”旁與中間曲線借筆的“逃”字。

吴硯君編著《盛世璽印録》168號(藝文書院,2013年,第95頁)著録一方秦“姚氏私印”,“姚”字所从“兆”旁作曲線兩旁各置一背反止形的寫法,十分特異。這是秦文字極少見的使用从“止”之“兆”的例子,不知是一種復古現象,還是受六國文字影響的結果,當然,也可能秦文字本來也用這種“兆”,只是我們“少見多怪”而已。

重印按:秦印中从“止”形的“姚”字,石繼承先生後來指出多例,可見秦楚某些文字之間的界綫未必如過去所想象的那麼嚴格。石文《釋兩方秦印中的“姚”字》發表於《中國文字研究》第二十五輯(上海書店,2017年)。關於楚地簡册文字字形與秦文字的關係,拙文《談談戰國楚地簡册文字與秦文字值得注意的相合相應現象(提要)》(《“戰國文字研究的回顧與展望”國際學術研討會論文集》,上海,2015年12月12～13日)有所涉及,亦請參看。

從戰國文字所見的類“倉”形“寒”字論古文獻中表“寒”義的“滄/滄”是轉寫誤釋的產物

戰國文字尤其是楚文字資料近年的大量發表及深入研究，不但讓出土文字資料中諸多疑難字的釋讀得以確定，而且也使得先秦文獻在漢代由古文字抄本整理轉寫爲隸書文本的過程中發生的誤釋誤讀等問題不斷地暴露出來。① 這些問題從發生的角度看，有的屬於文字層面（屬於“誤釋”、“誤

① 例如：傳世先秦古書中的一些“恒”字是不明戰國文字用“亘”爲“極”習慣的誤讀，“恒”或又被諱改爲“常”（裘錫圭：《是“恒先”還是“極先”?》，《裘錫圭學術文集》第五卷，復旦大學出版社，2012 年，第 326～329 頁；《説“建之以常無有”》，《裘錫圭學術文集》第五卷，第 338～342 頁）；馬王堆漢墓帛書中的一些所謂“達”字和“逢”字，其實是從戰國楚文字“遳（逸）”字的誤抄譌形，在帛書裏實用作“失”和“佚”（劉雲：《説〈黄帝四經〉中的一類“達”字》，復旦大學出土文獻與古文字研究中心網站，2010 年 4 月 23 日首發；“逢”字例見《陰陽十一脈灸經》，爲施謝捷《長沙馬王堆簡帛集成》待刊稿之説）；《離騷》篇題之“騷”很可能是楚文字表示“過尤”之“尤”的“蚤”（字从虫、又聲）字在漢代被誤釋爲“蚤（蚤）”（即“搔”之本字），進而誤讀的結果（陳劍：《據楚簡文字説“離騷”》，《戰國竹書論集》，上海古籍出版社，2013 年，第 449～453 頁）；《懷沙》篇題之“沙”，在戰國楚辭抄本中本寫作从“屖”之字（很可能是“遅”），這一聲系的字在戰國可以用作“長沙”之“沙”，也可以用作“徙”（“遅”即徙之異體），此篇篇題本來應讀“懷徙”，即傷懷流徙之義，但在漢代轉寫釋讀時被漢人誤讀爲“沙”（史傑鵬：《從楚簡“沙”字的寫法試解〈懷沙〉的意思》，中國文字學會、吉林大學古籍研究所：《中國文字學會第七屆學術年會會議論文集》，中國長春，2013 年 9 月 21—22 日；禤健聰：《〈懷沙〉題義新詮》，《文史》2013 年第 4 輯）；《論語・鄉黨》末章“色斯舉矣”句，從戰國文字“色”、“疑”二字的密切關係以及傳抄古文“色”字的結構看，“色”字應當是“疑”字的誤讀（陳劍：《據戰國竹簡文字校讀古書兩則》，《戰國竹書論集》，第 458～464 頁）等等。學者較早指出的，先秦古書用爲“設”的“埶”字在傳抄中被誤讀爲从“埶”聲的字（裘錫圭：《古文獻中讀爲“設”的“埶”及其與“執”互訛之例》、《再談古文獻以“埶”表“設”》，《裘錫圭學術文集》第四卷，第 451～460、484～495 頁），也可以看作這方面的例子。

抄"),有的則屬於語言層面(屬於"誤讀",誤釋、誤抄一般也將導致誤讀),但都跟漢代人對先秦古文字,特別是對戰國文字及其特點不夠熟悉或以今律古有直接關係。

古文獻中有表示"寒"義的"滄"字(有異體作"凔",二字皆見於《説文》,②具體用例見下文)。巧合的是,古文字學者早就注意到,在戰國文字中,"倉"(包括合體字所从的聲旁"倉")字與部分用來表示"寒"義之字(或其聲旁)的形體也往往非常接近甚至相同。對戰國文字中這類用作"寒"義的字,研究者提出過"形近混用"説、"義同换讀"説、"形義兩方面的原因"説、"受楚方言影響"説、"文字雜糅"説等見解試圖進行解釋,③也有學者傾向於將戰國文字中字形與"倉"接近、表"寒"義的字直接釋爲"倉"(或从"倉"之字),讀爲"滄/凔"。④ 張新俊先生雖然認爲"倉"、"寒"二字"在形體上是如此的接近,就連當時人恐怕也很難將它們區分開來",但是同時又主張"楚文字中的'寒'和'倉'是有區别的"。⑤

這些意見其實並非截然對立。基本上持"義同换讀"説的馮勝君先生,也没有否認"寒"、"倉"字形上的接近甚至混同的可能;⑥基本上持"形近混用"説的李零先生,在討論郭店簡《太一生水》所謂"倉"字時也認爲,"簡文'寒'原作'倉',整理者讀滄,以爲義同寒,可從"。⑦ 因此前三種意見,本質上没有太大差别,只是在取捨的偏向上有所不同。認爲"倉(蒼、

② 參看段玉裁《説文解字注》(許惟賢整理本),鳳凰出版傳媒集團、鳳凰出版社,2007年,第980、993頁。

③ 參看田穎《上博竹書"一形對應多字"現象研究》引述諸家説法("形義兩方面的原因"説是此文的觀點),復旦大學2010年碩士學位論文,第35～36頁。"受楚方言的影響"説,田穎文未交代提出者,似乎是馮勝君先生首先提出的(看《郭店簡與上博簡對比研究》,綫裝書局,2007年,第114頁)。"文字雜糅"説,見孫偉龍《也談"文字雜糅"現象——從楚文字中的倉、寒等字説起》,《古文字研究》第29輯,中華書局,2012年,第668～671頁。

④ 白於藍:《戰國秦漢簡帛古書通假字彙纂》,海峽出版發行集團、福建人民出版社,2012年,第680～681頁。

⑤ 張新俊:《上博楚簡文字研究》,吉林大學2005年博士學位論文,第86頁。

⑥ 馮勝君:《郭店簡與上博簡對比研究》,第114頁。

⑦ 李零:《讀郭店楚簡〈太一生水〉》,《郭店楚簡校讀記》附録三,北京大學出版社,2002年,第204頁。但在討論《老子》乙組所謂"蒼"字時,李先生引述整理者將讀"蒼"爲"滄"的意見,未作正面肯定,措辭稍有不同(見同書第23頁)。

滄)”讀寒是當時楚方言的反映，與“同義换讀”説自然也没有本質區别。“文字雜糅”説在“同義换讀”説的基礎上提出，此説把大部分用作“寒”的字皆釋爲“倉/滄/蒼”，認爲它們與戰國文字的“寒”是義近之字的字形糅合關係，可以看成“形義兩方面的原因”説的細化。主張楚文字中“寒”“倉”有别的學者，其立説基礎也仍然是“義同换讀”説。⑧

到現在爲止，戰國楚文字“倉”、“寒”問題並没有得到圓滿徹底的解决。不主張把類“倉”形“寒”讀爲“滄/凔”的學者，主要是考慮的辭例，例如他們認爲“飢滄”不如“飢寒”順適，但這畢竟不是鐵證，以字形爲釋字出發點的人完全可以搬出《説文》“滄/凔”的訓釋反對他們的意見，何况“義同换讀”説提出的一些證據確實存在問題。⑨ “形近混用”説在一些具體釋讀上有其值得肯定的地方，但此説猶疑不定且字形分析不夠細緻；“文字雜糅”説與“形義兩方面的原因”説似乎要折中形、義而對這個問題作出圓滿解釋，然而事實上他們對字形的分析很粗糙。所以幾種説法都似是而非，並未能真正觸及問題的實質。主張“倉”“寒”有别的學者，因爲立説基礎存在問題，導致立説不夠堅決、明確，對相關字形的分析和“寒”“倉”之别的解釋未達一間（如仍將部分“寒”和从“寒”的字誤釋爲“倉”），這是很可惜的；此説認爲“當時人恐怕也很難將它們（指“倉”與“寒”）區分開

---

⑧　主張“倉”“寒”有别説的張新俊先生認爲：“在目前所能見到的楚文字資料中，除了《容成氏》簡1中的‘倉頡是(氏)’的‘倉’可以確定無疑讀作‘倉’外，郭店楚簡《太一生水》簡2～4中的‘倉然’，《老子》乙簡15中的‘燥勝倉’（引者按：此字本从“艸”，按作者釋法應作“蒼”）、上博楚簡《從政》甲19中的‘饑滄’、《容成氏》簡22中的‘冬不敢以蒼辭’，均應該讀作“寒”，馮勝君先生已經有詳細的論證，可以參看。”（《上博楚簡文字研究》，第87頁注1）可見此説也仍舊主張這些表示“寒”義的字應釋“倉/滄/蒼”，這無疑是在“義同换讀”説的基礎上展開論述的；張先生此文往往將本文釋作“寒”的那些字“讀作”“寒”，大概也是没有完全擺脱“義同换讀”説影響的緣故。

⑨　馮勝君先生爲戰國文字中的“倉”有“寒”一讀提出了傳抄古文中的“犗”字从“倉”字古文（《汗簡》引《牧子文》）的證據，認爲“寒”、“犗”雙聲韻對轉，故“倉”可换讀爲“寒”音（見《上博楚簡文字研究》，第113頁）；張富海先生也認爲石經古文“割”所从“倉”旁可能由“寒”字譌變而來，“寒”與“割”聲母相近，韻部對轉，可以作“割”的聲符（張富海：《漢人所謂古文之研究》，綫裝書局，2007年，第80～81頁）。按此説不可信。傳抄古文“創”字可用爲“割”（見於三體石經、《汗簡》和《古文四聲韻》等，參看徐在國《傳抄古文字編》，綫裝書局，2006年，第427頁），是傳抄古文常見的同義誤置誤用的現象（如“祺”字可用爲“福”之類），《汗簡》“犗”字古文顯然應分析爲从“創(割)”省聲，非“倉”字本有“寒”一讀的證據。

來”,也不盡合於實際(詳下)。

可以看出,除了個别没有明確表態的學者,似乎所有研究此問題的人都是在贊成或默認古書表示“寒”義的“滄/凔”的前提下進行討論的,至今並没有一位學者反過來根據戰國文字的實際情況,仔細討論過古文獻中表“寒”義的“滄/凔”是否存在由轉寫誤釋産生的可能性。⑩ 經過比較細緻地排比分析字形、檢討古文獻中的用例,我認爲,提出這個問題是十分必要的,且結論是明確而肯定的。

首先我們來考察出土文獻方面的問題。這方面問題的關鍵,實在於兩點:第一,戰國文字中與“倉”形接近或一致的、表示“寒”義的字,究竟取的是“滄/凔”一讀,還是“寒”一讀(這是語言層面的問題);第二,如果這些字取的是“寒”一讀,那麽它們究竟本是“倉”字或从“倉”之字,同義换讀爲“寒”,還是就應釋爲形混爲“倉”的“寒”(這是文字層面的問題)。對於第二個問題,如果能夠坐實應當成立的是後一種假設,前一個問題的答案也就不證自明了。

從戰國文字字形歷時演變序列考察的結果正可以確定,用作“寒”的類“倉”形字(或其所从聲旁)都應一律看成“寒”字自發譌變之形,逐漸導致一部分字形最後與“倉”形混同的結果,這種混同與語言層面(即“詞”)的問題毫無干涉,所以在討論這個問題的時候,應徹底拋開訓寒的“滄/凔”。换句話説,我認爲,依據古文字釋文通則,對那些徹底譌混爲“倉”的

⑩ 單育辰先生在他的博士學位論文第三章第六節中設有“‘滄’字的疏解”一小節,他的觀點基本在前引馮勝君先生意見的基礎上展開,但是該小節最後一段有這樣一段話:“馮勝君又指出,那麽反過來再看《逸周書・周祝》、《荀子・正名》的‘滄’,也應該就是‘寒’字。馮勝君所言無疑是正確的,依我們檢索,除了《逸周書》、《荀子》的那兩個‘滄’字外,先秦典籍中只見‘滄浪、滄海、淒滄、滄滄’這樣的‘滄’,其實並没有和‘寒’義等同的‘滄’。”(《楚地戰國簡帛與傳世文獻對讀之研究》,吉林大學 2010 年博士學位論文,第 164 頁;又同作者《楚地戰國簡帛與傳世文獻對讀之研究》,中華書局,2014 年,第 191 頁)按:馮勝君先生只説過“《周書・周祝》以及《荀子・正名》篇中的‘滄熱’很可能原本就應該讀爲‘寒熱’,後人不察,誤按本字讀”(《郭店簡與上博簡對比研究》,第 112 頁),這顯然仍是以“同義换讀”説的典型表述,與“《逸周書・周祝》、《荀子・正名》的‘滄’,也應該就是‘寒’字”的説法有本質區别,不知單先生所言何據。但無論如何,單先生的敍述,是我注意到的唯一一個提出《逸周書・周祝》和《荀子・正名》的“滄”就應是“寒”字的意見,可惜他文中的論證並不足以支持這個假設,實際上没有引起學者的重視和承認。

“寒”,在釋寫時應作“倉〈寒〉”(此以不从其他形旁的“倉”形“寒”字爲例,如下舉上博簡《用曰》之字,合體字類推)。

爲了排除《説文》訓“寒”的“滄/凔”字干擾,我們先來看一下“定點”,即戰國簡帛中從字形角度確定無疑應當釋“寒”的字:

上博簡《周易》45 號簡“井洌寒泉”⑪

子彈庫楚帛書甲篇“熱氣寒氣”

上博簡《緇衣》6 號簡“晉冬耆寒”

試比較下面所舉西周晚期大克鼎銘的“寒”字:

《集成》2836

《説文》:“,凍也。从人在宀下,以茻薦覆之,下有仌。”上博簡《緇衣》之形省去“宀”旁,把“寒”字位於“宀”旁外的兩横筆(相當於《説文》“寒”字篆形所从的“仌”)挪到“人”的軀幹上;《周易》、楚帛書兩字的四個“屮”都譌變成了小短横,則跟西周金文等早期古文字、上博簡《緇衣》和篆文的“寒”字有别。⑫ 據馮勝君先生研究,上博簡《緇衣》是“具有齊系文字特點的抄

---

⑪ 上博簡《周易》的文字往往反映出較早的特點,比如此篇只用“于”字而不用“於”字(參看饒宗頤主編、徐在國副主編《上博藏戰國楚竹書字匯》,北京師範大學出版集團 安徽大學出版社,2012 年,第 6～7、523 頁),“建”字寫法與一般戰國楚文字不同、接近於早期古文字寫法(參看饒宗頤主編、徐在國副主編《上博藏戰國楚竹書字匯》,第 215 頁。承裘錫圭先生見告,此寫法與清華簡《繫年》“建”字相類)等,此篇的“寒”字應該是目前戰國文字所見最接近“寒”字古體的寫法。《周易》是著作時代很早的古書,上博簡《周易》抄寫所據底本或抄寫時代應當也是比較早的,至少應當早於上博簡的其他大多數内容。又承陳劍先生賜告,他鑒定武漢大學藏戰國楚簡時,注意到其中“寒”字寫作與上博簡《周易》之“寒”接近之形。

⑫ 關於這幾個“寒”字,參看李零《古文字雜識(五則)》,《國學研究》第三卷,北京大學出版社,1995 年,第 267～269 頁;馮勝君:《郭店簡與上博簡對比研究》,第 110、114 頁。

本”,[13]所以上舉《緇衣》“寒”字之形比較好地保存了“寒”字古形的某些特點,很可能並不是戰國時代楚文字的典型寫法,而或許是受到齊系文字特點影響的結果(戰國齊文字多有字形保守的一面)。《周易》與楚帛書的“寒”字,其“宀”内四“屮”形譌變爲四短横,正是楚文字“寒”字發展演變上非常關鍵的一步。

接下來看郭店簡《緇衣》10 號簡寫作如下之形的一個字:

“晉冬旨(耆)～”

郭店簡整理者釋爲“滄”,訓爲“寒”,[14]爲不少學者信從。裘錫圭先生則認爲此字是“寒”字的誤摹,他説:

> 此字上部雖然很像“倉”的古文,但寫法較怪,而且缺少應有的在下的長横,此字下部横置的“水”也缺少左上方的一筆,頗爲可疑。如果跟上博簡的“寒”字對照一下,就可以斷定此字乃是那種寫法的“寒”字的誤摹。[15]

馮勝君先生從整理者釋“滄”的意見,認爲是“滄”换讀爲“寒”,不過他認爲裘先生提出的誤摹説“也有可能”,並指出:

> 但我們認爲郭店《緇衣》的“滄”字從字形上看只可能是上引楚簡《周易》“寒”字那種形體的誤摹,而不大可能是上博《緇衣》那種寫法的誤摹。[16]

裘先生上文發表時間是 2002 年,所引上博簡的内容僅限於《上海博物館藏戰國楚竹書(一)》的範圍,比對的戰國簡資料首先是考慮到内容相同的上博簡《緇衣》,故《周易》之形未被引用是客觀條件造成的。從《周易》之

---

⑬ 馮勝君:《郭店簡與上博簡對比研究》,第 259 頁。

⑭ 荆門市博物館:《郭店楚墓竹簡》,文物出版社,1998 年,第 129、133 頁。

⑮ 裘錫圭:《談談上博簡和郭店簡中的錯别字》,《裘錫圭學術文集》第二卷,復旦大學出版社,2012 年,第 373 頁。

⑯ 馮勝君:《郭店簡與上博簡對比研究》,第 114 頁。黄德寬主編《古文字譜系疏證》也主張“滄、寒義同互换”(商務印書館,2006 年,第 1896 頁)。

形顯然可以更好地看出,李零先生逕釋郭店簡《緇衣》此字爲“寒”[17]和裘先生的“誤摹”説,皆有其道理,而且裘先生指出的此字與“倉”形不合之點——“缺少應有的在下的長横”,更是非常重要。我認爲,在這種寫法的“寒”字當中,下邊以横置的“水”旁表意(“水”給人的感覺是寒涼,《淮南子·天文》“積陽之熱氣生火,……積陰之寒氣爲水”),取代了早期古文字“寒”字“宀”旁外兩横的地位,[18]所以它没有“倉”字下邊應有的長筆正非偶然(戰國簡也有不省去“寒”的兩横並加“水”旁的字形,詳參下文)。這類寫法的“寨(寒)”之所从之所以看起來好像與“倉”類似,是“宀”下“人”形的手臂一筆從軀幹脱落,[19]與已經譌變爲短横的“屮”粘連起來看起來類似於“倉”所从的“户”的緣故。至於裘先生提出郭店《緇衣》之字“下部横置的‘水’也缺少左上方的一筆”的問題,解釋應當是:這一筆實有,只是與“水”旁左上的那個表示“屮”的短筆共用而已。在不算完全正式公布的天星觀簡當中,有如下幾個字(字形取自滕壬生先生《楚系簡帛文字編》摹本):

據王明欽先生天星觀簡釋文和《楚系簡帛文字編》所引,辭例是“既～然不欲食”(3-01,上舉第三字所在簡)、“～然以憂懮然不欲食”(111,“食”字屬112號簡)、“既～然以憂懮然不欲食”(5-01),王先生釋“滄”,並在3-01號簡後出注説:

> 滄:寫作,所從之“倉”,乃古文寫法。戰國《萬印》“倉”作,與此相近。《説文》:“滄,寒也。”在此處用於描述疾病,可能指寒病。[20]

---

[17] 李零:《郭店楚簡校讀記》,《道家文化研究》第十七輯,三聯書店,1999年,第482頁;又見李零《郭店楚簡校讀記》,北京大學出版社,2002年,第61頁。

[18] 《説文》“蹇”“騫”“褰”“鶱”“寋(“愆”字異體)”等从“寒”省聲的字都是把形旁寫在下方,省去所謂的“仌”旁,可與“寨”字相較。

[19] 古文字中“人”形手臂從軀幹脱落的例子,可比較秦系文字“乳”字的變化。

[20] 王明欽:《湖北江陵天星觀簡的初步研究》,北京大學1989年碩士研究生畢業論文,第36頁。

滕壬生先生亦釋“滄”，㉑李守奎先生《楚文字編》説同。㉒ 其實只要比較天星觀簡多見的貞人“奠(鄭)愴”之名“愴”字，就很容易看出問題：

㉓

它們所从的聲旁，皆具備裘先生所説“倉”字應有的一長横(或者繁化爲兩横)，㉔在上述三個从横置水形之字的上部，卻都没有這一筆。而且，“愴”字所从的“倉”旁，没有一個是寫作這種中間从“人”而不从“户”形的例子的，差别十分明顯。張新俊先生根據上舉天星觀簡的字形指出：“只要將‘人’形(引者按：指“寒”字中的“人”形)上的一撇稍微延長一點，就很容易和‘爪’形混而不分。”㉕已經看出了“寒”字的特徵在於中部“人”形，以及“寒”與“倉”相混的緣由，但他並未明確將此字釋爲“寒”，似乎仍有猶疑。他的猶疑，我想一方面來自“義同换讀”説的影響，另一方面可能是由於天星觀簡這些字形與一般的“寒”字仍有一定差别的緣故。我們知道，戰國文字中的“宀”有時會增加一横筆，寫成“亼”形，例如(前一例爲从“宀”，後一例爲从“亼”形)：

宜：包山簡 134 號簡　包山簡 110 號簡

宔：包山簡 185 號簡　包山簡 22 號簡㉖

㉑ 滕壬生：《楚系簡帛文字編》，湖北教育出版社，1995 年，第 809 頁；同作者《楚系簡帛文字編(增訂本)》，湖北長江出版集團、湖北教育出版社，2008 年，第 946 頁。

㉒ 李守奎：《楚文字編》，華東師範大學出版社，2003 年，第 640 頁。該書將上舉郭店《緇衣》之字與天星觀簡的三個字形置於同一字頭“滄”下。

㉓ 滕壬生：《楚系簡帛文字編》，第 799 頁。

㉔ 滕壬生《楚系簡帛文字編(增訂本)》(第 920 頁)“愴”字條所列包山簡、望山簡、新蔡簡的所有例子都無一例外有這類特徵性的長横。

㉕ 張新俊：《上博楚簡文字研究》，第 86 頁。

㉖ 李守奎、賈連翔、馬楠編著：《包山楚墓文字全編》，上海古籍出版社，2012 年，第 315、319 頁。關於“∧”形下加横筆的現象，可參看何琳儀、黄德寬《説蔡》，《東南文化》1999 年第 5 期，第 106 頁。此文所舉包山簡“蔡”字特殊之形的寫法，與“寒”字的這種特殊寫法尤爲類似。

由此並結合前舉上博《周易》、楚帛書以及郭店《緇衣》的“寒”字來看，可知字上部的“亼”形應是譌變的結果。所以天星觀簡的、兩字與郭店《緇衣》字當爲一字，毫無疑問應釋爲“𡨄(寒)”。仔細觀察這三個字形，可以清楚地看出其中間“人”形脱落的手臂之筆是如何與表示“中”的左邊兩短横粘連結合起來的，㉗進而也就可以明白，天星觀簡的形，“亼”下左側類似“爪”、“户”之形的部件，正是形所从繼續譌變、類化、最終成爲一個成字部件的結果。新蔡簡甲三 331 有如下一字：

辭例是“[䁾]於～墬一𫅔(豭)，禱一冢”，一般皆釋“倉”。㉘ 張新俊先生説“目前不能確定其究竟應該讀作‘倉’還是‘寒’”。㉙ 其實從寫法來看，此字字形上部演變介於、與之間，無疑應當釋“寒”，“寒墬(陽)”似是地名或神靈名，待考。

從辭例上講，把天星觀簡的這三個字釋爲“寒”也是非常合適的。張新俊先生雖未明確將這幾個字形釋“𡨄(寒)”，但已指出“從《楚系簡帛文字編》所附簡文來看，此字和‘然’連用，讀作‘寒熱’也應該没有問題”。㉚ 這是很對的。簡文從辭例看是描述人的病狀，“既寒然不欲食”的“然”和“既寒然以憂憂然不欲食”的前一個“然”字，都應讀爲“熱”，郭店簡《老子》乙組和《太一生水》三見“然”字用作“熱”的例子，㉛可以爲證。望山一號楚墓竹簡 179 號殘簡“既”下之字泐損嚴重，原只打一個缺文號，㉜但《楚

㉗ 請注意：字中部左側一道曲筆上下粗細差異很大，本來可能是“虚接觸”關係；字所从之“水”的左上一筆與代表“中”的短横共用，與字完全一樣。

㉘ 宋華强：《新蔡葛陵楚簡初探》，武漢大學出版社，2010 年，第 460 頁。張新俊、張勝波：《葛陵楚簡文字編》，四川出版集團、巴蜀書社，2008 年，第 103 頁。

㉙ 張新俊：《上博楚簡文字研究》，第 87 頁注 1。

㉚ 張新俊：《上博楚簡文字研究》，第 87 頁注 1。

㉛ 白於藍：《戰國秦漢簡帛古書通假字彙纂》，第 795 頁。

㉜ 湖北省文物考古研究所、北京大學中文系：《望山楚簡》，中華書局，1995 年，第 83 頁。

系簡帛文字編》釋爲“既愴(寒)然(熱)”並附有“然”字摹本。㉝ 細核圖版，此似非臆説，但“愴”字之釋恐非。如其“然”字摹本可信，則“然”上一字據頭部殘筆也應是“寨”或“寒”字。望山一號墓 43 號殘簡“既㉞然以”，張新俊先生指出“此字可能也應該讀作‘寒’字。在張家山漢簡《脈書》中，尚有‘寒熱’的用語，如簡 25 説‘身塞〈寒〉熱，渴，四節痛爲瘧’(参看《張家山漢簡》圖版第 76 頁)，不過簡文中的‘寒’字，被誤寫成‘塞’字。張家山漢簡整理小組認爲‘塞’乃‘寒’字之誤，可從”。㉟ 按張説可信，但此字並非“讀作‘寒’字”，而是本即爲“寒”字。由此可見將望山一號墓 179 號殘簡“既”下之字釋“愴”是不可信的。“寒熱”指怕冷發熱的發燒症狀(北部吴語至今猶然)。《史記・扁鵲倉公列傳》：“濟北王侍者韓女病要背痛，寒熱。”裘錫圭先生指出，在《素問》、《靈樞》和居延漢簡中多見“寒熱”之病的記載，居延簡中的“熱”皆作从火日聲的“炅”(與《素問》、《太素》的部分用字習慣相合)，辭例如：㊱

> ☑陶(?)宜和(?)里謝家，廼己酉病頭痛，寒炅(熱)，不能☑(居甲358，居 2915)
>
> ☑廼戊戌病頭痛，寒炅(熱)，不能☑(居 7876)
>
> □亭燧□□里□□□□□□頭痛，寒炅(熱)，不能飲(居 7971)

前兩枚簡下端殘，不知是與《居》7971 一樣的“不能飲”，還是“不能食”一類話，但無論如何，天星觀簡的“寒然(熱)不欲食”、“寒然(熱)以懮懮然不欲【食】”的話，跟居延簡記載病情的話是非常接近的。字形上與“滄”不可調和的差異，與辭例上讀“寒”的密合無間，無疑指向這些字只能釋爲“寨

㉝　滕壬生：《楚系簡帛文字編》，第 772 頁；《楚系簡帛文字編(增訂本)》，第 872 頁。《楚系簡帛文字編(增訂本)》已有“愴(寒)然(熱)”之釋(《楚系簡帛文字編》“然”上一字僅打缺文號，同原整理者釋文)，卻未對天星觀簡相同辭例作出正確釋讀，頗爲可惜。

㉞　此字《望山楚簡》摹本作，張先生認爲“摹寫可能有所出入”，我以爲也許未必有很大出入，此字可能是將“寒”字“宀”下的代表“䒑”的短横省作左右各一而已。

㉟　張新俊：《上博楚簡文字研究》，第 87 頁注 1。按，《脈書》此語實見於 15 號簡，《張家山漢墓竹簡[二四七號墓]》此處原逕釋“寒”(文物出版社，2001 年，第 236 頁)。

㊱　裘錫圭：《裘錫圭學術文集》第二卷，第 37～38 頁。此僅擇取與楚簡辭例相近的録出。

(寒)”而斷非“滄”的結論。

在郭店簡和上博簡中還有三個字形方面的旁證,可以説明“寒”、“倉”有别。郭店《老子》乙組 15 號簡“燥勝蒼”的所謂“蒼”,今本四十五章對應之字爲“寒”(或譌作“塞”),整理者讀作“滄”。㊲ 該字原形如下:

嚴格來説,此字的下部與“倉”字古文並不一樣,整理者的意見不確。按照我們上文的分析,仍可看出它從一般的“寒”所从的“人”形與“屮”形譌變爲類似於“倉”形所从之“户”的過程中的位置。李零先生將此字改釋爲“寒”,㊳是有道理的,不過如果要嚴格地釋寫此字,應作“蓒(寒)”(字見《廣韻》平聲寒韻:“蓒蔣,草也。”)。戰國文字的“蓒”也許就是“寒”的異體(“寒”字本就包含了四個“屮”形可知),與草名之“蓒”只是同形字關係。

上博簡《昭王毁室 昭王與龔之脽》8 號簡有下面一字:

辭例是“僕見脽之也以告君王”。整理者釋“倉”,解釋爲“倉皇”之義,㊴顯然不可信。陳劍先生改釋爲“寒”,㊵從上下文義看非常正確。此字字形看上去好像和“倉”接近,其實中部左側,是兩個横筆,這仍然是接近於《周易》“寒”字一路的寫法。這個字與“寒”的不同,似乎可以看成“宀”變爲“亼”,“人”少寫了手臂一筆,但戰國文字中把“人”的手臂一筆寫得比較平的例子偶然可見,㊶所以實際上也有可能是將“亼”形的那一横兼用爲

㊲ 荆門市博物館:《郭店楚墓竹簡》,第 120 頁。

㊳ 李零:《郭店楚簡校讀記》,第 23 頁。

㊴ 馬承源主編:《上海博物館藏戰國楚竹書(四)》,上海古籍出版社,2004 年,第 189 頁。

㊵ 陳劍:《上博竹書〈昭王與龔之脽〉和〈柬大王泊旱〉讀後記》,《戰國竹書論集》,第 126 頁。

㊶ 如上博簡《昔者君老》4 號簡的“夭”字寫作(馬承源主編:《上海博物館藏戰國楚竹書(二)》,上海古籍出版社,2002 年,第 90 頁)。

“人”旁手臂之筆的。㊷

上博簡《容成氏》22 號簡有如下一字：

辭例是説，聽到人民擊鼓告事，“禹必速出，冬不敢以辭，夏不敢以暑辭”，李零先生釋此字爲“蒼”，並出注説：

> 楚簡多用“蒼”、“倉”爲“寒”，蓋形近混用。如郭店簡中之“寒”字即如此作。㊸

但是李先生的釋文卻並沒有在“蒼”字後用尖括號（或圓括號）括注“寒”，可見他對此問題並沒有十分的把握。將此字釋爲“蒼”，很多學者是以同篇 1 號簡所見“倉頡是（氏）”之“倉”爲證的，㊹可是他們没有注意到，實際上二者並不完全相同。《容成氏》1 號簡“倉”字寫作如下之形：

簡上雖粘有一個斜長的贅物，但仍可以看出“宀”下去掉“爪”或“户”形與右側兩横之外的部分不是一豎，而是形的筆劃，此字之爲“倉”並與“寒”可區别的關鍵即在於此。“倉”字在甲骨文和西周金文等早期古文字中，上部是从“亼”的，㊺這種特徵一直穩定地保持到戰國文字當中。㊻ 最晚

㊷　孫偉龍《也談“文字雜糅”現象——從楚文字中的倉、寒等字説起》已認爲此字“人形中的手臂形寫成了横劃”（《古文字研究》第 29 輯，第 669 頁），但此字從筆勢走向看不能完全看成人形手臂一筆，應屬借用。新蔡簡甲三 211“”字一般釋“倉”（張新俊、張勝波：《葛陵楚簡文字編》，第 103 頁），此字寫法看上去與《昭王與龔之脽》“寒”字類似，但下部卻只有一横筆，近於“倉”而遠於“寒”（此承周忠兵兄提示），但也不排除此字是“寒”字偶然寫錯之可能。

㊸　馬承源主編：《上海博物館藏戰國楚竹書（二）》，第 267 頁。

㊹　如張新俊《上博楚簡文字研究》，第 85 頁；田穎：《上博竹書“一形對應多字”現象研究》，第 35 頁。

㊺　李宗焜：《甲骨文字編》，中華書局，2012 年，第 252 頁；董蓮池：《新金文編》，作家出版社，2011 年，第 659 頁。

㊻　黄德寬主編：《古文字譜系疏證》，第 1894～1896 頁。

從春秋晚期開始,"倉"字"亼"下部出現了"Y"形的變化:

㊼

這類變化多見於古文字(比如"舍"、"食"、"會"等),是大家熟悉的。戰國文字中的部分"倉"寫法就承襲自這種異體,例如:

陶彙 3.41㊽

上舉《容成氏》1 號簡的"倉",正是這類寫法的進一步簡化(Y 形的右側斜筆與下豎連作一直筆)。22 號簡的字,"亼"下爲一豎筆,與同一書手筆下的"倉"字正有明顯區别,可見釋爲"蒼"是錯誤的。此字從前文所作分析看,無疑是一個極爲標準的"蹇(寒)"字。據字理分析和全面考察,戰國文字中的"倉"是没有這類上部作"个"形的例子的,由此亦可推知如下一方三晉私璽:

　《璽彙》3907㊾

很可能應釋"公孫寒"而非"公孫倉"。戰國時人,對"倉"字與"寒"的這種區分還是比較敏感的。上博簡《相邦之道》3 號簡"實官蒼(倉)"的"蒼"字,寫作如下之形:

㊿

㊼　董蓮池:《新金文編》,第 659 頁。

㊽　湯餘惠主編:《戰國文字編》,福建人民出版社,2001 年,第 332 頁。

㊾　右側鈐本"寒"字中豎右側的兩横比較清楚,取自施謝捷《古璽彙考》,安徽大學 2006 年博士學位論文,第 302 頁。

㊿　馬承源主編:《上海博物館藏戰國楚竹書(四)》,第 88 頁。

似書手本來誤書作類似《容成氏》22 號簡的形，[51]但後來意識到寫錯，便在“宀”上加寫了一道横筆補救以示與“蹇(寒)”的區别。這既説明當時兩字易寫混，也説明其界限在人們心中還算是比較清楚的。

“倉”與“寒”的分别，基本上可以説是單向的。也就是説，“倉”的寫法一直比較穩定，還没有一個“倉”字譌混作標準的“寒”形的，但是“寒”字卻因爲其自身的譌變，最終發展出一種跟“倉”基本同形的字形來。如果把前舉天星觀簡的字下邊的横置水旁恢復爲“寒”字本來固有的兩横，就類於“倉”形了。我們在戰國簡中看到這樣的“寒”(或从“寒”的)字共計六次：

寒：郭店《太一生水》3 號、4 號簡“～然(熱)”上博簡《用曰》6 號簡“唇亡齒～”

瀌：上博簡《柬大王泊旱》1 號簡“王～至帶”上博簡《從政》甲篇 19 號簡“飢～而毋餕(會)”

“瀌”字《從政》之例所从還比一般的“倉”多出了一横筆，可能是無意的繁化。[52] 除了《柬大王泊旱》之例外，其餘字形在簡文中皆用作“寒”。關於《柬大王泊旱》之字，陳劍先生認爲：

> 楚文字中“滄”可用爲“寒”，……“寒”與“汗”古音相同。其時既發生旱災，自是驕陽當空，簡王迎日而立被陽光所炙烤，故簡文謂其汗出下流至腰間之帶。古書有“汗流至踵”(《莊子·田子方》)或“汗出至踵”(《韓詩外傳》卷十)的説法。進一步推測，以前所見用爲“寒”的所謂“滄”字，都是將“水”旁横寫在“倉”的下面的，而簡文此形水旁竪寫在“倉(寒)”的左旁，跟舊所見用爲“寒”的所謂“滄”字可能還並

---

[51] 《相邦之道》的書手水平不高，1 號簡就有不少抄錯的地方，參看裘錫圭《上博簡〈相邦之道〉一號簡考釋》，《裘錫圭學術文集》第二卷，第 507～511 頁。

[52] 鄔可晶兄認爲也可能是新蔡簡甲三 331 之形人形手臂一筆横寫的結果，似可考慮。

非一字。它以"水"爲意符、"倉(寒)"爲聲符,很可能本來就是"汗"字的異體。[53]

此説很有道理,希望將來有新的材料證實"水"旁在左的"滰"與在下的"滰"並非一字。不過按照我們的看法,此字的結構分析應修正爲"以'水'爲意符、'倉〈寒〉'爲聲符",當釋爲"滰"。

儘管"寒"有跟"倉"字形混的例子,但是仍需注意,"寒"字本身的結構決定了它只限於與"倉"字"户"旁在左、下部寫作兩横的較繁之形相混(即既不會與下从一長横的"倉"混,也不會跟"户"在右的"倉"混,更不會與加从"广"旁的或下仍从"口"形的"倉"混),所以在没有決定性的偏旁組合和語境限制的情況下,只有下列字形釋"寒"釋"倉"似乎是兩可的,例如:

《璽彙》1323"武～"

包山簡 19 號簡"不將龔～以廷"

當然,還可以注意,上舉六例戰國簡中與"倉"形譌混的"寒"字,仍然保留了一個重要的共同特點,即中豎不穿透字下部的兩横,這跟前舉戰國簡(除上博《緇衣》和新蔡簡甲三 331 之外)中"寒"字的特徵完全相符。所以上舉《璽彙》1323 之字,好像仍以釋"倉"的可能性較大(如果"寒"的這一特徵是極端關鍵性的,且也可以爲"倉"的頭部找到可以寫作"个"形的例子或平行字形證據的話,那前舉《璽彙》3907 之也就不一定要改釋爲"寒"。但考慮到上博簡《緇衣》和新蔡簡甲三 331 有"寒"字人身一豎筆貫穿兩横的例子,本文還是傾向於將該字釋"寒");包山簡 19 號簡之例,中豎略略出頭,又用作人名,則極難斷定(對於這類人名用字,建議釋寫作"倉〈寒?〉")。我很懷疑,前舉《從政》之例在"寒"下復加"水"旁,郭店《緇衣》和天星觀簡等以"水"旁取代"寒"的兩横筆並横置於全字之下,很有可

[53] 陳劍:《上博竹書〈昭王與龔之脽〉和〈柬大王泊旱〉讀後記》,《戰國竹書論集》,第129 頁。

能就是避免與“倉”字繁形誤會的一種手段(三晉的“倉”字往往加“广”旁爲義符,很可能也是出於明確字義、避免混淆的需要)。㊹

總之,通過上文的考察可以得出如下結論:“寒”在戰國時代的發展演變有其自成體系的邏輯規律。撇開字形差距很遠的“倉”和“寒”不論,對於字形與“倉”接近的“寒”,在絶大多數情況下,通過其頭部和中部的寫法,以及加“水”旁等特徵是可以同“倉”字明確區分開來的;對於合體字“蒼”與“蹇”而言,它們也有區分,“蹇”字至今未發現下部徹底與“倉”混同的形,“蒼”字聲旁也没有寫作上从“个”形或中部从“人”形的例子。即使是與“倉”形類同的那些“寒”字,其中竪一般也不會貫通最下兩横,保持了“寒”字的本源特徵。我們主張將類“倉”形“寒”字釋寫作“倉〈寒〉”,其實是着眼於描寫字形特徵需要的考慮,如果不用考慮字形寫法的特點,爲簡潔起見的話,直接把它們釋作“寒”也是有充分理由的。過去認爲“倉”“寒”兩字“形近混用”、“文字雜糅”等,皆爲不合事實的浮泛之説。

下面我們就可以討論古書中訓“寒”之“滄/凔”的問題了。

雖然交集不大,但畢竟客觀上有一類“寒”字與“倉”的一部分字形是最終混同起來了。在戰國時代,人們由字形出發並結合辭例鑒别“寒”和“倉”並不算困難,但是到了漢代,在古文典籍重見天日爲人所知並加以轉寫釋讀的時候,戰國古書抄本的“寒”字無疑極易被不甚了解“寒”字來龍去脈的漢人誤釋爲“倉/滄/蒼”。這造成了漢以後的人附會出一個有“寒”義的“滄/凔”的結果。作出這樣的論斷,除了上述字形譌混的背景之外,主要還有如下幾點考慮。

首先,與古文獻中處處可見的“寒”字相比,表示“寒”義的“滄/凔”在先秦至西漢古書裏的實際用例實在少得可憐,僅有三例,不得不讓人對之生疑。這些例子是:

> 《荀子·正名》:疾養、滄(楊倞注:“滄,寒也。”)熱、滑鈹、輕重以形體異。

㊹ 這似乎也從某個角度支持陳劍先生關於《柬大王泊旱》將“水”旁寫在“寒”之左側的“汗”字異體與那些“寨(寒)”字有不同的來源的看法。

《逸周書·周祝》：天地之間有滄（盧校作"凔"。孔晁注："滄，寒。"）熱，善用道者終不竭。

枚乘《上書諫吴王》（《漢書·賈鄒枚路傳》引）：欲湯之凔（鄭氏曰："音凄愴之愴，寒也。""凔"字，《文選》卷三十九枚乘《上書諫吴王》作"滄"。[55]《説苑·正諫》引作"冷"，或爲後人所改），一人炊之，百人揚之，無益也，不如絶薪止火而已。

這幾種古書的流傳或來源都有值得注意之處。《荀子·正名》和《逸周書·周祝》都没有問題是戰國時代的著作。《荀子》一書是經劉向校讎"中《孫（引者按：通"荀"）卿書》"删重的結果，[56]《逸周書》《漢書·藝文志》稱《周書》，劉向《别録》有"周時誥誓號令也，蓋孔子所論百篇之餘也"的敘録。[57] 這兩種古書是明確無疑經過漢人整理的先秦古籍。

枚乘上書之例稍微特殊，需作解釋。枚乘於漢文帝時爲吴王劉濞郎中，奏書便是乘在濞"初怨望，謀爲逆"時所上。出土漢初的古書文本，字形、用字往往受到戰國文字的影響，對於幾乎是從西漢早期甚至更早時代過來的淮陰文人枚乘來講，受到戰國楚文字的影響是極爲正常甚至是不可避免的。這篇奏書中多用比喻，有一些話看起來應當是有比較早的來源的，並非枚乘首創。比如奏書上文"馬方駭，鼓而驚之；系方絶，又重鎮之，系絶於天下不可復結，隊入深淵難以復出"一段，學者指出除了史料來源相同的《説苑·正諫》中内容大體與此相同的話外，還與《孔叢子·嘉言》記子貢對東郭亥語"馬方駭，鼓而驚之；系方絶，重而填（鎮）之。馬奔車覆，六轡不禁。系絶於高，墜入於深。其危必矣！"大體相近，[58]"馬方駭"句與上博簡《吴命》1 號簡所記"先人有言曰：馬將走，或童（動）之，速

---

[55] 《文選》，上海古籍出版社，1986 年，第 1780、1782 頁。

[56] 姚振宗輯録、鄧駿捷校補：《七略别録佚文 七略佚文》，上海古籍出版社，2008 年，第 43 頁。

[57] 姚振宗輯録、鄧駿捷校補：《七略别録佚文 七略佚文》，第 24 頁。

[58] 《孔叢子》書雖晚出，但其中包含不少可貴的較早期的資料，有一些資料的價值正在被新出戰國簡揭示（參看陳劍《據戰國竹簡文字校讀古書兩則》，《戰國竹書論集》，第 460 頁；郭永秉《釋清華簡中倒山形的"覆"字》引白於藍先生説，【清華簡與《詩經》研究】國際會議，香港浸會大學，2013 年 11 月 1 日～3 日【編按：已收入本書】）。

羞(殃)”也有密切關係。[59] 所以枚乘奏書中後來成爲“揚湯止沸”出典的這段話,應當也是久有傳承的古語。馬王堆帛書《五十二病方·胻久傷》:“湯寒則炊之,熱即止火,自適殹。”[60]可見調適沸水寒熱,關鍵在於燒火和止火,乃是古人常識,也是枚乘譬喻的知識背景。《吕氏春秋·盡數》:“夫以湯止沸,沸愈不止,去其火則止矣。”[61]枚乘這段話出典很可能就是類似《盡數》之類的戰國典籍,並對之略加改造、誇飾而成。如此,枚乘這段上書在寫作過程中轉寫誤釋戰國古書文本中類“倉”形“寒”字的可能性是相當大的。

古代“寒”字並不限於程度較重的“寒凍”一類表示體感不適的消極意義,也可表示觸感“涼”、“冷”等中性的意思。如“寒水”可表示與沸水相對而言的涼水(如《論衡·道虚》:“置人寒水之中,無湯火之熱,鼻中口内,不通於外,斯須之頃,氣絶而死矣。寒水沉人,尚不得生,況在沸湯之中,有猛火之烈乎!”),“寒粥”即《周禮·天官·漿人》“六飲”中所謂的“涼”(見《周禮》鄭注,《釋名·釋飲食》:“寒粥,末稻米投寒水中育育然也。”),“寒食”即禁火冷食等等。《三國志·魏志·劉廙傳》:“揚湯止沸,使不燋爛,起烟於寒灰之上,生華於已枯之木。”成都天府廣場出土東漢李君碑有“寒灰復然”之語。[62] “寒灰”意即冷卻的灰燼。“寒”字亦可表示“冷下來”一類動詞義,如《左傳·哀公十二年》“今吾子曰‘必尋盟’,若可尋也,亦可寒

[59] 參看范常喜《〈上博七·吴命〉“殃”字補議》,武漢大學簡帛網,2009年1月6日;劉雲《説〈上博七·吴命〉中的“先人”之言》(復旦大學出土文獻與古文字研究中心,2009年1月7日)文後“水土”(沈培先生網名)於2009年1月7日發表的評論。

[60] 馬王堆漢墓帛書整理小組編:《馬王堆漢墓帛書【肆】》,文物出版社,1985年,第63頁。

[61] 《盡數》之語承鄔可晶兄提示,他還告訴我《淮南子·精神》與《文子·上禮》亦有此語,枚乘上書中的“抱薪救火”也是《戰國策·魏策三》的典故。廣瀨薰雄兄告訴我,枚乘上書中位於“欲湯之滄”一段之前的“人性有畏其景而惡其迹者,卻背而走,迹愈多,景愈疾,不知就陰而止,景滅迹絶”,語本《莊子·漁父》“人有畏影惡迹而去之走者,舉足愈數而迹愈多,走愈疾而影不離身,自以爲尚遲,疾走不休,絶力而死。不知處陰以休影,處静以息迹,愚亦甚矣!”此皆爲該篇奏書内容淵源的證據。

[62] “然”原寫作从“心”“難”聲之字,見成都文物考古研究所《成都天府廣場御街漢代石碑發掘簡報》,《南方民族考古》第八輯,第1～8頁;轉引自大西克也《從出土資料再論章系字顎化的年代》,中國古文字研究會、中山大學古文字研究所編《古文字研究》第30輯,中華書局,2014年,第559頁。

也",孔疏引鄭玄《儀禮》注:"尋,温也,……則諸言尋盟者,皆以前盟已寒,更温使之熱。"盟誓可以重温,也可以冷下去,㊸"欲湯之寒"是希望熱水冷卻下來、涼下來的意思,從語義上講也是合適的。

第二,從訓詁學上無法很好解釋"滄/滄"何以會有"寒"義。從語言(即"詞")的角度講,"滄/滄"之可訓寒,語文學家一般都會援引段玉裁《説文解字注》"滄"字下的注解來進行説明:

> 按,《方言》曰:"淶,淨也。"二字當从冫,淶即滄字,淨即清字。㊹

錢繹《方言箋疏》有不同看法:

> "淨",《説文》作"瀞",云:"無垢薉也。"經傳通作"淨"。《玉篇》:"淶,淨也,冷也。"《説文》:"瓾,磋垢瓦石也。(引者按:此爲小徐本。)"徐鍇《傳》曰:"以碎瓦石瓾去瓶内垢也。"《西山經》"錢來之山,其下多洗石",郭注云:"澡洗可以磢體去垢玠。"……"淶"、"瓾"、"磢",聲義並同。㊺

學者或對此二説無法取捨。㊻ 我個人認爲段説不如錢説直接自然。段注改"淶"字的水旁爲冫旁,並無確鑿根據;説"淨(淨)"是訓"寒"的"清"的假借,似亦有待證明。《方言》此條郭注云"皆冷皃也",似乎有利於段説。但一則此注是否符合《方言》本意,本有待證實(《玉篇》的訓釋當即據《方言》注),二來即使《方言》注反映了一定的語言實際,"淶"的"冷皃(貌)"義與"寒"也並非一回事,與前舉古書中的那些"滄/滄"不可相提並論。古書裏形容寒冷貌的疊詞有"滄滄"(如《靈樞·師傳》:"食飲者,熱無灼灼,寒無滄滄。"《列子·湯問》:"日初出滄滄涼涼。"),《方言》注中訓"冷皃"、音"初兩"或"楚(今本誤作禁)耕反"的"淶"很可能指的是這類詞,與古書裏和"熱"對舉的、作名詞和形容詞用的"滄"當無直接關聯,以此來解釋古書中

㊸ 参看沈玉成《左傳譯文》,中華書局,1981年,第573頁。

㊹ 段玉裁:《説文解字注》(許惟賢整理本),第993頁。

㊺ 錢繹:《方言箋疏》(李發舜、黄建中點校本),中華書局,2013年,第465頁。

㊻ 華學誠匯證:《輶軒使者絶代語釋别國方言校釋匯證》,中華書局,2006年,第930頁。

表“寒”義的“滄/凔”的理據是不恰當的，至少是不能令人信服的。《説文》所收訓“寒”的“滄/凔”，也許並不是表“冷皃(貌)”的這種“滄”，而可能正是沿襲古書裏錯釋爲“滄/凔”的“寒”字的結果。

第三，在出土先秦秦漢文字資料中，至今未出現過“滄/凔”字。戰國時代自不必説，前文業已證明那些从“水”从“倉”形的字實皆“濂”字。反過來正可據此推測，戰國時極可能不存在“滄”字，否則若再在類“倉”形“寒”字上復加“水”旁(如《從政》篇之字)，造成與“滄”譌混的結果，便是自尋麻煩了。秦漢時代没有見到“滄/凔”字，同時也没有看到假借其他字表示“滄”的例子，這都指向當時語言並没有表示“寒”的“滄”這個詞的可能性。按照我的看法，枚乘用“滄”字轉寫他看到的戰國古書寫本的“濂”，可能説明當時在一些文人中已有用“滄”表“寒”的傾向，但這距離“滄”進入一般的語言還有距離；西漢轉寫先秦文獻生造出來的“滄/凔”字，並非文字使用的常態，也不對當時文字使用產生實質性的影響。《靈樞》等書中的疊詞“滄滄”，則很可能本來也是以其他字表示的(《列子》乃魏晉以後僞書，從《湯問》之文所本的《新論》來看，其字可能本應作“愴”[67])。

本世紀初，趙平安先生、楊澤生先生不約而同地根據戰國文字中“也”有大量與“只”形混同的例子，以及上博簡《孔子詩論》引《鄘柏舟》“母也天只”句作“天也”的現象，提出古文獻裏作爲語氣詞的“只”(包括从“只”聲之字)是“也”字寫譌的產物的看法。[68] 其情況如符合實際，即與我們所論

---

[67] 《金樓子·立言上》載此事亦作“滄滄涼涼”(許逸民：《金樓子校箋》，中華書局，2011年，第829頁)。嚴可均《全後漢文》卷十五《新論》輯本自注：“案殷敬順《列子釋文》卷下云：滄滄，桓譚《新論》亦述此事作‘愴涼’。據知《新論》原文具如《列子·湯問篇》，惟‘愴涼’字有異’。”余嘉錫據《世説新語·夙惠》“晉明帝數歲”條唐本注有“案《桓譚新論》：‘孔子東游，見兩小兒辨，問其遠近。日中時遠。一兒以日初出遠，日中近者，日初出大如車蓋，日中裁如盤蓋。此遠小而近大也。言遠者日月初出，愴愴涼涼，及中如探湯。此近熱遠愴乎？’明帝此對，爾二兒之辨耶也”等内容，謂“今觀唐本此注，足以證成嚴氏之説”(《世説新語箋疏》，上海古籍出版社，1993年，第590頁)，可見《湯問》此段乃本桓譚《新論》，字原作“愴”(《列子釋文》所引《周書》“滄熱”之“滄”亦作“愴”，參看楊伯峻《列子集釋》，中華書局，1979年，第168～169頁)。

[68] 趙平安：《對上古漢語語氣詞“只”的新認識》，《新出簡帛與古文字古文獻研究》，商務印書館，2009年，第267～275頁。楊澤生：《説“既曰‘天也’，猶有怨言”評的是〈鄘風·柏舟〉》，《戰國竹書研究》，中山大學出版社，2009年，第138～142頁。

的類"倉"形"寒"字誤釋的情況頗爲接近。不過,"只"、"也"形音義密切相關,古書裏並不少見的語氣詞"只"也許有其語言根據,不一定都是"也"的錯釋譌寫,此問題或許還可進一步研究。㊾ 但是趙平安先生在研究"也"、"只"問題時説過一段話,正可移用來説明本文所談問題的性質,他説:

> "也""只"本不同字,後來形近混同。本原型語氣詞"只",是"也"的寫譌。寫譌以後,人們誤以爲語言當中有語氣詞"只"這個詞,不僅引用、模仿,而且用借字"咫""軹""旨"等來表示它。這種現象使我們聯想到語氣助詞"那"。
>
> 上個世紀 90 年代,朱慶之先生根據包括漢魏六朝全部漢文佛典在内的一批中古文獻材料,對疑問語氣詞"那"的來源提出新的看法:1. "那"是近代漢語才有的疑問語氣助詞,中古文獻裏的"那"其實是"耶(邪)"的誤字;2. "那"在近代文獻的出現或者説"那"的產生應該是唐代以後人們對前代文獻裏本來是"耶"的誤字的"那"的盲目模仿造成的結果,是文字影響語言的產物。
>
> 論證詳密,頗可採信。語氣詞"只"和語氣助詞"那"的產生途徑頗爲相似。這又爲文字影響語言提供了一個絶佳的實例。㊿

根據本文的論證,同樣可以作出如下結論:先秦至西漢古書中表示"寒"義的"滄/凔"是戰國文字類"倉"形"寒"字轉寫誤釋的產物,這種錯誤得到《説文》的肯定並逐漸進入後代語言(直到晚近,喜用古字的章太炎還在用"滄"表示"寒",見《訄書·原變》),是文字影響語言的又一例證。

我們曾經較爲全面地總結過戰國文字中的"麦"和从"麦"之字的變化,㉛與本文對"寒"字全面清理後的最終感受幾乎一致,就是戰國文字

㊾ 鄔可晶:《上古漢語中本來是否存在語氣詞"只"的問題的再檢討——以出土文獻所見辭例和字形爲中心》,【出土文獻的語境】國際學術研討會暨第三届出土文獻青年學者論壇論文,臺灣新竹清華大學,2014 年 8 月 27～29 日。後收入《出土文獻與古文字研究》第六輯,上海古籍出版社,2015 年,第 399～422 頁。

㊿ 趙平安:《對上古漢語語氣詞"只"的新認識》,第 274 頁。

㉛ 郭永秉:《續説戰國文字的"麦"和从"麦"之字》,"古文字學青年論壇"論文,臺北中研院史語所,2013 年 11 月 25～26 日【編按:已收入本書】。

(尤其是楚文字)某些字形與常理不盡相合的特殊簡省譌變,如果不作細密的字形排隊工作,僅憑直觀感受發言,便極易得出文字結構分析甚至釋讀方面似是而非的結論,把“陵”釋爲“陲”或把“陵”的聲旁分析爲从“來”聲是如此,把“寒”誤釋爲“倉/滄/蒼”並牽合古書訓“寒”的“滄/凔”作解也是如此。類似的問題或許還有,應當努力去發現並糾正,使得戰國文字微觀研究的結論更趨精細和嚴密。

2014年3月2日寫畢

附記:文章寫完後承陳劍、蘇建洲、廣瀨薰雄、周忠兵、禤健聰、鄔可晶諸位先生閱看指正,提出寶貴意見,十分感激!

補記:本文定稿後,承鄔可晶兄見告,望山一號墓竹簡1號簡有“愴家”之“愴”作(《望山楚簡》,第19頁摹本),命辭“既寒(寒)(下殘。依上文之討論,下應接“然(熱)”字)”之“寒”則作(湖北省文物考古研究所:《江陵望山沙塚楚墓》,文物出版社,1996年,圖版四三,此字《望山楚簡》原據誤釋爲“愴”,摹本亦不准確),“寒”旁上从“亼”,中部爲人形,人形左右各兩短横,由此亦可見同一支簡上同一書手的“倉”、“寒”之别。

2014年5月21日

本文交稿後,又承鄔可晶兄提示,《上海博物館藏戰國楚竹書(八)·李頌》1號簡正面有整理者讀爲“旃(寒)冬之旨(耆)倉(滄)”的一句話(上海古籍出版社,2011年,第231、233～234頁。“旃”字宜釋“埶”),他提醒我應對此句作出解釋,否則讀者會引作本文立論的一個反證。我撰此小文時疏於檢索,對新材料讀得又不夠仔細,以至漏引此條重要例子,甚是慚愧,謹向可晶兄致謝。今按,該篇中這個所謂“倉”字,原作,與本文中所舉與"倉"形類同的"寒"字寫法極近，可以注意的是，此字中豎不但不穿透底下兩横，而且字下部相當於《説文》"仌"的兩横，寫作兩道較粗的黑筆，尤其是底下一筆已接近於倒三角形，與戰國文字中"蔆"字異體（李守奎：《楚文字編》，第37頁）所从之"仌"極近，看來戰國時人確實是把這個字下邊兩筆作爲"仌"來看待的，"倉"則絶無可能有此類寫法，所以此字只能釋"寒"而不可釋"倉"。至於該句"䡌冬"的"䡌"自然不能讀爲"寒"，《李頌》下一句説"喿（燥）亓（其）方萶（落）可（兮）"，則此"䡌"字應讀爲"旱"，恰可與"燥"字對應。

2014年10月22日

原刊復旦大學出土文獻與古文字研究中心編《出土文獻與古文字研究》第六輯，上海古籍出版社，2015年。

編按：王凱博先生於2012年1月公開發表在復旦大學出土文獻與古文字研究中心網站的《上博八文字編》已將《李頌》1號簡之字歸在"寒"字之下（第74頁），謹此致歉，並請讀者參看。

"京"、"亭"、"亳"獻疑

在2010年和2012年的中國古文字學年會上,吴振武、趙平安兩位先生分别發表《談齊"左掌客亭"陶璽——從構形上解釋戰國文字中舊釋爲"亳"的字應是"亭"字》、《"京"、"亭"考辨》兩篇論文,讓我們對戰國文字中的"京"、"亭"問題獲得了許多啟發和重要的新知。兩篇文章討論的情况可簡單概括爲:戰國文字資料中常被釋爲"亳"的、字(前一類見於韓國陶文,後一類見於齊國陶文,郭店簡《語叢一》字屬於後一類字形的簡省),吴先生主張它們都應是"亭"字,趙先生據清華簡等所見的"京"字特殊寫法,主張它們都是"京"字。① 這兩種結論自然都不是新説,過去戰國陶文字形也有釋"京"、釋"亭"和釋"亳"等多種意見,主要是因爲有了新出的郭店簡、上博簡和清華簡等戰國文字資料,纔使得釋"京"和釋"亭"這兩種在過去似乎並不佔絶對優勢的舊説重新引起了重視。②

兩位先生的文章,都涉及一個不可迴避的老問題,即"京"與"亭"的關

① 這兩篇文章皆爲兩次年會的散發論文,在會後均已正式發表,看吴振武《談齊"左掌客亭"陶璽——從構形上解釋戰國文字中舊釋爲"亳"的字應是"亭"字》,《社會科學戰綫》2012年第12期,第200~204頁;趙平安:《"京"、"亭"考辨》,《復旦學報(社會科學版)》2013年第4期,第87~92頁。下引吴、趙兩先生意見非特别説明者皆出此二文,不再出注。又可參看曹方向《小議清華簡〈繫年〉及郭店簡中的"京"字》,武漢大學簡帛網,2012年1月2日首發。

② 過去對這些字,儘管有不少學者並不同意釋"亳"之説,但釋"亳"相對而言似乎是比較主流的意見。

係究竟爲何、“亭”字字形應當如何分析的問題，他們的看法截然有異。吴振武先生以、爲“亭”的看法雖然被清華簡《繫年》等所見的“京”字寫法證明有問題，但是他指出“京”、“亭”有極近或相同字形的事實，則顯然是以傳統的“京”“亭”一字説作爲支持的；對於這種傳統意見，是否應該完全採取摒棄的態度（亦即徹底將“京”“亭”二字區分開），並像趙平安先生那樣將秦系之外的“亭”字結構另作分析，是值得再作商討的。兩位先生文中論及的古璽（《璽彙》3093）字和陶文、等字，在相關材料中究竟應當怎麽理解比較妥當，“亳”字的來源究竟如何，我認爲可能也需要再作討論，有些疑問似還有待解決。今在此小札中將最近思考的問題寫出來，因爲問題複雜，資料又不夠多，所以並無多少個人的確定意見，故以“獻疑”爲題。自知謬誤必然難免，敬請吴、趙兩位先生及其他前輩、同好不吝批評指教。

吴振武先生主張先秦古文字本有與“京”形相近或相同的“亭”字，舉出戰國青銅器、璽印封泥和陶文戳記共八個“亭”字（或从“亭”之字）説明這一點，並指出一直到阜陽漢簡中的“亭”還有與“京”類同的寫法；吴先生主張，舊曾著録的戰國陶、璽文字中、一系字形及郭店簡《語叢》一的皆爲“亭”字，認爲完全可以將它“分析爲从‘宅’从‘亭’省”，“、、或、、均可看作‘亭’之省”，並“用‘借筆’的觀點來解釋”，他還認爲，這些字形和“亳”字是“偶然變成同形字”的關係。

趙平安先生則認爲吴先生指出的八例“亭”字，有三例（即吴先生所舉“亭市”印、陶器戳印“亭戻”、“亭斛（？）”，詳下）仍應釋“京”，另五例則確是“亭”，它們分别是：③

1）亭佐郤之戈“亭差（佐）”（《珍秦齋藏金【吴越三晉篇】》

③ 爲儘量忠實於原形、便於參考比較，下面引録原著録書中的拓本、打本和摹本字形。

49－71,此器命名有異説,詳下)

2) 越王者旨於睗戈甲"戜□郭(亭)矦(候)"(《殷周金文集成》11310B1)

3) 越王者旨於睗戈乙"戜□郭(亭)矦(候)"(同上書 11311A)

4) 古璽"童(鐘)丽(離)亭璽"(《璽彙》0279)

5) 封泥"□丽亭璽"(《考古》2005 年第 5 期,第 68 頁)

今按,第一例所謂"亭"字中部略有泐損,董珊先生釋爲"就",認爲器主是越王"差郤(徐)",④從辭例看當更爲可信,故此例可取消。應補充的是包山簡 120 號字,李守奎先生已改釋"停"、讀爲"亭卒"之"亭",⑤所據或即楚國璽印封泥的"亭"字。此例目前似是"亭"在戰國(不含秦)簡牘文字中的唯一一見。

對上舉這些字形,趙平安先生認爲:

> 第 3 例是第 2 例的省體。這類亭明顯不是从高省。應分析爲从亯,丁聲。亯,吴大澂《説文古籀補》以爲"象宗廟之形",未必是。但象某種建築之形,是可以肯定的。亭本身是一個建築,故用亯作形符。丁和亭古音相近,亭以丁爲聲符。

趙先生此文的提要把相關意見概括爲,"'京'和'亭'是兩個不同的字,秦系亭从高省丁聲,六國文字从亯丁聲"。在最近發表的《再論所謂倒山形

④　董珊:《吴越題銘研究》,文物出版社,2014 年,第 66～67 頁。

⑤　參看朱曉雪《包山楚簡綜述》,海峽出版發行集團 福建人民出版社,2013 年,第 417 頁引"李守奎 2009"説;李守奎、賈連翔、馬楠編著:《包山楚墓文字全編》,上海古籍出版社,2012 年,第 346 頁。此字原多釋爲"倞",見李守奎《楚文字編》,華東師範大學出版社,2003 年,第 488 頁;陳偉等:《楚地出土戰國簡册[十四種]》,經濟科學出版社,2009 年,第 59 頁。

的字及其用法》一文中，趙先生對六國文字“亭”字的分析略有變化，他認爲楚、越文字中所見的“亭”字下部所从的形並非“丁”，它們與清華簡等戰國文字資料中所見的倒山形字一樣，都是“亭”的象形初文，上所列楚、越文字中的“亭”字，實是从高、从亭字初文的形聲字。⑥ 在這篇新文章裏，趙先生更爲明確地主張，以楚文字等爲代表的六國文字之“亭”字，與秦系文字之“亭”字的來源應徹底區分開來。

關於“京”“亭”關係的傳統觀點，從吴先生文中引述的一些學者將戰國文字資料中明顯寫作“京”形之字（如下舉韓國“京昃”陶文）釋讀爲“亭”的情況就可以看出，不少古文字研究者以及一些考古學者對此是有比較明確認識的（例如俞偉超先生即曾説過：“‘亭’和‘京’本來就難分，這是很清楚的。”⑦），何琳儀、王藴智等先生在 20 世紀 90 年代對此有過明確申述，我們不憚繁瑣先將他們的説法引録於下。⑧ 何琳儀先生説：

璽文（引者按：指《璽彙》0279）第三字，筆者曾隸定爲“京”。根據是三體石經《僖公》“京”作形。“”的豎筆多一短横，屬裝飾筆劃，無義。羼羌鐘“京”字作“”，也有裝飾筆劃，可以參照。

“京”，甲骨文一般都作“”形，或作“”形（《前編》4・31・6），則與“亭”同形。秦陶文“咸（即咸陽）亭”之“亭”一般作“”形。而秦權“咸陽亭”之“亭”作“”形（《度量》195），顯然是“京”字。……戰國文字中“六國文字”也有以“京”爲“亭”的例證：

市（《璽彙》3093）

⑥ 趙平安：《再論所謂倒山形的字及其用法》，《深圳大學學報》2014 年第 3 期，第 52～53 頁。

⑦ 此爲 1999 年 9 月 25 日夏商周斷代工程階段成果學術報告會上俞偉超先生的發言，原載《夏商周斷代工程簡報》第七十期，1999 年 10 月 30 日，轉引自楊育彬《再論鄭州商城的年代、性質及相關問題》，《楊育彬考古文集》，科學出版社，2011 年，第 205 頁。

⑧ 引文中個别與論證關係不大且明顯有誤的内容略去，原文中的字形摹本，凡於本文關係重要者皆改録原形或較準確的摹本，以便讀者參考。

昃(《中原文物》1981・1・14・10)

以上"京"字,由辭例推勘只能讀"亭"。

研究先秦古韻者均以"京"屬陽部,以"亭"屬耕部。陽部"京"在漢代韻文中每與耕部字,諸如"寧"、"征"、"平"、"形"、"情"、"靈"、"成"、"营"等叶。而耕部"亭"偶爾也與陽部字叶,如班固《高祖泗水亭碑》"寸木尺土,無竢斯亭。揚威斬蛇,金精摧傷"。以"亭"叶陽部字"傷",故《韻補》謂"亭"有"徒陽切"之讀音。凡此説明,秦漢"京"、"亭"二字讀音相近。

陶文"亭"作""""(《匋文》5・37),其年代上限不會早於戰國晚期。因此,有的學者認爲古文字"亭"即"京"(原注:馬敍倫:《讀金器刻詞》,北京:中華書局,1962年,第152頁),不無道理。"京"字本象高臺上有亭形。"𩫏"(郭),甲骨文作""形,《説文》云"象城郭之重,兩亭相對也",可資參證。秦漢"亭"字陶文甚多,"亭"前之字均爲地名。上揭璽文和陶文(引者按,即前所引"童(鐘)丽(離)亭璽"印和"□丽亭璽"封泥)首二字均爲地名,地名下的"京"應據秦漢陶文的辭例讀"亭"。⑨

王蘊智先生在討論"京"、"高"曾共用一形之後説:

京字又是《説文》所釋"名所安定也,亭有樓"之亭字初文。亭字始見於戰國文字,最初亭字或寫如京。如咸陽陶文有"咸"(《古陶文彙編》5・6);山西翼縣陶文有"降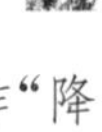(《彙編》7・1。引者按:此陶釜字形照片作⑩)",侯馬陶文作"降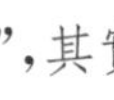"(《彙編》7・2、7・3),高明先生前一名釋"降京",後者釋"降亭",其實"降京"即"降亭"。亭乃

⑨　何琳儀:《古璽雜識續》,原載《古文字研究》第19輯,中華書局,1992年;後收入《安徽大學漢語言文字研究叢書・何琳儀卷》,北京師範大學出版集團、安徽大學出版社,2013年,第258～259頁。

⑩　《晉豫鄂三省考古調查簡報》,《文物》1982年第7期,第12頁圖一〇・6。

京之借形變體分化字,《説文》亭字从丁聲,實爲京字下部進一步變形而音化。《廣韻》平聲豪韻下高字"古勞切",屬見紐開口一等;平聲庚韻下京字"舉卿切",見紐開口三等;平聲青韻下亭字"特丁切",定紐開口四等。亭、京同源,京、高同源,……⑪

戰國時代秦國及秦代文字寫作"京"形的"亭"的資料,大致已在何、王兩位先生的文章中列出,它們是"咸亭完里丹器"印文之"亭"、山西翼城縣葦溝—北壽城遺址戰國晚期層出土"降亭"陶釜的"亭"和上博藏秦"咸陽亭"小權的"亭",學者在討論"亭""市"陶文及相關歷史問題時,多已直接據文義將它們釋爲"亭",⑫這已是得到公認的完全正確的意見。由這些可靠的例子可以推知,《古陶文彙編》著録的如下兩方字形比較古,原一般釋爲"京"的戳印陶文(咸陽出土),也極有可能應釋爲"亭":

 5.437　 5.438⑬

《秦印文字彙編》已將後一例直接列在"亭"字之下,是有道理的。⑭

從何琳儀先生的論述可以很清楚地看出,他主張"亭"、"京"同形的關鍵證據有三個:一、傳抄古文的"京"作,與楚璽用作亭的字僅飾筆

---

⑪　王蘊智:《説"郭""墉"》,《鄭州大學學報(哲學社會科學版)》1994年第4期,第20頁。

⑫　裘錫圭:《嗇夫初探》,原載《雲夢秦簡研究》,中華書局,1981年;收入同作者《裘錫圭學術文集》第五卷,復旦大學出版社,2012年,第81、82、92頁。俞偉超:《秦漢的"亭""市"陶文》,收入同作者《先秦兩漢考古學論集》,文物出版社,1985年,第136頁、第144頁注60(此文原名《漢代的"亭"、"市"陶文》,發表於《文物》1963年第2期,經較大增補修改後收入《先秦兩漢考古學論集》)。

⑬　高明:《古陶文彙編》,中華書局,1990年,第531頁。俞偉超先生還將秦始皇陵園發掘的字陶文釋爲"亭"(《秦漢的"亭""市"陶文》,收入同作者《先秦兩漢考古學論集》,第138頁),此陶文與著録於《古陶文彙編》5.436的標爲"自藏"的陶文顯然爲一物,《彙編》釋"高",可從。

⑭　許雄志主編:《秦印文字彙編》,河南美術出版社,2001年,第95頁。此書"亭"字下還列有其他戳印陶文的"京(亭)"之例,可參看。

有無之别；二、從字形上看，與甲骨文寫作形的“京”是有關係的（甲骨的這種“京”，可以看作是上部从“亯”形的⑮）；三、秦文字中有以“京”爲“亭”的例證。我認爲從第一、二條證據已足以看出一系用作“亭”的字形下部不可能是“丁”聲或者“亭”的表意初文，而一定是高臺建築物的三個柱足形挪位、頭部湊攏而成的形體。⑯ 小篆“京”字寫作，《説文》“就”字籀文作（皆見《説文・五下・京部》），“京”下部之柱足部分産生了類似的變化，亦可以很好地説明這一點。

何、王兩位先生都主張爲“京”“亭”是一字分化，又力圖從音理上溝通“京”、“亭”二字，認爲兩字讀音相近，這並没有很强的説服力。⑰ 就像我們熟知的“郭”、“墉”在早期古文字中共用一形一樣，“亭”本是高臺建築，意義與“京”有一些聯繫，跟“京”有時共用一形表示，最大可能應是因爲某種原因而形成的同形字關係，没有必要牽强地分析兩字的讀音相近、詞源也存在同源關係。關於“京”、“亭”爲何會共用一形，下面在前人認識基礎上進一步談談我們的看法。

何先生指出的與甲骨文形一致，從單純的字形層面講，顯然是有合理性的。⑱ 甲骨文此類字形，當然没有用作“亭”的例子，很可能跟“亭”這種建築本身没有必要在甲骨卜辭裏出現且鄉亭、亭市和亭郵制度出現得較晚有關。趙平安先生説“亭”字出現得較晚，跟“‘亭’這種建築出現、流行不太早有關”，似並不確切。《説文・五下・𩫏部》謂“𩫏，……从回，象城𩫏之重，兩亭相對也”，郭沫若先生解釋甲骨文繁形

⑮　裘錫圭先生告訴我，“亯”、“京”音近，“京”字从“亯”顯然有表音作用。

⑯　清華簡倒山形的（覆）字，與此類“亭”字下部的部件寫法不同，當無關聯。關於此字的考釋，可參看拙文《釋清華簡中倒山形的“覆”字》，《中國文字》新三十九期，藝文印書館，2013年，第77～88頁【編按：已收入本書】。

⑰　王獻唐先生認爲：“京本亭樓之制，其下以柱支撑，支撑爲擎，因以擎呼之。久而成名，象形造字作京，音轉，或讀入陽部讀彊，實一事也。”（《曹魏平樂亭侯印考》，《那羅延室稽古文字》，齊魯書社，1985年，第213頁）這是較早提出“京”“亭”音近通轉説的學者，何、王等先生的意見也許是受到了他的影響。

⑱　吴振武先生説這些“亭”字中部的圈形“是否兼有充當‘丁’聲的作用，可以想像”，但戰國文字的“丁”已經不作標準的圈形寫法，故此説似不必考慮。

"亭"字曰"从四亭於城垣之上兩兩相對,與从二亭相對同意",[19]可見作爲建築物的"亭"在古代出現得不晚。我們知道,從西周金文以下,"京"字和从"京"之字(如"就"字)都不再使用這類形體,而專用這類形體表示,[20]這爲這類从"亯"的"京"字之形被借用來分化出"亭"字創造了條件。從現存的秦文字和戰國文字資料中,仍能看出"亭"字本與"京"的寫法存在本源性差異的痕迹,比如戰國"中亭"方足小布的"亭"字作如下之形:

[21]

過去釋此字爲"亭",不排除有些學者是把下邊的形看作"丁"的。但戰國六國文字中的"丁"並不寫作這種一横一豎形,所以這種分析理解決不能成爲釋此字爲"亭"的充足理由。與前面舉出的、等"亭"字相較可知,其實此字亦當與形之"京"是一樣的寫法,是一個上部類似於从"亯"(只是"亯"的下横筆未能完全封口,也許這是貨幣銘文書寫或鑄造草率的緣故)、下部爲三柱足的"京"形,在戰國文字裏可用作"亭"。四川青川郝家坪戰國中晚期墓葬中出土的漆卮上所烙"成亭"印的"亭"字被發表者摹作如下之形:

[22]

⑲　郭沫若:《卜辭通纂》,收入《郭沫若全集·考古編》第二卷,科學出版社,1983年,第538頁。後來研究者對此似並無異詞,《説文》的説解應當是可靠的(參看王獻唐《曹魏平樂亭侯印考》,《那羅延室稽古文字》,第176～177頁)。

⑳　參看董蓮池《新金文編》,作家出版社,2011年,第684～686頁;黄德寬主編:《古文字譜系疏證》,商務印書館,2007年,第1771頁。

㉑　吴良寶:《先秦貨幣文字編》,福建人民出版社,2006年,第81頁。

㉒　引自丁唯涵《戰國秦漢漆木器文字文字彙編》,復旦大學2014年碩士學位論文,第370頁。

雖然摹寫可能並不忠實，但是因爲墓葬時間較早，似可以推想，它們下部很可能原確非从“丁”，而就是來自上部从“亯”形、下部爲三足柱的“亭”字寫法，與上舉那些秦文字中的“亭”是接近的甚或是更古一些的寫法，記此備考。

越國文字的字，可以寫作省去中部圈形、與“京”完全類同的，這也就無怪乎秦文字中可以用、、、來表示“亭”了。由此可知，東西方國家的“亭”當同出一源，並且在戰國時代進行着同樣方式的省減。吴振武先生指出，一直到西漢簡牘文字資料中，“亭”還可以寫作跟“京”字全同之形，這應當是較早時代用字現象的遺存。不過，因爲“亯”字本來就有、繁簡不同的兩種寫法，所以、這類形體上部被看成“亯”也並無嚴重障礙。如果從這個角度分析的話，或許秦文字中的這些字形在當時用作“京”、“亭”是兩可的。

當然，秦文字的“亭”字因爲省減、混同等原因，看上去與“京”很難區别，便自然要求字形分化以便識别。从“丁”聲的“亭”字就是在這種背景下産生的，“丁”這個聲旁顯然也是因舊形改造而成。從現有資料看，這似乎也並不是出現得很晚、也並非限於秦文字内部的現象。我們注意到，从“丁”聲的“亭”字其實並非秦文字獨有，三晉文字中也偶然看到：

（《集成》9665）㉓

可以推想，“京”“亭”字形相混的情況，在戰國各個系别文字中大多是存在的，否則三晉文字也就没有必要分化出从“丁”之“亭”。從何琳儀、吴振武先生的論述看，他們對秦文字以“京”形表“亭”的現象可否推展到六國文字當中是持肯定態度的；過去主張將鄭州商城所出戳印陶文字釋“亭”的學者，也都是肯定這一點的，我們認爲這些學者的看法值得重視。

㉓　湯志彪先生釋“京”（《三晉文字編》，作家出版社，2013年，第785頁），但此字從拓本看，下部並非竪筆上加小點或短横之形，而是圓頭釘形，故改釋爲“亭”。

前已明確,秦與六國的“亭”字應出於一源,所以六國文字用“京”形表“亭”的可能性自然也没有辦法徹底否決,越王者旨於睗戈銘的“亭”旁省寫之形已完全可以説明這一點。很大程度上體現了戰國齊系文字特點的三體石經古文,用形表示“京”,大概是齊文字保守特徵的反映。從楚、越文字“亭”的寫法推斷,這決不意味着當時齊文字用類形體爲“亭”的可能就可以排除,相反,這種可能性其實是很大的。戰國齊文字在較晚階段分化出、一類形體表示“京”,大概就是意在區分當時已經用爲“亭”的“京”形。楚文字中除了可以從“就”字中拆分出來的“京”旁之外,似乎没有看到過寫得特别規矩的“京”,從上博簡《三德》、清華簡《楚居》、《繫年》“京”字下部中豎的特殊寫法以及有些省去右側一豎的情況推斷,它們的寫法似乎也有要跟類同於“京”的“亭”區别開來的意圖。

《古璽彙編》3093著録的小圓印右邊之字,前引何琳儀、吴振武先生的文章都釋爲“亭”,是繼承了過去的傳統意見。裘錫圭先生在他的文章中也至少兩次涉及此印,在《戰國文字中的“市”》一文中,他説:

> 戰國時代的商業是很發達的,按理説在戰國璽印、陶器等遺物的文字裏,應該有大量關於市的資料保存下來。但是,在《古璽文字徵》的“市”字下卻僅僅收有一顆“京(亭)市”小圓印,而且據有的同志的看法,這顆印還有可能是秦漢時代的東西。

在注釋中,裘先生補充説明道:

> 這顆印,字體頗古而近小篆,可能是戰國時代的秦印。

在將此文編入《古文字論集》時,他加了一條“編按”:

> 此印見《璽彙》3093號,也有可能是戰國時代周或韓的東西。㉔

他沿用了《古璽文字徵》在“京”後括讀“亭”的意見,顯然也是相信舊説

㉔　裘錫圭:《戰國文字中的“市”》,《裘錫圭學術文集》第三卷,第330頁。

的。在《嗇夫初探》一文中,裘先生討論了戰國秦漢"亭"、"市"印的變化及其原因,所以對這方小圓印及内容可能相關的秦印的釋讀作了更明確的論述:

在秦印裏除了一般的亭印以外,還有"市亭"印。《續衡齋藏印》6·34 頁著録一枚"市亭"半通印,從字體看顯然是秦印。華北淪陷時期,日人在萬安北沙城發現的陶器、陶片,有不少打有"市亭"印,其作風與上舉"市亭"印很相似。北沙城 6 號、7 號墓屬於漢代,但是有"市亭"印文的陶器、陶片都不是出於這兩個墓葬的,應該是秦代遺物。雲夢睡虎地秦墓出土的陶器上也往往有"安陸市亭"印文。這些秦印的"市亭"是不是指市中之亭呢?恐怕也不是。在這些印文裏,"市"和"亭"大概是並列的。亭嗇夫既然兼管市務,而市務又比較重要,所以有時就在亭嗇夫印裏加上"市"字,表明他兼管亭、市二者。有可能在當時亭嗇夫就可以叫市亭嗇夫。傳世有一枚"亭市"小圓印,字體屬秦篆系統而又比較接近金文,大概是戰國時代的秦國印。"亭市"當與"市亭"同義,這也可以作爲"市亭"並不指市中之亭的一個證據。

並在注中指出:

《秦漢印統》8·54 上著録"亭"字圓印,字體也很古,但有可能是六國的東西。

在將此文收入《古代文史研究新探》時,他也爲《璽彙》3093 加了一條"編按":

此印也有可能屬三晉。㉕

現在看起來,此印當屬"戰國時代周或韓"的可能性最大,因爲其"京"字作風與韓國陶文的和屬羌鐘字極爲相似,"市"字寫法同滎陽故城發現

㉕　裘錫圭:《嗇夫初探》,《裘錫圭學術文集》第五卷,第 93 頁。

的屬於韓國的"廩陶新市"陶片印文的"市"字非常近似。㉖ 對於這方圓印文字的含義，裘先生的上述解釋無疑是值得重視的。裘先生舉出的《秦漢印統》著録的圓印"亭"字作如下之形：

㉗

此銅圓印文字風格與前舉韓國陶文字極爲接近，極可能亦爲周或韓國之物。圓印上單獨一個"京"字，解釋成地名是有困難的，結合大量戰國秦至秦代的亭印來看，此印當然也以讀成"亭"的可能性大。

我們前面拿來跟圓印"京"字比較的驫羌鐘銘文的字，研究者也都一律釋爲"京"無異詞。該字出現在器主敘述戰功的"䢼(襲)敓(奪)楚京"一句中。所謂"楚京"，研究者理解分歧很大。㉘ 有不少學者反對"楚京"與楚國有關，主張是位於山東曹縣的楚丘(即漢楚丘亭所在)，似不必，"楚"應即荆楚之楚。㉙ 學者們舉出的文獻中與驫羌鐘銘記載史事有關的材料主要有兩條，一是《水經・東汶水注》引《竹書紀年》："晉烈公十二年，王命韓景子、趙烈子、翟員伐齊，入長城。"二是《吕氏春秋・下賢》："魏文侯……好禮士故南勝荆於連堤，東勝齊於長城，虜齊侯，獻諸天子，天子賞文侯以上卿。"結合鐘銘和文獻似可知，周威烈王二十二年命三晉伐齊之役，三晉中至少韓魏是在楚國那兒佔得了一些便宜的。李家浩先生逕讀"楚京"爲"楚荆"，㉚似缺乏用字習慣上的堅强證據，而且"襲奪楚荆"即使

㉖ 參看高明《古陶文彙編》，第 563 頁 6.52、6.53。

㉗ 羅王常編：《秦漢印統》，明萬曆三十四年新都吴氏樹滋堂刻本，八・五四上。此字《秦漢印統》誤釋爲"帛"。

㉘ 參看張艷輝《洛陽金村古墓出土器銘集釋》，吉林大學 2011 年碩士學位論文，第 80～86 頁；董珊：《讀清華簡〈繫年〉》，復旦大學出土文獻與古文字研究中心網站，2011 年 12 月 26 日首發。

㉙ 參看李學勤《論葛陵楚簡的年代》，《文物》2004 年第 7 期，第 68 頁。

㉚ 李家浩：《釋上博戰國竹簡〈緇衣〉的"茲臣"合文——兼釋兆域圖"逕"和驫羌鐘"䢼"等字》，《安徽大學漢語言文字研究叢書・李家浩卷》，北京師範大學出版集團、安徽大學出版社，2013 年，第 149～150 頁。

作爲韓國誇飾的話來看，亦與當時戰争形勢大不相符。有些學者認爲此役“兵不至楚”，因而主張此句説的是楚人被震慴奪氣，[31]這種解釋雖不可從，[32]但亦可見該役遠達不到所謂“襲奪楚荆”的地步。既然各家對“楚京”無法取得比較滿意的共識，似可换一角度思考。𠫑羌鐘是戰國早期之物，頗疑“楚”即“楚亭”，指楚國的邊亭。《墨子・備城門》記古代邊亭之制“百步一亭，高垣丈四尺，厚四尺，爲閨門兩扇”。《新書・退讓》記載梁、楚邊亭相接，“楚亭惡梁亭瓜之賢已，因夜往竊搔梁亭之瓜”，擔任邊縣令的梁大夫宋就抱怨以德的故事。《韓非子・内儲説上》：“吴起爲魏武侯西河之守，秦有小亭臨境，吴起欲攻之。不去，則甚害田者；去之，則不足以徵甲兵。……乃下令曰：‘明日且攻亭，有能先登者，仕之國大夫，賜之上田宅。’人争趨之，於是攻亭一朝而拔之。”這些記載都可説明戰國時代國與國邊境的亭，往往是發生糾紛乃至戰事的矛盾糾結點，有時候别國的邊亭鄰比國土妨害自身利益，便需要動用武力解決，有的甚至還必須徵發比較精鋭的甲兵加以攻取。土地南與楚接壤的韓，趁三晉共同伐齊之機襲奪楚國的一些邊亭，[33]是很好理解的，與魏在這場戰役中“南勝荆於連堤”大概正是類似的事情。𠫑羌鐘銘文似有韻，釋爲“亭”，可解釋爲“入長城”、“寴敚楚亭”、“則之于銘”押耕部韻，最後一句“永世毋忘”單獨爲韻，這與子仲姜鎛銘文前部押之部韻、最後一句“子子孫孫永保用享”單獨爲韻情況頗爲類似，[34]所以從用韻角度似乎也不是不能通過。此説姑且提出備參，以待後考。

鄭州等地所出韓國戳印陶文、二字的問題比較複雜。

---

[31] 楊樹達：《積微居金文説（增訂本）》，科學出版社，1959 年，第 162 頁。

[32] 清華簡《繫年》“寴”字用法證明唐蘭先生讀“寴”爲“襲”是完全正確的，參看李學勤主編《清華大學藏戰國竹簡（貳）》，中西書局，2011 年，第 155～156 頁；李家浩：《釋上博戰國竹簡〈緇衣〉的“茲臣”合文——兼釋兆域圖“逕”和𠫑羌鐘“寴”等字》，第 149～150 頁。

[33] 楚國有“鍾離亭”、“□丽亭”（看前文所舉楚璽、封泥），韓國襲奪的或許就是這類“亭”。

[34] 郭沫若：《金文韻讀補遺》，收入《金文叢考（修訂本）》，人民出版社，1954 年，第 148 葉。

自從俞偉超、李家浩先生將分別在鄭州商城和鄭州金水河出土的韓“昃”戳印陶文和“”、“昃”二字同見於一器的戳印陶文聯繫起來之後,將、認同爲一字似乎已經成爲共識了。贊同釋“亭”的先生主張兩個字都是“亭”,贊同釋“京”的學者主張兩個字都是“京”。但這兩個字是否一定表示相同的含義,仍然值得商榷。

與“昃”陶文寫法類似的,有滎陽故城出土的“斛(?)”戳印陶文,㉟從字形上講,它們釋“京”都没有問題。但俞偉超先生從“文化性問題”的角度提出:

> “亭”這個字秦人特别愛用。秦滅六國過程中走到哪裏就把這個字帶到哪裏,咸陽是很早就有,出於戰國什麽時候説不清楚,所以三川郡以後在鄭州出現這個字(引者按,指、等字),很清楚是秦滅六國過程裏面出現的。這個字孤零零本身很難説,但從整個文化過程看應該怎麽解釋很清楚。……戰國陶文上很難是一個地名。㊱

這某種程度上代表了過去釋、等字爲“亭”的不少研究者的看法。雖然很難説、是秦滅六國過程受秦“亭”字影響的産物(韓國的“京”本來就作類似形體,並非受秦影響的結果),但從前文討論看,大概很難排除“某”陶文應讀爲“亭某”,表示亭所屬陶工私名某的可能性。結合前舉《璽彙》3093“亭市”印、《秦漢印統》8・54 上的“亭”印來看,這一點就更加明顯。

趙平安先生據清華簡“京”字異體的寫法,主張字都是地名“京”,

---

㉟　高明:《古陶文彙編》,第 563 頁 6.51,第 91 頁。同文戳印還見於《陶文圖録》5・109・4(齊魯書社,2006 年,第 1841 頁),同書 5・109・5 著録的“京□”陶文的“京”字寫法類似,下豎有圓點爲飾筆。

㊱　轉引自楊育彬《再論鄭州商城的年代、性質及相關問題》,《楊育彬考古文集》,科學出版社,2011 年,第 205 頁。

但他遇到了大量出現的字陶文,並不出於“京”之故地河南滎陽京襄城而是出土於京襄城東四五十里的鄭州商城的困難,所以他提出“鄭州商城就是東周京的故地”,東周時“京有遷徙”的猜測。石加先生於 20 世紀 80 年代與鄒衡先生商榷“鄭亳説”,曾批評鄒先生以《續漢書・郡國志》河南尹條下“熒(滎)陽……有薄(亳)亭”爲據定鄭州爲“亳”,他説:

> 當時的滎陽與今鄭州相去數十里,滎陽有薄亭並不等於鄭州有薄亭,要用它來證明鄭州是古亳,似不沾題。㊲

滎陽的“薄(亳)亭”,與東周時代的“亳/京”地有密切關聯似乎無可否認(此可説明《春秋》、《左傳》作“亳”並非無據,詳下),所以石加先生的質難似乎也適用於趙先生以鄭州爲東周“京”地所在的推測。看來趙先生的這種設想能否成立,還有待今後證明。不過鄭州、滎陽畢竟相去不遠,帶有戳印的陶器是“京”地陶工所作、流通到韓國其他臨近地區使用的可能性,顯然是比較大的。戰國鋭角方足布也有這個過去被釋爲“亳”的字:

㊳

從韓國“百涅”鋭角方足布(盧氏百涅、舟百涅)的幣文格式看,此字確實應是地名“京”而不能解釋爲“亭”。㊴ 總之,趙平安先生釋爲地名“京”的意見是有道理的。

從以上的情況看,我們似乎並不一定要將韓國陶文的和認同起來。趙平安先生據春秋鄭國貨幣銘文的“京”字寫法已經明確指出,作形的“京”是春秋中晚期的字形,而則是戰國時代韓國的“京”的寫

㊲ 石加:《“鄭亳説”商榷》,《考古》1980 年第 3 期,第 256 頁。

㊳ 辭例是“～百涅”,見吴良寶《先秦貨幣文字編》,第 81 頁。

㊴ 唐虞:《“京”字鋭角布幣考》,《江蘇錢幣》2012 年第 3 期,第 11～12 頁。

法，二者之不同反映的是字形歷時差異。我們懷疑，戰國時代韓國的形大概更多用作“亭”而不用作“京”了，[40]、在同一時期的陶文上面含義當有別。

同時，我們還應該特别注意從另一個角度觀察韓國文字中“京”字異體的特點。趙平安先生所釋戰國簡、璽印、陶文中作“中豎斜曳”的“京”字，有的還没有省去右側柱足的那一豎，且中豎上所加的幾乎大都是一小點或者一短横，例如、、、，[41]少數中間一横寫得稍長的，也没有緊緊貼住左側一豎的，例如。這些寫法，與“京”字下中豎上所加飾筆的特徵完全相符。而韓國陶文的類字形，不但全都省去了“京”右側柱足的一筆，而且全部都是中豎上加左側緊貼豎邊的一長横。請看《古陶文彙編》的相關陶文（舉要列出）：

 6.120[42]　 6.121　 6.122

 6.123　 6.127　 6.130　 6.133　 6.137

 6.140

雖然戳印個個不同，上部的部件有簡有繁（有的作“口”形，有的省去“口”

㊵　當然，戰國時代韓國以此類形體表示“京”偶爾還是有的，如九年京令戈字（見湯志彪《三晉文字編》，第785頁），似可看成字形的復古。

㊶　《秦漢印統》八・三三上著録一枚銅印，當是齊璽（从“尚”从“止”之姓見於《璽彙》3666、3560——皆齊璽——，參看孫剛《齊文字編》，福建人民出版社，2010年，第34頁），此人名字現在看應釋“京”（古人如漢光武帝之子琅邪孝王名京），其寫法與趙平安先生所釋齊國“京”字一致，下部也是一曲筆加一小點之形。

㊷　此例已將要討論之字翻正。

形上横,作“V”形),但總體而言這些字(包括前舉鋭角方足布之字)的寫法十分固定,㊸右側柱足不省、中豎上寫作小點或短横的例子一個都没有,我認爲這是很值得注意的。

我們知道,“亳”字至今似尚未在古文字中找到確切踪迹。㊹ 但是古文獻中的“亳”字卻大量存在,這是一個非常奇怪的現象。古書中有“亳”、“京”作爲鄭國地名相混的情況(《春秋・襄公十一年》“亳城”、《左傳・襄公十一年》“亳”,杜預注:“亳城,鄭地。”《公羊傳》、《穀梁傳》則作“京城”),過去多直接認爲“亳”是錯字,㊺實際上問題可能並不那麼簡單。前已提及,鄒衡先生等舉漢代滎陽薄亭所在當與東周“亳”地有關,㊻這似確是不利於認爲“亳”是錯字的一個證據。

我以爲,從現在掌握的情況推測,“亳”字極有可能是從“京”字、一路寫法分化出來的,古書“亳”、“京”錯出的現象大概不應解釋成單純的字形譌混,也不宜認爲、與“亳”是“偶然變成同形字”的關係。石加先生曾指出“京”、“亳”二字陽鐸對轉,㊼這是值得重視的意見;“京”、“亳”聲母看似遥隔,但實亦有關。前文注中已經提到,“京”字在早期古文字有从“亯”的寫法,當兼有表音作用,可見“京”有與“亯”比較接近的讀音,而“亯(亨)”字又可表示“烹”(後來加“火”旁分化出“烹”字),並且在出土文獻中還往往與从“方”聲字通用,㊽這可間接推測“京”的聲母應和脣音幫

㊸ 牛濟普《“亳丘”陶印考》一文著録“京”“羌”二單字戳印陶文,拓本作、(《中原文物》1983 年第 3 期,第 40 頁,作者誤釋爲“亳丘”),《古陶文彙編》失收,收於《陶文圖録》5・109・1(第 1841 頁,亦誤釋“亳丘”)。此“京”字寫法較怪,省去了左側一豎,與《陶文圖録》5・34・1、5・36・6 著録之“京”字陶文同(第 1766、1768 頁)。這種省寫似乎可以看作古璽等古文字資料中常見的借邊省,對字形本身結構研究並無特殊價值。

㊹ 趙平安先生所舉睡虎地秦簡日書甲種“田亳主”的“亳”,原簡字形下部所从不清(摹本似不可信),此字到底是否應釋“亳”亦宜存疑。(重印按,從睡虎地秦簡紅外綫照片看,此字應釋“京”。)

㊺ 參看王國維《説亳》,《觀堂集林》,中華書局,1959 年,第 519 頁;又可參看趙平安先生文。

㊻ 參看牛濟普《“亳丘”陶印考》,《中原文物》1983 年第 3 期,第 40～41 頁。

㊼ 石加:《“鄭亳説”商榷》,《考古》1980 年第 3 期,第 256 頁。

㊽ 白於藍:《戰國秦漢簡帛古書通假字彙纂》,海峽出版發行集團、福建人民出版社,2012 年,第 660、713 頁。

母、滂母的讀音十分接近。這一點從文獻中也可以得到印證,《禮記・郊特牲》"祊之爲言倞也",説明在東周時代的某些地區从"京"聲之字與幫母陽部字讀音確實接近。⑭《左傳・昭公九年》"肅慎燕亳,吾北土也",不少學者提出"亳"應讀爲"貉、貊"的意見,林澐先生同意這種看法,並指出:

> 《國語・鄭語》中史伯説:"當成周者,……北有衛、燕、……蒲。"此"蒲"和"亳"、"貊"古音均鐸部脣音字,故可通假。……(引者按:此略去亳、薄相通的舉證)所以《鄭語》中的"蒲"等於《左傳》中"燕、亳"之"亳"。㊿

這些意見都是正確的。"貊"在古書中經常與"貉"相通,[51]説明"亳"與从"各"聲字語音相近。[52] 這也是"京"、"亳"語音關係接近的證據。[53] 可以説,由"京"分化出"亳"是具備比較充分的語音條件的。[54] 從字形上講,韓國貨幣、陶文中一系字形,已同戰國時代"京"字異體一般的寫法有所不同,不排除當時確已有將此類字形分化爲"亳"使用的可能性。古書中鄭國地名"京"有異文作"亳",或許就是在"京"、"亳"文字分化背景下誤讀的産物,反映的恰是這些古書具有六國文字寫本的背景以及兩字的密切關聯(《公羊》、《穀梁》二書爲今文系統,故不作"亳"),我認

---

⑭ 《經典釋文》説此"倞"字"音亮"(陸德明:《經典釋文》,上海古籍出版社,1983年,第186頁)。古璽文字中"亮"字从"人"、"京"省聲(參看何琳儀《戰國古文字典》,中華書局,1998年,第640頁)。

㊿ 林澐:《"燕亳"和"燕亳邦"小議》,《林澐學術文集》,中國大百科全書出版社,1998年,第184、188頁。

[51] 新蔡葛陵楚簡中有"百"與"各"、"骼"相通的例子,參看宋華强《新蔡葛陵楚簡初探》,武漢大學出版社,2010年,第256～260、第131～132、第309頁。

[52] 西周金文中"生霸"、霸國之"霸"有从"各"聲的寫法(參看黄錦前、張新俊《説西周金文中的"霸"與"格"》,武漢大學簡帛網,2011年5月3日,此承鄔可晶兄提示),這與"亳"、"貉"相通同理。

[53] 潘悟雲將"亳"字的上古音擬爲 b-glaag(東方語言學網學術資源"上古音查詢"欄目,http://www.eastling.org/oc/oldage.aspx),比一般學者多擬了一個聲母"g",不知其所據爲何。

[54] 見系字與脣音字的關係,例證甚多,如"僰"从"棘"聲(《説文・八上・人部》),"更"从"丙"聲(《説文・三下・攴部》)等等,還可參看李家浩《談"斤"説"鋅"》,《安徽大學漢語言文字研究叢書・李家浩卷》,第411頁。

爲決不能逕以《春秋》、《左傳》和杜預注的記載爲無據或以簡單的誤字説來處理。《尚書・立政》有所謂“三亳”(孔穎達疏引皇甫謐曰:“三處之地,皆名爲亳,蒙爲北亳,穀熟爲南亳,偃師爲西亳。”),指殷人三處舊都,可是殷人都城何以皆名“亳”,或者説“亳”字究竟有何特殊意義,可作爲殷人都城的通稱,甚爲費解。“三亳”是否有可能是“三京”出於某些特殊原因的誤讀,似乎都不是不容考慮的問題(“京”本有國都義,今傳本《尚書》無“京”字)。這個問題關聯頗大,涉及一系列與“亳”有關的古書内容(如“亳社”、《左傳・昭公四年》“商湯有景亳之命”——“景亳”或説即殷人三亳之一[55]——等)的解釋,有待今後深入研究。《説文》分析“亳”字爲“从高省、乇聲”,疑是後人不明“亳”字來源附會的説法,不可信。甲骨、金文中从“高”省从“屮”之字不能釋爲“亳”,[56]現在看來也應當是比較明確的了。

附記:此文寫作時曾向裘錫圭先生、施謝捷先生請教有關問題,文成後蒙鄔可晶兄審看一過,謹此一併致謝!

2014 年 6 月 13 日初稿
2014 年 6 月 22 日改畢

又,本文交稿後,先後承蒙趙平安、吴振武先生審看指正,在此衷心感謝他們二位給予我諸多啟發和鼓勵。

2014.7.4 補記

看校追記:此文成稿倉促,發現有兩點需補充交代:1. 清華簡《尹

[55] “景亳”之“景”,猶《國語・晉語二》“景霍以爲城,而汾、河、涑、澮以爲渠”的“景”(韋昭注:“景,大也。”),“景亳”大概就是殷人最大的那個“亳(京)”。六國文字無“景”字,戰國楚文字以“競”爲“景”,“景”和“京”的用字在戰國時代可能是不一樣的。

[56] 參看李學勤《釋“郊”》,《文史》第三十六輯,第 7～9 頁。

至》1號簡"惟尹自夏徂白"之"白"讀作"亳",説明殷都至少在戰國時代確已被稱爲"亳";2.《上海博物館藏戰國楚竹書(九)·靈王遂申》4號簡"城公懼其又(有)取安(焉)而逆之",諦審此字右側略殘,原應有右側一豎筆,其中豎直下、上加小點的寫法與我們現在看到的戰國簡確定的"京"字有所不同,而與驫羌鐘及亭市小圓印之字接近。此字原整理者釋"亭"(上海古籍出版社,2012年,第163頁),從字形、文義並結合本文的推論看,此説頗值得重視。整理者引《漢書·高帝紀上》顔師古注"亭爲停留行旅宿食之館",可參考,不過這個"亭"也有可能是指邊境之亭。

原刊清華大學出土文獻研究與保護中心編、李學勤主編《出土文獻》第五輯,中西書局,2014年。

重印按:李零先生討論見於《淮南子·墬形》《水經注·汾水》的地名"燕京山"時指出:"燕京與燕亳可能有關","亳與京字形相近,亳是幫母鐸部字,京是見母陽部字,二者之不同可能屬於方言差異。京有高義"(《太行東西與燕山南北》,《青銅器與金文(第二輯)》,上海古籍出版社,2018年,39頁)。李説若確,則可爲本文有關"京"、"亳"分化關係的意見添一證據。

青銅器銘文研究

穆公簋蓋所記周穆王大蒐事考

一

作爲先秦軍禮之一的大蒐,也叫"大田之禮"(見《周禮·春官·宗伯》),《左傳》、《周禮》、《爾雅》等古書將四季所行大蒐分稱"蒐"、"苗"、"獮"、"狩"。過去古代史學者對這種軍禮的來源、性質及儀節等已經做過很好的討論,其中李亞農《"大蒐"解》一文有開創之功,①以楊寬的研究較爲全面。② 綜合學者的意見,簡單地説,大蒐就是借用與戰争形式基本相同的田獵,來進行軍事檢閲和軍事演習的行爲,最初爲按季節舉行,以冬季農隙所舉行者較重要;春秋時代以後按季舉行大蒐的習慣逐漸衰落,且多不借用田獵的形式,成爲純粹的軍事檢閲和演習;大蒐具有政治和軍事的大會性質,西周時天子舉行大蒐,常召集諸侯會盟,在戰争前後舉行的大蒐,則具有軍事部署和整頓部隊的性質。③

學者在研究大蒐的時候,十分注重出土古文字資料(尤其是周代金文)的價值,力圖以"二重證據法"來探索這一重要禮制。這是非常有意義

① 李亞農:《"大蒐"解》,《學術月刊》1957 年第 1 期,第 42～46 頁。爲行文簡便起見,本文對前輩師友的敬稱一概省略,敬請諒解。

② 楊寬:《古史新探》,中華書局,1965 年,第 256～279 頁;《西周史》,上海人民出版社,1999 年,第 693～715 頁。

③ 楊寬:《古史新探》,第 256～279 頁;《西周史》,第 693～715 頁。

的工作。但是因爲釋字上的某些誤解,造成了一些推論産生問題,所以有必要在這裏先略作澄清。楊寬在討論西周大蒐禮時,曾引用周康王時代的大盂鼎銘文(見《殷周金文集成》——下簡稱《集成》——2837 號,釋文、標點據作者原文,不表示我們同意作者的所有釋讀):

> 易(錫)女(汝)鬯一卣、冂(冕)衣、市(韍)、舄、輚(車)、馬。易(錫)乃且(祖)南公旂,用遣。

他認爲:

> "遣"當讀爲"獸",也即"狩"。周王如此鄭重地把服裝、車馬,連同盂的祖父南公的旗,賞給盂,用於"狩"。這個"狩"一定不是一般的狩獵,而是具有軍事訓練性質的"大蒐禮"。④

吉林大學張秀華的博士學位論文《西周金文六種禮制研究》找出了除楊寬所舉大盂鼎銘之外的如下四件西周金文,來説明西周已有大蒐之事實(釋文、標點據作者原文,不表示我們同意作者的所有釋讀):⑤

> 唯征(正)月既望癸酉,王獸(狩)於眂敾。王令(命)員執犬,休善。用乍(作)父甲鬻彝。　　員方鼎　《集成》2695
>
> 王出獸(狩)南山,寏遡山谷至于上侯滰川上,啟從征。
>
> 　　啟卣　《集成》5410
>
> 交從獸(狩)逨(來)即王,易(賜)貝,用乍(作)寶彝。
>
> 　　交鼎　《集成》2459
>
> 隹(唯)正月初吉庚寅,晉侯翔乍(作)寶尊及須(盨)。其用田獸(狩),甚樂於遷遡,其邁(萬)年永寶用。　　晉侯對盨　《新收》⑥852

她説:

> 我們釋讀爲狩的字,金文作(交鼎)、(大盂鼎)、(員鼎)

④ 楊寬:《西周史》,第 701 頁。

⑤ 張秀華:《西周金文六種禮制研究》,吉林大學 2010 年博士學位論文,第 59 頁。

⑥ 《新收》是鍾柏生、陳昭容、黄銘崇、袁國華《新收殷周青銅器銘文暨器影彙編》(藝文印書館,2006 年)的簡稱。

> 形，員鼎“獸”从單从犬，郭沫若謂單即罕，獸本古狩字，从單从犬者，均狩獵時所必用之物。上引金文中的遣、獸、獸都讀爲狩。⑦

將、等字釋讀爲“獸(狩)”，其實是前人的舊説。清人徐同柏就將大盂鼎的“遣”字讀爲“獸”，解釋爲“守備也”。⑧ 二十世紀有關青銅器銘文的重要論著，也都釋讀這些字爲“獸(狩)”。⑨ 四版《金文編》將交鼎的字歸在《説文》“嘼”字下，將盂鼎的字附在該字最後，云“从辵義如狩”。⑩《説文》訓“嘼”爲“犍”，大徐本《説文》爲“嘼”字所注讀音爲“許救切”，這是歷來學者讀“嘼”、“遣”爲“獸(狩)”最主要的文字學根據。二十世紀末郭店楚墓竹簡出土後，裘錫圭根據《成之聞之》篇中所引《君奭》之文與今本《君奭》“單”字對應之字寫作“嘼”的事實，明確指出“‘嘼’在古文字中即‘單’字繁文，《説文》説此字不可信”，⑪並進一步指出交鼎的“嘼”和盂鼎的“遣”都應讀爲从“單”得聲的“戰”。⑫ 陳劍對此還有比較詳細的補充論證。⑬ 最近仍有學者對“嘼”“單”爲一字之繁簡二體的這一事實不予承認，我們認爲是没有必要的。⑭ 因此，上引西周交鼎銘文是講交隨從

---

⑦ 張秀華：《西周金文六種禮制研究》，吉林大學 2010 年博士學位論文，第 59 頁。

⑧ 轉引自于省吾《雙劍誃吉金文選》，中華書局，1998 年，第 117 頁，並參看第 281 頁。

⑨ 如郭沫若《兩周金文辭大系圖録考釋》，《郭沫若全集・考古編》第八卷，科學出版社，2002 年，第 85 頁；陳夢家：《西周銅器斷代》，中華書局，2004 年，第 104 頁；唐蘭：《西周青銅器銘文分代史徵》，中華書局，1986 年，第 178 頁。

⑩ 容庚編著，張振林、馬國權摹補：《金文編》，中華書局，1985 年，第 959 頁。

⑪ 荆門市博物館：《郭店楚墓竹簡》，文物出版社，1998 年，第 169 頁。

⑫ 轉引自陳劍《據郭店楚簡釋讀西周金文一例》，《甲骨金文考釋論集》，綫裝書局，2007 年，第 28 頁。

⑬ 陳劍：《據郭店楚簡釋讀西周金文一例》，《甲骨金文考釋論集》，第 28～29 頁。

⑭ 如李學勤認爲首陽齋所藏應侯簋銘文中的“王姑單姬”之“單”並不是“單”，而是“嘼”的省寫，這便是仍然相信《説文》的誤説，恐怕是不能成立的。李説見《〈首陽吉金〉應侯簋考釋》，《通向文明之路》，商務印書館，2010 年，第 190 頁。學者對該銘“王姑”稱謂的理解或有不同(參看 Lothar von Falkenhausen: *The Bronzes of Ying and Their Inscriptions*；李零：《讀〈首陽吉金〉》，二文皆收入《中國古代青銅器國際研討會論文集》，上海博物館、香港中文大學文物館，2010 年，第 155、298 頁)，但他們對“單”字的釋讀都並無疑問。關於此問題，又可參看郭永秉《清華簡〈繫年〉“嶧”字别解》，復旦大學出土文獻與古文字研究中心網 2011 年 3 月 30 日首發【編按：已收入本書】。

王出戰，盂鼎銘文則是説王賜給盂先祖之旗，用於征戰，都並未涉及狩獵，也就不能視作與大蒐有關係了。

研究西周史事與禮制，除了傳世文獻，金文自然是最爲重要的資料，必須盡最大可能，挖掘出簡奥的銘文文字、詞句背後的信息。以研究大蒐爲例，如僅將眼光局限於尋找有“獸(狩)”字的銘文，顯然是不夠的。有一件西周青銅器銘文，雖然通篇未提“獸(狩)”字，卻是研究西周大蒐的珍貴材料，此前尚未給予充分注意。

二

我們所説的就是二十世紀八十年代初發表的穆公簋蓋銘。⑮ 除了最早披露此銘的《穆公簋蓋銘文簡釋》(下稱爲“《簡釋》”)⑯一文之外，已正式發表的對穆公簋蓋銘文文字内容進行過考釋的較爲重要的論文，有李學勤《穆公簋蓋在青銅器分期上的意義》⑰和黄天樹《殷墟甲骨文所見夜間時稱考》⑱等文章，饒宗頤、劉桓、馮時等人也對該銘的個别字詞作過討論。⑲ 其實銘文中的部分字詞，關涉到通篇文義的理解，還有值得繼續作考釋研究的地方。

先要交代一下該銘的拓本情況。《簡釋》的原拓與《集成》所收之拓

⑮　杜迺松曾著文認爲穆公簋蓋銘爲近代僞造(《全國銅器鑒定所見僞器僞銘研究——兼論鑒定的幾個理論問題》,《故宫博物院院刊》2006 年第 1 期，第 12 頁，此文蒙蔣玉斌指示)，其説不可信。

⑯　慶陽師範專科學校彭曦、慶陽地區博物館許俊成：《穆公簋蓋銘文簡釋》,《考古與文物》1981 年第 4 期，第 27～28 頁。

⑰　原載《文博》1984 年第 2 期；收入《新出青銅器研究》，文物出版社，1990 年，第 68～72 頁；又以《穆公簋》爲題收入《青銅器與古代史》，臺北聯經出版股份有限公司，2005 年，第 310～317 頁。下所引李學勤意見，除特別注明外，皆出自此文。

⑱　原載朱曉海主編《新古典新義》，臺灣學生書局，2001 年；收入《黄天樹古文字論集》，學苑出版社，2006 年，第 178～193 頁。該文涉及穆公簋蓋銘文中作爲夜間時稱用的“”字。下所引黄天樹意見，皆出自此文。

⑲　劉桓：《釋甲骨文、二字》(《古文字研究》第 25 輯，中華書局，2004 年，第 16 頁)；馮時：《殷代紀時制度研究》(《考古學集刊》第 16 輯，科學出版社，2006 年，第 334 頁)也附帶討論了簋銘的夜間時稱。劉、馮二文蒙蔣玉斌指示。饒文意見詳下文引。

本並不相同。穆公簋蓋銘的《集成》著録號是 8.4191，拓本爲陳邦懷藏（近年出版的《集成（修訂增補本）》所收拓本與此相同，拓本左下皆鈐有“陳邦懷”印）。[20]《金文總集》則取《簡釋》拓本。[21] 李學勤《穆公簋蓋在青銅器分期上的意義》所附也是《簡釋》拓本。與《簡釋》的拓本相比，《集成》的拓本可能較早，有些字尚未剔清，“還”、“醴”、“對”、“卫”等字的部分筆劃，在《簡釋》的拓本中是清晰的。本文討論該銘，仍據《簡釋》拓本。

穆公簋蓋銘文如下：

> 隹（唯）王初女（如）（此字下以 A 代表），迺（乃）自商㠯復，還至于周。[22] 王夕卿（饗）醴于大室，穆公侑。卫，王乎（呼）宰利易（錫）穆公貝廿朋，穆公對王休，用乍（作）寶皇簋。

《簡釋》把銘文開頭一句的地名 A 字隸定爲“鄐”，以爲“金文中僅見，可能是地名”，並謂“如鄐，似有視察、巡視之意”。李學勤説“初如□，意爲首次前往某地。地名一字不識，似从‘恤’（引者按，此文在《文博》上發表時，此字作“邮”——疑或是“卹”之誤排——，收入《新出青銅器研究》時改爲“恤”，《青銅器與古代史》也作“恤”）聲”。黄天樹則將該字摹寫爲，大概是根據李學勤以字从“卹”或“恤”聲的意見。

將該字右半釋爲“邑”旁，顯然是不可信的；但諦審字形，將字之右半摹釋爲“卩”，恐怕也有問題。試比較同銘“卿”字的“卩”旁與此字所从之形：

---

[20] 中國社會科學院考古研究所編：《殷周金文集成》第八册，中華書局，1987 年，“毁類銘文説明（三）”第 9 頁。中國社會科學院考古研究所編：《殷周金文集成（修訂增補本）》，中華書局，2007 年，第 2576 頁。

[21] 嚴一萍編：《金文總集》第四册，藝文印書館，1983 年，第 1498 頁。

[22] 《簡釋》、李學勤文、黄天樹文，皆將“還”字屬上讀，可通。但西周駒父盨蓋有“四月，還至于蔡”（《集成》4464）、文盨有“唯五月初吉，還至于成周”之語（張光裕、黄德寬主編：《古文字學論稿》，安徽大學出版社，2008 年，第 26 頁），知蓋銘“還”字更可能屬下讀（“復”的意思是返），故改讀如上。

(“卿”字所从) 

很明顯前一種形體是西周金文“卩”旁的慣常寫法，而後面這個形體與“卩”旁的相差頗大，它是由一個半圈形加自上而下的一直筆組成的，“卩”旁不可能寫作此形。所以A並不是从“卩”的，黄天樹所作的摹本恐有問題。李學勤懷疑該字从“恤”聲的意見，也許是把字形左上部看作“心”旁，但是西周金文中“心”字和“心”旁甚爲多見，顯然與此有異，因此該字也不可能从“恤”聲。饒宗頤則認爲字从“盟”，讀爲“鄳”，㉓於字形、讀音似皆缺乏根據，不可從。《殷周金文集成引得》、《商周金文資料通鑑》將此字隸定爲“𨟻”，㉔對字形結構和筆劃亦有明顯誤判。

我認爲A字應該摹寫作如下之形：

拓本字形左半中部兩側作對稱狀的“幺”形或類似希臘字母“β”之形，從筆劃的粗細、虚實可以判斷，其實是範鑄時銅液在筆道末端略有漫衍的結果，㉕從左側的筆劃仍可大致辨出其本來的寫法。黄天樹將字形相關部分摹作圈形，除了根據李學勤以字从“恤”聲之説外，很可能也考慮到了字的左上部字形的筆劃有本不屬於該字的成分的因素。

從摹本可以看出，我認爲字形右半實从“夗”。蓋銘之字右旁所从爲“夗”，可以2003年陝西眉縣楊家村窖藏出土的四十二年逨鼎銘文中也是用作地名的一個字形作爲旁證：

㉓ 饒宗頤：《説河宗》，《饒宗頤二十世紀學術文集》第四册二卷甲骨下，臺北新文豐出版公司，2003年，第1623頁。

㉔ 張亞初：《殷周金文集成引得》，中華書局，2001年，第76頁；吴鎮烽編撰：《商周金文資料通鑒》檢索系統，2007年，版本1.1，04681號。《殷周金文集成（修訂增補本）》附載張亞初《殷周金文集成引得》釋文，故該書第2385頁釋文沿誤。

㉕ 穆公簋蓋銘書寫、鑄造皆不甚精，如《簡釋》已指出的“乎”字上部少了一筆，“宰”字多了最下一横，又如“利”字筆劃多有損壞錯亂等（皆可參本文所附拓本），因此A字左上部筆劃略微有一些變形走樣是可以理解的。

、（逨鼎甲）、（逨鼎乙）㉖

該字諸家多釋爲“壴”、“鼓”（有的則又將“卩”誤作“邑”旁），似乎既没有注意到字之下部爲“皿”旁，也没有看出字之右上所从爲“死”。雖然、二字和A字從字形上看大概不會是一個字的異體，但從文字結構及偏旁組合的角度，以之來説明A右旁从“死”而不从“卩”，至少可以起到積極的旁證作用。

發表穆公簋蓋銘的彭曦、許俊成曾於1993年再次發表《簡釋》一文。㉗ 這次發表時，撤銷了銘文拓本，而發表了一件銘文的原大摹本，摹本當是發表者據原器所作，非常值得重視。此摹本將A字摹作，我認爲除了字左邊中間部分的摹寫略有失真之外，總體是忠實於原形的。

有了上述這些認識，對於我們考察A到底是一個什麽樣的地方，以至於王初次去往這個地方的意圖，有着關鍵的意義。

三

A字除去“皿”旁之後的形體我們其實是熟悉的。《甲骨文合集》（下簡稱“《合集》”）34094、34095有兩個字形寫作：

、（此類字形下以B代表）

實即穆公簋蓋銘A字所从。甲骨文的這兩個形體，早有學者指出，其右

㉖　陝西省考古研究院、寶雞市考古研究所、眉縣文化館編著：《吉金鑄華章——寶雞眉縣楊家村單氏青銅器窖藏》，文物出版社，2008年，第38、39、46、47頁。器主之名爲圖簡便，姑從一般釋法。

㉗　彭曦、許俊成：《穆公簋蓋銘簡釋》，陝西歷史博物館編：《周文化論集》，三秦出版社，1993年，第289～290頁。

半所从爲“夗”。因此可以肯定,A字當就是从B得聲的一個字。而B字與甲骨文、金文中相關之字的繫聯,通過于省吾、[28]姚孝遂[29]和劉釗[30]等人的不斷研究,以及陳劍的總結性論文,[31]古文字學者的認識已經逐漸明確。商代甲骨文和金文中與此字相關的字形,可舉例如下:

1. 《屯南》86、《集成》9823(此類字形下以C代表)
2. 《屯南》4233、《集成》5004(此類字形下以D代表)
3. 《合集》28041
4. 《合集》239

學者已經指出,這些字其實就是一個字的繁簡不同之形,其中最繁之形爲C,B是C的一種省體。

值得引起注意的是,上引C、D兩類較繁的無名組字形,在甲骨文中乃是用作田獵地名的。劉釗對此曾有較爲詳細的討論。爲便於觀覽,我們把劉釗所舉卜辭中與這個田獵地有關的辭條列在下方(釋文改爲寬式,個別字的釋讀和標點有改動):[32]

㉘ 于省吾:《釋䝱》,《甲骨文字釋林》,中華書局,1979年,第40～42頁。

㉙ 姚孝遂、肖丁:《小屯南地甲骨考釋》,中華書局,1985年,第27頁。姚孝遂:《説“一”》,香港中文大學中國語言及文學系編:《第二届國際中國古文字學研討會論文集》,1993年,第54頁。

㉚ 劉釗:《甲骨文字考釋》之“六、釋宛、䝱”,《古文字研究》第19輯,中華書局,1992年,第464～465頁;後收入《古文字考釋叢稿》,嶽麓書社,2005年,第53～56頁。劉釗:《釋甲骨文中从夗的幾個字》,香港中文大學中國語言及文學系編:《第二届國際中國古文字學研討會論文集(續編)》,1995年,第153～172頁;後收入《古文字考釋叢稿》,第30～47頁。劉釗:《釋金文中从夗的幾個字》,《古文字考釋叢稿》,第106～115頁。

㉛ 陳劍:《甲骨文舊釋“䝱”和“蠤”的兩個字及金文“䚄”字新釋》,《出土文獻與古文字研究》第一輯,復旦大學出版社,2006年,第101～154頁;後收入《甲骨金文考釋論集》,第177～233頁。

㉜ 劉釗:《釋甲骨文中从夗的幾個字》,《古文字考釋叢稿》,第37～40頁。

惠喪田，湄日亡災。
惠 D 田，湄日亡災。

王其田于宮，湄日亡災，侃王。
（《合集》29155）

惠 D 田，湄日亡災。
（《合集》29347）

王惠 D 田，亡災，擒。
（《合集》29348）

□寅卜，王其射 C 白犾，湄日亡災。
（《屯南》——引者按，指《小屯南地甲骨》——86）

⧄王其田於 C，其遘⧄
（《屯南》2551）

惠 C 田，亡災。吉。
惠㝁田，亡災。大吉。
（《屯南》2702）

⧄擒 C⧄
（《合集》28872）

⧄C 擒⧄
（《懷特》——引者按，指《懷特氏等收藏甲骨文集》——S1345）

弜⧄D 其⧄
（《合集》28804）

惠（字下半殘）［田］，亡災。
（《合集》28544）

惠在 C 卜。
（《合集》28962）

⧄惠 C 犬口比，屯日⧄
（《合集》27751）

王其比犬口，弗擒 C 來(?)从東兕。
（《合集》28399）

戊寅卜,貞,王其田C,亡災。
辛巳卜,貞,王其田逵,亡災。
壬午卜,貞,王其田宫,亡災。
戊子卜,貞,王其田喪,亡災。
□□卜,貞,王其田向,亡災。

(《合集》33560)

☐D焚,亡災。

(《合集》28803)

叀洸焚,亡災,擒。
叀D焚,亡災,擒。
叀盉焚,亡災,擒。

(《屯南》4490)

如果要對C(D)這個田獵地簡單地作一描述,大致可以概括爲:此地與位於今沁陽西北的盂區田獵地中逵、喪、宫、向諸地臨近,也和位置不很明確的㠱、洸、盉等地毗鄰,該地設有管理田獵事務的犬官,商王常讓這些犬官配合自己進行狩獵,有時在該地焚田以獵,間或能於其間捕得兕(即野生水牛㉝)。劉釗指出:

"洸"(引者按,見上引《屯南》4490)是一山名,距宫地只有一日程。"盂區"中最主要的"盂""喪""宫""榆"四地,是臨近包括"洸"等山麓在内的一片平原地帶。陳夢家認爲以沁陽爲中心的殷田獵區"是在太行山沁水與黄河之間,東西150公里,南北50公里,地處山麓與藪澤之間"(原注:陳夢家《殷墟卜辭綜述》第262頁,中華書局1988年版)。這樣的地方極適於田獵。㉞

他還引述李學勤《殷代地理簡論》將商王狩獵場所分爲"行途所經適於行獵之地"和"特殊設定的苑囿"㉟的觀點,並説:

㉝　雷焕章:《兕試釋》,《中國文字》新八期,藝文印書館,1983年,第84～110頁。
㉞　劉釗:《釋甲骨文中从死的幾個字》,《古文字考釋叢稿》,第39頁。
㉟　李學勤:《殷代地理簡論》,科學出版社,1959年;收入《李學勤早期文集》,河北教育出版社,2008年,第165頁。

以沁陽爲中心的田獵區中的大部分田獵地，都應該屬於這種“特殊設定的苑囿”，而“督”(引者按，劉文從于省吾説，釋C及其異體爲“督”)地就應該是其中之一。㊱

《殷代地理簡論》在論述“特殊設定的苑囿”時所舉《萃》1277、《摭續》133，實即劉釗所引《合集》27751、28399，所以李學勤其實早已將C(D)視爲“特殊設定的苑囿”了。

我認爲，穆公簋蓋銘文所記“王初如”之地A，就是甲骨文記載的這個田獵地。A从B聲，而B與C即一字之簡繁體。我們現在對A和C字的造字本義都不很明確，它們即使不是一字異體，也無疑可有文字學上的通用關係。㊲ 穆公簋蓋記“王初如A”，就是初次來到這個著名的田獵地。

西周金文中常常講到“王初”如何，大多是相當重要的活動，㊳例如(釋文用寬式)：

唯王初禱于成周。

(盂爵　《集成》9104)

唯十又二月，辰在甲申，王初執駒于㡯。

(盠駒尊　《集成》6011)

唯王初遷宅于成周。

(何尊　《集成》6014)

唯十又二月，王初館旁。

(高卣　《集成》5431)

㊱ 劉釗：《釋甲骨文中从夗的幾個字》，《古文字考釋叢稿》，第39頁。

㊲ 西周金文中用作地名的“艿”，有時也增从“皿”旁(參看容庚編著，張振林、馬國權摹補《金文編》，第39、345頁)，前引逨鼎字形所从的“皿”旁大概也是後增的。疑穆公簋蓋的A字就是在B字上加“皿”旁而成的，乃是爲明確B(C、D)的一種假借義而造的專字。地名增从“皿”旁，不知是否暗示着這些地方爲四周環山或四周地勢較高、中間地勢較低的地貌(前文轉引的陳夢家意見中，對以沁陽爲中心的田獵區有“地處山麓與藪澤之間”的描述，似可注意)。

㊳ 著録於《集成》2659號的𠟭鼎云“王初□于成周”，其義不明，但大概也是王的一次重要活動。

唯五年三月既死霸庚寅，王初格伐玁狁于啚盧。

（兮甲盤　《集成》10174）

祭禱、執駒、遷宅、居館、戰爭等，皆爲具有特殊意義的事，故在相關銘文中用作記録時間的參照點或者直接與銘文所叙事件有密切關聯。既然確定了A是一個田獵地，所以銘文所記“王初如A”，除了去到該地舉行大蒐之外，恐怕無法作其他解釋。

四

關於A字所代表的這個地名，主要因爲相關地理信息的缺乏，也因爲A字本身的音讀尚未完全確定，㊴目前很難確定其地理位置所在，這自然是一件很遺憾的事情。不過我們從銘文下文“乃自商自復，還至于周”這句，仍可判斷把A地定在今河南省境内是非常合適的。

“商自”，按照甲骨文和金文的用字慣例，當讀爲“商師”，蓋銘的發表者認爲“當即今河南商丘，甲骨、金文中常見在某自”。㊵ 將“商師”定在商丘，似乎没有太大的根據。李學勤則認爲：

“商自”，地名，例同《尚書・洛誥》“洛師”。商近於周，當即戰國時商君的商，《史記・商君列傳》集解引徐廣曰：“弘農商縣也。”正義

㊴　陳劍：《甲骨文舊釋“眢”和“𧶠”的兩個字及金文“䚄”字新釋》一文以爲此字在卜辭中用作“兼”，雖然尚未得到學術界的公認（參看沈培《釋甲骨文、金文與傳世典籍中跟“眉壽”的“眉”相關的字詞》，復旦大學出土文獻與古文字研究中心編：《出土文獻與傳世典籍的詮釋——紀念譚樸森先生逝世兩週年國際學術研討會論文集》，上海古籍出版社，2010年，第31～34頁），但應該説是目前爲止最接近事實的一種意見。近蒙博士生謝明文見告，宋人摹刻的西周晚期敔簋銘文（《集成》4323）“釐敔圭瓚貝五十朋”中的字，實即D字（《集成》5004）之形的誤認誤摹，他認爲該字在敔簋銘文中也用作地名。我認爲謝明文對字形的理解很可能是正確的，但此字在敔簋銘文中似並非地名，而就應釋讀爲“兼”。“圭瓚兼貝五十朋”之“兼”，義爲連同、並，用法與《尚書・顧命》（伏生本分出爲《康王之誥》的部分）“賓稱奉圭兼幣”之“兼”用法相同。如此例之釋可以成立，對陳劍釋“兼”之説是一個很有力的證據。但即使將此字讀“兼”之音確定下來，目前還是難以找到相合的地名。待考。

㊵　慶陽師範專科學校彭曦、慶陽地區博物館許俊成：《穆公簋蓋銘文簡釋》，《考古與文物》1981年第4期，第27頁。

> 云:"商洛縣在商州東八十九里,本商邑,周之商國。"簋銘所載周王前往之地在宗周東南方,歸途行經商㠯,正是通向宗周的要道。

此説影響很大,爲衆多研究者信從。我認爲,不但"簋銘所載周王前往之地在宗周東南方"之説没有可靠的證據支持,就連銘文的"周"是指"宗周"這一點恐怕也是成問題的。《簡釋》的作者把"周"理解爲"岐周",他們説:

> 這裏的周,有兩種不同解釋。一説指宗周,即豐鎬京城;另一種意見認爲是周原的早期都城——岐邑。我們依據陳夢家先生的考證及最新的周原考古資料,認爲此銘中的周,當是岐邑的可能性大(原注:陳夢家:《西周銅器斷代(二)》,《考古學報》1955 年第 10 期)。因爲,王即位不久即外出,想必是一次非常的巡視。返回之後,向早都岐邑太廟中先王先公諸神作"匯報"也是合理的。

其實,西周金文中"周"也可指位於河南的成周或者王城,在學者中間是没有疑問的,上述研究者似都忽略了穆公簋蓋銘的"周"指成周的可能性。㊶令方尊、令方彝銘文(《集成》6016、9901)明確記載"康宫"位於成周,而金文多有"王在周康宫"的説法(《集成》4267、4272 等),郭沫若因此主張"彝銘中凡稱周均指成周"。㊷ 此説雖過於絶對,與事實不合,但西周銅器銘文中的"周"確實可以指成周。明確指出傳世古書和西周金文的"周"可指成周的學者,有朱鳳瀚、彭裕商、杜勇等人,他們舉出的例子甚多,本文不贅。㊸ 陳夢家則主張金文中的某些"周"是指王城,㊹這牽涉到成周和王

㊶ 何景成《應侯視工青銅器研究》引穆公簋蓋銘作爲"銅器銘文中有些作爲地名的'周',將之理解成'宗周',比理解成'成周'更貼切"之證據(朱鳳瀚主編:《新出金文與西周歷史》,上海古籍出版社,2011 年,第 237~238 頁),也是沿襲了舊説。

㊷ 郭沫若:《兩周金文辭大系圖録考釋(二)》,《郭沫若全集·考古編》第八卷,科學出版社,2002 年,第 34 頁。

㊸ 朱鳳瀚:《〈召誥〉、〈洛誥〉、何尊與成周》,《歷史研究》2006 年第 1 期,第 11 頁;彭裕商:《新邑考》,《歷史研究》2000 年第 5 期,第 51 頁;彭裕商:《西周青銅器年代綜合研究》,巴蜀書社,2003 年,第 65~67 頁;杜勇:《周初東都成周的營建》,《中國歷史地理論叢》1997 年第 4 期,第 54 頁。

㊹ 陳夢家:《西周銅器斷代(二)》,《考古學報》第十册,1955 年,第 133~134 頁。又陳夢家《西周銅器斷代》,中華書局,2004 年,第 366~367、157 頁。

城的關係等問題,因與本文主旨牽涉不大,不必詳細討論。[45] 我們認爲,穆公簋蓋銘中的"周",以指成周的可能性爲最大,而不太可能指宗周或者岐周。"周"(成周)有大室,除穆公簋蓋銘外,還見於静方鼎銘("王在成周大室",《文物》1998 年第 5 期,第 86 頁)、吴方彝蓋銘("周成大室",《集成》9898)、君夫簋蓋銘("康宫大室",《集成》4178)、申簋蓋銘("王在周康宫,各大室",《集成》4267)等,頌鼎銘則有"康昭宫"(《集成》2827—2829)。穆公簋是穆王器(詳李學勤文),銘文所記穆王"饗醴"的"大室",不知是成王廟的大室、康王廟的大室,還是昭王廟的大室。

銘文的"商自(師)",在我們看來自然也不可能是陝西弘農商縣之"商"。李學勤曾指出,金文的"自(師)"可以有兩種理解,一種是指軍隊,另一種則"和《詩·大雅·公劉》、多友鼎的'京師',《書·洛誥》的'洛師'等等相同,乃是地名",並引屈萬里《尚書集釋》"人衆多處謂之師"爲解。[46] 其説可從。《書·洛誥》的"洛師",在《多方》、《召誥》中稱爲"洛邑"。若將穆公簋蓋銘的"商自(師)"之"自(師)"理解爲"都邑"之意,則可與西周金文中曾出現過的"商邑"比較:

> 王來伐商邑,誕令康侯鄙于衛。
>
> (沬司徒疑簋　《集成》4059)

學者一致認爲這是成王時平武庚叛亂時事。此"商邑"與小臣單觶銘(《集成》6512)所記"王後墮克商"之"商"同義,陳夢家已指出"商邑"還見於《書·酒誥》、《立政》、《牧誓》,《周書·度邑》和《詩·商頌·殷武》等,當指朝歌而言。[47] 最近披露的清華簡《繫年》也有"商邑興反"之語,[48]所指當亦同。穆公簋銘的"商師",很可能就是指殷遺民聚居之地,但其地從歷史和地理兩方面看,應該不會是指朝歌附近地區,理由如下:首先,東都成

㊺　關於此問題可參看何景成的總結,見《應侯視工青銅器研究》,朱鳳瀚主編:《新出金文與西周歷史》,第 234 頁。

㊻　李學勤:《高青陳莊引簋及其歷史背景》,《文史哲》2011 年第 3 期,第 120～121 頁。

㊼　陳夢家:《西周銅器斷代》,第 11～12 頁。

㊽　李學勤:《清華簡〈繫年〉及有關古史問題》,《文物》2011 年第 3 期,第 72 頁。

周營建之後,周人已將殷遺民遷至洛邑(《書·多士》),只有少數殷餘民留在位於殷的康丘(康丘即康叔所封之地),[49]所以指商人聚居之地的"商師",恐應在成周的某個地方。第二,從穆公簋蓋銘所描述的地理情況看,穆王從位於河南沁陽附近的田獵地行獵歸來,無由遠繞位於河南東部淇縣的"商邑"折回,而如果把"商師"定在成周附近殷遺民聚居之地,穆王在該地休整後返回東都成周,則是非常合理的。

如果把"商𠂤(師)"之"𠂤(師)"理解爲師旅之"師",同樣可以得到合理的解釋。我們知道,被遷至洛邑的殷遺民,乃是從武庚造反失敗的,他們擁有相當的武力。楊寬曾指出,"成周八𠂤的大多數甲士,當是就地徵發遷居洛邑的殷貴族編成","充當'成周八𠂤'的甲士,重要任務就是需要他們服役'奔走'(引者按,此爲《書·多士》語)"。[50] 其説可從。可見殷遺民被遷之後,即成爲後來的"成周八師"中的一部分。關於"成周八𠂤(師)",究竟是指哪八師,因材料有限,目前尚無一致看法;西周金文的"成周八𠂤(師)"和"殷八𠂤(師)"是否一事,也有不同看法,[51]"商𠂤(師)"跟"成周八𠂤(師)"和"殷八𠂤(師)"的關係有待進一步研究。

唐蘭曾指出,"𠂤""爲屯兵的都邑,是師旅之師",[52]楊寬也認爲"西周時代的'六𠂤'和'八𠂤',既是國家的軍事組織,又是自由公民的地域組織",[53]這可以説明上述兩種對"商𠂤(師)"的解釋並不是互相排斥的。

成周附近有稱爲"商"的地名,在古文獻裏也並非無迹可尋。《後漢書·鮑永傳》:"(光武)帝大喜,賜永洛陽商里宅,固辭不受。"李賢注:"《東觀記》曰:'賜洛陽上商里宅。'陸機《洛陽記》曰:'上商里在洛陽東北,本殷頑人所居,故曰上商里宅也。'"[54]以晉唐人的説法來看,此"商里"應即殷

---

[49] 此據清華簡《繫年》,見李學勤《清華簡〈繫年〉及有關古史問題》,《文物》2011 年第 3 期,第 73 頁。

[50] 楊寬:《西周史》,第 166 頁。

[51] 楊寬:《西周史》,第 413 頁。

[52] 唐蘭:《西周青銅器銘文分代史徵》,中華書局,1986 年,第 35 頁。

[53] 楊寬:《西周史》,第 417 頁。

[54] 參看(東漢) 劉珍等撰、吴樹平校注《東觀漢記校注》,中華書局,2008 年,第 566 頁。

人遷洛邑之後所聚居的地名之一,決非漢人杜撰出來的地名。因爲周人對殷遺民以“里”這種地域組織進行編組,而這種性質的“里”早已見於西周時代的文獻和金文資料。⑤⑤ 從河南北部的田獵區返回成周,洛陽東北的“商里”之地當是必經之地,所以我認爲,穆公簋蓋銘中“商𠂤(師)”所在,當與此“商里”有非常密切的關係。在周人東都成周附近,有以“商”命名的地方,和在魯國境内有“亳社”(《穀梁傳・哀公四年》等)、有地名“長勺”(《春秋・莊公十年》)⑤⑥的情況類似,當都是殷遺民遷徙留下的歷史印記。

五

我們將穆公簋蓋銘語譯如下:

> 王初次去到A地大蒐,於是自商師返回至成周。王當晚在大室中舉行飲醴酒的典禮,穆公勸進王飲。深夜的某個時間,⑤⑦王唤宰利賞賜穆公二十朋貝,穆公爲了答揚王的蔭庇,做了這個寶貴而巨大的簋。[重印按:“皇簋”似已有學者指出即簋蓋(包括簋腹)有凰(即大鳥)紋作裝飾之簋,“皇”並非籠統的“巨大”之義,附正於此。]

要特别指出的是,商代晚期的宰甫卣銘(《集成》5395),對整體把握穆公簋蓋銘的性質,具有非常重要的意義。其銘文如下:

> 王來獸(狩)自豆菉(麓),在(此字下以E代表)𠂤朿(次),王鄉酒,王光宰甫貝五朋,用作寶𩰫(肆)。

楊寬在討論大蒐禮時,已經引用了這條材料。他説:

> “𠂤朿(次)”是指軍隊駐防地,很明顯,這次商王“来狩”,並非一般

⑤⑤ 朱鳳瀚:《商周家族形態研究(增訂本)》,天津古籍出版社,2004年,第274～276頁。

⑤⑥ 《左傳・定公四年》記周公分封魯國的殷民六族之一爲“長勺氏”。

⑤⑦ 銘文卩字,黄天樹認爲可能是“㔾(膝)”的初文或者“卮”字,在銘文中傾向於讀爲“人定”之“定”(《黄天樹古文字論集》,第185頁),待考。但此字所表示的應當是比“夕”更晚的,表示“深夜”的時稱。

狩獵性質,是爲了校閱駐防在褑一帶的軍隊,也是舉行“大蒐禮”。“王鄉酉(酒)”,是説在“大蒐禮”完畢後,舉行酒會,也就是舉行“鄉飲酒禮”。可知“大蒐禮”在商代已在舉行。[58]

兩件銘文的敘述模式,可以説是遵循了同一個套路:先是敘述王去一個田獵區狩獵,然後到了一個軍隊駐防的地方;穆公簋蓋銘記敘王從A地經商師返回成周之後,在大室中舉行了“饗醴”這一重要典禮,這跟宰甫卣銘所記禮制也基本一致,這些事實正可從另一側面旁證穆公簋蓋銘首句所記當是行大蒐之事。將兩件銘文内容進行這樣的對比,也可窺見西周對商代制度的繼承和延續。

下面對宰甫卣銘文的“E次”作一點補充説明。E字的左半過去多誤釋爲“示”。[59] 其實該字左半所从爲象頭皮連帶頭髮之形的“䤵”字初文。[60] 黄天樹對銘文此字已有正確釋寫。[61] 從漢字的一般結構規律看,該字很可能是从“䤵”得聲的一個形聲字或形聲兼會意字。我們知道,在商代甲骨文中,有一個田獵地名正是“䤵”(亦作此“䤵”字初文之形)。[62]“E次”之“E”,似應即此田獵地,該地當屯駐了一定的軍事力量,故可稱“次”。當王到豆麓行獵之時,在“䤵”地屯駐的軍隊大概參與了相關活動,故而在行獵完畢之後,接受了商王的檢閲。由此再看穆公簋蓋銘,穆王從A地返回途中經停“商師”,可能也有檢閲整頓當地軍隊的目的在内。我很懷疑,穆王去A地大蒐,很可能是有“商師”的甲士隨同參與的,爲的是借大蒐之事,對這些軍隊進行軍事演習。

李學勤從穆公簋蓋形紋飾及銘文人物繫聯等角度,判定其爲穆王時器,其説堅確可信。在其文末尾,李學勤還提到:

---

[58] 楊寬:《西周史》,第702頁。

[59] 有些學者可能並非真的認爲該字左旁是“示”,而是爲了排印簡便起見寫成了“示”。

[60] 林澐:《新版金文編正編部分釋字商榷》,中國古文字研究會太倉年會論文,1990年。

[61] 黄天樹:《保利藝術博物館收藏的兩件銅方鼎筆談》,《黄天樹古文字論集》,第471頁。

[62] 參看姚孝遂主編《殷墟甲骨刻辭類纂》,中華書局,1989年,第1339頁;徐中舒主編:《甲骨文字典》,四川辭書出版社,2006年,第1046頁。此二書皆從舊説釋該字爲“而”。

> 穆公簋蓋銘所記王如某地之事，可能是穆王遊行的一個事例。穆王好遊，見於文獻，《左傳》昭公十二年云："昔穆王欲肆其心，周行天下，將皆必有車轍馬迹焉。祭公謀父作《祈招》之詩，以止王心，王是以獲没於祗宫。"

這是非常敏鋭的見解。從我們的考證來看，銘文所記的大概是周穆王即位後一次規模不小的大蒐，正是穆王"將皆必有車轍馬迹焉"的極佳事例。

另外，還有一點值得在本文的末尾一提。從穆公簋蓋銘文看，商末的田獵區 A，一直到西周中期還在周王田獵地中保持着非常重要的地位（若 A 不那麽重要，則不會在銘文中鄭重其事地説"王初如 A"），這説明在這兩百年左右的時間中，河南沁陽附近田獵區的環境面貌没有因爲改朝换代而發生過大的改變，甚至不排除該地區的生態環境在商周之際得到某種改善的可能，這對相關時期歷史地貌的研究似乎也是一條較值得珍視的材料。

附記：本文寫作時與鄔可晶、謝明文多有討論；成稿之後，又蒙蔣玉斌、周忠兵、程鵬萬三位同道提出寶貴的修改意見，謹此一併致以謝意！

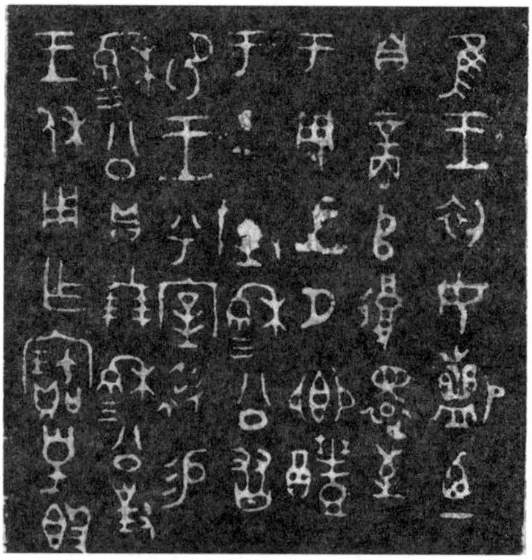

附圖　穆公簋蓋銘

原刊《復旦學報（社會科學版）》2012 年第 5 期。

晉侯豬形尊銘文商榷

2000年山西晉侯墓地113號晉侯夫人墓出土一件晉侯豬形尊(編號M113∶38),尊蓋和尊腹外底鑄有相同的銘文(圖一),[1]釋文如下:

晉侯乍(作)旅(蓋銘)　　晉侯乍(作)旅(器銘)

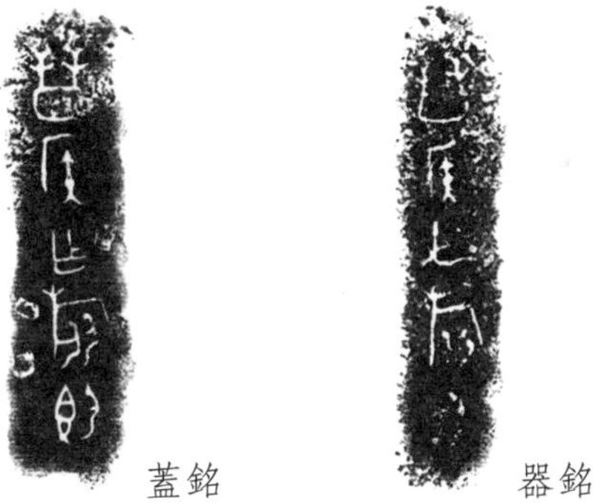

圖一　晉侯豬形尊銘文

銘文末字,學者多釋爲“飤”,讀爲“食”。[2] 也有學者釋爲“段(簋)”。[3] 李

---

① 北京大學考古文博學院、山西省考古研究所:《天馬—曲村遺址北趙晉侯墓地第六次發掘》,《文物》2001年第8期。《晉國奇珍——山西晉侯墓群出土文物精品》,上海人民美術出版社,2002年,第52～53頁。

② 《天馬—曲村遺址北趙晉侯墓地第六次發掘》,《文物》2001年第8期,第20頁;《晉國奇珍——山西晉侯墓群出土文物精品》,第53頁。

③ 馬今洪:《鳥尊、豬尊、兔尊二題》,上海博物館編:《晉侯墓地出土青銅器國際學術討論會論文集》,上海書畫出版社,2002年,第457頁。

朝遠先生則兼採二説，云此尊“自稱爲‘旅飤’，又有食器之慮”。④ 陳劍先生後來指出：“不論是釋‘飤’或釋‘簋’，放在獸形尊自名的位置，都是很難講通的。”釋“簋”之説不能成立，是比較明顯的。馬今洪先生用以與此字比較的，同出於晉侯墓地的休簋（M64：109）的字（翻轉後的字形作）和晉姜簋（M13：98）的字，寫法都與有相當大的差異。關於字，陳劍先生提出了一種新的意見，相關的考釋不長，現引録於下：

> （字）左半確是“簋”之初文，右半很明確乃是从“尸”，無需贅言（器銘此字右半隱約可見，除釋“尸”外亦别無他想）。此字只能分析爲从簋之初文从“尸”聲，銘中當讀爲“彝”，甚或就是彝器之“彝”的異體。
>
> “彝”乃禮器共名，金文習見。習見之字容或偶用通假字，如吴王光鑒“宗彝薦鑒”之“彝”即寫作“䞣”（秉按，吴王光鑒的“䞣”字，施謝捷先生釋爲“屘”，⑤視此字爲雙聲字）。“䞣”以“夷”爲基本聲符而通“彝”，而“尸”本即“夷坐”之“夷”的表意初文，西周金文东夷、淮夷之夷皆作“尸”。可見此从“尸”聲之字爲“彝”實屬正常。⑥

陳説得到了部分學者的認同。⑦ 不過也有學者仍然從“飤”字之釋。⑧

---

④ 李朝遠：《晉侯墓地出土青銅器綜覽》，《晉國奇珍——山西晉侯墓群出土文物精品》，第52、53頁。李文介紹豬形尊時的釋文則釋此字爲“𣪘”。參看同作者《青銅器學步集》，文物出版社，2007年，第152、154頁。

⑤ 施謝捷：《吴越文字彙編》，江蘇教育出版社，1998年，第102、535頁。

⑥ 《晉侯墓銅器小識》，《中國歷史文物》2006年第6期。參看同作者《甲骨金文考釋論集》，綫裝書局，2007年，第124～125頁。

⑦ 參看董珊《晉侯墓出土楚公逆鐘銘文新探》，《中國歷史文物》2006年第6期；李晓峰《天馬—曲村晉侯墓地出土青銅銘文集釋》認爲“陳劍的看法，可備一説”，吉林大學2004年碩士學位論文（指導教師：吴振武教授），第48頁。陳英傑《西周金文作器用途銘辭研究》則將此銘列入“待考”一欄（綫裝書局，2008年，第204頁）。

⑧ 李零先生認爲：“宋人以‘尊’、‘彝’爲酒器之名，未必可靠。如晉侯墓地出土的豬尊（M113：38），銘文作‘晉侯作旅飤’，可見這類銅器也有作食器者。”（《鑠古鑄今——考古發現和復古藝術》，三聯書店，2007年，第70頁）此蒙陳英傑先生指示。

按吴王光鑒以从“夷”聲之字爲“彝”，反映的是春秋晚期的用字習慣，這種用字習慣可以一直延續到戰國文字中（如上博簡《鮑叔牙與隰朋之諫》）。⑨ 但是從現有的文字資料看，這種用字習慣能否上推到更早乃至西周則有待證明。我們注意到，春秋中期的鄬子受鐘“彝”字上部从“尸”，有學者認爲是“變形表音”的結果。⑩ 其實，此字從字形上仍可看出與傳統“彝”字的傳承關係，所謂“尸”旁實際只是“人”旁的變形，實未必一定有表音作用。⑪ 吴王光鑒的“㞕”字大概是在此字基礎上進一步改换“夷”聲的結果。我們知道，商、西周時代“宗彝”、“尊彝”之“彝”，從來没有借用過其他字來表示。M114、M113 組晉侯及夫人墓是 9 組晉侯墓中時代最早的，屬於西周早期偏晚（約在昭王前後），一般認爲 M114、M113 是晉侯燮父及其夫人之墓。⑫ 既然如此，晉侯豬形尊銘文若要表示“彝”一詞，也應遵從這樣的用字習慣（即用“彝”字），似不大可能在西周早期就已經專造出一個在古文字中極爲罕見的从“尸”聲的“䣓”字來表示“彝”。故陳説似有可疑之處。

這裏要附帶談一談晉侯墓地所出楚公逆鐘（M64∶92—99）銘文裏的一個或被學者釋爲“䣓”的字。⑬ 此字原作，右旁不很清晰，各家一般釋爲“飤”。仔細觀察此字右上角的筆劃，確與陳劍先生《晉侯墓銅器小識·楚公逆鐘的“人”字》中釋出的“楚公逆出求人”的“人”字筆法完全一致，釋“飤”之説本無甚可疑（黄錫全、于炳文先生所著《山西晉侯墓地所出楚公逆編鐘銘文初釋》附有此器銘文摹本，該字被摹作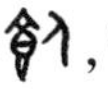，⑭似乎基本是

---

⑨ 陳劍《談談〈上博（五）〉的竹簡分篇、拼合與編聯問題》，簡帛網 2006 年 2 月 19 日；參看白於藍《簡牘帛書通假字典》，福建人民出版社，2008 年，第 140 頁。

⑩ 陳斯鵬、石小力、蘇清芳編著：《新見金文字編》，福建人民出版社，2012 年，第 401 頁。此書亦贊同陳説，釋豬尊此字爲“䣓”（第 160 頁）。

⑪ 與此形關係最密切的，應是曾姬無卹壺的“彝”字（董蓮池：《新金文編》，作家出版社，2011 年，第 1845 頁），該字上从“勹”形，即等同於鄬子受鐘“彝”字上部所謂“尸”旁，所以此形當視作“人”旁的譌變形，是否有表音作用當待考。

⑫ 參看李伯謙《晉侯墓地發掘與研究》，《晉國奇珍——山西晉侯墓群出土文物精品》，第 18、21 頁。

⑬ 《晉國奇珍——山西晉侯墓群出土文物精品》，第 154 頁。

⑭ 《考古》1995 年第 2 期，第 178 頁。參看《商周金文資料通鑒》課題組《商周金文資料通鑒》，2007 年 1 月，第 15503 號 a2。

忠實於原形的)。但問題是將此字釋爲"飤",卻不容易把銘文"鍚鐘百飤"的辭例講通。黄錫全、于炳文先生將"飤"讀爲當編鐘集合量詞講的"肆",⑮云"飤(食)"、"肆"二字"不僅韻部可以通轉,而且聲母同屬齒音。'百食'當讀如'百肆'"。⑯ 董珊先生則指出"飤"、"肆"兩字"雖都是齒音,但韻部相差較遠。……這種釋讀不能令人無疑",⑰這是值得重視的意見。董先生認爲此字"右側所从當爲'尸'旁,該字可隸定爲'飠尸',从'食','尸'聲",並認爲"飠尸"字與陳劍先生所釋的晉侯豬形尊銘文的"皀尸""或許是異體關係",在楚公逆鐘裏應讀爲"肆"(董文説明,"上古音'尸'、'肆'韻部是脂、質對轉","文獻有'肆'、'夷'相通之例")。按照董説,讀"肆"之説在古音上就有了比較充分的根據。但是此説同樣存在問題。第一,上文已指出,從字形上看,此字右旁應該是"人",而不會是"尸";第二,若陳劍先生所釋"皀尸"字可信,董珊先生所釋"飠尸"字亦不誤,爲什麽這個在青銅器銘文中甚爲罕見的字,在晉侯豬形尊中用爲"彝",而在楚公逆鐘裏卻又用爲"肆"呢?這樣的用字習慣,無論對"飠尸(皀尸)"字本身講,還是從"彝"、"肆"二詞在西周青銅器銘文中的用字實際情況看,⑱都是不太好解釋的。對於"鍚鐘百飤"的"飤"應該如何解釋,我認爲李學勤先生闕疑的態度是可取的,此字當待後考。⑲ 不過,楚公逆鐘的字不能爲晉侯豬形尊"皀尸"字的釋讀提供證據這一點,則是可以確定的。

---

⑮　李學勤先生將此字右旁缺釋,謂"是鐘的單位",並説"所未釋一字不大可能是指一件"(《試論楚公逆編鐘》,《文物》1995 年第 2 期,第 69、72 頁)。

⑯　黄錫全、于炳文:《山西晉侯墓地所出楚公逆編鐘銘文初釋》,《考古》1995 年第 2 期。

⑰　董珊:《晉侯墓出土楚公逆鐘銘文新探》,《中國歷史文物》2006 年第 6 期,第73 頁。

⑱　關於銅器銘文中表示鐘的量詞"肆"的用字,請參看黄錫全、于炳文《山西晉侯墓地所出楚公逆編鐘銘文初釋》。

⑲　上引董珊先生文 2005 年 9 月在《古代文明研究通訊》上發表時,曾在文末補引孟蓬生先生告訴他的兩條"之、脂兩部字或可通假的例子",一條是郭店簡《窮達以時》6 號簡"管夷吾"寫作"管寺吾",一條是今本《周易》渙卦六四爻辭"匪夷所思"在上博簡《周易》裏寫作"匪台所思",董先生在補記的最後説:"准此,楚公逆鐘之'飤'讀爲'肆',在音理上也有些證據。"(第 50 頁)這兩條都是戰國時代較爲罕見的"之"、"脂"兩部發生關係的例子,能否用來説明西周時候的語言情況,有待研究。

我認爲過去把晉侯豬形尊的字釋爲“飤”，非常有可能仍是正確的。從古文字的通例看，“人”旁和“尸”旁相混之例較多。⑳ 沈培先生曾對殷墟甲骨文中的“尸”字作過全面考察，指出歷組、無名組、黄組卜辭等有“人”、“尸”共用一形的現象，“在商末青銅器中，仍然保留着‘人’、‘尸’共用一形的特點，與同時的黄組卜辭一致”。㉑ 這正是“人”、“尸”爲一字分化的緣故。沈培先生還認爲，“到了西周青銅器銘文，‘人’和‘尸’在字形上又恢復了區别”。㉒ 這是合乎事實的。但是情況大概也並不能一概而論，金文作爲偏旁的“人”和“尸”偶爾相混，並非完全不可能的事情。我們可以注意到，晉侯豬形尊銘的書風較爲特殊，其中出現的“旅”字寫作：

（蓋銘）（器銘）

《説文·七上》説“旅”字“从㫃从从”，西周金文中的“旅”字或作（臣諫簋）、（仲義父盨）等形，㉓“㫃”下所从一般都是兩个普通的“人”形；而豬形尊“旅”字所从的卻是兩个譌變成“尸”形的“人”旁，蓋銘“旅”字右下的那个“人”的寫法，與字其實是一樣的（看下圖。器銘的“旅”字雖不清晰，但其下所从的“人”旁——尤其是右邊的那一個——也已譌爲“尸”形）。

（“旅”字所从）（“飤”字所从）㉔

⑳ 參看劉釗《古文字構形學》，福建人民出版社，2006 年，第 339 頁。也有學者指出，“人、尸恐一字之分化，字从‘人’而小變其筆”（季旭昇：《説文新證》，藝文印書館，2004 年，第 38 頁）。張富海先生曾指出，三體石經“古文中偏旁‘人’或類‘尸’，如‘休’作”（《漢人所謂古文之研究》，綫裝書局，2007 年，第 117 頁），這種現象是有早期古文字淵源的。

㉑ 沈培：《關於古文字材料中所見古人祭祀用尸的考察》，李宗焜主編：《古文字與古代史》第三輯，臺北中研院史語所，2012 年，第 20～27 頁。

㉒ 同上書，第 27 頁。

㉓ 容庚編著，馬國權、張振林摹補：《金文編》，中華書局，1985 年，第 465～469 頁。

㉔ 與下列西周青銅器銘文中的“尸”字寫法比較，二字的寫法確與“尸”旁相類：（大盂鼎）、（录卣），參看《金文編》，第 602～603 頁。

諦審字形,只有表示人形手臂的那一筆出筆的位置略有不同,但這顯然不是本質的差别。看來豬形尊銘文的書寫者本來就有將“人”旁寫成“尸”形的習慣。這既有可能是早期古文字“人”、“尸”不分現象的孑遺,也有可能只是銘文書手的特徵性書風。

古文字“皀”、“食”二字作爲表意偏旁可以通用,㉕所以釋爲“飤”應無疑義。此字的寫法,與見於包山楚簡 245 號的、247 號的,郭店楚簡《成之聞之》13 號的等“飤”字寫法可謂一脈相承。㉖ 總之,從偏旁制約的角度看,此字只能釋爲“飤”,而不宜釋爲字書不見的“皀尸”字。

問題在於銘文應該如何解釋。按照銅器銘文的一般規律,字出現的位置,確實應該首先考慮爲豬形尊的自名。陳劍先生指出此字無論釋“飤”還是釋“簋”,作爲豬形尊自名則都不能把銘文講通,這是很有道理的;但從中可以看出,陳先生也認爲字應該是銅器的自名(從此條考釋的小標題“豬尊自名”同樣可以看出這一點),這也是他把此字釋爲“皀尸”讀爲“彝”的出發點。既然我們上文對陳説提出了疑問,那麽何不换個角度考慮一下,“飤”字有無可能並非此尊的自名呢?

西周青銅器銘文中,常常有“作旅”、“某作旅”或“某作某旅”的説法(省去了“旅”後的銅器自名或共名),㉗請看如下諸例(其中有些“旅”字原从“車”,釋文徑釋“旅”,其餘釋文亦用寬式,在括弧中注明器物時代,以便於比較):

作旅 (作旅鬲,《集成》469,㉘西周早期)

戜作旅 (戜甗,《集成》837,西周中期前段)

寶(?)姒作旅 (寶(?)姒甗,《集成》899,西周早期)

㉕ 參看劉釗《古文字構形學》,第 336 頁。

㉖ 參看李守奎《楚文字編》,華東師範大學出版社,2003 年,第 317 頁。

㉗ 參看張亞初《殷周青銅鼎器名、用途研究》,《古文字研究》第 18 輯,中華書局,1992 年,第 304 頁。陳劍先生也説:“‘尊彝’或‘尊+某類器名’、‘旅彝’或‘旅+某類器名’也可以只説‘尊’、‘旅’,是大家都熟悉的金文器名中常見的現象。”(《甲骨金文舊釋“鬻”之字及其相關諸字新釋》,《出土文獻與古文字研究》第二輯,復旦大學出版社,2008 年,第 33 頁。)

㉘ 中國社會科學院考古研究所編:《殷周金文集成(修訂增補本)》,中華書局,2007 年。簡稱“《集成》”。

作旅 (鼎,《集成》1772,西周早期)

伯作旅 (伯鼎,《集成》1776,西周早期)

叔尹作旅 (叔尹方鼎,《集成》1925,西周早期)

應屖作旅 (應屖鼎,《集成》1975,西周早期)[29]

禾作旅 (禾鼎,《集成》1976,西周早期)

孔作父癸旅 (孔鼎,《集成》2021,西周早期)

作旅 (簋,《集成》3236,西周早期)

員作旅 (員尊,《集成》5692,西周中期前段)

明作旅 (明尊,《集成》5693,西周中期前段)

作父乙旅 (作父乙旅尊,《集成》5732,西周早期)

競作父乙旅 (競尊,《集成》5796,西周中期前段)

宰作父辛旅 (宰尊,《集成》5804,西周早期)

應侯作旅 (應侯鼎,《近出》273,[30]《新收》66,[31]西周中期前段)[32]

可見"某作旅"及其類似的銘文格式基本都出現於西周早期到中期,晉侯豬形尊時代正處於這一時段,我們認爲尊銘與上舉諸銘文格式相同,可能亦應在"旅"字之後逗斷。[33] 那麽,銘末的"飤"字應當怎樣解釋呢?

我們知道,青銅器銘文有以"用"、"飤"單獨爲句作結的例子。請看以下這些例子(尤其注意標底綫的例子):

作父癸寶尊彝,用。 (觶,《集成》6501,西周中期前段)

遣叔作旅鼎,用。 (遣叔鼎,《集成》2212,西周中期)

---

[29] "屖"字見劉釗《談史密簋銘文中的"眉"字》,《古文字考釋叢稿》,嶽麓書社,2005年,第101～105頁。

[30] 劉雨、盧岩:《近出殷周金文集録》,中華書局,2002年。下簡稱"《近出》"。

[31] 鍾柏生、陳昭容、黄銘崇、袁國華:《新收殷周青銅器銘文暨器影彙編》,藝文印書館,2006年。下簡稱"《新收》"。

[32] 同人所作的應侯甗銘文爲"應侯作旅彝"(《近出》157,《新收》67)。

[33] 關於金文"旅"字含義的討論,請參看陳英傑《西周金文作器用途銘辭研究》,第250～257頁。

唯王十月既吉，曾伯從寵自作寶鼎，用。　（曾伯從寵鼎，《集成》2550，春秋早期）

父乙，飤。　（父乙觶，《集成》6247，西周早期）

父乙，飤。　（父乙觶，《近出》658，西周早期）

父乙，飤。　（父乙盉，《集成》9348，西周早期）

史述作父乙寶簋，飤。　（史述簋，《集成》3646，西周中期前段）

述作兄日乙寶尊彝，飤。　（述卣，《集成》5336，西周中期前段）

述作兄日乙寶尊彝，飤。　（述尊，《集成》5934，西周中期前段）

需作寶，飤。㉞　（需簋，《集成》3374，西周中期）

“飤（食）”作爲銘文的結句，應該有“饗祀”一類意思（如《周書・作雒》“先王皆與食”之“食”㉟）。裘錫圭先生曾經指出：“祭鬼神可以叫做‘食’，鬼神饗祭祀也可以叫做‘食’。”㊱關於“祭鬼神”之“食”，裘先生所舉古書之例有“主芣騩而食溱洧”（《國語・鄭語》）、“食天壤山川之故祀”（《管子・幼官》）等。以“食”字爲銘文結尾的銅器，大概是説明這些器物是用來祭祀鬼神的。銘文此“飤”字从“尸”作，不知是否也兼有表示代祖先受祭之“尸”饗食祭品的含義在内。從上舉銅器銘文諸例看，有兩點是可以確定的：第一，“飤”和“用”的用法相類，都不是器物的自名；第二，“飤”和“用”都可以用在種類不同的器物銘文中，“飤”既可用於食器，也可以用於水器和酒器。晉侯豬形尊雖爲酒器，用“飤”作銘文結尾，卻並非不合理的現象。因此我們認爲，晉侯豬形尊銘文應斷讀爲“晉侯乍（作）旅，飤”，大致的意思是：晉侯作了這件銅器，以饗祀祖先。

陳英傑先生告訴我，晉侯豬形尊銘文也有可能不需要在“飤”字之前斷開，“旅飤”之後可能是省去了器物的專名或類名（“旅飤”都是修飾這個

㉞　銅器銘文多見“作寶”或“某作寶”的説法（見《集成》1505 作寶鼎、1770 差鼎、8305 作寶爵、10048 季盤等），可知需簋銘文似亦應在“寶”字後斷句。

㉟　參看宗福邦、陳世鐃、蕭海波主編《故訓匯纂》，2003 年，第 2516 頁，79、80、139 諸項。

㊱　裘錫圭：《讀書札記（九則）・説“食”》，《古代文史研究新探》，江蘇古籍出版社，1992 年，第 143～144 頁。

已被省去的器物專名或類名的)；上舉父乙觶、盉銘文“父乙飤”，𩂣簋銘文“𩂣作寶飤”可能也是省去了器物的專名或類名，亦不需在“父乙”、“寶”字之後斷開。

因爲西周青銅器銘文中的確存在“述作兄日乙寶尊彝，飤”(前揭述尊、卣銘)這類銘文格式，所以我們提出的前一種解釋似乎還不能完全予以否定。即使按照陳英傑先生的理解，我認爲“父乙食”、“寶食”、“旅食”的“食”，可能也是表示該器饗祀鬼神這一用途的形容詞，而不能簡單地認爲器物的用途爲食器。晉侯豬形尊銘文的“旅飤”，到底應該怎樣斷讀理解，也許還可以討論，但我認爲“飤”字之釋和此字所代表的並非豬形尊自名這一點，至少應該可以肯定下來了。

2009 年 4 月 19 日初稿
2010 年 3 月初修改
2012 年 6 月 12 日再改
2012 年 8 月 19 日定稿

附記：小文寫成後，曾蒙陳英傑先生審閱並提出寶貴意見，小文根據陳先生的指示作了補充。特致謝忱！

原刊《兩周封國論衡——陝西韓城出土芮國文物及周代封國考古學研究國際學術研討會論文集》，上海古籍出版社，2014 年。

重印按：東京中央拍賣最近上拍後又因故撤拍的曾伯克父青銅組器中，曾伯克父鐳自名爲“飤𩂣”，曾伯克父壺自名爲“寶飤壺”，前者“飤”字的“人”旁腿部亦作屈曲形(“文博山西”公衆號，2019 年 3 月 12 日)。《集成》3374 銘文可知應讀爲“𩂣作寶飤”。

作册封鬲銘文拾遺

作册封鬲有一對，現藏於中國國家博物館。其銘文拓本最早由王冠英先生發表於《中國歷史文物》2002 年第 2 期，①後著録於《新收殷周青銅器銘文暨器影彙編》②和《商周金文資料通鑒》③(參看下圖)。

這兩件鬲的銘文行款不同，文字内容上唯一的不同，是王冠英先生所定甲器銘文"多易休"一句，乙器作"多休"。王先生據乙器將本文所要討論的相關銘文釋讀爲"王弗叚(暇)諲(忘)，享厥孫子，多休"，並解釋説：

> 享，通饗。饗厥孫子，即饗宴其孫子。多休，即甲器所説的"多易休"，多多地賜予恩賞和榮譽的意思。

他的釋文在後來討論作册封鬲銘文的學者中似没有異議。④ 不過有些學者對銘文意思有不太一樣的理解，如陳英傑先生説：

---

① 王冠英：《作册封鬲銘文考釋》，《中國歷史文物》2002 年第 2 期，第 4～6 頁。王先生將外型稍遜但銘文較爲完好的一件稱爲乙器，釋文亦據乙器。器主之名原作，謝明文先生認爲應釋"奉"[《金文"奉揚"説補釋》(未刊稿)，轉引自他的博士學位論文《商代金文彙編集釋》開題報告第 42 頁注 118]，其説可從。不過爲了便於閲讀檢索起見，我們在文中仍從原發表者對器物的定名。

② 鍾柏生、陳昭容、黄銘崇、袁國華編：《新收殷周青銅器銘文暨器影彙編》，藝文印書館，2006 年，第 1066 頁 1556、1557 號。此書甲乙二器的編號與王冠英先生文相反。

③ 《商周金文資料通鑒》課題組《商周金文資料通鑒》，2007 年，2947、2948 號。甲乙二器釋文次序同注②所引書，但拓本次序顛倒。

④ 參看連劭名《中國歷史博物館新藏青銅器銘文考釋》，《東南文化》2005 年第 4 期，第 68 頁。

甲器

乙器

作册封鬲銘文拓本

楚公逆鐘(引者按,作者此處所引銘文出處及銘文斷代略去,下同)“内鄉(入享)赤金九萬鈞”跟逑盤“方狄不享”、十年陳侯午敦“諸侯享以吉金”之“享”都是進獻之義。……這裏是説天子“享”作册封,這個享跟楚公逆鐘等之“享”不同,前者是卑對尊,後者是尊對卑,二者同字義别而相因,這種“享”跟“賜”義近,這也符合上古漢語中施受同辭的詞義引申規律。⑤

對於“多休/多易休”一句,陳英傑先生則從王冠英先生的斷讀,並補充説:

駒父盨蓋(4464——引者按,此爲《殷周金文集成》著録號碼,下文簡稱“《集成》”——)“駒父其萬年永用多休”、作册封鬲“享厥孫子多

⑤ 陳英傑:《西周金文作器用途銘辭研究》,綫裝書局,2008年,第283頁。

休”……，“多休”均應單獨一讀，“多”作狀語，多多地被賞賜之義。⑥

關於“多休/多易(錫)休”的斷讀，我們認爲王、陳兩位先生的意見是正確的；只是“多休/多易(錫)休”一句，嚴格地講應理解成“(王)多多地(給予)蔭庇或庇佑”，⑦而不宜解釋爲“賜予恩賞和榮譽”或“被賞賜”等。

問題是“享厥孫子”一句，無論採取上述哪一種解釋，似都很難把銘文講通。首先，“享”字在西周銅器銘文中可表“尊對卑”的獻賜之義，大概是一個有待證明的假設，現在並没有確切的的辭例可以證實這一點；第二，正如陳英傑先生所理解的那樣，“厥孫子”是指“作册封”，“厥”指代的當然就是作册封的祖先，但是在銘文上文並無任何一句話提及封的先人，這裏突然出現了“厥孫子”，是非常奇怪的。

諦審拓本，我們發現所謂的“厥”字實寫作如下之形：

(甲器)(乙器)

同銘中“休”字寫作：

、(甲器)、(乙器)

將所謂“厥”字與“休”所从的“人”旁相比，可知“厥”字亦應改釋爲“人”。西周金文“人”、“氒(厥)”二字雖有個别訛混之例，但兩字畢竟區别明顯。⑧ 因爲兩件鬲銘此字寫法無别，若以誤鑄解釋恐亦可能性不大。所以從字形上講，將此字釋爲“氒(厥)”是不合適的。結合上面我們從文義方面提出的疑點，這個字釋“氒(厥)”應不可信。

由此出發，我們認爲銘文很可能應斷讀爲“王弗叚諼(忘)亯人孫子，多[易]休”。我們知道，西周青銅器銘文在敘述王或作器者上司的恩寵

---

⑥　陳英傑：《西周金文作器用途銘辭研究》，第427頁。

⑦　參看裘錫圭《文字學概要》，商務印書館，1988年，第143～144頁。

⑧　陳劍先生曾提到楚公逆鐘(人)、(氒)兩字寫法不同，並糾正過去將前一字形釋“氒(厥)”的錯誤，即爲顯例(看陳劍《晉侯墓銅器識小》，載《甲骨金文考釋論集》，綫裝書局，2007年，第125～126頁)。

時,經常有如下一類話:

王唯念𢦏辟烈考甲公　　(𢦏方鼎,《集成》2824)

肆武公亦弗叚忘朕聖祖考幽大叔懿叔　　(禹鼎,《集成》2833)

天子亦弗忘公上父㝬(胡)德　　(師𩛥鼎,《集成》2830)

肆天子弗忘厥(引者按,"厥"指代上文提到的"丕顯朕烈祖考")孫子　　(虎簋蓋,《新收》633、1874)

余(引者按,"余"是"王"自稱)弗叚忘聖人孫子　　(逑鼎,《考古與文物》2003 年第 3 期)

這是表示王或上司命器主以事,是受先人的蔭庇。[9] 虎簋蓋和逑鼎銘文的話跟作册封鬲銘文較爲相似,而與鬲銘最爲接近的話,見於師望鼎銘文:

王用弗忘聖人之後,多蔑曆易休。　　(《集成》2812)

作册封鬲銘文"弗叚"之"叚",是一個表示"可能性"的助動詞,"弗叚"的意思接近"不能"、"不會"。[10] 作册封鬲銘文除了没有講"蔑曆"一語之外,語義和師望鼎銘文幾乎是相同的。所以我們認爲將"氒(厥)"改釋爲"人",從辭例上説也是很合適的。

從文義上看,"亯人"的意思自應和"聖人"意思接近,也是對作器者先祖的一種美稱。

"亯(享)"字在西周金文中的用法,學者已經比較清楚。陳英傑先生指出西周金文的"亯(享)"字可以表示"祭獻"、"饗宴"、"奉事"(或"侍奉")、"進獻"等意思。[11] 但是這些意義放在"亯人"一詞中,大概都無法講通。看來我們應該對"亯人"之"亯"另求解釋。

---

⑨　師𩛥鼎銘文的"公上父""是師𩛥的先人,但似非直系之祖"(參見李學勤《師𩛥鼎剩義》,載《新出青銅器研究》,文物出版社,1990 年,第 96 頁)。

⑩　沈培:《再談西周金文"叚"表示情態的用法》,載《中國古代青銅器國際研討會論文集》,上海博物館、香港中文大學文物館,2010 年,第 193～228 頁。

⑪　陳英傑:《西周金文作器用途銘辭研究》,第 280～283 頁。陳先生據作册封鬲銘文認爲"享"還可以表示尊對卑的"賜"義,是我們所不同意的。又可參看張世超等《金文形義通解》,中文出版社,1996 年,第 1374～1377 頁。

我認爲“亯(享)人”的含義應結合西周晚期的𩛥史㞒壺(《集成》9718)[12]銘文來理解:

> 𩛥史㞒作寶壺,用禋祀於兹宗室,永追福禄于兹先神、皇祖亯叔……

“皇祖亯叔”是𩛥史㞒對其祖的稱呼,其形式可比較西周銅器銘文中所見的“皇考惠叔”(虢叔旅鐘,《集成》238)、“文考釐仲”(士山盤,《新收》1555)、“文考釐叔”(㝿鼎,《集成》2755)、“文祖豐仲”(羚簋,《古文字研究》第25輯第177頁)、“烈祖幽叔”(柞伯鼎,《文物》2006年第5期第68頁)、“文祖益仲”(元年師旋簋,《集成》4279)、“皇祖釐季”(無䀂簋,《集成》4225)等。這個“亯”字應該和“惠”、“釐”、“豐”、“幽”、“益”等字一樣作美稱用。[13] 所以,作册封鬲的“亯人”之“亯”與𩛥史㞒壺的“亯叔”之“亯”,當尋求統一的解釋。

我認爲,這個“亯”字無疑應是用作“亨通”之“亨”的。“亨”、“享”本爲一字異體,金文寫作、等形,後來分化爲兩字。[14] 所以鬲銘的字和壺銘的字,從文字學上講,自然都可以用作“亨通”之“亨”。

“亨”表“亨通”之義,主要見於《周易》卦辭中的占斷之辭以及古書引及《周易》的部分,主要辭例如“亨”(《坤》,又《坤·彖》“品物咸亨”)、“元亨”(《无妄》)、“小亨”(《旅》)、“光亨”(《需》)等,古書、古注和字書一般都把這種“亨”解釋爲“通”、“嘉之會”一類意思。[15] 但近代以來,卻有一些學者對這類“亨”字提出不同理解。高亨先生《周易古經今注》在這類“亨”字下皆加注:

> 亨即古享字。古人舉行大享之祭,曾筮遇此卦,故記之曰“元亨”。[16]

---

[12] 𩛥器還有宋人著録的𩛥仲奠父簋(《集成》3859)。

[13] 當然,有少數作器對象的謚稱中的用字不一定是美稱,如“穆考後(?)仲”(伯克壺,《集成》9725)、“文考胤伯”(㝬簋,《集成》4074),不過大多數都可以視爲美稱。關於西周青銅器銘文中作器對象爲“美辭+親稱+謚稱”的例子,參看陳英傑《西周金文作器用途銘辭研究》,第68、71、82、83、84、91、92、94、95、96頁。

[14] 裘錫圭:《文字學概要》,第224頁。

[15] 參看宗福邦等主編《故訓匯纂》,商務印書館,2003年,第72頁。

[16] 高亨:《周易古經今注》,中華書局,1957年(據開明書店1947年原版重印),第5頁。

在此書後來的重訂本中,作者仍堅持這種意見。⑰ 一些研究帛書《周易》的學者也有類似的解釋,如張立文先生在帛書《鍵(乾)》卦卦辭"元享"下出注説:

> "享"假借爲"亨"。……"亨",《説文》:"亯,獻也,從高省,日(引者按,原書"日"字誤排爲"曰")象進孰物形。"亨爲享祀之義。亨,《子夏易傳》:"通也。"⑱

雖然張先生也舉出了古書訓"亨"爲"通"的説法,但顯然他還是比較主張"亨"爲"享祀"之説的。又如楊伯峻先生注襄公九年《左傳》所引《周易·乾·文言》"亨,嘉之會也"句説:

> 亨即享,凡嘉禮必有享。享有主有賓,故曰會。

又注同年《傳》下文"不靖國家,不可謂亨"説:

> 國不安静,何能享燕,故言不可。⑲

楊先生把"亨(享)"理解爲宴享之義,與上述兩家略有不同,但顯然也是不贊成"亨通"之説的。

對於這個問題,秦倞女士結合馬王堆帛書《周易》和《易》傳、上博簡《周易》的用字特點做了很好的研究,她指出帛書和傳本《周易》皆作"亨"者,一共 34 處,還有帛書《易》傳引及兩條未見於帛書《周易》卦辭中的"亨",與傳本亦同。同時她指出:

> 除上引諸條外,傳本中還有兩處"亨"字在帛書中作"芳":
>
> 《大有》九三:公用芳于天子,[小]人弗克。
>
> 《隨》上九〈六〉:拘係之,乃從〈從乃〉巂(解?)之,王用芳于西山。
>
> 我們還注意到,竹書《隨》上六作"王用亯于西山",跟傳本其他"亨"字在竹書中作"卿"不同。

---

⑰ 高亨:《周易古經今注(重訂本)》,中華書局,1984 年。
⑱ 張立文:《帛書周易注譯》,中州古籍出版社,1992 年,第 2 頁。
⑲ 楊伯峻:《春秋左傳注》,中華書局,1990 年,第 965 頁。

> 除此之外，帛書中的“芳”字又見於以下卦爻辭：
>
> ……(引者按，所引諸例略去。)
>
> 除《困》九五“芳祀”傳本作“祭祀”以外，其餘上引爻辭在傳本中與之對應的字均作“享”。
>
> 從以上辭例不難看出，凡帛書中寫作“芳”的字所表示的詞都是“享”，意爲“享祀”。《困》九五“芳(享)祀”跟傳本“祭祀”是近義换用的關係。其他帛書與傳本俱作“亨”者，仍以傳統的説法“亨通”來解釋比較好。“亨通”也就是“順利”的意思，在卦爻辭中作占斷之辭，跟“吉”的意義、用法均相近。“小亨”、“光亨”即分别是“比較順利”和“非常順利”的意思。“元亨”中的“元”大概兼有“起初”和“主要”兩層含義，用“首要”來解釋是最爲恰當的。“元亨”也就是“首要的事情，順利”。
>
> 就“享祀”這個意思的用字來看，傳本字詞關係的系統性不如帛書。竹書僅殘存 34 卦的内容，無法進行全面的考察。不過，竹書《隨》上六作“亯”，而其他“亨”字作“卿”，大概也是把“享祀”和“亨通”兩個意思的用字分得很清楚的。⑳

這些意見基本都是正確的。我們知道，過去的學者對於“亨”的“亨通”義，一般都認爲是從“享祀”的意思引申的，如段玉裁説：

> 亯之義訓薦神，誠意可通於神，故又讀許庚切。㉑

朱駿聲説：

> 獻其誠達之，則無不順嘉，故亦曰亯，字作亨。㉒

其實頗爲牽强，還不如認爲“亨通”就是“亯”字的假借義。戰國和西漢《周易》的抄本皆明確區分“享祀”和“亨通”這兩個詞的用字，也許正説明了這

---

⑳ 秦倞：《利用出土文獻校讀〈周易〉經文》，復旦大學 2008 年碩士學位論文(指導教師：陈劍教授)，第 87～90 頁。

㉑ 段玉裁：《説文解字注》，上海古籍出版社，1981 年，第 229 頁。

㉒ 朱駿聲：《説文通訓定聲》，中華書局，1984 年，第 897 頁。

一點。不過帛書《周易》和《易》傳用"芳"爲"享祀"之"享",也許是出於帛書"亨"字多表"亨通"義,需要以音近之字來加以區分的考慮。㉓ 所以儘管帛書對"享祀"義和"亨通"義的用字有嚴格區分,卻也不宜反過來説"傳本字詞關係的系統性不如帛書",因爲從西周金文看,"享祀"本即作"亯(亨/享)",傳本的用字與之並無不同,正是沿襲了早期古文字的用字習慣。傳本和帛書本皆用"亨"表"亨通"之義,應該也反映了比較固定的用字習慣;上博簡《周易》用"卿"表示"亨通"之"亨",則應視爲六國文字的特殊用字習慣,與早期古文字和秦系文字的用字是不一樣的。

總之,《周易》的"亨"及其他古書中與《周易》相關的有些"亨"字有"亨通"之義是完全可以確定的。㉔ 我們知道,根據顧頡剛、李學勤等學者的研究,《周易》卦爻辭的著作年代當在西周初,至少不晚於西周中葉。㉕ "亨"的"亨通"義在西周時代也應該存在。所以西周晚期的作册封鬲與畬史戻壺用"亨"表示"亨通"的意思,絲毫不奇怪。《周易》卦爻辭的"亨",多用作占斷之辭,没有用作定語修飾名詞的。不過上引《易・坤・彖》有"品物咸亨"一語,雖然年代比卦爻辭晚,則正是用"亨"來形容萬物的。所以我們認爲作册封鬲的"亨人"就是通達吉順之人的意思。㉖ 畬史戻壺的"亨"則是以這個詞爲畬史戻之祖的美稱。值得注意的是,以"亨通"之"亨"來形容和讚美先祖的這兩件銅器的主人,一個是"作册",一個是"史",也許正是因爲這個詞多在《周易》中使用,而他們世爲史官,讀《易》較熟的緣故吧。

2009 年 12 月 13 日草
2011 年 9 月 30 日改定

㉓ 這種用字習慣大概是秦系文字的特點,與楚簡所見"亯月"秦簡作"紡月"(參看白於藍《簡牘帛書通假字典》,福建人民出版社,2008 年,第 280 頁)例同。

㉔ 較晚古書節引或敷衍《周易》卦爻辭而形成"亨泰"、"亨通"、"亨達"、"亨運"、"亨途"、"亨路"、"亨衢"、"亨會"、"亨嘉"、"亨暢"、"屯亨"、"元亨"、"光亨"、"嘉亨"、"困亨"、"窮亨"、"豐亨"、"貞亨"、"通亨"、"謙亨"等詞,也有助於説明"亨"的這一意義。

㉕ 顧頡剛:《周易卦爻辭中的故事》,顧頡剛編著:《古史辨》第三册,上海古籍出版社,1982 年,第 1～44 頁;李學勤:《周易溯源》,四川出版集團、巴蜀書社,2006 年,第 1～18 頁。

㉖ 古書多見"吉人"(《詩・大雅・卷阿》,《尚書・吕刑》,《左傳》文公十八年、宣公三年等),其義與"亨人"當近似。

追記：新近公布的《清華大學藏戰國竹簡(三)·周公之琴舞》14 號簡有"亂曰：良德其如台？曰亯(享)人大……"的話，因該簡下部殘損十四五字，文義未完，整理者没有對"亯(享)人大……"句作解(清華大學出土文獻研究與保護中心編、李學勤主編：《清華大學藏戰國竹簡(叁)》，中西書局，2012 年，下册第 134、142 頁)。從簡文文義看，"亯人"似當是後一句回答的話中的主語，若然，則"亯"字不應讀"享"而應讀"亨"，"亯人"很可能跟作册封鬲銘文的"亨人"一樣，就是指通達吉順、具備良德之人的意思。

原刊《中國文字學報》第五輯，商務印書館，2014 年。

釋三晉銘刻“鬲”字異體兼談國博藏十七年春平侯鈹銘的真僞

趙孝成王十七年(公元前 249 年)春平侯鈹,據董珊先生《論春平侯及其相關問題》一文的意見,共有十件真銘。其中標“邦左伐器”的有 5 件,它們分别是《殷周金文集成》(下簡稱“《集成》”)11713B(藏上海博物館)、《集成》11690(藏上海博物館)、《集成》11716(藏中國歷史博物館——今稱中國國家博物館——)、《集成》11713A(此器摹本爲 11714,藏上海博物館)和《集成》11689(藏北京故宫博物院)。[①] 爲省卻讀者翻檢之勞,我們把董珊先生文所附的摹本及圖版説明列在下邊(看下頁圖)。

這五件鈹銘的邦左伐器長姓工師之名作,舊或釋“雚”,[②]或釋“翟(鳳)”。[③] 因爲第一種釋法同字形有較大差距,所以現在信從後一種釋法的人比較多。這種意見的主要根據是,把字形上部中間所从看作“辛”,而早期古文字(如殷墟甲骨文)“鳳”字頭部的冠飾往往寫作“辛”或“辛”之形;[④]在古漢字發展過程中,本來像鳳身主體及翎尾之形被一般的“隹”旁取代,也

① 董珊:《論春平侯及其相關問題》,北京大學考古文博學院編:《考古學研究(六):慶祝高明先生八十壽辰暨從事考古研究五十年論文集》,科學出版社,2006 年,第 446～460 頁。

② 黄盛璋:《試論三晉兵器的國别和年代及其相關問題》,《考古學報》1974 年第1 期。

③ 張亞初編著:《殷周金文集成引得》,中華書局,2001 年,第 175～176 頁;華東師範大學中國文字研究與應用中心編:《金文引得(春秋戰國卷)》,廣西教育出版社,2002 年,第 117 頁。

④ 參看劉釗、洪颺、張新俊編纂《新甲骨文編》,福建人民出版社,2009 年,第244 頁。

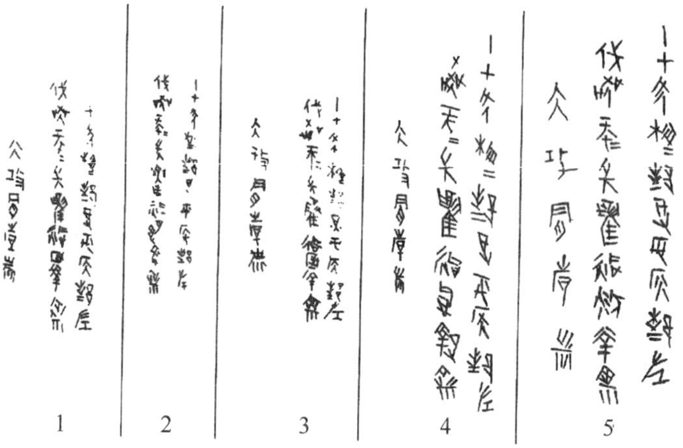

十七年相邦春平侯邦左伐器鈹(引者按,董文原稱“十七年相邦春平侯邦左庫鈹”)

1.《集成》11713B1(正面摹本)、11713B2(背面摹本),藏上海博物館
2.《集成》11690(藏上海博物館,有背款,《集成》失收)
3.《集成》11716(僅見摹本,中國歷史博物館藏品)
4.《集成》11713A1、11713A2(拓本),此器摹本爲 11714,藏上海博物館
5.《集成》11689(藏北京故宫博物院)

符合古漢字過程中舊有表意字中形符不斷減少的規律。⑤ 所以把這個字釋作“鳳”在文字學上似乎並非没有道理。但仔細推敲,這種意見其實似是而非。首先,該字上部明顯从“臼”,這是“鳳”字所不具有的特徵。第二,該字下部寫作“”,三晉文字中“隹”和从“隹”之字多見,如:

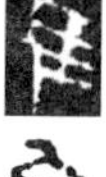邵鐘“隹”字(《集成》226)

古璽“雝”字(《古璽彙編》1517)

貨幣“雝”字(《中國貨幣大辭典·先秦編》299)⑥

⑤ 參看裘錫圭《文字學概要》,商務印書館,1988 年,第 34 頁。

⑥ 湯志彪:《三晉文字編》,吉林大學博士學位論文(指導教師: 馮勝君教授),2009 年,第 213~217 頁。戰國文字“隹”旁寫法,又可參看朱德熙《壽縣出土楚器銘文研究》,《朱德熙文集》,商務印書館,1999 年,第五卷第 4 頁。

“隹”旁像鳥頭的筆劃都没有完全省去。三晉貨幣銘文中有寫作形的“隹”旁,⑦這似乎是釋爲“隹”的主要根據。但是兩者從構形到筆法畢竟仍有較大區别,也不能作爲釋字的根據。新近發表的珍秦齋藏宅陽令矛刻有如下一字:

(原形) (摹本)

發表者釋爲“鑄”。⑧ 按“鑄”字一般从“火”、“皿”,於字形不合。湯志彪先生將此字與上述定爲一字,⑨非常正確。它們主要的不同有兩點。宅陽令矛字下部从一竪三横,而字則下部多从“圭”形,不過有些十七年春平侯鈹的字形也少一横筆(如前舉《集成》11713B 之形),可爲其比。第二是字右下部一竪筆下垂,而字没有這一筆,這應解釋爲相對位置相同筆劃的簡省,在古文字中這樣的簡省是非常自然的,亦不煩舉例。但是湯志彪先生從舊説將字釋作“鸐(鳳)”則是不對的。因爲在古文字中絶難找到寫作形的“隹”旁。

我認爲,、兩字皆應釋爲“鬳(鬲)”字異體。“鬳”字見於三體石經《君奭》,字作,用爲“鬲”;⑩春秋戰國文字中多見這種寫法的“鬲”字。⑪《中國璽印集粹》109 號著録一方三晉姓名古璽:

---

⑦ 參看吴良寶《先秦貨幣文字編》,福建人民出版社,2006 年,第 49 頁“雝”字第 2、6、18 例所从。

⑧ 《珍秦琳琅——秦青銅文明》,澳門特別行政區民政總署文化康體部,2009 年,第 100、102 頁。

⑨ 湯志彪:《三晉文字編》,第 216 頁。

⑩ 施謝捷:《魏石經古文彙編》(未刊稿),第 25 頁。參看徐在國《傳抄古文字編》,綫裝書局,2006 年,第 276 頁。

⑪ 參看何琳儀《戰國古文字典——戰國文字聲系》,中華書局,1998 年,第 763 頁。高明、涂白奎:《古文字類編(增訂本)》,上海古籍出版社,2008 年,第 1388 頁。

貴⑫

湯志彪先生釋此字爲"䰙",列在"鬲"字之後。⑬《故宫青銅器》著録傳出河南輝縣的戰國早期君子之弄鬲的"鬲"字寫作:

⑭

𩰫下部从"圭",其實應與上舉古璽"䰙"字爲一字。這兩個字顯然和宅陽令矛之字亦爲一字。施謝捷先生曾聯繫上舉古璽字,指出首陽齋所藏春秋時代子范鬲的自名也寫作从"鬲"从"圭"聲之字。⑮現在看來,三晉的"鬲"字,經常寫作加"圭"聲之形。我們認爲,這種寫法應當看作"鬲"字的一種異體。近蒙田煒兄賜告,近年陝西韓城梁帶村M26出土西周晚期春秋早期芮太子白鬲的"鬲"字下亦从"圭",⑯梁帶村M19出土同爲西周晚期春秋早期芮太子鬲自名則作"䰛"。⑰此二器形制花紋皆極爲接近,這是將从"鬲"从"圭"之字讀爲"鬲",視作"鬲"字異體的極好證據。

---

⑫　湯餘惠主編:《戰國文字編》,福建人民出版社,2001年,第1146頁。

⑬　湯志彪:《三晉文字編》,第153頁。

⑭　故宫博物院編:《故宫青銅器》,紫禁城出版社,1999年,第269頁。參看湯志彪《三晉文字編》,第152頁"鬲"字條。

⑮　施謝捷:《首陽齋藏子范鬲、商鞅鈹補釋》,"中國古代青銅器學術研討會",香港,2009年4月17至18日。蒙一同赴會的劉釗先生告訴我施先生的意見。後又蒙施先生本人賜知,他並不認爲此字爲"鬲"字異體,而是一個與"鬲"音義皆近之字(關於這一點,請參看本文附記)。子范鬲著録於首陽齋、上海博物館、香港中文大學文物館:《首陽吉金——胡盈瑩、范季融藏中國古代青銅器》,上海古籍出版社,2008年,第144～145頁。

⑯　陝西省考古研究所、渭南市文物保護考古研究所、韓城市文物旅遊局:《陝西韓城梁帶村遺址M26發掘簡報》,《文物》2008年第1期;陝西省考古研究院、震旦藝術博物館編,孫秉君、蔡慶良合著:《芮國金玉選粹——陝西韓城春秋寶藏》,三秦出版社,2007年,第222頁;參看商周金文資料通鑑課題組《商周金文資料通鑑》電子數據庫2997號,2007年。

⑰　陝西省考古研究所、渭南市文物保護考古研究所、韓城市文物旅遊局:《陝西韓城梁帶村遺址M19發掘簡報》《考古與文物》2007年第2期;《芮國金玉選粹——陝西韓城春秋寶藏》,第212、214頁;參看《商周金文資料通鑑》電子數據庫2991號。

“鬲”字加注“圭”聲，從上舉芮國銅器銘文的例子看，似非晉系文字的特有現象；不過春秋早期的芮國位於陝西韓城一帶，地與晉國毗鄰，受到晉系文字影響的可能性大概還不能完全排除。我們注意到，楚系文字也有加“圭”聲的“鬲”字，只是構形有所不同。西周晚期的樊君鬲（《集成》626）的自名之字寫作，郭沫若先生釋爲“䰛”。⑱《説文解字》説“䰛”“古文亦鬲字”；高田忠周《古籀篇》也指出西周金文“䰛”字所从的形“即鬲，……與《説文》从鬲同意也。”⑲這都是有道理的。但郭沫若先生又謂“其疏底蔽也”，則不可信。此字字形上部中間所从，學者多已指出是“圭”旁。⑳ 陳英傑先生指出，字“當是从圭得聲，圭上古音屬支部見母，鬲爲錫部來母，陰、入對轉”。㉑ 其説可從。《集成》675、676 號著録的樊夫人龍嬴鬲，器物自名作、，也顯然與字有關。張世超先生等認爲樊君鬲所从的“‘’乃樊夫人鬲字内‘土’形所變”，㉒但是“鬲”字内从“土”無所取義。我認爲樊夫人鬲之字的“土”旁是“圭”的譌脱省變之形。“鬲”字左側加注“圭”聲的寫法還見於河南淅川下寺春秋楚墓出土的一件交龍紋鬲，字作。㉓ 這都説明“鬲”字加注“圭”聲不是晉系文字獨有的現象。

⑱ 郭沫若：《釋䀇䰛䰜䰛》，《郭沫若全集・考古編》第五卷《金文叢考》，科學出版社，2002 年，第 472 頁。關於此字的相關討論，可參看郭永秉《上博藏西周寓鼎銘文新釋——兼爲春秋金文、戰國楚簡中的“羹”字祛疑》，復旦大學出土文獻與古文字研究中心編：《出土文獻與傳世典籍的詮釋——紀念譚樸森先生逝世兩周年國際學術研討會論文集》，上海古籍出版社，2010 年，第 81～98 頁。

⑲ 轉引自周法高、张日昇、徐芷儀、林潔明編纂《金文詁林》第 1540 頁 345 號“䰛”字下，香港中文大學，1975 年。

⑳ 容庚先生已將該字上部隸定爲“圭”（《商周彝器通考》，上海人民出版社，2008 年，第 244 頁。此亦蒙田煒兄向我指出，非常感謝）。张亞初先生將此字括讀爲“烓”（《殷周金文集成釋文》，見《殷周金文集成引得》第 21 頁），他顯然已視“圭”爲聲旁。

㉑ 陳英傑：《西周金文作器用途銘辭研究》，綫裝書局，2008 年，第 134 頁注 3。

㉒ 張世超、孫凌安、金國泰、馬如森撰著：《金文形義通解》，中文出版社，1996 年，第 591～592 頁。

㉓ 劉雨、盧岩：《近出殷周金文集録》，中華書局，2002 年，第一册第 309～310 頁 132 號；中國青銅器全集編輯委員會編：《中國青銅器全集》，文物出版社，1998 年，第 10 卷第 16 頁第 16 號、圖版説明第 7 頁。參看高明、涂白奎《古文字類編（增訂本）》，第 1388 頁。此字右部所从似比一般的“鬲”字多出一個“鼎”旁。

"鬲"雖是來母字,但《廣韻》"鬲"字有郎擊切和古核切兩讀,从"鬲"的"隔"、"膈"等都是見母字,與"圭"字相同。可見"圭"字有條件作爲"鬲"的聲符。《廣韻》"鬲"字的兩讀分别屬開口四等和開口二等,"圭"則是合口四等,有開合口的不同,古文字材料的"鬲"字从"圭"聲,也許反映的是這些地區的方音特點。

關於从"圭"聲的"鬲"字的形成過程,在此也想做些推測。三晉銘刻中有些从"圭"聲的"鬲"字,下部寫作三横一豎而非標準的"圭"形(如前舉《集成》11713B 和宅陽令矛銘文),這可以讓我們推測這種寫法的"鬲"字,也許就是從三體石經這類形體下部稍加譌變(即多加一横)而形成的;後來可能在寫作三横一豎字形的基礎上,再加一筆改造成"圭"聲以表全字讀音。因爲是屈形就音,所以從這個角度看,作爲"鬲"字聲旁的"圭"雖然與"鬲"字韻部相同,但韻母並不完全密合(即開合口等次不同)也是可以理解的。事實是否如此,還有待研究。

前舉《中國璽印集粹》109 號的"鬲貴"之"鬲"用作姓氏(按此語不確,請參本文"附記",本段應作廢)。古有"鬲"姓,或云爲商賢人膠鬲之後,㉔或云偃姓,爲咎繇之後。㉕ 今陝西等地仍有"鬲"姓後人。㉖ 可見把此字釋爲"鬲"是可以講通的。

因此我們認爲,本文開頭所舉春平侯鈹銘邦左伐器長姓工師之名,現在看來就應視作"鬲"之異體。戰國時趙人名"鬲"者,即有保利藝術博物館所藏六年司空馬鈹"笵鬲"之名可爲之比。㉗ 至於珍秦齋藏宅陽令矛的"鬲"字,不知是鑄造者或使用者名氏還是地名,有待進一步研究。

本文開頭所舉中國國家博物館所藏的那件十七年春平侯鈹銘,其真

㉔ (宋)鄧名世撰、王力平點校:《古今姓氏書辯證》,江西人民出版社,2006 年,第 614 頁。

㉕ 《水經·河水注》五引應劭《風俗通義》佚文,見王利器《風俗通義校注》,中華書局,1981 年,第 557 頁。

㉖ 陳明遠、汪宗虎:《中國姓氏大全》,北京出版社,1987 年,第 95 頁。參看下面的網頁: http://wiki.zupulu.com/doc.php? action=viewuser&docid=1493。

㉗ 《保利藏金》編輯委員會:《保利藏金——保利藝術博物館館藏精品選》,嶺南美術出版社,1999 年,第 274、276 頁。該"鬲"字寫作一般的"鬲"形。

僞有争論。吴振武先生曾指出：

> 至於下列各記"邦左伐器"之春平侯兵器，皆係近代仿刻：《集成》第 18 册 11557（五年，矛）、11558（十七年，矛）、11684（十七年，鈹或劍）、11691（十五年，鈹或劍）、11699（十七年，鈹或劍）、11716（十七年，鈹或劍）。又，同書 11662 五年相邦春平侯劍亦係近代仿刻，……㉘

董珊先生説，《集成》11662 和 11716 所著録者，"從摹本看，我認爲銘文不僞。本文仍把這兩件銘文作爲真銘納入討論，但其著録題名爲'劍'，是定名錯誤，應該更名爲'鈹'"。㉙ 國博所藏的十七年春平侯鈹，目前仍然只能看到黄盛璋先生的摹本，其原摹如下：

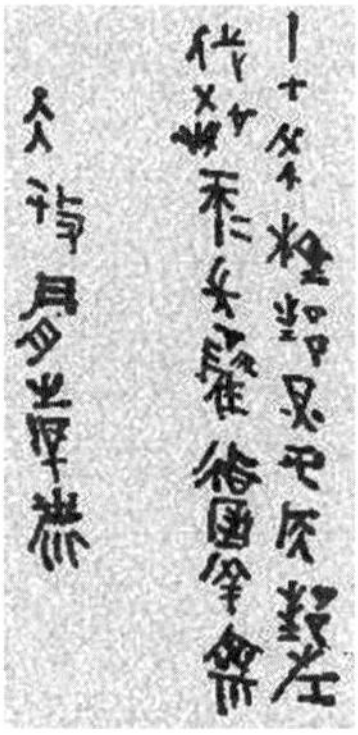
㉚

雖然是摹本，但仍可看出銘文筆劃纖弱無力，其中"春"字的"屯"旁、"平"字、"哭(器)"字的"犬"旁、"冶"字和"耑"字，都有交代不清楚的地方。這顯然是仿刻水平不夠的問題，而非摹寫的失誤。因爲不識"鬲"字，仿刻者

㉘ 吴振武：《趙武襄君鈹考》，《文物》2000 年第 1 期。

㉙ 董珊：《論春平侯及其相關問題》，第 446 頁注 1。董珊先生在先前所著《戰國題銘與工官制度》第 15 頁中也已提出上述看法，他説："從摹本看，我們認爲銘文無破綻，也並非造僞者所能及。……當然，這兩件器物原物具在，如果有機會目驗原器，則真僞可以立判。"[北京大學 2002 年博士學位論文（指導教師：李零教授）]

㉚ 黄盛璋：《試論三晉兵器的國别和年代及其相關問題》，《考古學報》1974 年第 1 期。

把“鬲”字下部刻成了類似秦漢文字的“隹”旁(將左側本應連在一起的一斜筆和一竪筆誤分、錯位,並且誤挪了鬲底右部的那一斜筆),更是嚴重的失誤。從上述這些情況看,國博的這件鈹銘一定是僞作,吴振武先生的意見無疑是正確的。將此銘同《集成》11713B 真銘摹本稍加比較可知,仿刻者大概就是依後者之樣畫的葫蘆。

附帶一提,湯志彪先生博士學位論文《三晉文字編》在“翟”字下收録了《旅順博物館館藏文物選粹・青銅器卷》59 號相邦矛一例,所引辭例爲“翟句(人名)”。[31] 我們核對了原書,其實該器就是吴振武先生已指爲仿刻的《集成》11558,[32]辭例也是工師名“長翟(引者按,即我們所説的“鬲”字)”而非“翟句”(“句”字似當是銘文“冶”字之誤釋)。此器仿刻的水平更低,多有字未刻全或刻錯者,故不應作爲真銘引用。

2010 年 4 月初稿

附記:本文寫成後,先後承蒙劉釗先生、田煒兄、裘錫圭先生和施謝捷先生指教。裘先生是正多處,施先生則以大作《首陽齋藏子范鬲補釋》賜示,本人極爲感謝。本文所釋三晉銘刻的“鬲”字,施先生認爲皆宜釋爲見於《玉篇》鬲部的“鬹”字,“在銘文中作爲器物自銘的‘鬹’當是‘鬲’的别稱。原徑釋爲‘鬲’恐怕不妥”。與本文意見不同,請讀者注意參閲施文。又施先生文中舉出一方未著録的三晉私璽,印文自左向右爲“鬹事”二字。施文認爲《中國璽印集粹》109 號“鬹貴”印與此印“姓氏分别是‘貴’、‘事’,名字相同”。其説當是。本文推測“鬹(鬲)”爲姓“貴”爲名,可能性比較小。如此,似三晉人好以“鬲”爲名。

2010 年 12 月修改並記

---

[31] 湯志彪:《三晉文字編》第 216 頁。

[32] 旅順博物館編:《旅順博物館館藏文物選粹・青銅器卷》,文物出版社,2008 年,第 97 頁。據此書説明,該矛爲旅順博物館“舊藏”。該矛曾著録於《三代吉金文存》20・41・2(參看劉雨、沈丁、盧岩、王文亮編著《商周金文總著録表》,中華書局,2008 年,第 1612 頁)。

看校追記：施謝捷先生《首陽齋藏子范鬲銘補釋》已正式發表於《中國古代青銅器國際學術研討會論文集》(上海博物館、香港中文大學文物館,2010 年),請讀者參看。

2011 年 9 月

原刊武漢大學簡帛研究中心主辦《簡帛》第六輯,上海古籍出版社,2011 年。

編按:《清華大學藏戰國竹簡(伍)·封許之命》7 号簡所記賞賜物有"龍盥"(中西書局,2015 年,下册第 118、121 頁),"盥"字與樊君鬲、樊夫人龍嬴鬲用作"鬲"的字寫法一脈相承,唯樊器"鬲"字鬲底與"火"形結合而成的形,類化成了"皿",這種情況與"羹"字在楚文字中的變化一致。

重印按:淅川徐家嶺 M9 出土薳子受鬲自名亦作"盥",見禤健聰《釋薳子受鬲的自名"盥"》(《華夏考古》2018 年第 1 期)。

紹興博物館藏西施山遺址出土二年屬邦守蓐戈研究

——附論所謂秦廿六年丞相戈

與廣瀨薰雄合寫

關於紹興西施山遺址出土文物，紹興博物館劉侃先生曾經做過較爲全面的介紹。① 通過劉先生的研究，我們了解到該遺址的出土文物對春秋戰國時代越國研究具有重要價值。2011 年 4 月，作者二人因事赴紹興，順便參觀紹興博物館新館，②對相關文物的重要性有了更爲直觀的認識。

關於西施山的位置和性質，劉侃先生曾這樣介紹：

> 西施山位於紹興城東五雲門外，即今迪蕩新區，原址有坐（引者按，當作"座"）天然巖丘，平面呈狹長形，東西長約 500 米，南北寬約 300 米，高僅十餘米的小石山，名叫"土城山"，是記載中西施習步的宫臺遺址，故俗稱"西施山"，亦爲"美人宫"。歷年來，西施山及其周邊地區出土了大量春秋戰國時期的遺物，先後經過多次調查和試掘，並對出土文物進行研究，發現這是一處規模巨大、社會經濟比較繁榮的城址……

關於紹興博物館收藏的西施山遺址的出土文物，劉文介紹道：

---

① 劉侃：《紹興西施山遺址出土文物研究》，《東方博物》2009 年第 2 期（第 31 輯）。以下簡稱"劉文"。

② 據了解，目前紹興博物館的文物都在位於府山南麓（人民西路）的新館展出，新館從 2010 年 7 月起向群衆免費開放。

隨着迪蕩建設不斷深入,經常出土一些文物,據不完全估計,出土各類器物不下五六百件,很多已流散於民間,近期我們徵集的文物標本就有200餘件,不僅有原始瓷、印紋陶,青銅農具、兵器,還有青銅禮器、生活用品等。……我們徵集的鐵鼎、鐵權是第一次發現,更有青銅建築構件、銅鏡、漆木器等這樣重要的遺物,進一步證明這是一處面積廣、内涵豐富的春秋戰國時期遺址。

關於西施山遺址的時間及分期問題,劉文説明如下:

多次調查試掘均未具體分層。根據出土器物特徵與有明確時代的越地文物進行對比,似有上、下文化層之分。下層爲春秋晚期至戰國早期,以青銅鼎、盤、匜,黑衣陶罐、豆,印紋陶鉢爲代表,青銅兵器、農具製作精良,顯示了高超的工藝水平,鏤空鳳紋複合鏡、青銅構件、青銅塊、印紋陶罐、黑衣陶量杯、木梳、木祖等都非常有特色。……上層屬於戰國中晚期,以鐵器的使用和推廣爲標誌。鐵製農具钁、鍤、鐮等大量出土,鼎、權等鐵禮器、衡器的發現具有重要意義。此時青銅製品更加貼近生活,青銅削、鑿等工具分工明確,更趨專業化,出現了多種用途的成套工具。特別是青銅勺、帶鉤製作規範、精緻,適用性强,與日常生活息息相關。原始瓷、印紋陶製品更以實用爲前提,形成了自己的風格。

我們此次參觀,在博物館的展廳中看到了許多在劉文中未作深入介紹的青銅器、玉器等文物,有許多還有頗爲重要的銘文。我們覺得應當撰寫一篇小文向學界同好略作介紹(本文所介紹的兩件西施山出土銅器的照片,都曾在“書法江湖(www. sf108. com)”網上披露,但尚未引起學者重視)。

展廳中陳列的一件西施山出土的青銅牌飾,很引人注目(參看下頁摹本)。牌飾呈長方形,左側飾立體蛇纹,四蛇纏繞顧盼,造型生動;四蛇中間有兩個羊角形的搭橋,將中間的兩條蛇連結起來;緊靠蛇紋右側鑽四個圓孔,蓋備縫綴勾連他物之用;牌飾右側鑄銘文四字,展櫃銘牌已正確釋作“上將(按,此字原作“牆”,讀爲“將”)軍之”。銘牌將牌飾定爲戰國之

物。今按，戰國時代上將軍一職見於魏(見《戰國策·齊策四》"齊人有馮諼者"章、《史記·魏世家》惠王三十年)、燕(《戰國策·燕策一》"燕昭王收破燕後即位"章、《史記·樂毅列傳》)、秦(《史記·白起王翦列傳》)、楚(《説苑·尊賢》)和齊(《説苑·指武》)等國家，成書約在戰國早期的《老子》也有"是以偏將軍居左，上將軍居右，言以喪禮居之也"(今本在31章，此據《郭店楚墓竹簡·老子(丙)》引③)的話。紹興博物館研究人員將牌飾時代定爲戰國，這大概是比較重要的一個理由。我們注意到，《史記·越王句踐世家》説："范蠡事越王句踐，既苦身勠力，與句踐深謀二十餘年，竟滅吴，報會稽之恥，北渡兵於淮以臨齊、晉，號令中國，以尊周室，句踐以霸，而范蠡稱上將軍。"晉代虞預所著《會稽典録》也有"范蠡字少伯，越之上將軍也"之説(《史記·越王句踐世家》"越王謂范蠡曰"張守節《正義》引)，所根據的大概就是《史記》的記載。若《史記》的説法可信，則春秋晚期的越國也設"上將軍"，戰國時代的"上將軍"職，當有更早的淵源。④ 從器物本身觀察，銘牌所飾的蟠蛇紋，是春秋時代百越系青銅器的特色，如1963年出土於湖南衡山霞流市的春秋中晚期蛇紋尊、⑤1988年出土於湖南衡陽市的春秋早中期對蛇紋提梁卣⑥的蛇紋皆與此牌飾蛇紋相近，且據林巳奈夫先生研究，用搭橋把身體彎曲的蛇連結起來的紋飾，較多見於春秋中期晚段；⑦銘文字體與春秋時代吴、越、徐等

---

③　荆門市博物館編：《郭店楚墓竹簡》，文物出版社，1998年，圖版第9頁，釋文注釋第121頁。

④　參看顧炎武《日知録》，上海古籍出版社，2006年，第1366～1367頁卷二十四"將軍"條。

⑤　中國青銅器全集編輯委員會編：《中國青銅器全集》，文物出版社，1997年，第11卷《東周(五)》第110～113頁，圖版説明第35頁；王然主編：《中國文物大典①》，中國大百科全書，2001年，第304～305頁。

⑥　《中國青銅器全集》，第11卷《東周(五)》第115～117頁，圖版説明第36頁；《中國文物大典①》，第305頁。

⑦　《春秋戰國時代青銅器の研究(殷周青銅器綜覽三)》，吉川弘文館，1989年，第100頁。

國文字風格也没有什麽區别，我們覺得該牌飾雖然有可能是戰國之物，但它可以早到春秋的可能性恐不能完全排除。此外，該銘的格式亦可以注意。董珊先生曾對新蔡葛陵楚墓出土骨質弓帽“卲之良之”銘文，以及湖北麻城李家灣 70 號墓出土銅鼎鼎蓋銘文“楚旒之石沱”，鼎腹銘文省略爲“楚旒之”的現象作過解釋，他認爲“‘某人之’結構很類似現代漢語口語中‘我的’或‘你的’之類的省略結構。在傳世文獻中没有這種省略方式，但在器物題銘中有，是因爲器物本身爲省略提供了語境”。⑧ 牌飾“上將軍之”銘文，爲這類格式的銘文又增添了一個例子。總之，從上述情況看，這件牌飾的重要性必須予以充分估計。

本文要重點介紹研究的，是在展廳中陳列的一把秦戈上的銘文（參看下方戈的綫圖和戈内正面銘文摹本）。紹興博物館爲此戈所作銘牌如下：

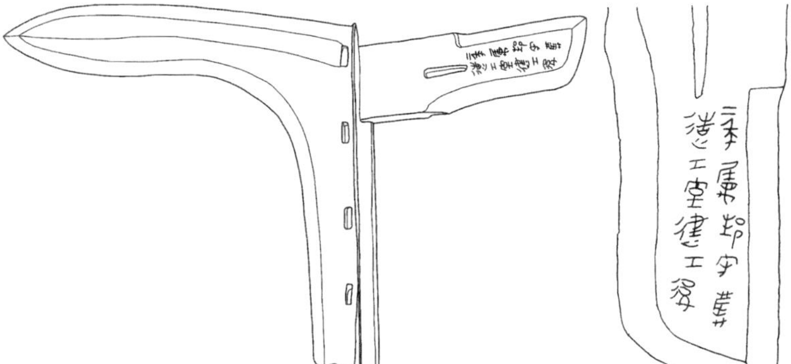

青銅戈［秦（引者按：此戈當是戰國秦器，詳下文。）/西施山遺址出土］

兵器。扁平體，援部中間起脊，雙面刃弧曲並延至胡末端，内上揚，中間有一長方形細穿，後部作雙面刃，靠欄處有四穿，用於捆紮。内一面鏨刻二行銘文，“二年屬邦守蓐造工僮建工□”；背面戳印一“邦”字，是目前紹興地區發現的帶紀年秦國青銅器，彌作珍貴。

由於器物正面朝上平置在展櫃内，我們没能看到戳印“邦”字的那一面；但此戈保存狀態非常好，銘牌正確釋出“屬邦守”之“邦”字，“背面戳印一

⑧ 《出土文獻所見“以謚爲族”的楚王族——附説〈左傳〉“諸侯以字爲謚因以爲族”的讀法》，復旦大學出土文獻與古文字研究中心編：《出土文獻與古文字研究》第二輯，復旦大學出版社，2008 年，第 118 頁。

‘邦’字”的説明應當可信。下面談談戈内正面的鑿刻二行的銘文。我們所作釋文如下：

二年，屬邦守蓱(蓐)造，工室建，工後。

和銘牌的釋文相較，有三處異同：第一是“屬邦守蓱”之“蓱”，銘牌釋文逕釋“蓐”。諦審此字，其下部實不从“寸”而是从“艸”，故此字當隸定爲“蓱”，查《説文・艸部》可知該字是“蓐”字籀文。銘牌釋文將此字釋爲“蓐”，雖不嚴格，但也不能算錯。此戈年代應屬莊襄王或秦王政二年(詳下文)，戈銘屬邦守之名用“蓱”字，這説明戰國晚期秦國文字中還保留了一些籀文寫法。古文字學者公認，在東周各國的文字中，“秦國文字對西周晚期文字所作的改變最小”，⑨戈銘“蓱”字跟《史籀篇》文字相合，是不奇怪的；當然也可能此人起名“蓐”時，有意識選擇了“蓐”字的比較古的寫法。第二是“工室”之“室”，銘牌誤釋“僮”；第三是工名“後”字銘牌闕釋。附帶一説，此戈“屬”字下部寫作“禸”形，是秦文字的常見寫法，⑩但秦封泥中只有下揭“屬邦之印”封泥“屬”字寫法與此相同，常見的秦“屬邦工室”、“屬邦工丞”封泥“屬”字寫法則皆同《説文》小篆。⑪

“屬邦守”是官名，“蓱”是人名。根據秦“屬邦之印”封泥，⑫可知秦代“屬邦”這一官署的長官稱“屬邦”，但這應是“屬邦守”的簡稱。王五年上郡疾戈的監造者作“上郡疾”，王六年上郡守疾戈、王七年上郡守疾戈則作“上郡守疾”，⑬與此

---

⑨　裘錫圭：《文字學概要》，商務印書館，1988年，第51頁。

⑩　參看高明、涂白奎《古文字類編(增訂本)》，上海古籍出版社，2008年，第196頁；許雄志：《秦印文字彙編》，河南美術出版社，2001年，第167頁。漢代文字中的“屬”字，似多數也是從下部作“禸”形的寫法演變而來的(漢語大字典字形組編：《秦漢魏晉篆隸字形表》，四川辭書出版社，1985年，第610～611頁。簡化漢字“属”，當也是由這種寫法而來)。

⑪　傅嘉儀：《秦封泥彙攷》，上海書店出版社，2007年，第53～56頁357～391號。

⑫　《秦封泥彙攷》，第53頁356號。

⑬　王輝：《秦出土文獻編年》(以下簡稱“《編年》”)(五九)、(六〇)、(六一)，新文豐出版公司，2000年；中國社會科學院考古研究所：《殷周金文集成》(以下簡稱“《集成》”)11296、11297，中華書局，1984～1994年(《集成》未收王七年上郡守疾戈)。因《編年》是目前著録秦銅器銘文較爲完備的著作，本文引用秦銅器銘文除了注出《集成》編號外，只要銘文收録進《編年》的，也標出《編年》的編號。

同例。⑭

秦兵器所見"屬邦",過去都認爲是《漢書·百官公卿表》"典屬國,秦官,掌蠻夷降者"的典屬國。也就是説,秦國在征服少數民族聚居地區後,有時建立"屬邦",讓歸降的少數民族續居於該地,"典屬邦"就是掌管(即"典")這些"屬邦"的官。但睡虎地秦簡出土後,因爲《秦律十八種》中有一條《屬邦律》,有一些學者據此提出新的看法。如陳平先生説"他很可能是秦中央政府屬下專門管理送來京師的歸降蠻夷、刑徒、罪犯的機構,其管轄對象似並不局限於歸降之蠻夷"。⑮ 董珊先生認爲"屬邦是管理戍衛秦王室的戎狄之人的機構名稱,其所管理的人,西周春秋時代稱爲'僕庸'、'虎臣'之類"。⑯ 陳、董兩位先生似乎没有考慮傳世文獻所見的許多漢代"屬國"的例子,他們的解釋恐與漢代"屬國"的情況不符。⑰ 我們認爲舊説仍然是不可動摇的。漢代"典屬國"有時也簡稱爲"屬國"。《史記·孝文本紀》文帝後元七年六月己亥文帝遺詔有如下一句:

> 令中尉亞夫爲車騎將軍,屬國悍爲將屯將軍,郎中令武爲復土將軍,發近縣見卒萬六千人,發内史卒萬五千人,藏郭穿復土屬將軍武。

"屬國悍"就是祝兹侯徐厲之子悍(見《史記·漢興以來將相名臣年表》,"祝"字或作"松",瀧川資言以爲作"松"字是),⑱《史記集解》引《漢書·百

⑭ 秦漢出土文獻中的職官省稱現象,可參看李學勤《〈奏讞書〉與秦漢銘文中的職官省稱》,《中國古代法律研究》第一輯,巴蜀書社,1999 年,第 61～63 頁(收入作者《重寫學術史》,河北教育出版社,2002 年,第 297～300 頁);劉樂賢:《里耶秦簡和孔家坡漢簡中的職官省稱》,《文物》2007 年第 9 期,第 93～96 頁(收入作者《戰國秦漢簡帛叢考》,文物出版社,2010 年,第 251～255 頁)。

⑮ 陳平:《試論戰國型秦兵的年代及有關問題》,見《中國考古學研究論集——紀念夏鼐先生考古五十周年》,三秦出版社,1987 年,第 325 頁。

⑯ 董珊:《戰國題銘與工官制度》,北京大學博士研究生學位論文(指導教師:李零教授),2002 年,第 223 頁。

⑰ 關於"屬邦"的舊説和秦漢時代的"屬國",工藤元男先生做過較爲全面、系統的整理,參看《秦的領土擴大與國際秩序的形成》,《睡虎地秦簡所見秦代國家與社會》,上海古籍出版社,2010 年。

⑱ 瀧川資言:《史記會注考證》,北岳文藝出版社,1999 年,第 779、1587 頁。

官公卿表》典屬國條對上引文中的"屬國"進行解釋。由此可見,"屬國"就是"典屬國",所以秦兵器銘文所見作爲"屬邦守"簡稱的"屬邦",應該就是"典屬邦"之義。

工室,是指屬邦工室。屬邦工室亦見十四年屬邦戈(見下文),西安相家巷發現的秦封泥中也有"屬邦工室"。⑲ 屬邦工室當是專屬於屬邦的工官機構。過去出土的秦國青銅器銘文中,工室有"右工室"、⑳"少府工室"、㉑"邦工室"、㉒"私工室"㉓四例,還見於睡虎地秦簡《秦律十八種·工律》:"縣及工室聽官爲正衡石贏〈羸(纍)〉、斗用(桶)、升,毋過歲壺〈壹〉。"(100號簡)㉔有學者以爲"縣及工室"的"工室",應當是指縣所設的工室,㉕似不確。上述各例除了所謂廿六年丞相戈的"右工室"和馬王堆二號漢墓的弩機的"私工室"兩例外,似乎都是中央機構下設置的機構。

總之,二年屬邦守蓐戈是一把屬邦製造的戈。過去出土的秦兵器中,與屬邦有關的有十件。我們根據銘文的内容分之爲三類:(1)屬邦自造的兵器;(2)相邦(或丞相)監造的兵器;(3)武庫授屬邦的兵器。

(1) 屬邦自造的兵器

a. 十四年屬邦戈㉖

---

⑲ 《秦封泥彙攷》,第53～54頁357～371號。

⑳ 見所謂廿六年丞相戈,《編年》(八一)。按,此"右"字舊皆釋爲"西"。關於此戈銘文,參看本文附論。

㉑ 見五年相邦吕不韋戈,《編年》(一三二)。此"少府工室",張頷《揀選古文物秦漢二器考釋》(《山西大學學報(哲社版)》1979年第1期)認爲是《漢書·百官公卿表》之"考工室"。

㉒ 見隨州市環城磚瓦廠收集的扁壺。左得田:《湖北隨州市發現秦國銅器》,《文物》1986年第4期。銘文是"卅六年,邦工帀(師),工室□"。按,此"邦"疑是"屬邦"的意思。二年屬邦守蓐戈的内"背面戳印一'邦'字"可證"邦"即"屬邦"。

㉓ 見馬王堆二號漢墓出土銅弩機。湖南省博物館、湖南省文物考古研究所:《長沙馬王堆二、三號漢墓 第一卷·田野考古發掘報告》,文物出版社,2004年,第21～22頁。此銘文只發表了一件很不精確的摹本,此暫從發表者釋文。

㉔ 睡虎地秦墓竹簡整理小組:《睡虎地秦墓竹簡》,文物出版社,1990年。

㉕ 《秦封泥彙攷》,第172頁"咸陽工室丞"條下。

㉖ 《編年》(一三九),《集成》11332。

內正面：十四年，屬邦工室蘢，丞□，工□。

內背面：邦(?)。㉗

b. 屬邦矛㉘

屬邦

(2) 相邦(或丞相)監造的兵器

a. 五年相邦吕不韋戈㉙

內正面：五年，相邦吕不韋造，詔事圖，丞蘢，工寅。

內背面：詔事。屬邦。

b. 八年相邦吕不韋戈㉚

內正面：八年，相邦吕不韋造，詔事圖，丞蘢，工奭。

內背面：詔事。屬邦。

c. 十二年丞相啟、顛戈㉛

內背面：十二年丞相啟、顛造，詔事成，丞逌，工印。

內正面：詔事。屬邦。

(3) 武庫授屬邦的兵器

a. 卅年詔事戈㉜

內正面：武庫受(授)屬邦。中。

內背面：卅年，詔事。㉝

㉗ 這一面的拓本或摹本過去没有發表過。廣州市文物管理委員會《廣州東郊羅崗秦墓發掘簡報》(《考古》1962 年第 8 期)説："內端一面有銘文一字，鑄款，已磨蝕模糊不清。"(第 405 頁)陳平先生推測"該戈內背很可能是'屬邦'二字鑄款的殘文"(《試論戰國型秦兵的年代及有關問題》，第 325 頁)。現在看二年屬邦守蓐戈的內"背面戳印一'邦'字"，十四年屬邦戈的內背面很有可能就只有一個"邦"字。

㉘ 《編年》(一〇六二)。此戈的器影、銘文都没有發表過。

㉙ 《編年》(一三〇)，《集成》11396。

㉚ 《編年》(一三五)，《集成》11395。

㉛ 彭適凡：《秦始皇十二年銅戈銘文考》，《文物》2008 年第 5 期。

㉜ 《珍秦齋藏金【秦銅器篇】》，澳門基金會，2006 年，第 70～76 頁。王輝、蕭春源：《珍秦齋藏秦銅器銘文選釋》，《故宫博物院院刊》2006 年第 2 期，第 69～71 頁。《珍秦琳瑯：秦青銅器文明》，澳門特別行政區民政總署文化康體部，2009 年，第 126～129 頁。

㉝ 根據上引王輝、蕭春源兩位先生文章，內背面還有"卅"字。但從拓本看不出這個字，今未釋此字。

胡：中陽。

b. 少府矛[34]

正面：武庫受(授)屬邦。

背面：少府。

c. 十三年少府矛[35]

正面：武庫受(授)屬邦。[36]

背面：十三年，少府工儋。

d. 寺工矛[37]

正面：武庫受(授)屬邦。

背面：寺工。

e. 寺工矛[38]

武庫受(授)屬邦。寺工。咸陽。戊午。

這裏要順便談一下上引銘文中出現“蕺”字。我們所釋的“蕺”字，原形如下：[39]

十四年屬邦戈

五年相邦吕不韋戈(《集成》11380)

五年相邦吕不韋戈(《集成》11396)

八年相邦吕不韋戈

㉞ 《編年》(一三八)，《集成》11532。

㉟ 《編年》(一三七)，《集成》11550。

㊱ 中國社會科學院考古研究所《殷周金文集成(修訂增補本)》(中華書局，2007 年)的釋文作“西成，武庫受(授)屬邦，八一”。但從拓本看不出有“西成”、“八一”這些字，同書所收的董珊先生所作摹本也没有這四個字，今未釋此四字。

㊲ 《集成》11533。

㊳ 《編年》(一六一)。

㊴ 此處引用的摹本是董珊先生所作，見《殷周金文集成(修訂增補本)》。

這四個字顯然是同一個字。這四件戈都是秦王政時期的遺物,因此已有學者指出這個字指的是同一個人。㊵ 將這四個字的拓本和摹本放在一起比較,便能準確理解此字的結構。比如十四年屬邦戈之字"戈"旁上下當从"目"或"日"形,摹本把下部的那個"目"或"日"形摹得像"甘"(即口旁中加一横之形),與原形似略有不合。

關於此字,過去釋文意見分歧:清人陳介祺釋爲"蔑",㊶李學勤先生、㊷陳平先生、㊸黄盛璋先生、㊹《殷周金文集成(修訂增補本)》沿襲之;袁仲一先生起先釋爲"宦",㊺後來改釋"䁾",㊻《商周金文資料通鑑》與袁氏後一意見相同;㊼《商周青銅器銘文選(四)》、《中國文物精華大辭典》青銅卷釋爲"䁾";㊽王輝先生釋爲"截";㊾張亞初先生、中國社科院考古所和國家圖書館金石拓片組釋爲"𢧐";㊿董珊先生將十四年屬邦戈的字釋爲"蔑",在其他銘文中則釋爲"截"。(51)《戰國文字編》1097 頁列爲不識之字(福建人民出版社,2001 年)。我們認爲這個字是《説文・目部》的"(䁾)"字,《説文》此字下注:"目眵也。从目、蔑省聲。"从"䁾"或从"䁾"省的字在秦漢文字中已經出現過好幾例,如:

㊵ 黄盛璋:《秦兵器分國、斷代與有關制度研究》,《古文字研究》第 21 輯,中華書局,2001 年,第 240 頁;《編年》(一三九)。

㊶ 《簠齋金文題識》,文物出版社,2005 年,第 91 頁。

㊷ 《戰國時代的秦國銅器》,《文物參考資料》1957 年第 8 期,見《李學勤早期論文集》,河北教育出版社,2008 年,第 44 頁。李先生後改從釋"截"之説,看下文所引《〈珍秦齋藏金・秦銅器篇〉前言》。

㊸ 《試論戰國型秦兵的年代及有關問題》,第 325 頁。

㊹ 《秦兵器分國、斷代與有關制度研究》,第 236～237、239～240 頁。

㊺ 《秦中央督造的兵器刻辭綜述》,《考古與文物》1984 年第 5 期。

㊻ 袁仲一、劉鈺:《秦文字類編》,陝西人民教育出版社,1993 年,第 323～324 頁。

㊼ 《商周金文資料通鑑》課題組:《商周金文資料通鑑》,陝西省考古研究院,2009 年。

㊽ 馬承源主編:《商周青銅器銘文選(四)》,文物出版社,1990 年,第 613 頁。國家文物局主編:《中國文物精華大辭典》,上海辭書出版社、商務印書館(香港)有限公司,1995 年,青銅卷第 263 頁。

㊾ 《編年》(一三〇)、(一三一)、(一三五)、(一三九)。

㊿ 張亞初:《殷周金文集成引得》,中華書局,2001 年。中國社會科學院考古研究所:《殷周金文集成釋文》,香港中文大學中國文化研究所,2001 年。國家圖書館金石拓片組編:《陳介祺藏古拓本選編・青銅卷》,浙江古籍出版社,2008 年,第 76 頁。

(51) 《戰國題銘與工官制度》,第 215、223 頁。

 張家山漢簡 247 號漢墓遣策 32 號簡：綌襪(幭)

關於這個字,我們曾經作過討論,⑫此不贅述。春秋至秦漢時代,以“蔑”爲名的人不勝枚舉,如先蔑、仲孫蔑、單蔑、士蔑、孔蔑(以上春秋時代),唐蔑(戰國時代),申屠蔑(漢代)等。另外,在上海博物館藏楚簡《曹沫之陳》中,“曹沫”寫作“散蔑”、“散穢”、“散𢾍”。㊸ 從這些例子看,此人名“蕺”或與典籍中所見人名“蔑”、“沫”爲同名。

下面談此戈的年代。此戈長胡四穿,這是“秦莊襄王與秦始皇時(主要是秦始皇時)秦戈的特徵”。㊹ 内上揚也是“從秦莊襄王到秦亡時秦戈的特徵”。㊺ 還有一點可以指出,此戈的形制與十四年屬邦戈,十二年丞相啟、顛戈非常相似：援部中脊凹下形成血槽,内的形狀以及上揚的角度,闌的形狀,四穿等特徵基本一致。根據這三點,我們能確定其所造王世是莊襄王或秦王政二年。但莊襄王二年和秦王政二年只相隔三年,目前很難判定是哪一王世製造的。

屬邦自造	相邦(或丞相)監造	武庫授屬邦
 十四年屬邦戈	 五年相邦吕不韋戈	 卅年詔事戈

---

⑫ 廣瀨薰雄:《張家山二四七號漢墓遣策釋文考釋商榷(六則)》,復旦大學出土文獻與古文字研究中心編:《出土文獻與古文字研究》第三輯,復旦大學出版社,2010 年。

㊸ 馬承源主編:《上海博物館藏戰國楚竹書(四)》,上海古籍出版社,2004 年。

㊹ 陳平先生指出:“中長胡三穿,很可能是秦昭王末年以前(最晚不晚於莊襄王四年)秦戈常制;而長胡四穿,則是秦莊襄王與秦始皇時(主要是秦始皇時)秦戈的特徵。”(《試論戰國型秦兵的年代及有關問題》,第 321 頁)後來董珊先生指出這個標準有一定的界限,說“陳氏的斷代標準比較適用於秦中央政府所屬的鑄造機構的產品,但是可能並不適用於上郡兵器的斷代”(《戰國題銘與工官制度》,第 229 頁)。我們同意董珊先生的意見。但即使如此,我們討論的二年屬邦守蓐戈是中央機構製造的兵器,陳平先生指出的“長胡四穿”的標準仍適用於我們的討論。

㊺ 陳平先生指出:“Ⅲ式戈(引者按,即秦莊襄王至秦始皇之世所造的秦戈)的援部與内部大多分爲兩翼而略上揚,兩者交接處往往形成一個鈍角的夾角,其年代大概從秦莊襄王到秦亡(主要是在秦始皇之世)。”(《試論戰國型秦兵的年代及有關問題》,第 323 頁)

（續表）

屬邦自造	相邦(或丞相)監造	武庫授屬邦
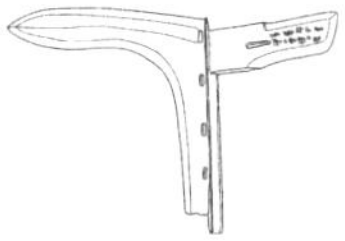 二年屬邦守蓐戈	 八年相邦吕不韋戈	
	 十二年丞相啟、顛戈	

與屬邦有關秦戈形制表

二年屬邦守蓐戈對秦史研究具有較爲重要的意義。在此講兩個問題。

第一是屬邦自造兵器的問題。與屬邦有關的十件秦兵器中,只有兩件是屬邦自造的,其他八件是詔事、少府、寺工製造的。因此有些學者認爲至少在秦王政十四年之前,屬邦開始自造兵器。陳平先生云:“至遲到始皇十四年,秦中央直屬的兵器鑄造業至少已有一部分不歸相邦、詔事或寺工督造、主造,而改由屬邦工師直接主其事了。”[56]董珊先生云:“綜合來看,可見屬邦是需要使用武器的中央機構,至少在秦王政十三年的時候,還是從武庫接受詔事和少府等王室工官的産品,恐怕是因爲所需太多的緣故,所以後來甚至有必要設置屬於本機構的專門的鑄造機構來從事武器生産,以敷應用。”[57]結合“典屬國”的職掌,這種現象很容易理解。李學勤先生在“屬邦即漢代的典屬國,是管理蠻夷的職官”這一認識的基礎上,已經對這種現象做解釋:

> 十四年屬邦戈長胡四穿,年代是秦王政時,屬邦已設自己製造兵器的工室。卅年詔事戈在秦昭王時,屬邦看來還没有專設的工室存在。……揣想秦王政時期對東方的擴張加速,需要屬邦管理的邊緣地區增加,屬邦迫切想得到更多的兵器,從而專設了工室。十四年屬

[56] 《試論戰國型秦兵的年代及有關問題》,第 325 頁。

[57] 《戰國題銘與工官制度》,第 224 頁。

邦戈的工室負責人戠，就是由詔事丞轉任的，個中消息很堪尋味。㊽

我們基本同意李先生的意見。不過，二年屬邦守薵戈是莊襄王或秦王政二年製造的，年代比五年相邦吕不韋戈、八年相邦吕不韋戈、十三年少府矛等還早。這就是説，屬邦設立了自己的工室後，還繼續從武庫那兒領取詔事、寺工製造的兵器。因此卅年詔事戈的存在也不能證明昭王三十年時屬邦"還没有專設的工室存在"。

第二是秦代設郡的問題。里耶秦簡、嶽麓書院藏秦簡發現後，我們知道了秦代曾經存在過傳世文獻裏面没有提到的郡名，如蒼梧郡、洞庭郡、江胡郡等。㊾ 關於江胡郡，周運中先生認爲"江胡郡（江湖郡）即秦改楚江東郡之名，治吴縣，原爲楚國滅越後所置，秦始皇二十六年同前一年新置的會稽郡合併，名會稽郡，治吴縣"，㊿陳偉先生此後發表過"江胡郡似即會稽郡前身"的意見。㉛ 他們的意見都有符合歷史實際的可能。這樣看來，《史記・秦始皇本紀》"二十五年，……王翦遂定荆江南地；降越君，置會稽郡"這一條記載有重新探討的必要。《史記》的這條記載，很可能並未詳細記録這一地區的整個政區變遷過程，只不過用最後固定的郡名追溯講秦代設郡的事情而已。

紹興出土的二年屬邦守薵戈大概可以説明，在紹興及其附近地區，秦代有一段時間設置過屬邦。大致可以作如下推測，這一地區當時爲百越所居，秦征服此地後，首先設置屬邦，中間經歷種種變遷，最後定名爲會稽郡。㊷

㊽ 《〈珍秦齋藏金・秦銅器篇〉前言》，收入《珍秦齋藏金【秦銅器篇】》；又見李學勤《文物中的古文明》，商務印書館，2008年，第347～348頁。

㊾ 蒼梧郡、洞庭郡見於里耶秦簡，參看湖南省文物考古研究所《里耶發掘報告》，嶽麓書社，2007年；江胡郡見於嶽麓書院藏秦簡，參看陳松長《嶽麓書院藏秦簡中的郡名考略》，《湖南大學學報（社會科學版）》第23卷第2期，2009年。

㊿ 《嶽麓秦簡江胡郡新考》，簡帛網首發，2009年9月12日。

㉛ 《"江胡"與"州陵"——嶽麓書院藏秦簡中的兩個地名初考》，《中國歷史地理論叢》第25卷第1輯，2010年。

㊷ 看漢代屬國的情況，設置、改廢的情況往往很複雜。有時候從郡分出幾個縣建屬國，也有時候改編屬國爲郡。如蜀郡屬國在靈帝末年改爲漢嘉郡，張掖居延屬國在東漢末年成爲西海郡，廣漢屬國在三國魏時成爲陰平郡，犍爲屬國在三國蜀時成爲朱提郡。參看工藤元男《秦的領土擴大與國際秩序的形成》，第84～88頁。雖然工藤先生介紹的都是東漢末年南蠻、西南夷的例子，但我們推測秦代的某些地區已經有類似的情況，因爲每個少數民族的反抗强烈程度都不同，有些地方能在秦代早早置郡，一直繼續到後代。

附論：關於所謂秦廿六年丞相戈

所謂秦廿六年丞相戈，自 1980 年王紅武等先生《陜西寶雞鳳閣嶺公社出土一批秦代文物》[63]一文披露以來，李學勤、[64]黄盛璋、[65]李仲操、[66]王輝、[67]董珊[68]等先生都作過討論，此戈銘文的摹本也有四種（王紅武、李仲操、王輝[一][69]、王輝[二][70]），但正如董珊先生所説，這件戈仍然“有相當多的疑點”。

對這把戈進行討論最大的障礙是，它的照片或拓本過去没有發表過，只有下引四種摹本，而且各家的摹本差異非常大，面對這四種摹本，我們實在無法判斷哪一家的摹本最近真實。請看下表：

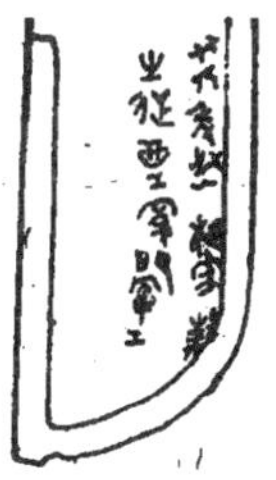	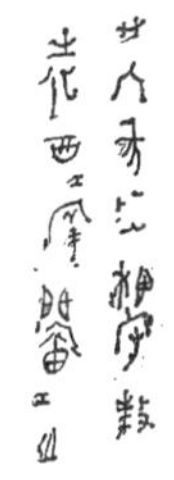	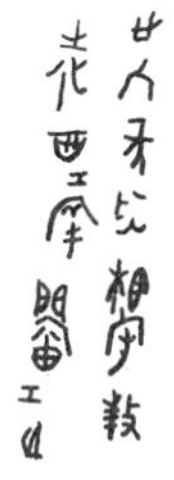	
王紅武、吴大焱摹本	李仲操摹本	王輝摹本(一)	王輝摹本(二)

近承陜西師範大學王帥先生幫助，我們有機會看到了由寶鷄青銅器博

[63] 見《文物》1980 年第 9 期。

[64] 《秦國文物的新認識》，《文物》1980 年第 9 期。

[65] 《新出秦兵器銘刻新探》，《文博》1988 年第 6 期。

[66] 《二十六年秦戈考》，《文博》1989 年第 1 期。

[67] 《秦銅器銘文編年集釋》，三秦出版社，1990 年，第 63～64 頁。

[68] 《戰國題銘與工官制度》，第 214 頁。

[69] 《秦銅器銘文編年集釋》，圖版第 56 頁。按，據此書圖版目録第 2 頁説，該摹本爲李仲操摹本，但與李仲操原摹略有出入，似當是《秦銅器銘文編年集釋》編纂時根據李摹所作的臨本，今暫將之作爲王輝的第一種摹本處理。

[70] 王輝、蕭春源：《珍秦齋藏王二十三年秦戈考》，《故宫博物院院刊》2004 年第 4 期，收入《珍秦齋藏金【秦銅器篇】》第 179 頁；此摹本被《商周金文資料通鑑》採用。

物院提供的戈内正面銘文的清晰照片，十分感激。我們根據此照片對各家摹本進行了比較，覺得除了最後一種摹本與事實出入較大外，其他三家的摹本都還是比較忠實的。今據我們對字形的理解，作戈内正面釋文如下（參看右方我們所作摹本）：

廿六年，臨相（湘）守藉造，右工室闔，工□。

"守"上一字，黄盛璋先生指出是"相"，無疑是正確的（"目"旁末筆稍有錯位）；但黄先生釋"相"上一字爲"丞"，不但與該字殘劃不合，而且"丞相守"的説法也顯然不能通，[71]董珊先生因信從黄先生釋"丞"之説而引發對"守"的懷疑。根據我們看到的照片，此字確實是"守"字。結合我們看到的照片和過去的摹本判斷，"相"上一字應當是"臨"字。目前戈上所存的當是"臨"字右上"人"形加一短横的筆劃和下部兩"口"的殘筆，李仲操先生、王輝先生的摹本在此字左上部還存些微殘筆，則當是屬於"臣"的筆劃（參看下所附"臨"字摹本，順序與上表同）。

"藉"字之釋，蒙施謝捷先生指教（施先生認爲也有可能是"耤"字）。"右"字，原皆釋爲"西"，或以爲是西縣。今在清晰照片上辨認，此字字形下部从"口"，上部實是横劃寫得較平的"又"，故改釋爲"右"。"右工室"之稱，見於張家山漢簡《二年律令・秩律》461號簡，官秩"六百石，有丞、尉者半

[71] 王偉先生認爲"此戈'年'下二字李學勤説是'隴西'，後經黄盛璋、王輝、董珊等人研究，'年'下二字應是'丞相'二字，此意見目前已成定論"，因而否定后曉榮先生引此戈證明秦置隴西郡的看法（《秦置郡補考》，四川大學歷史文化學院編：《紀念徐中舒先生誕辰110周年國際學術研討會論文集》，巴蜀書社，2010年，第421頁）。按，"隴栖（西）"之釋固不可信（"栖"字爲李學勤先生釋，讀"隴西"則是李學勤先生引述"寶雞館同志"——實即李仲操先生，見王慎行《從兵器銘刻看戰國時代秦之冶鑄手工業》，《人文雜志》1985年第5期；劉占成：《"隴西郡戈"考》，《考古與文物》1994年第4期——的意見），"丞"字之釋也同樣難以信從。

之"(464號簡)。[72] 這是中央設置的"右工室"。傳世秦封泥有"櫟陽右工室丞",是"設於櫟陽的工室官吏所用",[73]遼寧寬甸出土秦二世元年丞相斯戈銘有"櫟陽左工去疾","左工"就是"左工室",[74]可見秦在櫟陽所設工室亦分左、右。秦郡當亦設有工室,[75]如傳世秦封泥有"巫黔右工"(巫黔郡是不見文獻記載的郡名,學者或以爲可能是"巫郡"和"黔中郡"的合稱省寫[76])。戈銘的"右工室"是屬於郡所設的工室(詳下)。"閹"字從李學勤先生釋,該字所从"奄"旁的寫法,和秦印某些"閹"字寫法完全一致。[77]

我們懷疑,臨湘守就是指長沙郡守,臨湘是長沙郡的治所,故該郡守又可稱臨湘守。二十世紀七十年代在江西遂川出土過一把"廿二年臨汾守曋戈"(《集成》11331),[78]近年李學勤先生提出"臨汾守"是"臨汾守令"之省稱,[79]

---

[72] 張家山二四七號漢墓竹簡整理小組:《張家山漢墓竹簡〔二四七號墓〕》,文物出版社,2001年。按,漢封泥有"左工室印"、"右工室丞"。周明泰指出,"左工室印"和"右工室丞"是武帝太初元年更名少府屬官"考工室"(他認爲當時"考工室"有左、右)爲"考工"前之物(周明泰:《再續封泥攷略》卷一第12、14葉,《封泥攷略彙編》,藝文印書館,1982年)。今按,《秩律》"右工室"的前後還出現"寺工"、"詔事"等常見於秦兵器銘文的官署,右工室的性質有可能與寺工、詔事相似。

[73] 《秦封泥彙攷》,第185頁1254號,參看彩版第46頁。

[74] 《秦銅器銘文編年集釋》,第140頁。又珍秦齋藏王二十三年家丞戈有"左工丞闌"(《珍秦齋藏金【秦銅器篇】》,第68頁),董珊先生認爲"'左工'似'左工師'的省稱,'左工丞'是其副手"(《珍秦齋藏金【秦銅器篇】》,第216頁)。我們懷疑"左工丞"就是"左工室丞"的省稱。

[75] 參看《秦封泥彙攷》第172頁"咸陽工室丞"條下,第185頁"櫟陽右工室丞"條下。

[76] "巫黔□邸"、"巫黔右工"封泥見周曉陸、陳曉捷、湯超、李凱《於京新見秦封泥中的地理內容》,《西北大學學報(哲學社會科學版)》第35卷第4期,2005年,圖19、20(這兩方封泥未收入《秦封泥彙攷》)。參看王偉《秦置郡補考》,第420頁。

[77] 參看《古文字類編(增訂本)》第1254頁"閹"字第一例。王輝先生將戈銘此字摹釋作"闌",爲的是要把此人同前引珍秦齋藏王二十三年家丞戈任左工丞的"闌"看作一人,非是。

[78] "曋"字從裘錫圭先生釋,見《嗇夫初探》,《古代文史研究新探》,江蘇古籍出版社,1992年,第465頁。

[79] 《〈奏讞書〉與秦漢銘文中的職官省稱》,《中國古代法律研究》第一輯,第61～63頁;《重寫學術史》,第299～300頁。

其實此戈銘的"臨汾守"當從舊説理解爲河東郡守,⑧⁰這跟後來東海郡亦稱郯郡,南郡又稱江陵是一樣的道理,⑧¹"臨湘守"與此同例。《水經注·湘水》:"秦滅楚,立長沙郡,即青陽之地也。秦始皇二十六年,令曰:'荆王獻青陽以西。'《漢書·鄒陽傳》曰:'越水長沙,還舟青陽。'《注》:張晏曰:'青陽,地名也。蘇林曰:青陽,長沙縣也。'"按秦滅楚是在秦王政二十四年(公元前 223 年),可見戈銘的"廿六年",應當是秦始皇二十六年(公元前 221 年)。

陳偉先生根據張家山漢簡和里耶秦簡的記載,認爲始皇二十五年析分原黔中郡(此據《太平寰宇記》引甄烈《湘州記》"秦始皇二十五年併天下,分黔中以南之沙鄉爲長沙郡,以統湘川"之説),將黔中西北改稱"洞庭郡",東南部分稱爲"蒼梧郡",後世以"長沙郡"稱"蒼梧郡"是採用漢人習慣。⑧² 辛德勇先生則認爲應當從原始文獻記載,定始皇二十五年析分黔中郡爲"黔中郡"和"長沙郡",改名"洞庭"和"蒼梧",則是始皇二十六年分天下爲三十六郡之後的事情。⑧³ 西漢蒼梧郡位於嶺南,何以位於南嶺之北的長沙郡稱"蒼梧郡",很難解釋,陳、辛等先生的説法恐不無疑問。我們認爲,如析分黔中郡之説符合當時的歷史實際,則其東南部稱"長沙郡"的舊説仍是可信的,蒼梧郡大概與長沙郡無關。"臨湘守"之名,無疑是因臨湘爲長沙郡治所而產生,這似也可從側面説明秦置長沙郡的事實。

---

⑧⁰　李學勤先生本來就主張這件戈"是河東郡所製"(《秦國文物的新認識》,第 281 頁);裘錫圭先生也認爲此銘的"庫"大概是"郡庫"(《嗇夫初探》,第 465 頁),他們都是把銘文之"守"理解爲郡守的。持臨汾守即河東郡守的學者一般認爲,此時河東郡治所當在臨汾,與後來治安邑不同(江西省博物館、遂川縣文化館:《記江西遂川出土幾件秦代銅兵器》,《考古》1978 年第 1 期;楊寬:《戰國史料編年輯證》,上海人民出版社,2001 年,第 800 頁;《戰國史》,上海人民出版社,2003 年,第 680 頁;參看王偉《秦置郡補考》,第 421 頁);也有學者認爲,"古臨汾雖不是郡治所在,卻是河東郡的所屬重鎮,爲此秦在安邑和汾城等地分別設立製造武器的兵庫是完全可能的,……身爲河東郡長官的'守',必然經常率兵往來於安邑、汾城,甚至移至於汾城,指揮和監督軍工生產(秦的慣例軍工生產係由郡守直接監督),因而在汾城生產的武器銘刻中才會有'臨汾守'的借稱"(彭適凡:《遂川出土秦戈銘文考釋》,《南方文物》1980 年第 3 期,第 15 頁)。實際情況如何,有待研究。

⑧¹　譚其驤:《秦郡新考》,《長水集(第二版)》,人民出版社,2009 年,第 7 頁。辛德勇:《秦始皇三十六郡新考》,《秦漢政區與邊界地理研究》,中華書局,2009 年,第 9 頁。

⑧²　《秦蒼梧、洞庭二郡芻論》,《歷史研究》2003 年第 5 期。

⑧³　《秦始皇三十六郡新考》,第 43～46 頁。

當然,我們也不排除這樣一種可能,即臨湘郡是一個未見於傳世文獻記載的郡名,其地當包括臨湘(今長沙)附近,在秦分天下爲三十六郡時,與他地一起,被歸併到一個大的長沙郡内。上舉廿二年臨汾守戈的"臨汾",王輝先生曾有"也可能是郡名"的推測,[84]應當説,這種可能性確實也是存在的。因爲秦置郡的歷史過程遠較我們想像的複雜,事實究竟如何,尚待新材料的不斷出土、公布,繼續進行深入研究。

長沙郡(或臨湘郡)監造的戈内背銘刻"武庫"二字,並在陝西寶雞出土,這是當時秦中央監造的兵器不足以應付戰争的需求,對各郡負責鑄造的兵器進行徵調,然後再向各地下撥使用的結果。河東郡(或臨汾郡)監造的廿二年臨汾守戈,在九江郡故地出土,其情況也是類似的。臨湘守戈和臨汾守戈大概都是中央徵調之物,臨湘守戈内背刻"武庫",是從長沙郡(或臨湘郡)將兵器徵調入中央,由負責收納調撥兵器的部門"武庫"加標的,以此表示此戈該時已屬於中央武庫統一調配範圍。前舉 1975 年在遼寧寬甸出土的秦二世元年銘文云:"元年,丞相斯造,櫟陽左工去疾,工上(内正面)。武庫(内背面)。石邑(闌下)。"[85]這是櫟陽左工室製造的兵器調入咸陽武庫,後被調撥到置用地"石邑"(今石家莊西南),[86]又因故遷移而最終出土於遼寧,這正可佐證我們對廿六年臨湘守戈情況的推測。

附記:本文寫作時得到施謝捷先生幫助和指教,作者二人十分感謝。

看校追記:"上將軍之"青銅牌飾的蛇紋,與新鄭鄭公大墓所出雲龍罍的蛇紋極爲相似(河南博物院、臺北歷史博物館:《新鄭鄭公大墓青銅器》,大象出版社,2001 年,第 120～123 頁)。學者多從王國維《王子嬰次爐跋》(《觀堂集林·史林十》)意見,定鄭公大墓所出王子嬰次爐的器主爲楚莊王(公元前 613—前 591 在位)弟令尹子重。與牌飾紋飾相似者,還

[84] 《秦銅器銘文編年集釋》,第 104 頁。
[85] 許玉林、王連春:《遼寧寬甸縣發現石邑戈》,《考古與文物》1983 年第 3 期。
[86] 參看劉釗《兵器銘文考釋(四則)》,《出土文獻與古文字研究》第二輯,第 108～109 頁。

見於琉璃閣 M80 鑑(M80：1)(郭寶鈞:《山彪鎮與琉璃閣》,科學出版社,1959 年)、侯馬上馬村 M13 壺(山西省文物管理委員會侯馬工作站:《山西侯馬上馬村東周墓葬》,《考古》1963 年第 5 期)。這些墓葬皆屬春秋中期晚段。看來"上將軍之"牌飾的時代應以春秋的可能性較大。

原刊復旦大學出土文獻與古文字研究中心編《出土文獻與古文字研究》第四輯,上海古籍出版社,2011 年。

重印按:本文對二十六年臨湘守戈的"臨湘守"的理解是有問題的,"臨湘守"與本文提及的二十二年臨汾守戈的"臨汾守"都應是指縣守,臨湘守即臨湘守令之義(參看徐世權《秦二十六年臨湘守戈考》,《江漢考古》2016 年第 2 期)。文中有關發揮討論亦應作廢。

戰國竹書研究

上博竹書《孔子見季桓子》考釋二題[*]

《上海博物館藏戰國楚竹書（六）》所收《孔子見季桓子》是一篇重要的失傳儒家文獻。① 因爲此篇書風特殊、字迹潦草，自發表以後，學者的相關討論意見層出不窮。陳劍先生在《〈上博（六）·孔子見季桓子〉重編新釋》（下簡稱“《新釋》”）一文中指出該篇“有不少對理解文意很關鍵的疑難字詞還需要進一步考釋”。② 今即嘗試對此篇兩處可能關涉全篇文意理解的簡文進行考釋説明，祈方家指教。

一、“君子肶之以其所肶”等句考釋

根據《新釋》的編連，該篇 15 號簡爲第四編連組的首簡。全簡没有提示説話者，但從内容看當全爲孔子之言。因其中有若干難以釋讀的字詞，導致相關文義不顯。此簡有一句話整理者釋文如下：

---

* 本文成稿後蒙吴振武、沈培、陳劍、廣瀨薰雄、蘇建洲、程鵬萬、禤健聰、田煒、鄔可晶諸位先生及匿名審稿專家審閲並提出寶貴意見，謹此致謝！本文受到上海市教育發展基金會和上海市教育局“晨光項目”和教育部哲學社會科學青年項目、上海市哲學社會科學青年項目“馬王堆簡帛字詞彙編與研究”資助。

① 馬承源主編：《上海博物館藏戰國楚竹書（六）》，上海古籍出版社，2007 年，圖版第 33～59 頁，釋文注釋第 195～236 頁。此篇的整理者爲濮茅左先生。

② 陳劍：《〈上博（六）·孔子見季桓子〉重編新釋》，復旦大學出土文獻與古文字研究中心編：《出土文獻與古文字研究》第二輯，復旦大學出版社，2008 年，第 160～187 頁。下引此文意見不再出注。

君子眊之，㠯(以)亓所眊䚬(畦)之，㠯(以)亓(其)所谷(欲)智(知)不行矣。③

並注釋説："《字彙》：眊，音移，視也。"(213 頁)陳偉先生指出其斷句有誤，並已正確斷句如下：

君子眊之以其所眊，窺之以其所欲，知不行矣。

陳先生還指出："從'視'(引者按，陳先生將立人形的"見"旁視作"視")從'圭'的字亦見於上博竹書《容成氏》10 號簡，簡文讀作'余穴窺焉'。'眊之以其所眊，窺之以其所欲'略呈對句，宜斷讀如上。"④整理者釋爲"眊"的兩個字，原作  和 。李鋭先生對它們有不同意見，他認爲該字：

疑爲"蜀"字之或體，參郭店簡《性自命出》簡 60。"蜀"與"足"古通(原注：參張儒、劉毓慶《漢字通用聲素研究》，303 頁)，今讀爲"足"。⑤

但實際上李文所舉的《性自命出》篇"蜀"字作一般的从目从虫之形，⑥古文字中没有確鑿的"蜀"字寫作从"它"之形；而且雖然"蜀"、"足"音近，在出土文獻中其實並没有兩者相通的例子。《新釋》没有採納李説，大概主要就是考慮到了上述這些情況的緣故。因簡文兩個所謂"眊"字本寫作"目"旁在上之形，故《新釋》改隸作"㫐"，但對字形的分析跟整理者的意見

③　《上海博物館藏戰國楚竹書(六)》，釋文注釋第 213 頁。

④　陳偉《讀〈上博六〉條記》，簡帛網 2007 年 7 月 9 日；但同作者《新出楚簡研讀》(武漢大學出版社，2010 年)第六章第二節"《孔子見季桓子》初讀"没有收録此條。

⑤　李鋭：《〈孔子見季桓子〉新編(稿)》，簡帛網 2007 年 7 月 11 日；《〈孔子見季桓子〉重編》，簡帛網 2007 年 8 月 22 日。

⑥　荆門市博物館：《郭店楚墓竹簡》，文物出版社，1998 年，第 65 頁。按李鋭先生所指爲該簡的末字，此字原徑釋"蜀"，但李守奎《楚文字編》所收此字下按語云"虫訛爲它"(華東師範大學出版社，2003 年，第 753 頁)，滕壬生《楚系簡帛文字編(增訂本)》也有相同按語(湖北教育出版社，2008 年，第 1112 頁)。諦審圖版，此"蜀"字與同簡另一個"蜀"字寫法毫無差别，只是此字"目"旁以下有一道明顯不屬於此字的墨痕貫穿字形，遂被各家誤認爲从"它"。

大概是基本一致的。

不過釋“䏙”之説確實可疑。此字在古書中極罕用，古文字中也未曾一見，“䏙之以其所䏙”更是極爲費解，看來需另求解釋。

我以爲這兩個所謂“䏙”字是“畏”字的誤釋。《説文》卷九云“畏”字“从由、虎省”。從古文字資料看，“畏”字實从“由”（即鬼）从“卜”形，如西周盂鼎“畏”字作；春秋楚器王子午鼎有从“攴”从“畏”之字作，⑦字左下部的“卜”形略有譌變；字下部，實即這種譌變的“卜”形。在楚簡文字中，“畏”字上部所从之“由”，往往又譌變成“目”形，導致“由”旁與立人形的“見”旁混同，如郭店簡《成之聞之》5號簡“畏”字作（下部進一步譌變作“止”形，楚簡“畏”字多如此寫），⑧上博簡《吴命》5號簡“愄”字作；⑨上博簡《魯邦大旱》2號簡和《季康子問於孔子》18號簡有从“由”从“示”的“鬼”字（即《説文》“鬼”字古文）分别作和，⑩皆其例。我們所考釋的字上部也是譌變的“由”旁，只不過立人形的右筆没有拖曳下來而已。

曾侯乙墓竹簡147、150、169號簡有寫作、、、形的一個字。該字左半从“馬”，曾侯乙墓竹簡的整理者裘錫圭、李家浩先生認爲該字右

---

⑦ 容庚編著，張振林、馬國權摹補：《金文編》，中華書局，1985年，第654頁。

⑧ 李守奎：《楚文字編》，第548頁。古文字由卜形（或以一竪筆表現的棍杖之形）譌變爲類似匕形，再變爲止形，與“老”字、“疑”字的變化類同（參看黄德寬主編《古文字譜系疏證》，商務印書館，2007年，第629～630、89頁）。

⑨ 馬承源主編：《上海博物館藏戰國楚竹書（七）》，上海古籍出版社，2008年，圖版第140頁。此字原誤釋爲“愲”，此從復旦大學出土文獻與古文字研究中心研究生讀書會（程少軒執筆）《〈上博七・吴命〉校讀》釋，見《出土文獻與古文字研究》第三輯，復旦大學出版社，2010年，第264頁。按此字所从“畏”旁的下部比“止”還多出一筆，比較特别。

⑩ 李守奎、曲冰、孫偉龍：《上海博物館藏戰國楚竹書（一～五）文字編》，作家出版社，2007年，第439頁。該書將這兩個字列在“鬼”字下，並指出這兩個字形“所从‘由’與‘目’混譌”。又可參新蔡簡甲二40从“由”从“示”的“鬼”字寫法，見張新俊、張勝波《葛陵楚簡文字編》，四川出版集團巴蜀書社，2008年，第165頁。

半所从爲“見”,並疑讀爲“䮴”。⑪ 張光裕等先生主編的《曾侯乙墓竹簡文字編》從之。⑫ 李守奎先生 1997 年提交的博士學位論文《楚文字編》亦從整理者釋“䮴”;而他在 2003 年正式出版的《楚文字編》中則已“疑此字从畏聲。騩可讀作騩,字見《説文》: 騩,馬淺黑色”。⑬ 釋“騩”似當是李先生據後來發表的郭店簡和上博簡等新材料提出的新見。此説現在已經得到了學者的採信。⑭ 我認爲李先生的意見是正確的,“騩”字當即《説文》“騩”字的異體。⑮ 曾侯乙墓竹簡這幾個“畏”旁的寫法,同上面討論的字形幾乎只有筆勢上細微的差異,毫無疑問當視爲一字。

簡文“君子畏之以其所畏”的“君子”當指有位之人。同篇 13 號簡云“見於君子,大爲毋㒒(?);此邪民也”,《新釋》已指出可與《論語》“小人……狎大人”互相參看,可爲“君子”之所指的旁證。“君子畏之以其所畏,䙵之以其所欲”的“之”和“其”都應指代“民”,也就是老百姓。“君子畏之以其所畏”乃是説在位者要以老百姓所害怕的東西(如刑罰)讓他們畏懼。此類意思古書多見,如《韓非子·姦劫弑臣》:“夫嚴刑者,民之所畏也;重罰者,民之所惡也。故聖人陳其所畏以禁其邪,設其所惡以防其姦。”《抱朴子外篇·用刑》:“夫以其所畏禁其所翫,峻而不犯,全民之術也。”⑯《管子·正世》“立人之所不畏,欲以禁,則邪人不止”,則是從反面説出了同樣的意思。“䙵之以其所欲”的“䙵”字,前引陳偉先生文已指出該字在上博簡《容成氏》中用爲“窺”;《新釋》在“䙵”字之後括注“窺—?”,

---

⑪ 湖北省博物館編:《曾侯乙墓》附録一《曾侯乙墓竹簡釋文與考釋》,文物出版社,1989 年,第 498 頁、第 525 頁注 216。

⑫ 張光裕、黄錫全、滕壬生主編:《曾侯乙墓竹簡文字編》,藝文印書館,1997 年,第 179 頁。上引字形即取自此書摹本。

⑬ 《楚文字編》(吉林大學 1997 年博士學位論文),第 462 頁;《楚文字編》,第 573 頁。

⑭ 滕壬生:《楚系簡帛文字編(增訂本)》,第 858 頁;陳偉等著:《楚地出土戰國簡册[十四種]》,經濟科學出版社,2009 年,第 363 頁,第 367 頁注[18](此書曾侯乙墓竹簡部分釋文注釋的作者是蕭聖中先生)。前書字形下所附説明全録《楚文字編》之説而未注明出處;後書釋文從李説,但注釋中仍將李説和整理者説並存。

⑮ “騩”字已見於殷墟花園莊東地甲骨第 191 片(中國社會科學院考古研究所:《殷墟花園莊東地甲骨》,雲南人民出版社,2003 年,第 424～425 頁),在卜辭中用作祭牲名(參看姚萱《殷墟花園莊東地甲骨卜辭的初步研究》,綫裝書局,2006 年,第 282 頁)。

⑯ 《抱朴子外篇》之例蒙沈培先生賜示。

這説明《新釋》大概認爲“䙺”是“窺”字異體,在簡文中的讀法待考。我經過反復考慮,認爲簡文的“䙺”應當讀爲“規”。“規”字古雖多指臣下對君上的規諫,⑰但對於老百姓進行規勸,也可以用“規”字,這種“規”包含了“規正”、“規勸”的意味。《莊子·盗跖》:“盗跖大怒曰:‘丘,來前!夫可規以利而可諫以言者,皆愚陋恒民之謂耳。……今丘告我以大城衆民,是欲規我以利而恒民畜我也,安可久長也……’”⑱對愚陋的恒民(即常民)用利益進行規勸、規正,與簡文“規之以其所欲”意思是十分相近的。《管子·明法解》:

明主之道,立民所欲,以求其功,故爲爵禄以勸之;立民所惡,以禁其邪,故爲刑罰以畏之。

類似説法亦見《韓非子·難一》:

明主之道不然,設民所欲,以求其功,故爲爵禄以勸之;設民所惡,以禁其奸,故爲刑罰以威之。

這和簡文“畏之以其所畏,規之以其所欲”的意思接近到幾乎像出自同人之口。所以,簡文這兩句話是要在位者明賞罰,對老百姓同時施用軟硬兩手來進行統治。

關於“智不行矣”句,若從整理者將“智”讀爲“知曉”之“知”,只能認爲此句省略了主語“民”,簡文的意思應理解爲:在位的君子明賞必罰,百姓就知道行不通了。⑲ 但説“知不行”前省略了主語“民”,語感上頗嫌彆扭,而且這樣解釋文義也欠妥帖。我懷疑此“智”應即“智識”之“智”。在位者以這樣的方式對付百姓,百姓俯首帖耳接受在位者的治理,他們的智識聰明自然就行不通了。儒家本來反對民知(《論語·泰伯》“子曰:‘民可使由之,不可使知之。’”,郭店簡《尊德義》21～22號簡“民可使道之,而不可使知之”⑳),此則

⑰ 如《吕氏春秋·達鬱》“近臣盡規”高注:“規,諫。”

⑱ 《盗跖》之例蒙鄔可晶先生賜示。

⑲ “知不行”語見郭店簡《六德》18號簡“智(知)行者,智(知)不行者,胃(謂)之夫”(《郭店楚墓竹簡》,第187頁)。

⑳ 《郭店楚墓竹簡》,第174頁,第175頁注[八]引“裘按”。

要求主動取消民的智識聰明。如此解釋似更爲順適。㉑

《新釋》指出,《孔子見季桓子》多次談到與"仁人"相對的"邪僞之民"、"邪民"。根據《新釋》的拼合編連,關於"邪僞之民"、"邪民"的行爲特徵,竹簡文字比較清楚且意思比較明確的有"衣服好□□□□(容貌?)皆求異於人"、㉒"興道學淫"、"言不當其所"、"聞教不察不依"、"色不樸,出言不忌;見於君子,大爲毋懾(?)"等。雖然還有些簡文的意思並不十分明確或文字有缺壞,卻仍可看出在本篇竹書作者眼中的"邪僞之民"或"邪民",大致就是衣服容貌標新立異、學習宣揚邪論、不分場合亂發言論、行爲舉止不當、對在上者不恭敬、不服管教之民。簡文所述對百姓"畏之以其所畏,規之以其所欲"自然是要使"邪民"不能得逞,使"仁人"能夠得用;所謂"智不行",主要當是側重於不服從治理的"邪民"而非"仁人"而言的。

本篇竹書將"邪僞之民"、"邪民"置於"仁人"的對立面,還要使"邪民"之"智""不行",這種反智、重法的思想可與《禮記·王制》如下一段話相比較:

> 析言破律,亂名改作,執左道以亂政,殺。作淫聲、異服、奇技、奇器以疑衆,殺。行僞而堅,言僞而辯,學非而博,順非而澤以疑衆,殺。假於鬼神、時日、卜筮以疑衆,殺。此四誅者,不以聽。凡執禁以齊衆,不赦過。

"執左道"、"言僞而辯,學非而博,順非而澤"與簡文"興道學淫"、"言不

㉑　《新釋》認爲同歸在第四編連組的 5 號簡"上唯逃,智(知)亡(無)不亂矣"的"智(知)亡(無)不亂矣"與上文 15 號簡的"智(知)不行矣"有呼應關係,所以都用方框特別標出,其説似可以考慮。不過"上唯逃,知無不亂矣"的意思實在不好理解。我懷疑該句的"智"也是智識之"智",但這是指爲上者之"智"而言的("智亂"之語古書多見,如《韓非子·解老》:"智識亂則不能審得失之地。")。全句大概是説,在上者一味逃避,其智識聰明就没有不混亂的了。簡文是否確實應如此理解,待考。

㉒　"皆"字前簡文殘損,但根據 7 號簡敍述"仁人之道""衣服必中,容貌不求異於人"看,此處當是説邪民容貌的(參看梁静《上博簡〈孔子見季桓子〉研究》,《中國文字》新三十六期,藝文印書館,2011 年,第 36 頁)。各家原從整理者在"好"字下那個不識之字之後點斷,但根據不足,今取消此逗號。

當其所"、"出言不忌"大致相當,"作淫聲、異服……"則可與簡文"衣服好□□□□(容貌?)皆求異於人"對應。根據11號簡所引孔子的説法,"邪僞之民,其術多方",如果把《王制》中所説的這些人歸爲《孔子見季桓子》所説的"邪民",大概不會離事實太遠。衆所周知,孔子的政治觀是"道之以政,齊之以刑,民免而無耻;道之以德,齊之以禮,有耻且格"(《論語・爲政》)。《論語・顔淵》還記載了孔子和季桓子之子季康子的一段對話:

> 季康子問政於孔子曰:"如殺無道,以就有道,何如?"孔子對曰:"子爲政,焉用殺?子欲善而民善矣。君子之德風,小人之德草。草上之風,必偃。"

《孔子見季桓子》不强調德、禮對於爲政的重要性,卻主張以"二道"來審辨百姓中的"仁人"和"邪民"(參看《新釋》),祭出强制措施來威嚇老百姓,同時誘以爵禄等百姓所欲之物,皆已同法家政治思想極爲接近,這是應該引起足夠注意的。

當然,從《孔子見季桓子》現存簡文中看不出《王制》對邪民決絶的殺伐態度,但我們恐怕也要承認,《孔子見季桓子》現存簡文中所體現的政治主張,無疑至少是很容易生發出《王制》這種專制思想的。前引《王制》"行僞而堅,言僞而辯,學非而博,順非而澤"之語,同《荀子・宥坐》所記孔子歷數少正卯的五條罪狀大致相同,但據前人考訂,孔子誅殺少正卯事當爲戰國學者附會之説,並非事實。㉓《孔子見季桓子》當和《宥坐》以及上博簡其他一些記載孔子言行的儒家作品(如《子羔》㉔)類似,並非孔子言論的實録。此篇竹書很可能是受到重法思想影響的戰國儒者順應時勢闡發政治理論的作品【編按:事實是否如此,尚難定論,因爲我們目前對孔子政治思想的了解還太有限】,它在先秦儒家思想史上的地位應該深入探究。此已非本文篇幅所能及,俟另文詳論。

㉓ 參看錢穆《先秦諸子繫年》,商務印書館,2001年,第29～31頁。

㉔ 裘錫圭:《新出土先秦文獻與古史傳説》,《中國出土古文獻十講》,復旦大學出版社,2004年,第30頁。

二、"是故魚道之君子"等句試解

同被《新釋》編在第四編連組的、排在 15 號簡之後的 5 號簡有如下幾句話：

> 是故魚道之君子，行，冠弗視(？示?)也；吾(語)，僉弗視(？示?)也；魚，□弗視(？示?)也。

"魚道"和下文的"魚"，皆甚爲費解。其實這兩個"魚"字都是"備"字之譌形。簡文的這兩個所謂"魚"字本寫作和形，頭部和本篇寫作(7 號簡)、(19 號簡)的兩個"備"字寫法相似，中間部分則和本篇24 號簡寫作的"備"字一致，其足部的譌變寫法則與上博簡《曹沫之陣》52 號簡寫作的"備"字完全相同。㉕《孔子見季桓子》中同一個字有多種譌寫的現象多見，㉖此處將"備"字寫成類似"魚"形毫不足怪(此字甚至直接釋"備"亦無不可)。5 號簡的兩個"備"字當用作"服"。"備(服)道"即行道，類似説法古書常見，如《左傳・僖公十五年》"安其教訓，而服習其道"、《淮南子・道應》"老子曰：'服此道者不欲盈。'"、《論衡・幸偶》"服聖賢之道"等。"行"、"語"和"備(服)"(即上文提到過的"衣服"之"服")都是人的日常表現，放在一起講是合適的。《孟子・告子下》"子服堯之服，誦堯之言，行堯之行，是堯而已矣；子服桀之服，誦桀之言，行桀之行，是桀而已矣"，也是將"服"、"言"、"行"同舉，可爲旁證。而且"行"、"語"、"備(服)"三者跟上文描述邪民特徵的 19 號簡"衣服好……"、17 號"言不當其所"和 18 號簡"其行……"恰能一一對應，看來也不會是偶然的。

這幾句話，是對君子儀容提出的要求。"僉"字下原从"甘"(即"口"加

㉕ 《上海博物館藏戰國楚竹書(一～五)文字編》，第 393 頁(此書已指出該字"所从'葡'旁特别。")類似寫法似還可參看《古璽彙編》2562"備"字，《楚文字編》，第 491 頁。

㉖ 如"此"字、"蝸"字等，請參《新釋》的相關考釋。

一横)形,此字在春秋時代的越、徐、蔡等國的青銅劍銘中用作“劍”。[27] 在簡文中,此字疑也用作“劍”。[28] 古人常把“冠”、“劍”作爲人身上重要的佩飾放在一起講,如《墨子・兼愛中》:“昔者晉文公好士之惡衣,故文公之臣皆牂羊之裘,韋以帶劍,練帛之冠,入以見於君,出以踐於朝。”《莊子・盜跖》:“子以甘辭説子路而使從之,使子路去其危冠,解其長劍,而受教於子。”《吕氏春秋・知士》:“静郭君來,衣威王之服,冠其冠,帶其劍。”《楚辭・惜誦》:“帶長鋏之陸離兮,冠切雲之崔嵬。”(王逸注:言己内修忠信之志,外帶長利之劍,戴崔嵬之冠,其高切青雲也。)我們的釋文中懷疑讀爲“示”的字,原作立人形的“見”,根據楚文字慣例,可釋爲“視”,故可讀爲“示”。“示”是顯示給人看的意思。“行,冠弗示也;吾(語),僉(劍)弗示也”,就是走路時不要刻意展示所戴的冠,説話時不要刻意展示所佩的劍。上引簡文以“□”代表之字原作 ,《新釋》已正確指出此字下部所从爲“尾”。此字上部所从不明,[29]但從文義和字形兩方面考慮,此字也許可以釋讀爲“屣”。其所从的“尾”旁,正和《新釋》所考釋的季桓子自稱其名(斯)的那個字一樣,應視爲从“屘”省,爲全字的聲符。《新釋》已引李家浩先生關於楚文字从“尾”(即“屘”省)从“辵”之字當釋爲“徙”的意見,簡文此字如果確實也从“屘”省聲,那麽讀爲从“徙”聲的“屣”則是毫無障礙的。“屣”是鞋。“備(服),屣弗示也”,就是穿着時不要刻意展示所穿的鞋子。簡文“冠”、“劍”、“屣”三物正好是一個人從頭到脚的順序,這也是我們把此字釋讀爲“屣”的考慮之一。

這段話是告誡在位者不能在日常舉止中向民炫耀自己的儀容外表,而要“求之於中。此以不惑,而民道之”(27 號簡)。[30] 這和該篇上文所説“仁人之道,衣服必中,容貌不求異於人”是一致的。《荀子・子道》(《説

㉗ 參看王輝編著《古文字通假字典》,中華書局,2008 年,第 794 頁。

㉘ 此蒙廣瀨薰雄兄指教。

㉙ 蒙吴振武先生指教,此字上部所从疑當是“舄”旁,西周金文中多借“舄”表示鞋義;在《孔子見季桓子》此字中作爲義符使用。所以此字可分析爲从“舄”,“屘”省聲,是“屣”的專字。

㉚ 《新釋》以爲 27 號簡可能當接 5 號簡讀,應是可信的。

苑·雜言》、《韓詩外傳》卷三第三十二章略同)：

> 子路盛服而見孔子，孔子曰："由，是裾裾何也？昔者江出于岷山，其始出也，其源可以濫觴，及其至江之津也，不放舟，不避風，則不可涉也。非唯下流水多邪？今女衣服既盛，顔色充盈，天下且孰肯諫汝矣？由！"子路趨而出，改服而入，蓋猶若也。孔子曰："志之，吾語汝：奮於言者華，奮於行者伐，色知而有能者，小人也。故君子知之曰知之，不知曰不知，言之要也；能之曰能之，不能曰不能，行之至也。言要則知，行至則仁；既仁且知，夫惡有不足矣哉！"

雖然和簡文思想並不能説完全一致，但是與本篇要求治民者"衣服必中"，"求之於中"，不做表面文章，使民"不惑"、"道之"的思想是基本相同的。

2011年2月7日初稿
2011年5月11日定稿

原刊《文史》2011年第4輯。此文曾於2011年8月25日至26日在蘭州召開的甘肅省第二届簡牘學國際學術研討會上宣讀。

《孔子見季桓子》5 號簡釋讀補正

我在 2011 年 11 月發表的《上博竹書〈孔子見季桓子〉考釋二題》一文的第二則"'是故魚道之君子'等句試解"①中,把《孔子見季桓子》篇 5 號簡兩個寫作和形的所謂"魚"字改釋爲"備",將相關的簡文釋讀爲"是故備(服)道之君子,行,冠弗視(? 示?)也;吾(語),僉(劍)弗視(? 示?)也;備(服),(屣)弗視(? 示?)也",並對這幾句話作了如下解釋(原文注釋從略):

> 這幾句話,是對君子儀容提出的要求。"僉"字下原从"甘"(即"口"加一横)形,此字在春秋時代的越、徐、蔡等國的青銅劍銘中用作"劍"。在簡文中,此字疑也用作"劍"。古人常把"冠"、"劍"作爲人身上重要的佩飾放在一起講,……(引者按,此處引古書中冠、劍同見的語例,從略)我們的釋文中懷疑讀爲"示"的字,原作立人形的"見",根據楚文字慣例,可釋爲"視",故可讀爲"示"。"示"是顯示給人看的意思。"行,冠弗示也;吾(語),僉(劍)弗示也",就是走路時不要刻意展示所戴的冠,説話時不要刻意展示所佩的劍。……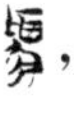,《新釋》(引者按,《新釋》指陳劍先生《〈上博(六)·孔子見季桓子〉重編新釋》②)已正確指出此字下部所从爲"尾"。此字上部所从不明,但從文義和字

---

① 郭永秉:《上博竹書〈孔子見季桓子〉考釋二題》,《文史》2011 年第 4 輯,第 215～222 頁;此文第二則見第 220～222 頁【編按:已收入本書】。

② 此文收入復旦大學出土文獻與古文字研究中心編《出土文獻與古文字研究》第二輯,復旦大學出版社,2008 年,第 160～187 頁。

> 形兩方面考慮，此字也許可以釋讀爲“屣”。其所从的“尾”旁，正和《新釋》所考釋的季桓子自稱其名(斯)的那個字一樣，應視爲从“𡳐”省，爲全字的聲符。《新釋》已引李家浩先生關於楚文字从“尾”(即“𡳐”省)从“辵”之字當釋爲“徙”的意見，簡文此字如果確實也从“𡳐”省聲，那麽讀爲从“徙”聲的“屣”則是毫無障礙的。“屣”是鞋。“備(服)，屣弗示也”，就是穿着時不要刻意展示所穿的鞋子。簡文“冠”、“劍”、“屣”三物正好是一個人從頭到脚的順序，這也是我們把此字釋讀爲“屣”的考慮之一。
>
> 這段話是告誡在位者不能在日常舉止中向民炫耀自己的儀容外表，而要“求之於中。此以不惑，而民道之”(27 號簡)。這和該篇上文所説“仁人之道，衣服必中，容貌不求異於人”是一致的。

今按，除了“備(服)”字的釋讀之外，我的其他理解是有問題的。其實我當時把這條札記的小題定爲“試解”，也是因爲我對這樣的解釋並無十分把握，只是想提出一個供學界參考的釋讀意見而已。

裘錫圭先生審看了我文章的打印稿之後，曾提出一些很重要的修改意見，因爲當時小稿已投寄《文史》並通過審查準備刊登，已無法將裘先生的意見在文中體現出來。我覺得有必要根據裘先生意見儘早糾正我的誤説，不致讓我的誤説影響到後續相關研究。

裘先生認爲，這幾句話疑應作如下斷讀：

> 是故備(服)道之君子，行冠，弗視也；吾(語)僉(險)，弗視也；備(服)(屣——鮮)③，弗視也。

所謂“行冠”，就是一邊走路一邊戴冠，即儀容不整(連帽子都没帶好)就匆忙行路；“語險”，是言説險惡之事；“服鮮”是衣着鮮美。對具有上述行爲的人，服道之君子是不看的。

裘先生的斷讀，顯然較我的説法爲優。《荀子・非相》：“凡人莫不好

③　我釋讀爲“屣”之字，从“鳥”(此蒙吴振武先生指教)从“𡳐”省聲。“屣”是歌部字，可讀爲元部的“鮮”字(屣、鮮中古皆開口三等字，聲母亦接近)。

言其所善，而君子爲甚焉。是以小人辯言險，而君子辯言仁也。”“言險”，就是簡文的“語險”。“言險”、“言仁”是小人和君子的差别，正和簡文可以比較。

裘先生告訴我他的讀法之後，我認爲上述簡文中那三個作立人形的“見”字，其實不宜讀爲“視”，而應該視爲“見”字的訛混之形。④ 楚文字“見”、“視”雖往往可以跪坐人形和立人形區别，但相混的例子已有不少，《孔子見季桓子》20 號簡“見人不厭”的“見”就寫作立人形的“視”字之形，是本篇簡文中的確證。

上述簡文中的“見”，和本篇“見人不厭”的“見”用法相同，也應是接見的意思。⑤ 孔子的意思是，君子對儀容不整匆忙覲見、言談險惡和衣着華美的下屬，不應該接見。⑥ 這些人其實基本上也就是簡文中孔子所反對的“邪民”。這正好也和季桓子在本篇簡文開頭自稱“如夫見人不厭，問禮不倦……斯中心樂之”呼應，頗疑就是孔子對季桓子這些話的回應之辭。

2011 年 12 月 1 日寫畢

原刊《中國文字》新三十七輯，臺北藝文印書館，2012 年。

---

④ 前引陳劍先生文曾在此字之後括注“(見? 視?)”，説明他也曾考慮過讀“見”的可能。

⑤ 參看前引陳劍先生文注 4。

⑥ 季旭昇先生《〈上博六·孔子見季桓子〉譯釋》(發表於《國際儒學研究》第十七輯，此據國際儒學網主頁 http: //www. ica. org. cn/kanwu. php? ac=view&bvid=36&bid=80 引用)認爲這幾句話的意思是“所以衛道的君子，不見行爲貪頑的人，不見言語詭詐的人，不見駕車快馳的人”，也是把“視”字讀成接見之“見”的。

“三布之玉”解

《上博(六)·競公瘧》10 號簡説：

之臣，出矯于里。自姑尤以西，聊攝以東，其人數多已。是皆貧胋(苦)約{肑(疠)}病，夫婦皆詛，一丈夫執尋之幣、三布之玉，唯是夫①

何有祖先生解釋“尋”字爲長度單位，②是可信的。簡文强調百姓以長才八尺的布帛爲祭品來詛咒齊景公，乃“極言‘一丈夫’祭品的簡陋”，與景公自言“吾幣帛甚美於吾先君之量矣，珪璧大于先君之……”形成對比。③所以學者一般認爲“三布之玉”，也應是形容玉之賤的。不過關於“三布”之“布”，卻有着不同的理解。

張崇禮先生引《廣雅·釋詁》訓“布”爲“列”，解釋爲量詞。此説當不可信。《釋詁》“列，布也”的“列”，乃是布陳、陳列等動詞用法，無法解爲量詞。蘇建洲先生認爲“布”應讀爲“友”，解釋爲“雙”。此説恐於音、義兩方面皆難以落實。④ 李天虹先生疑“布”應讀爲“尺”，並引《周禮·考工記·

① 馬承源主編：《上海博物館藏戰國楚竹書(六)》，上海古籍出版社，2007 年，圖版第 27 頁、釋文考釋第 184～186 頁。此簡原整理者釋讀多有錯誤，此處已據學者後來意見進行改釋改讀，參看梁静《〈上博六·景公瘧〉重編新釋與版本對比》，簡帛網 2008 年 11 月 25 日，又《中國歷史文物》2010 年第 1 期，第 73 頁；拙著《古文字與古文獻論集》，上海古籍出版社，2011 年，第 74～79 頁。

② 何有祖：《讀〈上博六〉札記》，簡帛網 2007 年 7 月 9 日。

③ 張崇禮：《〈景公虐〉第十簡解詁》，簡帛研究網 2007 年 7 月 30 日。下引張説皆出此文。

④ 蘇建洲：《讀〈上博六〉筆記》，簡帛網 2007 年 8 月 1 日。

玉人》"大圭長三尺"證明"古書中有'三尺'之玉(圭)的説法"。[⑤] 按讀"布"爲"尺"從古音和用字兩方面可能都存在問題,而且長三尺的大圭爲王者之物(參看《玉人》及鄭注),簡文似不可能是指這樣高級的玉器。陳劍先生爲"上博簡字詞全編"項目所作《競公瘧》釋文,在"布"字後括注"膚、扶"。[⑥] 雖然因爲限於體例,陳先生未對他的釋讀作進一步説明,但我們很容易想到,他應該是理解爲古代長四寸(即四指)的單位"膚/扶"的。"三膚/扶"是一尺二寸。這樣的玉(無論是長度、寬度還是厚度爲一尺二寸),恐亦不能謂賤,所以此説似乎也有問題。

陳偉先生曾經提出過"一丈夫"是指齊景公之"祝"(祝固)的看法,"因爲對應於上文的'人數多已'、'夫婦皆詛',所以這裏用'一'字强調"。[⑦] 若按照這種看法,則"三布之玉"未必賤,上述部分説法好像又有成立的可能。不過我們認爲此説恐有問題。蘇建洲先生已經指出,"一丈夫"在古書裏是一般的成年男子通稱,不大會指明確對象的祝固;而且"尋之幣"跟古代貴族用以行禮、祭祀的"幣一束"、"束帛"、"束錦"等,等級相差實在太大,可證"一丈夫"顯然指的是"一般尋常百姓"。[⑧] 其説可從。我們同樣也可以從另一個角度考慮:如果這裏確實是説祝固等人爲景公祝禱,那麽就應該極言幣帛之美、圭璧之大,與"貧苦約病"的"夫婦"形成巨大反差,可無論是"尋之幣"還是"三膚/扶之玉",恐都因難以凸顯這一點而成爲不痛不癢的平常話了。所以,簡文的"三布之玉"仍以理解成"貧苦約病"的"一丈夫"詛咒景公時所使用的不值錢的玉爲合理。竹簡下部殘斷處的"是夫",似應理解爲"這個人",很可能就是指"一丈夫"而言的。

我以爲,有了上述認識,這個"布"字不必另求他解,其實它就是布帛

---

⑤ 李天虹:《上博六〈景公瘧〉字詞校釋》,張光裕、黄德寬主編:《古文字學論稿》,安徽大學出版社,2008 年,第 340～341 頁。

⑥ 陳劍先生的釋讀已在復旦大學劉嬌博士的博士學位論文《西漢以前古籍中相同或類似内容重複出現現象的研究——以出土簡帛古籍爲中心》(指導教師:裘錫圭教授,2009 年,第 160 頁)中體現,但未作討論。

⑦ 陳偉:《讀〈上博六〉條記》,簡帛網 2007 年 7 月 9 日,又《新出楚簡研讀》,武漢大學出版社,2010 年,第 267 頁。

⑧ 蘇建洲:《〈上博楚竹書〉文字及相關問題研究》,萬卷樓圖書公司,2008 年,第 117～118 頁。

之布。

瞭解中國古代貨幣史的人都知道,在錢幣流行以前,布帛長期行使着貨幣的職能。裘錫圭先生指出,睡虎地秦簡《金布律》和《漢書·食貨志下》所述太公九府圜法都有關於布的標準尺度的規定;根據《金布律》的記載看,"符合質量要求的幅廣二尺五寸長八尺的一塊布"即稱爲"一布",《金布律》規定"錢十一當一布",所以"秦律説到跟財物有關的犯罪行爲或官吏失誤的時候,所舉錢數幾乎都是十一的倍數。……這種情况充分説明,在行錢之前,布是最常用的貨幣"。⑨ 我認爲,簡文的"三布之玉",當是指價值三個標準單位布的玉。

無論簡文所説的"布"尺度標準如何,價值"三布"的玉一定是很賤的。如果忽略時代和貨幣購買力的差異,拿戰國晚期秦簡記載的情况來打比方,可以知道"三布"(卅三錢)相當於一個年紀較小的身份爲"舂"的人在夏季上繳給公家的衣價。⑩ 在古書裏,"一布"有時就作爲不值錢的東西的代表。《墨子·貴義》有"今士之用身不若商人之用一布之慎也"等語,裘錫圭先生指出"一布"並非前人理解的"一錢",結合《貴義》篇的著作時代看,"一布"之"布"應當理解爲布帛之"布"。⑪ 其説極是。從《貴義》的上下文看,作者對商人所使用的"一布",顯然是作爲不值得寶貴的東西看待的。

《左傳·昭公二十六年》記梁丘據(子猶)之臣高齮接受季氏家臣賄賂據的"幣錦二兩",並向子猶解釋道"魯人買之,百兩一布,以道之不通,先入幣財"。杜預注把"布"訓爲"布陳";鄭衆則把這個"布"理解爲泉貨之"泉"(見《周禮·地官·載師》鄭玄注引鄭衆注"里布")。裘錫圭先生指出,後人之所以多信從鄭衆説,是因爲鄭説是把"百兩一布"理解成"百兩錦只賣一錢","極言其賤,使子猶好接受"。單從文義上看,鄭解的確優於

---

⑨ 裘錫圭:《先秦古書中的錢幣名稱》,《中國錢幣論文集》,中國金融出版社,2002年,第14~16頁。田煒先生告訴我,關於這一點,唐鈺明先生也有相同論述,參看唐鈺明《據出土文獻評論兩部辭書釋義得失三則》,《中國語文》2003年第1期,第81頁。

⑩ 睡虎地秦墓竹簡整理小組:《睡虎地秦墓竹簡》,文物出版社,1990年,第42頁。

⑪ 同注⑨所引裘文,第17頁。

杜注。但文中的"布",從時代來看,決不可能指錢幣(即"泉"),因此裘先生認爲"鄭衆的意見不一定比杜預高明。即使認爲'百兩一布'確是説錦價之賤,既然秦律把一個標準單位的布稱爲'一布'(已見前引),這裏的'一布'當然也可以這樣理解(其具體尺度彼此可以不同)"。⑫《左傳》的這條史料,和《競公瘧》記載的是基本同時的事情,且著作年代也應該很接近。⑬《競公瘧》的"三布之玉"與《左傳》的"百兩一布",恰可互相發明,證實春秋時代齊魯地區的確也是以一個標準單位布作爲價值尺度的。所以我認爲,鄭衆對《左傳》文義的理解是有道理的,裘先生對先鄭説失實之處的糾正無疑也是正確的。

《競公瘧》説"三布之玉"而未極言"一布之玉",那大概是因爲"一布"在當時實在是買不到稍微像樣的、可以用來祭祀的玉的。《左傳》所謂"百兩一布"的話,只是高齮爲了安梁丘據心的鬼話,自非當時"一布"價值的真實反映;不過從他編造"一布"就能買到百兩之錦這一點看,在齊人心目之中,"一布"之甚不值錢還是頗爲明顯的。顔世鉉先生告訴我,簡文的"三",也可以理解成表示少的虚數,⑭"三布"爲"只有幾布價值的玉",其説亦可通。不過此處以"尋之幣"跟"三布之玉"對舉,似乎"三布"爲實指的可能性仍較大。

附記:小文寫成後承蒙顔世鉉、蘇建洲二位先生指正和惠賜資料,十分感謝。

2012年1月5日

原刊中國古文字研究會、復旦大學出土文獻與古文字研究中心編《古

---

⑫　同注⑪。

⑬　學者多已指出《競公瘧》部分内容和《左傳·昭公二十年》的密切關係,亦可看出這一點。

⑭　例如顔先生指出《韓非子·難勢》"無慶賞之勸,刑罰之威,釋勢委法,堯舜户説而人辯之,不能治三家"的"三家"即"極言人之少"。

文字研究》第29輯，中華書局，2012年。

編按：承馮勝君先生來函教示，簡文裏的"尋之幣"、"三布之玉"只是極言相對於億兆人之詛，祝史一人所執持的被認爲是豐厚的幣帛是多麽的微不足道，而不宜坐實看待。如此則"一丈夫"仍不能排除陳偉先生所言是指代"祝"(祝固)的可能性；因簡文下文殘損，相關文字究竟應朝哪方面理解，還有待進一步研究。十分感謝馮先生的指教。

清華簡《繫年》“幗”字别解

李學勤先生最近發表的《清華簡〈繫年〉及有關古史問題》①披露的《繫年》簡文中有如下兩條：

> 第 23 章：“楚人盡弃其幗(幬)幕車兵，豕逸而還。”(70 頁)
>
> 簡王九年(B. C423)條：“楚師亡功，多弃幗(幬)，莫[敖]宵遯(遁)。”(73 頁)②

雖然我們没有看到這兩個“幗”字的原形，也没有看到整理小組的詳細注釋，但可以推測李先生應當是從作爲“幗”字聲旁的“嘼”有“獸”一類的讀音出發，將“幗”讀爲音近的“幬”的。

我們知道，西周金文有、等字，過去都釋讀爲“獸(狩)”，如清人徐同柏就將大盂鼎的“遣”字讀爲“獸”，解釋爲“守備也”。③ 二十世紀有關青銅器銘文的重要論著，也都釋讀這些字爲“獸(狩)”。④ 郭店楚墓竹簡出土後，裘錫圭先生根據《成之聞之》篇中所引《君奭》之文與今本《君奭》“單”字對應之字寫作“嘼”的事實，明確指出“‘嘼’在古文字中即‘單’字繁

---

① 載《文物》2011 年第 3 期，第 70～74 頁。

② 此句“敖”字，釋文打方括號表示爲脱文。宋華强先生在簡帛網論壇中發帖認爲，此句中的“莫”字實當屬上句讀爲“多弃幗莫(幕)”，其説可從，故此句實無脱字。

③ 轉引自于省吾《雙劍誃吉金文選》，中華書局，1998 年，第 117 頁，參看第 281 頁。

④ 如郭沫若《兩周金文辭大系圖録考釋》，《郭沫若全集・考古編》第八卷，科學出版社，2002 年，第 85 頁；陳夢家：《西周銅器斷代》，中華書局，2004 年，第 104 頁；唐蘭：《西周青銅器銘文分代史徵》，中華書局，1986 年，第 178 頁。

文,《説文》説此字不可信”,⑤並指出交鼎的“嘼”和盂鼎的“遣”都應讀爲从“單”得聲的“戰”。⑥ 陳劍先生對此還有比較詳細的補充論證。⑦ 我們現在找不出作爲“單”之繁文的“嘼”有“獸”一類讀音的任何根據,所以李文讀兩個“幝”字爲“幬”是可疑的。從文義上看,“幬”字古訓單(禪)帳、車帷等,簡文描述戰敗逃遁時丢棄的東西恐也不會是“幬”。

《説文·七下·巾部》有訓“車敝皃”的“幝”字,放在簡文中也無法講通,故與《繫年》此字當無關係。我懷疑《繫年》的這個“幝”字當爲“旃(旜)”字異體。《説文》“旃”字下異體作“旜”,从“單”聲字和从“亶”聲字古多相通,⑧《釋名·釋兵》“旃,戰也,戰戰恭己而已”,都説明“旃(旜)”和从“單”聲之字讀音之近。古書注釋多言“通帛爲旃(旜)”,可見以“巾”旁爲義符也是很合理的。旗幟義的字以巾爲義符,“微”、“幟”等字是其比。

“旃(旜)”是一種旌旗,《左傳·僖公二十八年》敍述城濮之戰“晉中軍風于澤,亡大旆之左旃”,祁瞞因此“奸命”,可見“旃”在行軍作戰的重要性。《繫年》中的兩句話,則是説楚人戰敗遁逃時連旃都捨棄了,以形容當時狼狽之態。《史記·淮陰侯列傳》:“於是信、張耳詳棄鼓旗,走水上軍。水上軍開入之,復疾戰。趙果空壁争漢鼓旗,逐韓信、張耳。韓信、張耳已入水上軍,軍皆殊死戰,不可敗。”“棄鼓旗”即韓信、張耳佯敗的手段。《左傳·莊公十年》記曹劌論戰之語有“夫大國難測也,懼有伏焉。吾視其轍亂,望其旗靡,故逐之”,亦是以棄旗與否來判斷勝敗的例子。

《儀禮·聘禮》:“入竟,斂旜乃展。布幕,賓朝服立于幕東西面。”“旜”即“旃”,即《聘禮》上文“使者載旜”之“旜”;“布幕”與《聘禮》上文“管(館)人布幕于寢門外”之“布幕”義同,皆指鋪布次舍的帷幕。雖然這是諸侯朝見聘問的儀節,但也同時出現了“旜”和“幕”,或可作爲參考。行軍打仗自然也有幕,戰敗棄幕之事則可與《左傳·莊公二十八年》“楚師夜遁。……

---

⑤ 荆門市博物館:《郭店楚墓竹簡》,文物出版社,1998 年,第 169 頁。

⑥ 轉引自陳劍《據郭店楚簡釋讀西周金文一例》,《甲骨金文考釋論集》,綫裝書局,2007 年,第 28 頁。

⑦ 陳劍:《據郭店楚簡釋讀西周金文一例》,《甲骨金文考釋論集》,第 28～29 頁。

⑧ 看高亨、董治安《古字通假會典》,齊魯書社,1989 年,第 202～205 頁。

謀告曰:‘楚幕有烏。’”等對照。

以上所説,皆爲未見原簡所作的推測,是否有當,有待材料發表後進行檢驗。

2011年3月30日草
2011年9月30日修改

原載復旦大學出土文獻與古文字研究中心網站,2011年3月30日,略有删改,主要意思未變。

清華簡《尹至》“𥡴至在湯”解

《清華大學藏戰國竹簡(壹)》首篇《尹至》的第 1 號簡(入藏編號 2234)云:“惟尹自夏徂亳,𥡴至才(在)湯。”①負責此篇整理的李學勤先生讀對“𥡴至才湯”句作了如下注釋:

> 𥡴,字從录聲,讀爲“逯”,《方言》十二:“行也。”《廣雅·釋詁一》同。才,讀爲“在”,《爾雅·釋詁》:“存也。”《左傳》襄公二十六年“吾子独(引者按,當作“獨”)不在寡人”,注:“在,存問之。”“湯”字下有重文符號。②

我認爲將“𥡴”讀爲“逯”,恐有問題。“逯”字訓“行”,並非一般的行走之義,而是描述行走的某種狀態。王念孫《廣雅疏證》卷一上“逯,行也”條云:

> 逯者,《方言》:“逯,行也。”《説文》云:“行謹逯逯也。”《淮南子·精神訓》云:“逯然而往(引者按:原文實作“渾然而往,逯然而来”)。”③

按,《廣韻》入聲第五燭韻力玉切録小韻:“逯,謹也。”同書入聲第五屋韻盧

---

① 清華大學出土文獻保護與研究中心編,李學勤主編:《清華大學藏戰國竹簡(壹)》,中西書局,2010 年,圖版第 2、35 頁。

② 《清華大學藏戰國竹簡(壹)》,第 128 頁。

③ 王念孫:《廣雅疏證》,江蘇古籍出版社,2000 年,第 14 頁上欄之左。

谷切禄小韻:"趢,趢趗,局小。""趗,趢趗,局小皃。"同書入聲第五燭韻力玉切録小韻:"趢,趢趚,皃行。"皃行也是局促、謹慎之貌。可見"逯"、"趢趗"、"趢趚"皆義近,《説文》訓釋的"行謹逯逯",也就是這個意思。又《淮南子・精神》"逯然而来"高誘注:"逯,謂無所爲,忽然往來也。"疑"逯然"猶"碌碌無爲"之"碌碌"(《史記・酷吏列傳》:"九卿碌碌奉其官。"),《精神》篇的"渾然"、"逯然"都是形容一種渾沌無爲的狀態。可見"逯"字的這些意義都是不適合《尹至》的。

在這裏有必要對吴振武先生近年正確釋出的甚六鼎銘文"鹿"字做一點補充解釋。該銘的"以鹿四方,以從句吴王"句,吴先生有如下解釋:

> 據鼎銘文意,此"鹿"字似應讀作"娽"或"逯"。……"娽"字《説文》訓"隨從也","逯"字《廣雅・釋詁》和《方言》並訓"行也"。……在傳世古書中,"娽"字當隨從講,或"逯"當行講,似乎都没有理想的句例。④

按,關於"娽"字的"隨從"義,段玉裁《説文解字注》指出:

> 《史記・平原君列傳》曰"公等録録,因人成事",王劭云:"録録,借字。《説文》:'娽娽,隨從之皃也。'"依王本多四字。

可見"娽"字訓"隨從",實際跟上文所引"九卿碌碌奉其官"的"碌碌"意思相近,與銘文似也很難比附。近年來,學者多已認識到,古文字中的"鹿"可以用作"麗"。⑤ "以鹿四方"之"鹿"似亦應用爲"麗"。古書"麗"可以表示"過"、"歷"等義:《淮南子・俶真》:"夫貴賤之於身也,猶條風之時麗也。"高誘注:"麗,過也。"《論衡・薄葬》:"魯人將以璵璠斂,孔子聞之,徑庭麗級而諫。"《吕氏春秋・安死》作"孔子徑庭而趨,歷級而上"。《戰國策・秦策一》"蘇秦始將連横"章:"横歷天下,廷説諸侯之王。"高誘注:"歷,行也。"《楚辭・九懷・昭世》:"歷九州兮索合,誰可與兮終生。"王逸

---

④　武漢大學簡帛研究中心編:《簡帛》第一輯,上海古籍出版社,2006年,第1～4頁。

⑤　參看何琳儀《楚國熊麗考》,《中國史研究》2000年第4期;劉信芳:《安徽鳳陽縣下莊一號墓出土鎛鐘銘文初探》,《紀念徐中舒先生誕辰110年國際學術研討會論文集》,巴蜀書社,2010年;范常喜:《上博簡〈容成氏〉和〈天子建州〉中"鹿"字合證》,《古文字研究》第28輯,中華書局,2010年。指出這種現象的文章頗多,此僅舉三篇文章爲例。

注:“周遍天下,求雙匹也。”“麗”、“歷”音義相近,“以鹿(麗)四方”,就是“以歷四方”、“以行四方”的意思。如果我們的解釋較符合實際,甚六鼎銘文的“鹿”恐也無法作爲《尹至》“彔”讀爲“逯”的證據。

單育辰先生讀《尹至》“彔”字爲“麓”,斷入上句讀爲“亳麓”。⑥ 按:“亳”是地名,非山岳之名,“亳麓”的説法似成問題。整理者已經指出“‘自夏徂亳’,與《國語·楚語上》云武丁‘自河徂亳’句似”,⑦可見整理者的斷句是可以信據的。

宋華强先生讀“彔”爲“從”,他説:

> “彔”疑當讀爲“從”。郭店簡、上博簡《緇衣》中與今本“從容有常”之“從”對應之字,李家浩先生認爲是從“录”得聲,讀爲“從”。對該字是否從“录”,我們曾有一些不同看法,但是李先生對“录”聲與“從”聲可以相通的論證是可信的。“從至于”見於古書,如《大戴禮記·諸侯遷廟》“從至于廟”。古書有伊尹從湯的説法,如《史記·殷本紀》:“或曰:伊尹處士,湯使人聘迎之,五反然後肯往從湯。”又:“湯乃興師率諸侯,伊尹從湯。”並可參照。⑧

按:“從至於廟”是指跟從(君)至於廟(殯宫)。若讀爲“從至在湯”,所跟從的是誰呢?按照宋先生理解,似乎是“湯”,那麼這句話就得理解爲“跟從湯來到湯處”,這恐怕跟簡文的情況不合。“从”、“從”二字楚簡屢見,⑨以“彔”爲“從”從用字上講也需要提出更爲充分的依據。所以宋説恐不可從。

從上面引述的各家意見看,整理者讀“才”爲“在”是爲大家信從的。這個“在”字,當理解爲“於”,宋華强先生、孫飛燕女士皆有充分論證,⑩我們認爲是正確的。《詩·召南·小星》:“肅肅宵征,夙夜在公。”鄭箋:“或

⑥ 復旦大學出土文獻與古文字研究中心研究生讀書會《清華九簡研讀札記》文後評論,2010年5月30日。

⑦ 《清華大學藏戰國竹簡(壹)》,第128頁。

⑧ 宋華强:《清華簡校讀散札》,簡帛網,2011年1月10日。

⑨ 參看李守奎《楚文字編》,華東師範大學出版社,2003年,第502～503頁;《清華大學藏戰國竹簡(壹)》,第236頁。

⑩ 宋華强:《清華簡校讀散札》,簡帛網,2011年1月10日。孫飛燕:《試論〈尹至〉的“至在湯”與〈尹誥〉的“及湯”》,復旦大學出土文獻與古文字研究中心網站,2011年1月10日。

早或夜，在於君所。”《詩・魯頌・有駜》：“夙夜在公，在公明明。”鄭箋：“時臣憂念君事，早起夜寐，在於公之所。”“在公”和“在湯”的用法接近。

所以“㝙至在湯”句的理解，關鍵在於“㝙”字上。復旦讀書會以爲讀“逯”之説“可疑，讀爲何詞待考”，⑪是較爲謹慎的態度。

“㝙”字已數見於楚簡，多用作“爵禄”之“禄”（如郭店簡《魯穆公問子思》6 號簡、7 號簡 2 見；上博簡《曹沫之陣》21 號簡、50 號簡等），此義放在簡文中難以講通。從文字結構看，“㝙”字从“夕”“录”聲，用作“禄”當是假借，此字應另有其本義。

“㝙”字其實早已見於殷墟甲骨文（《甲骨文合集》——下簡稱《合》——14103、20964 等）。黄天樹先生在《殷墟甲骨文所見夜間時稱考》一文中指出（原文分段處從略）：

> 卜辭有“中录”一語，……一類是地名。……另一類是時稱（引者按，此處舉《合》35344、13375 爲例，證明“中录”“很可能是一個時段名稱”）。……卜辭中表示夜間的時稱往往加上“夕”旁。如賓組卜辭裏“昧喪（爽）”的“喪”字，或寫作“喪”（《合》6037）；或寫作从夕、从喪（《合》15738、13751、13752）。……下列這條記有“中录”的卜辭，在“录”字旁邊加上“夕”旁（引者按，此處舉《合》14103 爲例）。……（《合》14103）中的“中”之“”，从“夕”从“录”，從字形从“夕”這一點也透露出它是一個夜間的時稱。……我們推測卜辭表示“中夜”的語詞很可能就是“中（）”。“中”之“中”表示夜間之中點，等於“中日”之“中”表示白天之中點一樣。……字也作（引者按，字見《合》20964＋21310，黄天樹先生綴⑫），應爲同一個字。……

⑪　復旦大學出土文獻與古文字研究中心研究生讀書會：《清華簡〈尹至〉、〈尹誥〉研讀札記（附：〈尹至〉、〈尹誥〉、〈程寤〉釋文）》，復旦大學出土文獻與古文字研究中心網站，2011 年 1 月 5 日。

⑫　黄天樹：《甲骨新綴 11 例》，黄天樹主編：《甲骨拼合集》，學苑出版社，2010 年，第 22 頁。

“”可能是“中㝅”之省。⑬

黄先生的意見非常正確，卜辭的“中㝅”和“㝅”應當就是夜間時稱名。“㝅”字從結構和辭例看，其本義很可能就是表示一種夜間時稱。在《尹至》篇中，“㝅”字與上舉黄先生綴合的《合》20964＋21310“癸卯卜貞：旬。四月。乙巳雨”的“”字用法相同，表示的也是這個夜間時稱。“㝅至才(在)湯”，意思是伊尹在夜裏的某個時候來到了湯之處，文例猶《左傳・宣公十二年》“趙旃夜至於楚軍”，《後漢紀・孝桓皇帝紀下》“(夏静)夜至(夏)馥所”之類。

不過，從語言角度推測，“㝅”可能並不是“中㝅”之省。“㝅”大概和“夜”、“夕”一樣，是一種泛指的時稱。“中㝅”當是指“㝅”之“中”(猶“中夜”之於“夜”的關係)，指的是夜半(即上引黄先生文所説的“‘中日’的對蹠點”)。《尹至》所記伊尹來到湯所的時間，只能籠統地定爲夜間。

“㝅”字的夜間時稱意義，除了殷墟甲骨文之外，不見於任何先秦文獻。《尹至》所記是夏商之際的事，所使用的這個詞的産生時代也不晚於商代後期，而且很可能是很早就廢棄不用了(西周金文裏目前就還没有見到過)。這似可以説明《尹至》篇的内容相當古，或者保守地退一步説，這篇文字撰作時所依據的材料非常古。

《尹至》表夜間時稱這個意義所使用的字，就是“㝅”這個本字，而“㝅”字在古文字中除了殷墟甲骨文和楚文字之外，似尚未見他例，這種情況和楚文字在一定程度上保留了以跪坐人形跟立人形區别“見”與“視”二字的早期古文字現象的情況，⑭是十分相類的。楚文字是基於何種原因，保留了這些古老的文字和文字現象，值得今後探究。

---

⑬　黄天樹：《黄天樹古文字論集》，學苑出版社，2006年，第185～188頁。

⑭　裘錫圭：《甲骨文中的見與視》，《甲骨文發現一百周年學術研討會論文集》，文史哲出版社，1999年；又載復旦大學出土文獻與古文字研究中心網站，2008年5月10日。

附記：

小文曾在2011年6月28～29日於達園賓館召開的“《清華大學藏戰國竹簡(壹)》國際學術研討會”上宣讀，會上會下蒙艾蘭教授、李家浩教授、吴振武教授、孟蓬生教授、李守奎教授、王志平教授提出寶貴意見或給予鼓勵，本人非常感謝。

小文的主要意思曾在復旦大學出土文獻與古文字研究中心研究生讀書會《清華九簡研讀札記》一文之後以回帖形式發表(2010年6月17日)。寫作此文時，曾向裘錫圭先生請教，知裘先生在研讀清華簡時，對《尹至》的“彔”字有和我相同的看法。後來沈培教授、黄德寬教授也分别告訴我，他們對“彔”字也曾有相同的意見。謹志於此，並向各位先生致謝。

2011年11月6日寫定

看校樣時記：

李守奎先生在《清華簡〈周公之琴舞〉與周頌》一文中披露《琴舞》第七章有“余彔(录)思忶(念)，畏天之載”語，李先生認爲簡文“彔思念”和《尹至》“彔至在湯”的“彔”，都是“表示夜半的一個時稱”，“可見周初語言與商書之間的密切關聯”(《文物》2012年第8期，第76頁)。記此待考。

原刊清華大學出土文獻研究與保護中心編《清華簡研究(第一輯)——〈清華大學藏戰國竹簡(壹)〉國際學術研討會論文集》，中西書局，2013年。

重印按：作爲時稱的“彔”，據介紹亦見於安徽大學藏戰國簡《詩經》，今本《鄘風・牆有茨》的“中冓”，安大簡作“中彔”，參黄德寬《安徽大學藏楚簡〈詩經〉概説》(中國古文字研究會第二十一屆學術年會大會報告，2016年10月21～23日，北京清華大學)。

清華簡《耆夜》詩試解二則

清華簡《耆夜》篇，敘述武王八年伐耆（黎）還師飲至之事，篇中記武王、周公互酬及酬伐耆（黎）主將畢公時所作詩歌祝誦共四終——《樂樂旨酒》、《輶乘》、《贔贔》、《明明上帝》；還有《蟋蟀》一終，是周公秉爵未飲聽到蟋蟀躍陞於堂上所作。這些詩歌雖不一定真是周公、武王作品，但它們大多未見於古書記載，《蟋蟀》與《詩經·唐風》的《蟋蟀》也有不同，有很重要的研究價值。惜詩義古奥，有些文句不易解讀。今對篇中兩處詩義試加解釋，寫成短札，不當之處請與會專家批評。本文寫作時，利用了發表在復旦大學出土文獻與古文字研究中心網站由任攀、程少軒整理的《網摘·清華一專輯》（2011 年 2 月 1 日）和由顔偉明集釋，陳民鎮、顔偉明作按語的《清華簡〈耆夜〉集釋》（2011 年 9 月 20 日）。本文引及學者在網上發表的非正式成文的意見，皆從此二文轉引，不再出注。

一、《贔贔》的“我憂以颩”

此篇爲周公酬畢公所作。詩中説，“王有旨酒，我憂以颩。既醉又𧓵（侑），明日勿稻（慆）”。整理者對前兩句無注，對後兩句注釋如下：①

> 𧓵即《説文》“蛕”字，讀爲“侑”，勸飲。稻，和《詩經》“慆”字用法相同。《詩·蟋蟀》：“今我不樂，日月其慆。”毛傳：“慆，過也。”

① 李學勤主編：《清華大學藏戰國竹簡（壹）》，中西書局，2010 年，第 154 頁。

按讀"夤"爲"侑"是可信的，但讀"稻"爲《詩經》訓"過"的"慆"，放在文中似難講通；其實讀爲"慆"，似應訓喜、悦一類意思，[②]"勿慆"猶言"勿喜"(《論語・子張》有"哀矜而勿喜"的話)。詩句大意是説，(今天)既已喝醉，就再勸飲一回，明天就不要這樣高興了。

對於"我憂以颫"一句當如何理解，學者有不同看法。劉雲先生發表過如下看法：

> 疑"颫"當讀爲"浮"。"浮"有罰酒的意思。如：《晏子春秋・内篇雜下十二》："景公飲酒，田桓子侍，望見晏子，而復于公曰：'請浮晏子。'公曰：'何故也？'無宇對曰：'晏子衣緇布之衣，麋鹿之裘，棧軫之車，而駕駑馬以朝，是隱君之賜也。'"《禮記・投壺》："薛令弟子辭曰：'毋憮，毋敖，毋偝立，毋踰言。若是者浮。'"陸德明《釋文》："浮，罰也。"《淮南子・道應》："魏文侯觴諸大夫於曲陽，飲酒酣，文侯喟然嘆曰：'吾獨無豫讓以爲臣乎？'蹇重舉白而進之，曰：'請浮君。'君曰：'何也？'對曰：'臣聞之，有命之父母，不知孝子；有道之君，不知忠臣。夫豫讓之君，亦何如哉？'"高誘注："浮，猶罰也。"
>
> 《篇海類編・地理類・水部》："浮，謂滿爵罰之也。""我憂以浮"的意思是：我因爲在歡慶的酒宴上面有憂色，而被罰酒。周公在歡慶的酒宴上面有憂色，是其居安思危思想的表現，這一表現完全符合周公在歷史上的形象。因爲周公被罰酒了，所以他喝高了，所以詩中緊接着又説"既醉又侑"。

實際在上下簡文中，周公並無因露憂色而被罰酒的記載，而且按照劉先生的理解，這句話當説成"我以憂浮"或"浮我以憂"才較爲合理。因此此説似難以成立。劉洪濤先生則提出了另一種解釋：

> "王有旨酒，我憂以浮"，可跟《詩・邶風・柏舟》"微我無酒，以敖以游"合觀。"浮"從"風"，跟"飄"從"風"，或作"漂"從"水"同例。"憂"可能讀爲"悠"或"遊"。

② 宗福邦等主編：《故訓匯纂》，商務印書館，2003年，第818頁。

劉先生找出《柏舟》的例子很好,説明“我憂以𩙡”當與“王有旨酒”有密切的因果關係。但是讀“憂”爲“悠”或“遊”與楚文字用字習慣不合,“浮”也没有敖游之類的意思,故此説也不可信。

“我憂以𩙡”結構當與《詩・大雅・蕩》“大命以傾”相同,“我憂”是“𩙡”的賓語,意思是我的憂愁因爲王的旨酒而“𩙡”,由此看來,“𩙡”的意思可以往撫慰、安寧、消除、釋解、傾瀉等多種方向去理解(古人早已將酒視爲解憂之物,除上引劉洪濤先生舉出的《柏舟》例之外,如《楚辭・九嘆・遠逝》“欲酌醴以娱憂兮,蹇騷騷而不釋”,《漢書・東方朔傳》引朔語“銷憂者莫若酒”等)。

“𩙡”字不見字書,從《鼏鼏》詩的用韻看,顯然是从“孚”得聲的字,但我們不很清楚它的本義是什麽(也許確如劉洪濤先生所説是“漂浮”之“浮”的異體)。查檢傳世文獻中从“孚”聲的字,似找不到具有上述意義的詞。但是我們注意到,上博竹書《吴命》6號簡正有“寧心孜憂,亦唯吴伯父”的話,整理者曹錦炎先生認爲:③

> “孜”讀爲“撫”(字也見於楚帛書,用爲動詞,其義不明)。古音“撫”爲滂母魚部字,“孚”爲並母幽部字(从“孚”聲的“稃”爲滂母幽部字),兩字聲韻相近可通。“撫”,安撫。……“寧心孜憂”,安撫心之憂愁。《國語・吴語》:“用命孤禮佐周公,以見我一二兄弟之國,以休君憂。”

應該説,曹先生對文義的理解是很有道理的。曹先生在注文中指出的楚帛書“孜”,見於甲篇“思(使)孜奠四極”一句(帛書“思”字讀爲“使”,爲劉信芳先生最早指出④)。此句“孜”字,似以饒宗頤先生提出的讀“敷”,李零先生訓“布”的意見影響最大。⑤ 他們的意見似爲曹先生讀“孜”爲“撫”的意見補充了一個語音上的證據。“孚”和从“孚”聲之字,也有和魚部的

③ 馬承源主編:《上海博物館藏戰國楚竹書(七)》,上海古籍出版社,2008年,第319頁。
④ 參看徐在國《楚帛書詁林》,安徽大學出版社,2010年,第273、608～609頁。
⑤ 參看徐在國《楚帛書詁林》,第273～274頁。

“扶”、“専”等字爲異文的例子。⑥ 這些情況似乎説明曹先生讀“孜”爲“撫”的意見不能輕易否定。

從語義上看，《耆夜》的“𠊲”、《旻命》的“孜”跟楚帛書“思（使）孜奠四極”一句的“孜”，似乎可以統一起來解釋。帛書説“炎帝乃命祝融以四神降，奠三天☐（此字殘，或釋‘維’，不一定可信），思（使）孜奠四極”，意思是炎帝命祝融與四神下降，奠定“三天☐”，使他們安寧、奠定四極。可見，从“孚”聲的“𠊲”、“孜”可讀爲一個表示安定、安寧一類意思的詞。曹錦炎先生讀“撫”的意見，雖然從語義上可以滿足要求，但《贔贔》詩押幽部韻，把“孜”字讀爲魚部的“撫”似乎不能非常完滿地解決問題。所以我暫時認爲，《旻命》和楚帛書的“孜”字以及《耆夜》的“𠊲”字，有可能記載的是一個不見於傳世古書的，表示“安寧”、“安撫”等義的詞，似不能排除這個詞和“撫”有密切的語源關係。事實如何，有待進一步研究。

二、《明明上帝》的“月有成散，歲有剌行”

此篇是周公酬王所作祝誦。“月又（有）城散，歲又（有）剌行”句整理者注：⑦

> 城通“盈”，散通“缺”。後世常言“月有盈缺”。剌，疑讀爲“歇”。

關於什麼叫“歲有剌（歇）行”，李學勤先生説：⑧

> “歲有歇行”，是講歲星（木星）的視運動。

米雁先生説：⑨

> 我們認爲當讀爲“月有盛徹”，和“月有盈缺”是一個意思。“盈”

---

⑥ 高亨等：《古字通假會典》，齊魯書社，1989年，第767頁。

⑦ 李學勤主編：《清華大學藏戰國竹簡（壹）》，第154頁。

⑧ 李學勤：《清華簡〈郘夜〉》，《光明日報》2009年8月4日。

⑨ 米雁：《清華簡〈耆夜〉、〈金滕〉研讀四則》，武漢大學簡帛研究中心網站，http://www.bsm.org.cn/show_article.php?id=1381，2011年1月10日（引者按，題中“滕”字原文如此）。

及從"盈"之字楚文字多以"呈"爲聲符假之，未見用"成"者。其例之多，兹不贅言。"埅"當讀爲"盛"：1. 二字皆從"成"聲，出土金文及傳世典籍每每以"成"爲"盛"，例多不舉。2. "盛"可訓"元氣廣大時也"(見《國語・越語》"盛而不驕"注)、可訓"滿"(見《素問皮部論》"絡脈盛色變"注)。用"盛月"來表示滿月，文從字順。3. 典籍習用"盛月"表示望日：如《詩經・邶風・日月》"日居月諸，出自東方"毛傳曰"日始月盛皆出東方"，疏曰"日之始照，月之盛望，皆出東方"。……可見，"盛"是古人形容望日月亮圓滿的習語，讀"埅"爲"盛"文從字順。""從徐在國師隸定爲"敨"，整理者讀爲"缺"。"缺"溪紐月部，"敨"透紐月部，聲遠，不如讀爲"徹"。1. "徹"以"敨"爲聲符，馬王堆帛書《五行》"敨茅屋"之"敨"即通"徹"(引者按，此例實見於《篆書陰陽五行》)。2. "徹"有缺損義：《詩經・豳風・鴟鴞》"徹彼桑土"毛傳"徹，剥也"，《儀禮・大射儀》"乃徹豐與觶"鄭注"徹，猶除也"。……典籍中亦有"月除"的用法，如《詩經・唐風・蟋蟀》"日月其除"。我們認爲用"徹"來形容望日之後，月亮一天天虧損的狀態，是説得通的。

"埅敨"不能讀爲"盈缺"的理由，米雁先生已進行説明。郭店《老子》乙組14號簡有用作"缺"的"夬"和用作"盈"的"浧"，《太一生水》7號簡"一块一浧"即"一缺一盈"，⑩皆可補充説明"盈缺"大概不會用"埅敨"二字來表示。但是米雁先生認爲"徹"有"缺損"義，則於訓詁無據。"徹"可表示去、除等義，卻没有缺損的意思。米先生引《唐風・蟋蟀》"日月其除"，欲以證明這個"除"就是他所説的"缺損"義，但月亮容有缺損，太陽除了日食外不可能有"缺損"，其實這個"除"就是《蟋蟀》下文所講"歲聿其逝"的"逝"，米解顯然是不正確的。

古書多講"月盈而匡"(《國語・越語下》)，"月盈而虧"(《淮南子・道應》)等，但整理者所説後世常言的"月有盈缺"往往隱含的是人生無常、聚

⑩　荆門市博物館編：《郭店楚墓竹簡》，文物出版社，1998年，第118、125頁。

散不定的話(著名的如蘇軾《水調歌頭》所謂“月有陰晴圓缺”),與古人説“月盈則虧”的内涵其實是不太一樣的,放在周公祝王萬壽的詩中,恐就更不合適。所以無論是整理者還是米雁先生的理解,大概都不可信。

簡文當釋“笰”,徐在國先生已作過充分論證。⑪ 郭店簡《緇衣》篇40號簡與今本《緇衣》“必見其軾”之“軾”相當的字也寫作此“笰”形,上博簡《緇衣》20號簡對應之字則在“笰”下復加“車”旁,李零、劉信芳等學者都將“笰”字讀爲“轍”;很多學者還指出郭店《語叢四》11號“車笰”當讀“車轍”。⑫ 我認爲《耆夜》的這個“笰”字也應讀爲“轍”。“𡌶(城)”字,楚文字最常見的用法是用作“成”。⑬ “成轍”之“成”,就是“成法”、“成命”之“成”;成轍,就是既有的軌轍。“徹”字古也有“軌”、“道”一類意思,⑭其義當亦與“車轍”之“轍”有關。《詩·小雅·節南山》“天命不徹”句之“徹”,有學者解釋爲“軌轍”,意思是天命無常,⑮“不徹”大約就是不循軌轍的意思。

因爲地球自西向東自轉,月球則在恒星間逐漸從西向東移動,所以在人們看來月亮永遠是東昇西落的,大約27.3天一周天,月亮再回到原來恒星的位置,是爲“恒星月”。古人把月球在天空中移動一週的路綫叫作“白道”。⑯ 月亮平圓如車輪,後代或以“月輪”、“圓輪”、“玉輪”等作爲月亮的代稱。“輪”、“轍”相關,“月有成轍”的“轍”,或許正有古人這種比擬爲其背景。

“歲有剸行”,當與“月有成轍”對文,“行”與“轍”義近,自然就是表示“道路”義的“行”。“剸”字从“臬”聲,似應讀爲“設”(此蒙沈培先生來函指示)。我們知道,古文字多以“埶”表“設”,⑰“埶”是疑母祭部字,“臬”是疑母月部字,聲母相同,韻部陰入對轉;“設”則與“臬”字同爲月部字。毛公

---

⑪ 徐在國:《釋楚簡“笰”兼及相關字》,《古文字研究》第25輯,中華書局,2004年。
⑫ 以上皆參看馮勝君《郭店簡與上博簡對比研究》,綫裝書局,2007年,第172～175頁。
⑬ 白於藍:《簡牘帛書通假字典》,福建人民出版社,2008年,第283頁。
⑭ 宗福邦等主編:《故訓匯纂》,第767頁。
⑮ 高亨:《詩經今注》,上海古籍出版社,1980年,第284頁。
⑯ 陳遵嬀:《中國天文學史》,上海人民出版社,2006年,第482、516頁。
⑰ 裘錫圭:《再談古文獻以“埶”表“設”》,何志華、沈培等編:《先秦兩漢古籍國際學術研討會論文集》,社會科學文獻出版社,2011年。

鼎銘文有“埶小大楚賦”之語，王國維 1926 年所撰《毛公鼎銘考釋》指出：⑱

《書·多方》：“越惟有胥伯小大多正，爾罔不克臬。”《尚書大傳》作“越惟有胥賦小大多正”（《困學紀聞》卷二引）。“楚”與“胥”皆“疋”聲，“楚賦”即“胥賦”矣。“埶”、“臬”聲相近。

其説甚是。雖然毛公鼎銘的“埶”和《多方》的“臬”，現在還没有明確的證據説明當讀爲“設”，⑲但這條材料至少説明“臬”和“埶”古音極近。⑳“剌”讀爲“設”當然也是没有問題的。“設行”之“設”，應理解爲“預設”，猶《國語·越語下》“用人無蓺（設）”、《莊子·山木》“無敢設”和馬王堆帛書《經法·國次》、《十大經·觀》“人埶（設）”的“設”。㉑“設行”就是“預設的道路”之義。一説“剌”字似亦可讀爲“臬”。清人多已指出“臬”字古有極、準則、標準、法度之義，㉒字亦作“藝”（如《左傳》昭公十三年“貢之無藝”、文公六年“陳之藝極”，《禮記·禮運》“故功有藝也”等），“臬行”即標準恒常的道路的意思，“成轍”、“臬行”亦相對爲文。無論取“剌”字的哪一種理解，這句話總不外乎是“歲星有它固有的路徑”一類意思。

歲星（木星）是五星中最早被人認識而加以注意的，這是“因爲它在一年中可以看到的時間特别長久而且較亮的緣故”。㉓《史記·天官書》：

歲星出，東行十二度，百日而止，反逆行。逆行八度，百日，復東行。歲行三十度十六分度之七，率日行十二分度之一，十二歲而周天。

---

⑱ 王國維：《古史新證——王國維最後的講義》，清華大學出版社，1994 年，第 134～135 頁。

⑲ 參看裘錫圭《中國出土古文獻十講》，復旦大學出版社，2004 年，第 72 頁。

⑳ “埶”“臬”相通，還可參看李家浩《著名中年語言學家自選集·李家浩卷》，安徽教育出版社，2002 年，第 78～79 頁。

㉑ 裘錫圭：《再談古文獻以“埶”表“設”》，何志華、沈培等編：《先秦兩漢古籍國際學術研討會論文集》，第 7～9 頁。

㉒ 宗福邦等主編：《故訓匯纂》，第 1881 頁。

㉓ 陳遵嬀：《中國天文學史》，第 577 頁。

《淮南子・天文》：

日行十二分度之，歲行三十度十六分度之七，十二歲而周。

陳遵嬀先生據此指出，古人"測得它（引者按，指歲星）十二年繞天一週，遂創十二次之法。木星一年在一次，用它來紀歲"。[24] 這正是所謂的"歲有剸（設/臬）行"。

緊接《明明上帝》的這兩句話之後，以"作兹祝誦，萬壽亡（無）疆"兩句作爲祝誦的結尾，這顯然是以"歲"、"月"的永恒不變、往復不止，來比喻武王的萬壽無疆。

2011年10月3日草畢
2011年12月9日修改

附記：小文在楚簡楚文化與先秦歷史文化國際學術研討會分組討論上宣讀後，蒙謝維揚先生提出寶貴的批評意見，小文已根據謝先生的意見進行修改，謹此致以衷心感謝。

原刊羅運環主編《楚簡楚文化與先秦歷史文化國際學術研討會論文集》，湖北教育出版社，2013年。

㉔ 陳遵嬀：《中國天文學史》，第577頁。

釋清華簡中倒山形的“覆”字

在2012年10月召開的中國古文字研究會第十九届年會上，趙平安先生宣讀了《京、亭考辨》一文。① 在此文最後，趙先生論證戰國文字“亭”字从“丁”聲，率先披露了清華簡《芮良夫毖》和《赤鵠之集湯之屋》篇的兩個所謂“丁”字的寫法，它們分别作如下之形：

據趙先生文章引述，這兩個字釋“丁”，是李學勤先生《關於清華簡中的“丁”字》（討論稿）的意見。

據趙先生文章引，《芮良夫毖》的文例是：“君子而受柬萬民之咎，所而弗敬，卑之若童（重）載以行崝險，莫之扶道（導），其由不邋（攝）丁。”

蔡偉先生據趙先生文章所引，寫了《讀〈清華簡叁・芮良夫毖〉隨筆一則》發給大家傳閲，此文修改後作爲《讀新見的出土文獻資料札記二則》的第一則，在網上公開發表。② 他聯繫清華簡《皇門》“卑（譬）女（如）戎（農）夫，喬（驕）用從肣（禽），亓（其）由（猶）克又（有）隻（獲）？”（《逸周書・皇門》作“譬若畋犬〈夫〉，驕用逐禽，其猶不克有獲？”，“犬”是“夫”字之譌），指出：《芮良夫毖》“卑之若……其由”與《皇門》“卑（譬）女（如）……亓

① 中國古文字研究會第十九届年會會議散發論文，2012年10月23～25日，上海復旦大學。

② 復旦大學出土文獻與古文字研究中心網站，2012年12月24日首發。

(其)由(猶)”的句式相同;《尚書・盤庚》“若火之燎于原,不可向邇,其猶可撲滅?”句“若……其猶”的句式也與《芮良夫毖》“卑之若……其由”的句式相近。他的這些意見很正確(據他所引的那些文例,《芮良夫毖》“其由”下似本當有一情態動詞,如“克”、“可”、“能”等)。

趙先生所引《芮良夫毖》的圖版、釋文已見於 2012 年年底正式出版的《清華大學藏戰國竹簡(叁)》,此書釋文中“卑”字括讀爲“譬”;讀爲“崝”之字原从“阜”从“青”;讀爲“扶”之字原从“夫”从“攴”,“其”原作“亓”。③

簡文最難解處,無疑是“其由不邋(攝)丁”一句。我認爲,無論是整理者將“邋”讀成“攝”(表示收斂),將“丁”讀成“停”(止也),④還是上引蔡先生文將“邋丁”讀爲“擠停”(解釋成折斷而停止),從語義上説都不太合適。上引蔡偉先生在網上發表之文還提出了另一種懷疑:

又疑“丁”可以讀爲“顛”。猶“顛”、“頂”音近,是同源關係。那末,《芮良夫毖》這句話的意思則是:譬如重載以行峻險之地,若不加以扶助,難道還會不折斷、顛覆嗎?

“顛”、“頂”雖然同源,讀“丁”爲“顛覆”之“顛”恐怕仍缺乏足夠的説服力。“丁”上一字作,其實並非“邋”字,而正是“遉(顛)”字。《清華大學藏戰國竹簡(叁)》發表後不久,程燕先生在考釋《上博九・史蒥問於夫子》的“邋”字時,對古文字中“巤”旁已有集中舉證(其中有一些到底是否从“巤”,尚可討論;此文也舉到了《芮良夫毖》的這個所謂“邋”字),大家可以參看、比較。⑤ 只要仔細對比就會發現,《芮良夫毖》這個所謂“邋”字,上部是正、倒兩個人形(與“化”字無關),下部實是“鼎”旁的一種省變寫法(右下尚有一曲筆稍稍泐損,但仍可辨出)。⑥ 從字形上説,這個字顯然應當釋爲从“辵”从

③ 清華大學出土文獻研究與保護中心編,李學勤主編:《清華大學藏戰國竹簡(叁)》,中西書局,2012 年,下册第 145 頁。

④ 清華大學出土文獻研究與保護中心編,李學勤主編:《清華大學藏戰國竹簡(叁)》,下册第 150 頁。

⑤ 程燕:《讀〈上博九〉劄記》,武漢大學簡帛網,2013 年 1 月 7 日。

⑥ 請參看楚簡的“員”字等所从“鼎”旁的寫法。見滕壬生:《楚系簡帛文字編(增訂本)》,湖北教育出版社,2008 年,第 597 頁倒數 5 列、第 598 頁第 1、2 列。

“傎”聲之字。考慮到正、倒兩個人形正可會顛倒之義，所以也有可能這個字上部就是“真”的一種繁形，全字似可逕釋爲上博簡《周易》簡 24、25 等、《鄭子家喪》甲本、乙本簡 4 所見的“遉”字。⑦ 陳劍先生看完初稿後告訴我，“真”字頭部的這種譌變，還可合觀“良”字的類似變化：

（璽彙 1377）（璽彙 2713）→ （中山王方壺）⑧

“良”字頭部的類人形或倒人之形，在中山王壺銘文中繁化爲一正一倒兩個人形。“真”字本上从倒人（即《説文》“殄”之古文），⑨繁化爲一正一倒兩個人形，也完全在情理之中。“遉”字从辵真聲，疑即“顛覆”、“顛倒”之“顛”的本字。這個字在《芮良夫毖》簡文中，當與上博簡《周易》、《鄭子家喪》的“遉”字一樣用爲“顛”。⑩ 由此可見，蔡偉先生讀“丁”爲“顛”的懷疑是不對的。⑪

問題的關鍵在於，將字釋爲“丁”，其實也是不可信的。與《芮良夫毖》、《赤鵠之集湯之屋》抄手相同的《説命》，“丁”字皆寫作一般的倒三角形，⑫即此字釋“丁”所要面臨的最大問題。據李學勤先生最近披露，清華簡的《四祝》（暫名）有“先告受命天丁闢（辟）子司慎咎繇（繇）”之語，“丁”字也不寫作這種形體。⑬ 在古文字中，確定無疑的“丁”字也從没有見過這樣奇特的寫法（《漢印文字徵》十四卷十三葉收録的漢印的“丁”字或作形，這種寫法顯然是在“丁”字形寫法基礎上兩邊冒出頭的進一步譌變，不能與此

---

⑦ 饒宗頤主編，徐在國副主編：《上博藏戰國楚竹書字匯》，北京師範大學出版集團、安徽大學出版社，2012 年，第 719 頁。

⑧ 湯餘惠主編，賴炳偉副主編：《戰國文字編》，福建人民出版社，2001 年，第 343 頁。

⑨ 黄德寬主編：《古文字譜系疏證》，商務印書館，2007 年，第 3445 頁。

⑩ 馬承源主編：《上海博物館藏戰國楚竹書（三）》，上海古籍出版社，2003 年，釋文注釋第 169～170 頁；馬承源主編：《上海博物館藏戰國楚竹書（七）》，上海古籍出版社，2008 年，釋文注釋第 176 頁。

⑪ 所謂“丁”上一字又有李學勤先生的釋“遉（蹎）”説（《初識清華簡》，中西書局，2013 年，第 187 頁）、馬楠女士的釋“遺（潰）”説（《〈芮良夫毖〉與文獻相類文句分析及補釋》，《深圳大學學報》2013 年第 1 期），皆非。

⑫ 清華大學出土文獻研究與保護中心編，李學勤主編：《清華大學藏戰國竹簡（叁）》，下册第 229 頁。

⑬ 李學勤：《初識清華簡》，第 187 頁。

字及下文所要提到的燕國璽印的倒山形之字比附)。趙平安先生釋戰國文字的“亭”,其實已有“成”等字作爲偏旁的“丁”聲爲證,恐怕也並不需要這兩個字形來增添説服力【編按:關於戰國文字中的“亭”字結構及來源,請參看本書所收《“京”、“亭”、“亳”獻疑》,此文寫作時對這個問題認識尚模糊】。

《赤鵠之集湯之屋》中的這個“丁”,放在簡文裏也難以説通文義。該處簡文是説:“其一白兔不得,是始爲埤(陴)丁者(諸)屋,以禦白兔。”整理者將“埤”讀爲當女牆講的“陴”,根據《詩·大雅·雲漢》毛傳訓“丁”爲“當”,“意爲築小牆當屋,用以防阻”。⑭ 且不説對屋築牆以防禦白兔的不合情理,古書中“丁我躬”、“丁時”、“丁辰”乃至“丁凶”、“丁憂”之“丁”後面都逕接所逢遇之事物,跟“丁諸屋”的語例很不一樣;按照簡文文例,一般情況下應理解成“丁之(“之”當指“陴”)於屋”,⑮這種用法的“丁”字,在古書中怕是找不出來類似例子的。

簡文的“埤”,似當是置於屋上起到遮蔽防禦作用的一類東西。西周𢦔簋銘文(《集成》4322)所記俘獲物中有“裨”,唐蘭先生指出:

> 當指“甲”。《説文》:“萆,雨衣。一曰衰衣。”古代的甲,是用皮革製成鱗甲形的小片連綴起來的(漢代帝王死後穿的玉柙,即所謂金縷玉衣,就模仿武士的甲,所以稱柙),與蓑衣之形相近,所以可稱裨。⑯

“萆”、“蔽”古通,“萆”、“裨”之有蓑衣、甲衣之義,都是因爲可以“蔽”人體於雨、箭矢兵戈的緣故。簡文此字跟《説文》訓“增”的“埤”無關,當與“萆”、“裨”有密切關係。我懷疑此處就應讀爲“萆/蔽”,也許指的是在屋上所加的、用以起抵禦白兔作用的甲衣一類東西,待考。

如只從文義出發,我認爲《赤鵠之集湯之屋》的字似是用作一個有加、蓋、覆一類意義的動詞。結合前面所説《芮良夫毖》的“其由不顛

---

⑭ 清華大學出土文獻研究與保護中心編,李學勤主編:《清華大學藏戰國竹簡(叁)》,下册第170頁。

⑮ “諸”在古書中偶爾也有類似介詞“於”的用法(參看楊樹達《詞詮》,中華書局,1954年,第203頁),不但很罕見,而且也不適合與“丁”連用,因爲古書裏訓“當”的“丁”後要麽没有賓語,要麽是直接賓語的,所以“諸”字無法接在“丁”之後。

⑯ 唐蘭:《西周青銅器銘文分代史徵》,中華書局,1986年,第410頁。

”句,“顛”“”連用的情況考慮,字應該讀爲“覆”。“顛覆”是古書成語,見於《詩經》多篇及《逸周書・芮良夫》(《芮良夫》云:“惟爾小子,飾言事王,寔蕃有徒,王貌受之,終弗獲用,面相誣蒙,及爾顛覆。”)。前舉上博簡《鄭子家喪》甲乙本4號簡的“遉”字,所在文例爲“遉(顛)返(復—覆)天下之豊(禮)”,⑰亦可參看。按照蔡偉先生對文義的解釋,《芮良夫毖》之句顯然正應理解爲“譬如重載以行峻險之地,若不加以扶助,怎麼會不顛覆呢?”其意乃是要厲王在艱困形勢下,尤其要重視萬民扶助的重要性。

《赤鵠之集湯之屋》的也應讀爲“覆”,解釋爲倒覆之義。⑱“是始爲埤(草/蔽?),覆者(諸)屋”,意思是,從此開始做了甲衣之類遮蔽物(?),倒覆於屋以抵禦白兔(“覆諸屋”,意即“覆埤於屋”,結構可比較《史記・項羽本紀》“樊噲覆其盾於地”等)。因爲“埤”字究竟爲何物尚難確解,所以這句話的確切意思尚不能完全肯定,但從語法角度講,“覆諸屋”比“丁諸屋”容易講通是顯而易見的。

兩處文例,都可以用“覆”字來讀通,這顯然不是偶然的。字爲什麽能讀爲“覆”呢?下面我們試圖從文字學上進行解釋。

將字跟清華簡同一書手所抄的大量“山”字比較可知,它無疑就是將“山”字顛倒過來的寫法。⑲《古璽彙編》3850燕璽所謂“公孫丁”之

---

⑰ 馬承源主編:《上海博物館藏戰國楚竹書(七)》,上海古籍出版社,2008年,釋文注釋第176頁。

⑱ 本文初稿將“覆”理解爲“覆蓋”之“覆”,沈培先生來函提示我,作爲“覆蓋”義解的“覆”,一般都是將被覆蓋之物作爲“覆”的賓語,而不會將用以覆蓋之物作爲“覆”的賓語的,也就是可以説“覆屋”或“覆於屋”,而不能説“覆諸(之於)屋”(即覆埤於屋)。沈先生的提示甚是。此“覆”仍應是“反覆”、“倒覆”之義而非“蓋”義。

⑲ 清華大學出土文獻研究與保護中心編,李學勤主編:《清華大學藏戰國竹簡(壹)》,中西書局,2010年,下册第241頁。清華大學出土文獻研究與保護中心編,李學勤主編:《清華大學藏戰國竹簡(貳)》,中西書局,2011年,下册第249頁。“山”字的類似寫法,過去也已見到不少,看滕壬生《楚系簡帛文字編(增訂本)》,第817～818頁。陳劍先生看過初稿後還提醒我,這個字從筆勢、筆鋒看,顯然是將竹簡顛倒過來寫了一個“山”形。清華簡的整理者也已注意到這個字“形如倒‘山’”(參看李學勤《初識清華簡》,第186頁);馬楠女士也説此字爲“倒山之形”,並將此字隸定爲“屮”(《〈芮良夫毖〉與文獻相類文句分析及補釋》,《深圳大學學報》2013年第1期,第77頁)。

“丁”，寫法似與簡文所謂“丁”相近（惟中豎少了一横），也是倒覆的山形，此字施謝捷先生已改釋“山”，⑳但也有可能此字與簡文之字當爲一字，因璽文性質特殊，語境太没有限定性，姑待考。不過，燕璽此字舊釋“丁”顯然是不可信的，它不能作爲簡文之字釋“丁”的證據是可以肯定的。《説文》以倒“人”形爲“殄”字古文，“真”字上部即从之；㉑“殄”之古文實即“顛”字初文。㉒ 把“山”字倒覆過來寫，很可能就是“反覆”之“覆”的初文。《説文・七上・襾部》“覆，覂也”，“覂，反覆也”，段玉裁注：“又部‘反’下曰：‘覆也。’反覆者，倒易其上下。”《藝文類聚》卷三，《太平御覽》卷二十七、七十二等引《太公金匱》有這樣的話：

> 期年，岑山一旦崩爲大澤，水深九尺，山覆於谷，上反居下……㉓

似正可作爲此字的絶好寫照。

《芮良夫毖》篇的整理説明指出“全篇多用韻，基本上都是句尾韻”，該篇自“尚恒恒（引者按：已有學者指出二字可能應讀爲“亟亟”）敬哉”以下至“其由不顛”諸句，當以“復、窖、導、”爲韻（幽、覺合韻；前面幾句的“猷、繇、諮、告”，也是幽、覺合韻），這對釋讀爲“覆”的考慮也是一個讀音上的積極證據。

本文初稿寫成於今年年初，並曾在武漢大學簡帛網上發表。近蒙清華大學出土文獻研究與保護中心贈送李學勤先生的《初識清華簡》一册，十分感謝。本文開頭提及的李先生《關於清華簡中的“丁”字》未刊稿撰成頗早（2012 年 5 月 9 日），曾見引於前所提及的趙平安先生《京、亭考辨》、《清華大學藏戰國竹簡（叁）》和馬楠女士《〈芮良夫毖〉與文獻相類文句分析及補釋》等論著，但是一直没有公開發表，本文初稿撰寫時無緣徵引李

---

⑳ 施謝捷先生《古璽彙考》（安徽大學 2006 年博士學位論文，第 340 頁）著録的“西宫山”璽條即釋燕璽這種寫法之字爲“山”。《璽彙》3849 號有“公孫山”璽，可能與 3850 號是同人之璽，施先生釋“山”或即考慮到這一點。

㉑ 唐蘭：《釋真》，《唐蘭先生金文論集》，紫禁城出版社，1995 年，第 31～33 頁。

㉒ 參看陳劍《甲骨金文舊釋“䵼”之字及相關諸字新釋》，《出土文獻與古文字研究》第二輯，復旦大學出版社，2008 年，第 31 頁。

㉓ 《全上古三代秦漢三國六朝文》第 1 册，河北教育出版社，1997 年，第 91 頁。

先生的論述。馬楠女士文所謂“在清華簡他篇中用作‘聖’字的附加聲符”的“倒山形”之字的情況,㉔一直也是我想早日了解的。好在這篇未刊稿今已收入《初識清華簡》,故可稍知其具體。

據李先生此稿,可知這個倒山形之字釋“丁”的意見,原是李守奎先生最早提出的,“大家多以爲疑”,李先生“經反覆考慮”,“覺得其説可信”。李先生論證此字釋“丁”所舉的《璽彙》0418、3850等,我們已經指出不可釋“丁”。《芮良夫毖》的,李先生認爲與上文“敬”字押韻,讀爲“顛”(前引蔡偉先生説與此同),以爲“係通轉”。不但“丁”讀“顛”本文上文已論證並不可信,而且真、耕爲韻在此篇上下找不到相同的韻例。從《芮良夫毖》全篇押韻情況看,是一大段幽覺合韻,一大段押陽部韻,一大段押真部韻,一大段之職合韻,一大段東陽合韻,最後一大段押職部韻,㉕用韻是較爲規整嚴格的,顯然容不得在一大段幽覺韻和陽部韻之間插上一真耕合韻的長句,何況這句所謂真耕合韻的話,其韻腳還是落在四個小句中的第一和第四小句上,這都是難以自圓其説的。馬楠女士並未採用釋“丁”之説,而是根據“在清華簡他篇中用作‘聖’字的附加聲符”的“倒山形”之字的情況,坐實此字耕部字的讀音,所以將這句話看作押耕部韻[“敬”、“(馬文讀爲“成”)”爲韻],認爲是跟下面一大段陽部韻合韻。但是,這種分析和李先生的分析一樣,似都没有充分注意上下文義的關聯。我認爲,“所而弗敬”以下這個長句的譬喻,顯然與前“尚恒恒敬哉”幾句密切相關(講萬民、臣下的扶助和諫言之重要性,所以要厲王做到“敬”),其韻腳既不能與下陽部韻的一段歸併,也不可獨立爲韻,而只能歸併到此篇第一大段的幽覺合韻之文當中。

李先生在論證倒山形之字的讀音時,舉出尚未公布的《殷高宗問于三壽》之例爲證,此例也就是上引馬楠女士所説的清華簡他篇的證據。他説:

㉔　《〈芮良夫毖〉與文獻相類文句分析及補釋》,《深圳大學學報》2013年第1期,第77頁。

㉕　全篇韻腳情況可參看馬楠《〈芮良夫毖〉與文獻相類文句分析及補釋》,《深圳大學學報》2013年第1期,第76頁。

> 清華簡《殷高宗問于三壽》通篇有韻,有句云"厭非(必)平,惡非(必)聖",末一字原爲从"聖"从"",係雙音符字。按"丁"古音端母耕部,从"聖"的"蟶"和與"聖"密切相關的"聽"等字都在透母耕部,故正好與同屬耕部的"平"押韻。這由字的本身和字的韻腳來説,都可印證""乃是"丁"字。

關於"厭非平"句的文義,李先生在此文注釋中説:

> 厭,《詩·湛露》傳:"安也。"平,《左傳》僖公十二年注:"和也。"聖,讀爲"逞",《左傳》襄公二十五年注:"盡也。"句意是説,安心治政的必能取得和諧,作惡多端的則必歸於滅亡。㉖

鄔可晶兄看了李先生文之後,很快提示我:這兩句文義相對,與"平"相對的"聖",顯然不應讀爲"逞",而應讀爲"傾",此字所从的倒山形,不是表音的聲符,而是意符,以傾覆之山形所會之"覆"義,作爲"傾"這個詞的意符(傾、覆義近,古代多連言),是極合適的。可晶兄的提示甚是,此字顯然當是在假借字上添加意符而成的形聲字(可比較"獅"字、甲骨文从日从翼初文的"翌"字的形成過程)。

聖、傾皆耕部字,聲母關係亦密切,其證如《説文》小徐本以"耿"字(耿是見母字)爲"从光、聖省聲",李學勤先生指出清華簡《繫年》的"录子耿"即大保簋的"录子耶"(秉按,"耶"即"聖(聽)"字初文),"'聖'與'聲'通,而'聲'字从'殸'是溪母字"。㉗ 从頃得聲的"穎"、"潁"等字聲母是喻四,與定母關係極爲密切,故亦與"耶(聽)"的聲母接近。所以借"聖"表"傾"是完全没有問題的。

睡虎地秦簡《爲吏之道》11號簡伍欄有从山、頃聲的字,用作傾覆之傾(辭例爲"彼邦之")。㉘ 此字所加"山"旁也顯然是明確"頃"字引

㉖ 李學勤:《初識清華簡》,第186～187頁。

㉗ 李學勤:《清華簡〈繫年〉及有關古史問題》,《初識清華簡》,第95頁。

㉘ 睡虎地秦墓竹簡整理小組編:《睡虎地秦墓竹簡》,文物出版社,1990年,圖版第81頁,釋文注釋第173頁;張守中:《睡虎地秦簡文字編》,文物出版社,1994年,第146頁。本文字形取自後書。

申義而加的意符(山之傾覆,無疑是現實當中給人印象最深刻的例子,因選擇以“山”爲意符),與《殷高宗問于三壽》用作“傾”之字造字意圖是一致的。當然,《殷高宗問于三壽》之字所加的意符爲倒山形,表意作用顯然更爲貼切。

“厭”,即滿足,與“惡”相對。“非”,不應讀“必”,而應讀“匪”,“匪”字可訓“彼”(《左傳・襄公八年》杜預注;《隸續・平輿令薛君碑》:“匪威匪仁,寬猛以濟。”),出土文字資料中,侯馬盟書“麻夷非(匪)是”、上博簡《曹沫之陣》“非(匪)山非(匪)澤,亡有不民”皆爲其例。㉙ “厭非(匪)平,惡非(匪)傾”,意思就是滿足公平持正,厭惡覆傾不平。《荀子・君道》:“衡石、稱縣者,所以爲平也;上好覆傾,則臣下百吏乘是而後險。”《新書・道術》:“據當不傾謂之平,反平爲險。”都是把治政、爲人中的“平”和“傾”、“覆”、“險”對立而言的。簡文的“惡匪傾”與《君道》“好傾覆”意思相反,後者正是荀子所反對的。

裘錫圭先生則提醒我,若從《殷高宗問于三壽》之字考慮,能否認爲這個倒山形之字就是“傾”的初文呢?我認爲裘先生的提示很有啟發性,也應該在最後來回答這個問題。古文字學者多已認識到,早期古文字的表意字一形多用的現象是大量存在的。㉚ 倒山形之字在戰國時代燕璽、楚簡等文字中出現,似説明它有着比較共同的早期來源,而不像是戰國時代某個地域的新造字。㉛ 若它真是早期漢字中的一個孑遺,這個字形本來就完全可能既有“覆”的讀音也有“傾”的讀音。這樣一來,《殷高宗問于三壽》的“傾”字,就可以分析爲在表意字上加注音符的形聲字(也就是在“傾”之初文上加注“聖”聲,以明確其“傾”一讀,其形成過程可比較甲骨

㉙　參看劉洪濤《説“非山非澤,亡有不民”》,武漢大學簡帛網,2007年3月24日首發。此文認爲“非”、“匪”都是“彼”的假借字,不完全妥當。又劉洪濤先生此文已引及李鋭先生最早把《曹沫之陣》的“非”讀爲“匪”。

㉚　裘錫圭:《文字學概要》,商務印書館,1988年,第6頁。

㉛　清華簡的文字已經發現越來越多跟早期古文字有關的迹象,另文詳之(參看我在“文字、寫本與思想——北京大學出土文獻研究工作坊之一”上所作報告《從文字學角度談清華簡的一些文本可能具有的歷史淵源》,2013年6月13日,北京大學中國古代史研究中心)。像《鄭子家喪》這些成於戰國時代的文獻,“顛覆”之“覆”用“退”(應即“復”字異體)字表示,可能是後起的用字現象。

文、金文的“雞”、“裘”、“齒”等字)。[32] 不過,從《芮良夫毖》字所在的韻腳,以及它與“顛”連用的情況看,現在還只能對倒山形字的“覆”一讀作出較爲肯定的判斷,它究竟有没有“傾”的讀法,有待研究。

總之,我認爲,倒山形之字釋“丁”的證據是不牢靠的。《殷高宗問于三壽》用爲“傾”的這個字,反而是不利於釋“丁”之説的一個反證。至於我們的釋“覆”之説能否成立,就有待今後新材料的進一步檢驗了。

説明:本文初稿《讀清華三懸想一則》於 2013 年 1 月 12 日在武漢大學簡帛網站發表後,幸蒙網上及身邊多位同道、朋友給予支持。網上還有幾位學者對這個倒山形之字何以讀“覆”有過一些猜測,我則仍然堅持自己當時的看法,只對初稿進行了一些修改補充,主要意見則未作更動。提交“清華簡與《詩經》研究”國際學術研討會時,又根據李學勤先生《關於清華簡中的“丁”字》和馬楠女士《〈芮良夫毖〉與文獻相類文句分析及補釋》等文,對原稿進行了一些補充並增寫了最後那部分内容。裘錫圭、沈培、陳劍、鄔可晶、謝明文諸位先生曾惠示很多修改補充的意見,我非常感謝。

2013 年 1 月 12 日初稿
2013 年 8 月中旬修改補充

又按:文章定稿後,讀到白於藍先生大作《〈清華大學藏戰國竹簡(三)〉拾遺》(刊《紀念何琳儀先生誕辰七十週年暨古文字學國際學術研討會會議論文集》,2013 年 8 月 1 日～3 日,合肥)。此文第五則爲本文初稿補充了一條書證,《孔叢子·嘉言》“譬若載無轄之車以臨千仞之谷,其不顛覆,亦難冀也”,白先生指出這句話和《芮良夫毖》“簡文文義十分接近”;因此他認爲儘管倒山形之字“字形及其原始本義尚未確解”,但它“與‘覆’字讀音相近或語義相關則幾乎是可以肯定的”(第 168 頁)。白先生找出的《孔叢子》之例無疑爲我們釋“覆”之説增添了文例上的佳證。又,白先

[32] 裘錫圭:《文字學概要》,第 151～152 頁。

生此文讀《赤鵠之集湯之屋》的“埤”爲“羅”，指掩雉兔之網(《國語·齊語》韋昭注)，可參考(第 169 頁)。

2013 年 8 月 20 日

此文曾提交香港浸會大學於 2013 年 11 月 1 日至 3 日召開的“清華簡與《詩經》研究”國際學術研討會，會間復蒙趙平安、李守奎、陳偉武、沈培、顏世鉉、蘇建洲、單育辰、馬楠等多位先生賜教。十分感謝。

又李學勤先生主編《清華大學藏戰國竹簡(肆)》最近出版，此書所收《筮法》篇第二節“得”有所謂“見數，乃亦得”語(第 11～12 號簡，中西書局，2013 年，圖版第 26 頁)，整理者釋文釋“丁”，在注釋中則引拙文釋“覆”之説，謂“是則此處‘見覆數’可能指左側上兑下巽卦畫互爲反覆”(見釋文注釋第 83 頁)。《筮法》文義和卦畫的情況，對本文釋“覆”之説是積極的證據。

2014 年 1 月 12 日記

原刊《中國文字》新三十九輯，臺北藝文印書館，2013 年；又刊《清華簡研究》(第二輯)，中西書局，2015 年。

編按：《殷高宗問於三壽》已在《清華大學藏戰國竹簡(伍)》(中西書局，2015 年)正式公布，此篇整理負責人李均明先生逕將从“聖”从倒山形之字讀爲“傾”，並出注曰“䏈，從聖得聲，耕部書母字，讀爲耕部溪母之傾。傾，傾仄失衡(下引“傾”字詁訓及用例，略)”(第 150、153 頁)，與本文提到的鄔可晶賜告的意見不謀而合。

馬王堆漢墓文字資料及秦漢文字研究

馬王堆帛書《戰國縱横家書》整理瑣記(三題)[①]

本人自 2008 年起參與了裘錫圭先生主持的《長沙馬王堆簡帛集成》編纂,負責該書《春秋事語》和《戰國縱横家書》兩篇的進一步整理、完善工作。我在從事圖版整理和釋文注釋撰寫的過程中,深深爲張政烺、唐蘭等前輩學者整理這兩種重要出土古文獻時所付出的巨大心力及體現出的精深學養所嘆服,他們白手起家的卓絶工作爲我們的編纂提供了一個極值得信賴的基礎,應當永遠感激。

此次《文史》開闢專欄,介紹《長沙馬王堆簡帛集成》整理的相關進展,本當將《春秋事語》和《戰國縱横家書》兩篇重新整理過程中的新見提出來向大家請教,但是因爲新拼合殘片及文字改釋改讀多較爲瑣碎(尤其是《春秋事語》部分),又因時間和篇幅都有限,無法將所有整理結果在此文中反映出來。所以此文僅擇取《戰國縱横家書》目前整理過程中的些許新得,寫出來供大家參考,敬請識者批評指教。《春秋事語》部分的整理進展,如有機會容另文介紹。

一、帛書的摺疊、反印文及書風特徵對拼合之作用舉例

《戰國縱横家書》帛寬約 23 釐米,長約 192 釐米,文字共計 325 行。

---

① 本文爲 2010 年教育部人文社科青年項目和上海市哲學社會科學青年項目“馬王堆簡帛字詞彙編”的階段性成果。

全書主要由三個書風明顯不同的抄手抄寫(第一個抄手從第 1 行抄到第 235 行第 9 字以前;第三個抄手主要抄寫的是第二十七章;其餘部分由第二個抄手抄寫),每行抄寫三四十字不等。帛書首尾基本完整,最後留有餘帛。

原帛摺疊狀態是對摺三次,然後三摺,疊爲二十四層,出土時已斷裂成二十四塊長方形的帛片,帛書首尾和摺綫附近殘破較甚,文字缺損。在斷裂的二十四片帛片中,反印文多在序次爲單數(從右向左數)的帛片上出現(反印規律爲,帛書第二十四片帛片的反印文在第一片帛片上,末行字迹反印在卷首第 10 行處,第二片帛片的反印文在第二十三片上,餘類推),可見序次爲單數的帛片是被分別疊壓在序次爲雙數的帛片下部的(如第一片壓在第二十四片之下);但在靠近帛書中部的第十四片上也有第十一片的反印文,第十二片上也有第十三片的反印文,不過序次爲雙數的帛片上的反印字迹都不甚清晰。

帛書經過水浸産生的反印文,是拼合帛書、確定帛片位置的重要依據,這是從事帛書拼綴工作的學者的共識。因爲《戰國縱横家書》前後由至少三個書手抄寫,所以在拼綴帛書殘損最爲嚴重的卷首與卷尾部分時,必須同時將書風特徵一併考慮進去。我在整理的過程中,就通過這些綫索,找到了當屬於接近卷尾 312～313 行的一個漏綴殘片。

這個殘片現裱在湖南省博物館館藏馬王堆帛書編號爲 7203－2 的册頁上。這件册頁裱有屬於《周易》、《天文氣象雜占》和《戰國縱横家書》等篇的一些殘片。我找到的殘片如左圖所示。可能因爲這一殘片上文字的書風和同册頁上已被拼入《戰國縱横家書》的其他殘片文字有明顯區别,所以就没有考慮它被拼入《戰國縱横家書》的可能。其實這個殘片上的字體、書風較爲特殊,在馬王堆帛書的其他各種文獻裏很少見,卻和《戰國縱横家書》第二個書手的書風是完全吻合的(可比較此殘片左下"單"旁和本章多見的"戰"字所从"單"旁和"單父"之"單"的寫法)。除了書風之外,把此

殘片綴入 312～313 行下部,主要根據有三:第一是帛片撕裂邊緣形狀相合(請看右側拼合圖版)。第二是反印文相合。如前所述,312～313 行所在的第二十三塊帛片上反印的乃是第二塊帛片的文字。通過仔細觀察可知,312 行"攻梁必急王出則秦之攻梁必"一句所在位置上的反印文是本篇第二塊帛片接近右側邊緣的第 20 行的文字。其中最爲清晰的,是 312 行"梁必"兩字所壓的 20 行反印文"王必"兩字;殘片右側"疑是三"三字所壓的,則恰是 20 行"之功齊"三字的反印文。拼綴之後,20 行反印文除了殘帛連接處的"勺"字殘缺外("勺"字反印文的位置當與殘去右上部分的"疑"字重疊),正相合符。第三是文義通順。311 至 312 行文字拼合後可以通讀爲"若王不□,秦必攻梁(梁),是梁(梁)无東地憂而王……梁(梁)中,則秦【之】攻梁(梁)必急;王出,則秦之攻梁(梁)必疑。是三……""是三",似應是指代上述魏王將引致秦不同對策的三種舉動,即"不□"、"……梁中"、"不出"。帛書此章遊説魏將田僕的謀士主張魏王在秦將要攻陷鄢陵時,應離開大梁,退守東邊的單父,以東邊的大小縣城爲恃,如此則秦軍不敢貿然進攻大梁,否則秦軍將全力攻大梁,進而佔領全部魏地。所以帛書記載這位謀士遊説宜信君説"王出,則秦之攻梁必疑",是與上下文意完全相合的。過去有學者把帛書"王出,則秦之攻梁必……"這句話的殘損文字以意補足後解釋爲"大王離開大梁城,則秦之攻梁必止",②現在證明這種理解是基本正確的。可惜的是,這塊殘帛的左側一行文字,除了"上"字和最後一個字右側从"單"之外,皆難以確釋;加上與其相接的上部大帛的殘字也難以肯定地釋出,所以相關文義仍有待研究。③

附帶一提,在整理帛書的過程中,我發現像《春秋事語》、《戰國縱横家書》這類摺疊之後,有反印文關係的互相疊壓在一起的帛片,往往殘損的

---

② 孟慶祥:《戰國縱横家書論考》,黑龍江人民出版社,1999 年,第 135 頁注 28。但此書同頁注 27 謂 311 行"若王不□"句"不"字"下脱一'出'字",按"不"字下一字殘筆尚存,補爲"出"不可信。

③ 或疑 313 行與殘片相接處的殘字爲"越(或"桃")於"二字,但也無法完全確定。

形狀都是一致的。這也就是説,有疊壓關係的兩塊帛片,其中一片的某個位置缺少了另一塊相對位置的部分帛片,那就很有可能在殘片裹找到本該拼入的相應那塊帛。④ 前已述及,與《戰國縱横家書》第 312～313 行所在的第二十三塊帛片有疊壓關係的,是第 20 行所在的第二塊帛片。現在我們拼入上述殘片之後,兩塊帛片的左下側和右下側的形狀就差不多了(在此也可順帶指出,第 19 行"臣之所"下部尚可綴入館藏編號爲 7203－24 册頁上所裱的"見於"二字殘片,"臣之所見於……不功(攻)齊,全(跧)於介(界)",與下行"所見於薛公、徐爲,其功(攻)齊益疾"呼應。册頁 7203－24 所裱"薛公"二字殘片很有可能也屬於帛書第三章,但因爲該章殘損嚴重,尚不能確定其位置)。

二、若干釋字的補正

《戰國縱横家書》的釋字水平很高,後來裘錫圭先生發表《讀〈戰國縱横家書釋文注釋〉札記》(下引此文簡稱"裘文"),⑤對帛書釋文注釋提出了一些補正意見(包括對釋文中一些技術性問題的糾正)。可以説,帛書釋字方面遺留的問題已經不多,且多較爲細小。下面是我們再次核對圖版與釋文後發現的若干可以略作修正或討論的地方(釋文以《馬王堆漢墓帛書[叁]》⑥所收者爲據)。《長沙馬王堆簡帛集成》的釋文體例規定釋字一般作嚴格隸定,尤其是一些對文字表音表意有意義的特殊異體,一般要在釋寫中予以體現,下面有部分例子是屬於這方面的改釋。

帛書常見一種特殊寫法的"獻"字(如第 9 行"使韓山獻書燕王"的"獻"作),我們在釋文中嚴格釋寫爲"獻"。《戰國縱横家書》的"獻"字除了少數寫作从"鬲"之外(主要是在帛書最後部分),多寫作這種从"果"之形,"果"旁或許有表音的作用("果"與"獻"聲母相近,韻部有陰陽對轉

④　廣瀨薰雄兄整理《五十二病方》時,也對這種看法表示贊同。

⑤　原載《文史》第三十六輯,中華書局,1992 年,收入裘錫圭《中國出土古文獻十講》,復旦大學出版社,2004 年,第 362～386 頁。

⑥　文物出版社,1983 年。

關係)【編按：趙平安先生指出漢印文字的“鬻”所从“鬲”有與“果”形相類的寫法,見《秦西漢印章研究》,上海古籍出版社,2012 年,第 153 頁】。

第 3 行“令秦與苋(兑)”之“苋”字,從圖版看明顯从“竹”頭。秦漢文字“艸”頭、“竹”頭雖易混,但仍基本可以區分,故此字應改釋爲“筦”,“筦”字字書未見。

第 9～10 行“大物已”之“已”字當釋“巳”括讀“已”,“已”是後來從“巳”分化出來的一個字,本帛書相同情況尚多,不備舉。

第 12 行“對以弗知”的“對”字,從圖版看實左下从“言”,即《説文》訓“譍無方也”的“對”字正篆,《説文》以“對”字爲“對”字或體。

第 14 行“雖未功(攻)齊”的“雖”上一字,殘存筆劃較多,疑爲“胃”字。

第 16 行“燕王請毋任蘇秦以事”的“毋”字,從圖版看,實與下條所舉 18 行“苟毋任子”的“毋”一樣,中間寫作兩點之形,故改釋爲“母”讀爲“毋”。“毋”是從“母”字分化出來的一個字,本篇帛書表示“毋”這個詞兼用“母”、“毋”二字。

第 18 行“笴〈苟〉毋任子”,整理者以尖括號表示“笴”是“苟”的誤字,實際上“笴”字當是“笱”之誤字,讀爲“苟”(以“笱”爲“苟”多見於本篇,如 47、146、148、215 諸行)。“毋”字當釋“母”已見上條。

第 19 行“今【齊】王使宋竅詔臣曰”的“竅”,從圖版看實應釋“竅”,此字與《廣韻・錫韻》的“竅”當無關,應視爲“竅”之形近誤字或異體字。

第 22 行“諸可以惡齊勺(趙)【者】將□□之”句,根據旁行推斷,“將”字下當只有一字地位,從殘字筆劃和文義看,該字似是“予”字,但把握不很大。

第 31 行“虚北地□【行】其甲”,“地”下一字當是順接連詞,當據殘存筆劃釋爲“而”。

第 39 行“齊改葬其後”的“改”字左側所从當是寫譌的“巳”旁,當改釋作“攺”括讀“改”。

第 40 行“而王以赦臣”的“赦”字,當據圖版改釋爲“赦”。《説文・三下・攴部》“赦”爲正篆,“赦”爲或體。

第 41 行“將多望於臣”的“望”字,當據圖版改釋爲“朢”,括讀“望”。

第 43 行“苟毋死”的“苟”字,當據圖版改釋“笱”讀爲“苟”。

第47行“突(深)於骨隨(髓)”的“突”字,當據圖版改釋“㴱”(即此字本从“水”旁);“隨”字,當據圖版改釋“隋”。

第49行“信如尾星(生)”的“尾”字,當從《馬王堆漢墓出土帛書〈戰國策〉釋文》(《文物》1975年第4期,第16頁)改釋“犀”。《説文·二上·牛部》云“犀”字“从牛尾聲”,故可讀爲“尾”。

第52～53行“五相〈伯〉⑦蛇政”的“政”字,當從《馬王堆漢墓出土帛書〈戰國策〉釋文》(《文物》1975年第4期,第16頁)改釋爲“正”,讀爲“政”。

第56行人名“侯潐”,原注謂:“潐當是漼(音催)字别體。”按“潐”字似當是“㵏”字省體(“㵏”字不見於字書)。《説文》云“崔”字从山隹聲,“潐”字本不从“崔”,原注不知何據。

第61行“□道齊以取秦”,“道”上一字從殘筆看似是“必”字。

第66～67行“言者以臣□賤而邈於王矣”的“邈”字,從字形看不可信。此字寫得較怪,據圖版似當改釋爲“遯”(“豚”的“肉”旁寫在“豕”的右邊,且寫得與“目”混同)。“遯”字似當是“逐”的誤字,意思是爲王所棄逐。

第80行“王誠重御臣”、第82行“王以諸侯御臣”的“御”字,皆當據圖版改釋“迎”。

第98行“成皋”的“皋”字,當據圖版改釋爲“睪”,讀爲“皋”。

第116行“以其無禮於王之邊吏”,“吏”字從字形看應釋爲“事”,在句中用作“吏”。帛書第34行“臣請屬事辤(辭)爲臣於齊”,原注指出“屬事,疑即屬吏”,與此同例。

第154行“氏(是)復閼輿之事也”的“閼”字,當據圖版改釋爲“閪”,括讀“閼”。裘錫圭先生曾指出:“六國印和漢印都未見‘閼’字而有‘閪’字(《古徵》12.1下,《漢印文字徵》12.5下),疑‘閼’即‘閪’之譌字。”又疑“閪”爲“閭”之異體。⑧ 從秦漢文字資料中“閪”字的用法看,“閪”字更多

---

⑦　原釋文在“相”字後逕括“〈伯〉”,“相”實當是“柏”之誤字,讀爲“伯”,這種用字習慣多見於馬王堆帛書,看劉樂賢《馬王堆漢墓帛書叢考》,收入作者《戰國秦漢簡帛叢考》,文物出版社,2010年,第134～135頁。

⑧　裘錫圭:《戰國貨幣考(十二篇)》,收入《古文字論集》,中華書局,1992年,第448頁注㉑,第438頁。

的是讀影母月、元部音,所以此字大概就是《説文》訓“遮攡也”的“閼”字(即古書“攡閼”之“閼”,參看段玉裁《説文解字注》⑨)的本字或異體。⑩除了《戰國縱横家書》地名“闖(閼)輿”之外,“闖”字還見於馬王堆帛書五星占和孔家坡漢簡《日書》的歲名“單閼”;⑪又睡虎地秦簡《編年紀》13號簡壹欄、14號簡壹欄兩見“伊闖”,整理者以“闖”是“闕”的譌字;⑫趙平安先生則認爲“伊闖”當讀爲“伊闇”,爲“伊闕”的别稱,⑬實際上這個“闖”字也應是取的影母月部的音,與古音爲溪母月部的“伊闕”之“闕”十分接近,故可通假。睡虎地秦簡《爲吏之道》23號簡五欄讀爲“逆旅”之“旅”的“闖”字,則似乎應當看作異讀的例外【編按:用作“旅”的“闖”字還見於阜陽漢簡《倉頡篇》和《周易》】。

第158行“墮安陵是(氏)”的“墮”字,當從《馬王堆漢墓出土帛書〈戰國策〉釋文》(《文物》1975年第4期,第20頁)改釋爲“隨”,讀爲“墮”。

第182行“盧(慮)齊(劑)齊而生事於【秦】”的“盧”字,當從《馬王堆漢墓出土帛書〈戰國策〉釋文》(《文物》1975年第4期,第21頁)改釋爲“盧”。

第185～186行“而武安君之棄禍存身之夬(訣)也”的“棄”字,本作,字形與《戰國縱横家書》多寫作(第126行)、(第146行)形的“棄”字完全不合,釋“棄”無疑是錯的。此字實應釋爲“捧”。⑭ 從文義看,

---

⑨ 段玉裁:《説文解字注》,上海古籍出版社,1988年,第589頁。

⑩ 頗疑“闖”字本爲从門从旅的會意字,會師旅攡遏於門義,後來被誤解爲形聲結構。“閼”則應是“闖”的後起譌變之形。

⑪ 陳松長編著,鄭曙斌、喻燕姣協編:《馬王堆簡帛文字編》,文物出版社,2001年,第476頁;湖北省文物考古研究所、隨州市考古隊編:《孔家坡漢墓竹簡》,文物出版社,2006年,圖版第107頁,釋文注釋181頁(此書釋文“閼”字雖然缺釋,但注釋已據《爾雅・釋天》指出當爲“單閼”)。參看劉樂賢《孔家坡漢簡〈日書〉“司歲”補釋》,簡帛網,2006年10月10日首發;收入作者《戰國秦漢簡帛叢考》,文物出版社,2010年,第107～109頁。

⑫ 睡虎地秦墓竹簡整理小組編:《睡虎地秦墓竹簡》,文物出版社,1990年,圖版第4頁,釋文注釋第4頁、第8頁注[七]。

⑬ 趙平安:《睡虎地秦簡“伊闖”、“旅= 札”新詮》,收入《新出簡帛與古文字古文獻研究》,商務印書館,2009年,第363～368頁。

⑭ 此字秦漢簡帛文字中常見,過去多釋爲“搸”,它不應釋“搸”而應釋“捧”的理由及相關字形,可參看陶安、陳劍《〈奏讞書〉校讀札記》,《出土文獻與古文字研究》第四輯,上海古籍出版社,2011年,第409～410頁。

這個“捧”字似應讀爲“滅”。“捧(拜)”是幫母月部字,“滅”是明母月部字,聲母接近,韻部相同,中古都是開口字,古音是很接近的。吴大澂《字説》和郭沫若《金文叢考》從字形出發認爲“捧(拜)”字爲“拔”的初文,其説現在看來不一定可信;⑮不過《詩·召南·甘棠》“蔽芾甘棠,勿翦勿拜”的“拜”,鄭箋“拜之言拔也”的意見,則一般都是肯定的。古書中表示拔除草木,也經常用“滅(搣)”這個詞(如《晏子春秋》卷上“滅葭而席”;孫詒讓指出《墨子·備梯》“昧菜坐之”的“昧菜”應讀爲“滅茅”,其本字當作“搣”⑯)。“拜(拔)”、“滅(搣)”,似可看成音義皆近的同源詞(《廣韻·薛韻》:“搣,手拔。”)。“捧(拜)”之讀爲“滅”,從音、義兩方面看似可説通。⑰退一步説,“捧(拜)”有可能就是“滅”的一個音近誤字。《國語·晉語一》:“滅禍不自其基,必復亂。”“滅禍”之“滅”與“存身”之“存”正相對文。

第 192 行“顚(願)⑱及未寘(填)叡(壑)谷而託之”的“寘”字,當據圖版改釋爲“窴”。

第 242 行“乘屈匄之敝”的“敝”字,當據圖版改釋爲“㡀”,讀爲“敝”。

第 259 行“此秦之所廟祀而求也”的“祀”字,當從《馬王堆漢墓出土帛書〈戰國策〉釋文》(《文物》1975 年第 4 期,第 24 頁)改釋爲“祠”,與《戰國策·韓策一》“秦韓戰於濁澤”章、《韓非子·十過》等合。

第 324 行“邯鄲偻”句,原注謂:“邯鄲下一字,未詳。意思是:邯鄲拔。”整理者對文義的理解可從,但釋爲“偻”則與字形不符。將文義和字形結合起來看,字當釋爲“伐”,⑲讀爲“殘”(這種用法的“殘”習見古書,如《墨子·天志下》“殘其城郭”,《戰國策·齊策五》“蘇秦説齊閔王”章“故剛

---

⑮　參看季旭昇《説文新證》,福建人民出版社,2010 年,第 880 頁。

⑯　參看宗福邦等主編《故訓匯纂》,商務印書館,2003 年,第 1300 頁。

⑰　其實《甘棠》的“勿翦勿拜”讀爲“勿翦勿滅”似亦未嘗不可,“翦滅”本古書成語,此猶《甘棠》首章“勿翦勿伐”的“翦伐”亦古書成語。馬王堆帛書《十六經·正亂》有“天刑不捧(拜),逆順有類”之語,整理者認爲“捧,疑讀爲悖,混亂”(國家文物局古文獻研究室:《馬王堆漢墓帛書[壹]》,文物出版社,1980 年,第 68 頁)。頗疑此“捧”字也有可能讀爲“滅”或者看作“滅”的音近誤字,“天刑不滅”即天法不會消亡的意思。

⑱　此字原釋文逕釋“願”。

⑲　“戔”旁的這種簡省寫法,可參看陳松長編著,鄭曙斌、喻燕姣協編《馬王堆簡帛文字編》,第 446 頁“淺”字末二例。

平之殘也,中牟之墮也……”,《史記·田單列傳》“即墨殘矣”)。

另外,釋文有個别换行處標行號之誤,如將第7行首字“外”誤歸入第6行末,第22行末字“可”誤歸入第23行之首等,都是抄寫或排版時的疏誤,《馬王堆漢墓出土帛書〈戰國策〉釋文》(《文物》1975年第4期,第14、15頁)不誤。

三、對幾處文義理解的補充

第12行“且告奉陽君,相橋於宋,與宋通關”,原注:“橋,當是人名。相橋於宋,使橋爲宋相。”裘文認爲:“從上下文看,此句之義似謂齊國使者以‘奉陽君相橋於宋,與宋通關’之事告訴趙君,並不是要奉陽君‘相橋於宋,與宋通關’,‘君’字後逗號應取消。”楊寬先生説:“此書(指《戰國縱横家書》第二章)又述及齊王使李終至趙,‘且告奉陽君,相橋於宋,與宋通關’。蓋宋割淮北地與齊講和之後,齊已派遣橋(人名)爲宋相,並已開放邊境關塞,互通來往,亦即《戰國縱横家書》第四章蘇秦獻書於燕王所謂‘通宋使’。”⑳按:依楊寬先生的解釋,則相橋、通關是齊國所爲(帛書原整理者大概也是作類似理解的),其説似可通。故原釋文“君”字下的逗號暫不宜取消。

第27行“䫃(願)㉑王之定慮而羽鑽臣也”,原注:“羽讃(引者按:“讃”爲“鑽”字之誤),通翼贊(或作翼讃、翊贊),幫助的意思。”按:謂“羽”通“翼”似不妥當。古書有“羽翼”一詞,表示輔佐之義,如《吕氏春秋·舉難》“然而名號顯榮者,三士羽翼之也。”高誘注:“羽翼,佐之。”可見“羽”、“翼”義近,都可由本義引申出輔佐、幫助一類意思。羽鑽(贊),義與“翼贊”相近。

第34～35行“臣以死之圍”,原注:“圍,未詳。可能是地名。”楊寬先生則認爲:“‘圍’當是‘國’字之誤。‘國’指齊都臨淄。‘國’常用以指國

⑳ 楊寬:《戰國史料編年輯證》,上海人民出版社,2001年,第742頁。

㉑ 此字原釋文逕釋“願”。

都,如《魏世家》載無忌謂魏王曰:‘秦七攻魏,五入國中,邊城盡拔……而國繼以圍。’‘國’即指魏都大梁。”㉒按:“圍”字原略有寫誤,在右側重寫了一次。僅從這一點看,楊先生以“圍”爲“國”字之誤的説法恐不可信。“圍”字意義當待考,原整理者闕疑可從。

第39行“襄安君之不歸哭也,王苦之”,原注:“歸哭,回國奔喪。襄安君不歸哭事未詳。以文義推測,襄安君可能被齊國扣留,未能歸國奔喪,應與齊殺張庫事同時或稍後。”裘文認爲:“從上下文看,‘襄安君之不歸哭’似應是比不能奔喪更爲嚴重的一件事。疑‘哭’乃‘喪’之形近誤字。《説文·二上·哭部》:‘喪,亡也。从哭从亡會意,亡亦聲。’《説文》對此字結構的分析不見得可信,但是由此可見‘哭’‘喪’二字篆文字形相當接近,‘襄安君之不歸喪’疑指襄安君死於齊而齊不歸其喪。”按:《吕氏春秋·知接》:“(齊桓)公又曰:‘衛公子啓方事寡人十五年矣,其父死而不敢歸哭,猶尚可疑邪?’管仲對曰:‘人之情,非不愛其父也,其父之忍,又將何有於君?’”可見“歸哭”是非常重要的喪儀,此“哭”字似不必解釋成“喪”的誤字。其事待考。

第45～46行“以求卿與封,不中意,王爲臣有之兩”,原注:“之兩,此兩,指卿與封。一説,‘有之兩’當作‘兩有之’,此處誤倒。”楊寬先生以爲《燕策二》“謂昭王”章“今賢之兩之”句鮑彪注“兩謂封與相”“甚是”,並聯繫《戰國縱横家書》第四章所謂“王爲臣有之兩”,“兩”亦謂“卿與封”。㉓按:兩,當指卿與封。但“有之兩”並非“兩有之”的誤倒。《晏子春秋·内篇諫上第十》:“景公有男子五人,所使傅之者,皆有車百乘者也,晏子爲一焉。……及晏子,晏子辭曰:‘君命其臣,據其肩以盡其力,臣敢不勉乎!今有之家,此一國之權臣也……此離樹别黨,傾國之道也,嬰不敢受命,願君圖之。”“有之家”(“家”即指上文“車百乘”之封賞,于省吾先生有解釋㉔)與“有之兩”結構相同,語義相類。

㉒ 楊寬:《戰國史料編年輯證》,第733～734頁。

㉓ 楊寬:《戰國史料編年輯證》,第743頁。

㉔ 于省吾:《雙劍誃群經新證 雙劍誃諸子新證》,上海書店出版社,1999年,第248頁。又見《于省吾著作集·雙劍誃諸子新證》,中華書局,2009年,第191頁。

第53行“若以復其掌(常)爲可王,治官之主,自復之術也,非進取之路也”。按:此句原釋文以“王”字屬上句讀,似非,“王”字疑應斷下句讀。此句意思是説:如果以復其常爲滿足,(那麽)王就是一個治官之主而已。“以復其常爲可”云云,與《燕策》蘇秦章“君以自覆爲可乎”是一個意思。“治官之主”即下文的“無爲之主”,“王治官之主”與“臣進取之臣”相對而言。治官之主,應指僅能處理好國内之事的盡職之主。

原刊《文史》2012年第2輯

《春秋事語》新釋文與注釋(一～四章)

【説明】

此次整理《春秋事語》,我們利用了湖南省博物館提供的帛書《春秋事語》原件照片(包括編號爲 7200－1～7 的《春秋事語》圖版和編號爲 7203－7的帛書殘字中屬於《春秋事語》的部分),以《馬王堆漢墓帛書[三]》的圖版(下簡稱"原圖版")爲藍本,重新拼接了一次圖版,並在此基礎上寫出新的釋文和注釋。

此次整理,除了利用《馬王堆漢墓帛書[三]》的釋文注釋(下簡稱"原釋文"和"原注")之外,還參考了裘錫圭先生《帛書〈春秋事語〉校讀》一文(本文簡稱"裘文")。① 裘文的注釋有很高的參考價值,是本次整理的重要基礎。所以此次撰寫釋文注釋,將其價值等同於原注,基本全録(在所引裘文最後標出所在頁碼,以清眉目且便於查核;個别與原注内容基本重合的、撮述原注意思的裘文注釋,仍録原注而略去裘文)。裘文已録的"原注",即《馬王堆漢墓帛書[三]》的注釋,不在注釋中重複録入。對原注和裘文未作説明處進行補充,提出與原注和裘文不同的意見,皆以"今按"出之。

此次進一步拼綴整理工作,充分利用了帛書反印文,圖版方面所作的補充和調整有相當一部分是和反印文提示的信息密切相關的。具體來

① 裘錫圭:《帛書〈春秋事語〉校讀》,《裘錫圭學術文集》第二卷,復旦大學出版社,2012 年。

説,本帛書的反印文大致出現從該行數起的第十行上(如第一行文字反印在第十行上,餘類推),帛書卷首部分的復原、改動由此而取得些許進展。此次新拼綴成果,在注釋中隨文交代。

帛書各章内容大致意在教給讀者歷史上人君、貴族的成敗經驗教訓(特别側重於因失德、失言或不講究策略計謀而招致禍端甚至導致滅亡的教訓),並無明顯的編輯體例。張政烺先生説它"分量輕,文章簡短,在編輯體例上也亂七八糟",②是合於實際的。帛書原無章題,各章章題爲原整理者撮取每章開頭若干字擬出,雖不一定完全妥當,但爲與原釋文統一和便於讀者參對,今予沿用。

一 殺里克章③

〼④□□繆公【編按:釋文應緊接下頁,因排版需要而人爲斷開,下同】

② 張政烺:《〈春秋事語〉解題》(下簡稱"《解題》"),原載《文物》1977年第1期,收入《張政烺文集·文史叢考》,中華書局,2012年,第95頁。

③ 裘文:原注:《春秋》僖公十年(公元前650年)夏,"晉殺其大夫里克"。此章所記當時人的議論,别的古書裏没有記載過。(3頁注[一])殺里克之事,詳見《春秋》三《傳》(僖公九年、十年)、《國語》(晉語二、三)等書。晉獻公於魯僖公九年去世,大夫荀息受遺命立獻公所寵的驪姬所生之子奚齊爲君。時獻公之子重耳、夷吾皆逃亡在外,晉大夫里克欲迎亡公子爲君,殺奚齊。荀息繼立奚齊之弟卓子爲君,里克又殺卓子,荀息死之。夷吾許秦君及里克與另一晉大夫丕鄭以厚賂,得返國爲君(即惠公),即位後不踐其言而殺里克、丕鄭。(403頁)

④ 裘文:此處省略號代表因卷首殘損而缺去的文字(參看前面的"説明"),爲原釋文所無。所缺文字究竟屬於本章,還是屬於此前另一章,還是二者兼有,已不可確知。《傳流》(引者按:指李學勤《〈春秋事語〉與〈左傳〉的傳流》,收入《簡帛佚籍與學術史》,時報文化公司,1994年)指出:"在第一章首行'□□□□□殺里克'這一句'殺里'二字右側,還能看到兩個字的殘筆。《馬王堆漢墓帛書[三]》的《出版説明》説:'前部殘缺較重,不知道缺多少行',當即由此之故。"(276頁)此文並據帛書前面十幾行的狀況,推測"原卷前面還有四行左右的文字","所殘去的乃是第一章的前面一部分"。(277頁)(403～404頁)今按:從帛書的第一行反印文出現在第10行上且第10行之前的帛上没有明顯的反印字迹(第10行之前的帛有個别的反印痕迹——如第7行——,但上下並不連續,且極爲模糊,其形成原因有待研究,但當與一般的反印文不同,似不能用作判斷帛書卷首行數的根據)這一點看,今所標第一行之前殘缺的文字當不會很多(卷首存有二字殘畫之行,從第一行起首的文句内容判斷,殘字所在之行必當屬於第一章;帛書卷首不太可能本來還有今已完全不存的另一章),爲了謹慎起見,姑從裘文的方法,籠統地以〼號代表帛書卷首所缺文字(裘文體例以省略號代表多於五個的缺文,此據《長沙馬王堆漢墓簡帛集成》體例改爲〼號,下同,不再出注説明),不對其行數及歸屬作肯定性的判斷。

⑤□殺里克⑥,□□曰⑦:“君□⑧⍁$_1$□□□晉將无至⑨□□□者□□也。今殺里克⑩,□入(内)外⑪⍁$_2$□□□无(無)解舍⑫,□□□幾(豈)亓(其)

---

⑤　今按:“繆公”二字據第10行反印文及所綴“繆”字殘片釋。惠公之入國與秦穆公關係密切,且下文又提到秦晉韓之戰,穆公亦與此役,所以此處出現“繆公”兩字是合理的。

⑥　原注:據《左傳》,晉獻公死於魯僖公九年,當時公子重耳(文公)和夷吾(惠公)都逃亡在外。荀息立公子奚齊,里克把奚齊殺了。荀息又立公子卓,里克把公子卓和荀息都殺了。公子夷吾許給秦國河東五城,許給里克田一百萬,丕鄭田七十萬,才回到晉國,被立爲晉侯。《晉語三》説“惠公入而背外内之賂”,外指秦國,内指里克、丕鄭,因此惠公以里克殺兩君一大夫爲理由而殺里克。今按:“克”下是否應標逗號,並不能完全肯定,今暫從原釋文。此句似當是敘述晉惠公回國後背所許秦穆公之報、殺里克。

⑦　原注:曰字上所缺,當是議論此事的人名。今按:原釋文於“曰”字上打兩個缺文號,裘文從之,其實也並非没有應打三個缺文號的可能,今姑從原釋文。又“曰”字上所缺究竟是否議論者人名,因上下殘缺太甚,亦難以肯定。

⑧　今按:“君”字下原圖版此行無字,其實原圖版此處綴合錯位,“君”字下當有一個殘字,參看注⑩對此章圖版調整理由的説明。

⑨　原注:无□,一説應作先至。今按:原釋文釋“將”下二字爲“无□”。從圖版看下一字釋“至”當無可疑,上一字從字形看接近於“无”,但“无至”語義似不順,“无”字似應視爲“先”之譌寫(二字古隸常混)。

⑩　今按:寫有“也今殺里克”數字的三片已綴合起來的殘片,原被拼到第3行(殘片左行“首之乎是塞”數字相應地拼到第4行),從11行的反印文看,第2行的“无至”、“者”諸字的反印文和“今殺里克”數字反印文對齊於同一行,所以原圖版的綴合是不對的,應該將這三片殘片整體往右移一行。殘片所書“也”字右上側原有一字殘筆,裘文從原圖版的綴合,認爲是旁注在“後”“也”二字之間的右側的“者”字殘筆。(404頁)今按:其實此字未必爲旁注的漏寫,將帛書殘片右移一行之後可以看出,這應當就是第1行“君”字下一字的殘筆,但字不可確釋。參看注⑥。“克”字下據文義似應逗斷。

⑪　今按:“入(内)外”二字據第11行反印文補出,殘片似已不存。“入”上一字亦有反印文的些微殘筆,惜不可辨。《國語・晉語三》“惠公入而背外内之賂”,不知與此處所説是否有關。不過“入(内)”指晉、“外”指秦則大概没有問題。

⑫　裘文:原釋文在“解”、“舍”二字間加逗號,今將逗號移至“舍”字之後。古書中有“解舍”之語。《管子・五輔》:“是故上必寬裕而有解舍,下必聽從而不疾怨。”尹注:“解,放也。舍,免也。”《韓非子・五蠹》:“故事私門而完解舍,解舍完則遠戰,遠戰則安。”帛書此處“解”“舍”二字似亦當連續,“……無解舍”當是議論者批語夷吾歸國爲君後不應無所赦免之語。(404頁)今按:王引之《經義述聞・周官上》“解止”條謂《管子・五輔》“上彌殘苛而無解舍”、《吴子・治兵》“馬疲人倦而不解舍”之“解舍”“猶休止也”(江蘇古籍出版社,1985年,第183～184頁),可參。

後首之乎⑬? 是塞□□福憂⑭▨3□□□者死,忠者□□□疾之,幾(豈)或□⑮▨4▨於⑯□□路(賂)弗予,⑰▨5□慶[=]鄭[=](慶鄭,慶鄭)

---

⑬　裘文:"幾"字,帛書原文省从一"幺"。此書"幾"字全部如此寫。"亓"字,原釋文釋"其",以下各篇皆同,不再加注。(404頁注⑤)"或"下一字(今按:實當爲"後"下一字,裘文從原釋文,參看本章注八)原未釋,細審可知是略有殘損的"道"字。本書47及52行皆有"道"字,可以比勘(注意其所从"首"旁上端筆劃偏左)。(404頁注⑥)今按:裘文從原釋文,故釋讀帛書爲"豈或導之乎"("幾"可讀爲"豈",參看本章注十三所引裘文),今調整殘片位置後,疑當讀爲"豈其後道之乎"。又,裘文所釋"道"字,似結合了第4行"或"字下兩道現在看來其實並不屬於"道"字的殘筆,去掉這些筆劃,所謂"道"字的"辵"旁在圖版上完全不見。此字也許本來並無"辵"旁(此字左半缺損,本不能完全肯定這一點,但是"首"書寫得很大且位於行中,似説明其左當無"辵"旁),因疑此字當爲"首","首之"的"首"也許是首倡的意思。釋文暫從釋"首"之説,待考。

⑭　今按:"福憂"二字殘片是據第12行反印文遥綴。"福""憂"二字之間也有可能應該斷讀,因上下殘損太甚,文義不清,姑不加標點。《國語・晉語三》:"惠公入而背外内之賂。輿人誦之……公隕於韓。郭偃曰:'善哉! 夫衆口禍福之門,是以君子省衆而動……'"不知帛書"福憂"等語與此是否有關。

⑮　裘文:"幾""豈"古通(參看高亨、董治安《古字通假會典》515頁"幾與豈"條,齊魯書社,1989年。以下引此書簡稱"《會典》")。幾或道之乎,疑當讀爲"豈或導之乎"。"導"字似與下句"塞"字爲對文。今按:裘文從原釋文,"道(引者按:可能是"首"字)之乎"三字殘片不當綴於此,參看注⑬。"幾或"二字之下有殘筆,但無法釋出,以缺文號代表。

⑯　今按:此字原釋文釋"於",裘文從之。(403頁)但從字形看難以確定,今姑從原釋。

⑰　裘文:原釋文讀"路"爲"賂",當可信。《國語・晉語二》記夷吾返晉前謂秦使者公子縶曰:"中大夫里克與我矣,吾命之以汾陽之田百萬。𠀭大夫丕鄭與我矣,吾命之以負葵之田七十萬。"又言秦君若能輔之,歸國即位後當獻"河外列城五"爲報。《晉語三》謂"惠公入而背内外之賂"。《左傳》僖公十五年追述其事曰:"晉侯許賂中大夫,既而皆背之。賂秦伯以河外列城五,東盡虢略,南及華山,内及解梁城,既而不與。"鄭良樹《〈春秋事語〉校釋》謂"本句'路'上缺文,可從《左傳》補入'背'字"(同人《竹簡帛書論文集》19頁,中華書局,1982年。以下引此文簡稱"校釋")。今按:《校釋》認爲此句言惠公背賂之事,可從。但從帛書圖版看,"路"上一字顯非"背"字。其字下部从"貝",左上部殘去,右上部頗似"此"或"化"字右旁的殘畫,據文義似應釋爲"貨"。惜上文殘缺,無法通讀。(404頁)今按:裘文所疑當釋"貨"之字上部所从,寫法與一般"貨"字差别較大(看《文字編》,第260頁),裘文的釋文亦以缺文號代表而未逕釋,今亦當存疑。或説馬王堆帛書《老子》甲本"貨"字作(《馬王堆漢墓帛書[壹]》,文物出版社,1980年,圖版第16行),右部譌變作類似"真"的形體,也許帛書此字就是這類寫法,故仍可釋爲"貨",但這種"貨"字的譌寫在秦漢隸書中畢竟爲數極少,故仍當待考而不逕釋。

⑱□□□【梁由】靡⑲、韩閒(簡)午秦公，而⑳今君將先□。㉑”6㉒

⑱　今按：“慶鄭”二字原釋文及裘文皆未釋，此從陳劍說釋。陳劍又疑“慶”上殘字爲“號”(《左傳・僖公十五年》：“公號慶鄭，慶鄭曰：‘愎諫違卜，固敗是求，又何逃焉。’遂去之。”)。按“慶”“鄭”兩字字距相隔較遠，本當有重文號，故帛書此處所言當與《左傳・僖公十五年》等所記秦晉韓之戰慶鄭因惠公廢卜而棄之不載事合(《國語・晉語三》：“公號慶鄭曰：‘載我！’慶鄭曰：‘善忘而背德，又廢吉卜，何我之戰？鄭之車不足以辱君避也！’”)。“鄭”字與本行下所存“靡”字之間有五字地位(“靡”字亦從陳劍說釋。陳劍指出“靡”即梁由靡，緊接上引《僖公十五年》文之後，是“梁由靡御韓簡，虢射爲右，輅秦伯”，與帛書内容合)，除去定當補出的“梁由”二字之外，還有三字地位，可見帛書並無《左傳》所記慶鄭之言，而很可能只是交代慶鄭去晉侯之類敘述性的話。

⑲　今按：“靡”字原釋文及裘文皆未釋，此從陳劍說釋，陳說及上所補“梁由”二字的理由皆參看注⑱。

⑳　裘文：“秦”“今”二字間有兩個殘字，所存筆劃極少，無法確釋，所以從原釋文打了兩個缺文號。其第二字從殘畫看，有可能是“帀”(師)或“而”字。“閒”，原釋文逕釋作“間”。按：“間”爲“閒”的後起分化字。以下遇此字不再加注。原釋文讀“午”爲“忤”，並在“韓間午(忤)秦”下加注說：韓間，人名。《左傳》僖公十五年(即晉惠公六年，公元前645年)，晉國和秦國在韓交戰，“晉侯逆秦師，使韓簡視師”。杜預注：“韓簡，晉大夫。韓萬之孫。”簡與間通用。(3頁注[五])原注以“韓間”爲“韓簡”，當可信。原釋文雖在“韓間午秦”下加注，但並未在此加逗號或句號，這是很審慎的。疑“秦”下一字或二字當屬上讀。《荀子・富國》：“午其軍，取其將，若撥䵄。”楊倞注：“午讀爲迕，遇也。”“韓簡午秦……”之“午”，似當與此“午”字同義。(405頁)今按：“秦”下一字從殘筆和文義看，應釋爲“公”(《國語・晉語三》：“梁由靡御韓簡，輅秦公。”)。從文義看，“公”字下應當斷讀。

㉑　裘文：據《左傳》僖公十五年，秦穆公伐晉深入至韓：“九月，晉侯逆秦師，使韓簡視師。復曰：‘師少於我，鬬士倍我。’”接着，晉侯又使韓簡請戰。“壬戌，戰于韓原，……梁由靡御韓簡，虢射爲右，輅秦伯，將止之。鄭(指晉大夫慶鄭)以救公(指晉侯)誤之，遂失秦伯。秦獲晉侯以歸”。《國語・晉語三》所記略同。帛書此處所言“韓閒午秦□□今公將先□”，似應與韓之戰有關。《國語・晉語三》：“惠公入而背内外之賂。輿人誦之曰：‘佞之見佞，果喪其田。詐之見詐，果喪其賂。得田而狃，終逢其咎，喪田不懲，禍亂其興。’既里、丕死，禍公隕於韓(引者按：“禍”字似當屬上句讀較好)。”據此，時人是將晉惠公韓原之敗與其背内外之賂的行爲聯繫起來的。所以帛書此章所記時人議論，在説了惠公背賂之後，又說到韓之戰的事。(405頁)今按：“公”下之殘字當從裘文釋“而”(參看注⑳)，“而今”似連言，意即現在。此句當是説話者對惠公下場的預測。

㉒　裘文：從圖版看，第五、第六兩行的聯繫並無確據，也有可能此二行間原來尚有他行，但其殘帛已無存留或未被發現。今按：從第14、15行的反印文關係和殘帛形態判斷，第5、6兩行之間並無他行，原拼合和原釋文可從。

二 燕大夫章㉓

【·】燕大₌(大夫)子□衜(率)帀(師)以御〈禦—禦〉晉人,㉔勝之㉕。歸而歙(飲)至,㉖而樂

㉓ 裘文:原注:此章所記的事,在别的古書裏没有記載過。(4頁注[一])《解題》指出,此章稱晉人侵燕南(引者按:帛書"晉人□燕南"句"燕"上一字不清,釋文未釋,但從文義可以斷定是含有侵伐一類意義的字——此是裘文原按——),可知這個燕是在今北京市附近的北燕,而不是在今河南省延津縣東的南燕。(37～38頁)昭公六年(公元前536年)《春秋》:"冬……齊侯伐北燕。"《左傳》:"十一月,齊侯如晉,請伐北燕也。……晉侯許之。十二月,齊侯遂伐北燕,將納簡公。晏子曰:'不入……'"次年《經》正月記燕"暨齊平",《傳》記二月燕齊盟,齊受燕賂,"不克而還"。楊伯峻《春秋左傳注》:"《史記·燕世家》謂'齊高偃如晉,請共伐燕,入其君',則至晉者非齊侯也,又非請許而請共出師。《燕世家》又云:'晉平公許,與齊伐燕,入惠公。'則非納而未成也。《晉世家》、《年表》與《燕世家》同(引者按——此是裘文原按——:《史記·齊世家》景公"十二年——相當於魯昭公六年——,景公如晉見平公,欲與伐燕"。《燕世家》惠公——被納之燕君,《左傳》作"簡公",《史記》作"惠公"——"四年——據《十二諸侯年表》應爲"九年"之訛,相當於魯昭公六年——,齊高偃如晉,請共伐燕入其君,晉平公許,與齊伐燕,入惠公,惠公至燕而死"。《晉世家》平公"二十二年——相當於魯昭公六年——,伐燕"。《十二諸侯年表》於齊景公十二年書"公如晉,請伐燕入其君",十三年書"入燕君";於晉平公二十二年書"齊景公來請伐燕入其君",二十三年書"入燕君";於燕惠公九年書"齊伐我",燕悼公元年書"惠公歸至卒")。近年長沙馬王堆三號墓所出帛書《春秋事語》云:'燕大夫子□率師以禦晉人,勝之。歸而飲至,而樂。(下文殘缺)處十一月,晉人□燕南,大敗[燕]人。'(引者按——此是裘文原按——:"[燕]人"原釋文作"[燕人]")或即此事傳聞之異。"(1280～1281頁)楊説可供參考。(406頁)

㉔ 裘文:此句前章首圓點已殘去,原釋文未補,今爲補出。"大夫"原作"夫₌"。此書中"大夫"字皆如此作。帛書"禦"字原來書寫有訛,原釋文的隸定與原字稍有出入,今已改正。但我們的隸定仍可能有問題。(406頁)今按:原釋文將"禦"字隸定爲"御",裘文隸定爲"御",釋文對"禦"字的隸定有進一步改動(或認爲此字中間从"赤"聲,赤、禦音近——見白於藍(2012:463)——,不確)。此字中部形體實由馬王堆帛書《五行》258行、《明君》416行"禦"字寫法譌變,即上从"午",下部的"示"旁譌變爲"火"上加兩横之形(參看《文字編》,第7頁;"示"旁的類似演變可參看本帛書第42行後兩個"蔡"字譌變成類似从然的寫法)。此字右旁略有殘損,有可能是像《明君》的"禦"字寫作从"卩"旁(原釋文和裘文皆隸定爲"卩"),但也有可能是像《五行》的"禦"字譌从"邑"旁,甚至可能是像《經法》22行上"禦"字譌从"亍"的,今暫從原釋文和裘文隸定从"卩"。

㉕ 原注:春秋時有兩個燕國:北燕的姬姓,在今北京市附近;南燕國姞姓,在今河南省延津縣東。此處不知指哪一個燕國。今按:此燕當是北燕,參看注㉓中裘文所引《解題》。

㉖ 裘文:"飲"本作"歙",爲"飲"之古字。《左傳》隱公五年:"歸而飲至,以數軍實。"杜注:"飲於廟以數車徒、器械及所獲。"同書桓公二年:"凡公行,告於宗廟,反行飲至,舍爵策勳,禮也。"據帛書此文,大夫戰勝而歸亦有飲至之禮。(406頁)

㉗。亓(其)弟子車曰：㉘“□則樂矣，非先王□7勝之樂也。㉙昔者文【王】□宗(崇)，㉚能取而弗烕(滅)，以申亓(其)德也。武王勝殷，登□㉛⧄8□□㉜□□□□⧄9□□□非瘟夫何以貳□。以小勝大而□⧄□武㉝⧄10□□□生，樂則芒=(荒，荒)則失，㉞□□憂□□□爲起民之暨也。燕以使

㉗　原注：飲至，是周代奴隸主貴族帶兵打了勝仗後，回國，在他們祖宗的廟裏舉行的飲酒典禮。《左傳》隱公五年："三年而治兵，入而振旅，歸而飲至。"

㉘　裘文："惠"字原釋文誤作"車"。細審此字，上端中竪兩側各有一筆，與"車"字上端以一横畫穿過中竪者有異；其下部有長而彎曲之筆，亦與"車"字有異，故改釋爲"惠"。(406頁)今按：裘文描述的不同於"車"字的特徵，實際是其他地方文字滲印至此的痕迹，並非筆劃，此字仍應從原釋文釋"車"。

㉙　裘文：《校釋》：案上文云："勝之，歸而飲至，而樂。"則此文"□則樂矣"，"則"上缺文，當是"勝"字明矣。"非先王□勝之樂也"，竊疑"先王"下缺文，亦當是"樂"字。《禮記・樂記》曰："樂者爲同，禮者爲異。同則相親，異則相敬。樂勝則流，禮勝則離。"《疏》曰："勝，猶過也；若樂過和同而無禮，則流慢無復尊卑之敬。"此樂勝之義也。弟子車見其飲至而樂，與先王之禮不合，乃舉樂勝之古義以諫之……(20頁)按："□則樂矣"句"則"上一字，在帛書上尚存殘畫，顯非"勝"字殘文，《校釋》所補不可信。"非先王□勝之樂也"句之首有"非"字，故"先王□勝之樂"應爲合理之樂，"□勝"必非《樂記》所批評之"樂勝"。《校釋》於"勝"上補"樂"字，亦不可信。如必欲補字，或可補"戰"字。但此字是另一字的可能性當然也是存在的。(406～407頁)

㉚　裘文：此句原釋文作：昔者【文王軍】宗。原注云：宗字與崇字通用。此處指周文王伐崇事。《左傳》僖公十九年説："文王聞崇德亂而伐之，軍三旬而不降，退修教而後伐之，因壘而降。"(4頁注[四])按：從帛書圖版看，"文"字尚存上端殘畫，"宗"上一字尚存下部，細審似非"軍"字，故將此句釋文改爲"昔者文[王]□宗(崇)"。"宗"上一字雖非"軍"字，但似確爲从"勹"之字。《説文》謂"軍"字"从包省"，其實"軍""旬""匀"等字所从之"勹"，皆與"包"無關，而爲殷墟甲骨卜辭用爲"旬"的"勹"字的變形(參看《金文編》650頁"匀"字"旬"字、933頁"軍"字，《古璽文編》517頁"均"字、337頁"軍"字)。此數字實皆从"勹"(金文等多作)得聲。此點古文字學者多已看出。所以"宗"上一字如確實以由"勹"變來的"勹"字爲偏旁，並从之得聲，仍然是可以讀爲"軍"的。(407頁)今按："宗"上一字是否从"勹"得聲，從圖版看難以確定，待考。

㉛　今按："登"下一字陳劍疑是"鹿"字(武王伐商後"登鹿臺"之事見於《史記・殷本紀》和《齊世家》等記載)，此説值得重視。但細審此字頭部殘存之形似與"鹿"頭的寫法有出入(參看《文字編》，第397頁)，上部似爲从"木"形，故存疑。或説此字應釋"麓"，讀爲鹿臺之"鹿"，待考。

㉜　今按：此字右从"邑"。

㉝　今按："武"字據殘筆釋出。

㉞　裘文：《校釋》：案《左傳》襄公二十九年曰："哀而不愁，樂而不荒。"(語又見《史記・吴太伯世家》)彼云"樂而不荒"，與此云"樂則荒"，義正相反，適可互證。荒，廢也，亂也。《詩・唐風・蟋蟀篇》云："好樂無荒。"鄭《箋》曰："荒，廢亂也。"是其證。(21頁)此説甚是。《校釋》又疑"荒則"下缺文是"墮"字，則無據。(407頁)今按：後一"則"字下的那個字，從殘筆和第20行的反印文判斷，當釋爲"失"。"荒"、"失"古書多連文，《尚書・盤庚上》"無荒失朕命"，《國語・楚語上》"既得以爲輔，又恐其荒失遺忘"，可作爲帛書文義理解的參考。

人迵(通)㉟言□□□$_{11}$□□敗而怒亓(其)反惡□□□寇屬怨(怨)之勝憂□在后(後)㊱□□□而▨$_{12}$□□□君之憂。"処(處)十一月㊲,晉人□燕南,大敗燕【人】。㊳$_{13}$

三　韓魏章㊴

【·知】伯□韓(韓)、魏(魏)以□趙襄【子於】晉陽,㊵

㉟　裘文:此字原釋文誤印作"迥"。後面第十六章92行"迵"字亦然。(407頁)今按:今從裘文改。

㊱　裘文:原釋文在"憂"字後加逗號。按:原文之意似謂燕國此次之勝乃來寇招怨之勝,必有後憂,"憂"字似也有可能屬下讀,故將逗號删去。"后"字,原釋文誤爲"後"。古書中以"后"爲"後"之例屢見(參看《會典》324頁"後與後"條),此書中"后""後"錯出(參看第九章注⑮)。疑本章"后"字,釋文本不誤,蓋編輯者誤以爲簡化字而改之爲"後"。此書中介詞"於""于"並用,釋文"于"字皆被誤改爲"於",情況與此類似。又此書"無"字皆作"无"(即《説文》"無"字古文),也往往被誤改爲"無"。《集韻·平聲·元韻》於袁切"鴛"小韻有訓"讎""恚"的"怨",或體作"怨"。帛書"怨"字用法正同。此書中"怨"皆作"怨",以下不再加注。(407～408頁)

㊲　原注:處,停留。裘文:"處"字原作。《説文·十四上·几部》以"処"爲正篆,"處"爲或體。西漢前期簡帛"處"字下部多作。與《春秋事語》同出一墓的帛書《相馬經》的"處"字,也不加"虍"而但作(參看《秦漢魏晉篆隸字形表》1015頁,四川辭書出版社,1985年。以下引此書簡稱"《字形表》")。此書"處"字皆如此作,以下不再加注。(408頁)今按:"處十一月"即十一個月之後,本帛書第十五章"處二年"同例。

㊳　裘文:"大敗"之下的文字原已全部殘去,原釋文補"【燕人】"二字,今從之。但所缺之字也不能完全排斥是"燕師"或其它字的可能性。(408頁)今按:"燕"字尚有頭部殘存筆劃可辨,據體例移出補文號。

㊴　裘文:此章記智伯率韓、魏圍趙晉陽,趙與韓、魏合謀,三家反滅知伯之事。此事屢見於古書,而以《戰國策·趙策一》、《秦策四》及《史記·趙世家》之所述爲較詳。原注:三家反知伯事在周貞定王十六年(公元前453年),……(引者按:此處裘文所略原注内容爲:"已是戰國初期。但春秋與戰國斷限,各書不同,如《左傳》和《國語》都一直敘到三家反智伯事。此書所記春秋時事,也以此章爲最晚。")此所載□赫的議論,也是别的古書没有記載過的。(5頁注[一])(408頁)

㊵　裘文:此句原釋文作"□□□韓魏以□□□□□□陽","陽"字後未加標點符號。原注:此處當即《戰國策·趙策一》所記"知伯從韓魏兵以攻趙,圍晉陽"事。(5頁注[二])《校釋》認爲"若據《國策》以校《事語》,則本句蓋當作'知伯從韓、魏以兵攻趙氏,圍晉陽'"。(22頁)按:此句"以"下三字尚存殘畫,第一字不可識,其下二字尚可辨識爲"趙襄"殘文。"趙"字存"走"旁上部及"肖"旁右半。"襄"字只存右側,但此字原來筆劃複雜(參閲20、21行"襄"字),雖然殘存部分甚少,仍可判斷其爲"襄"字。《校釋》於句首補"知伯"(引者按:其前尚應補章首圓點),於"陽"上補"晉"字,皆可從;認爲"以"字下可補"兵攻趙氏", (轉下頁)

深㊶□□☐14智赫曰：㊷“初㊸君□□□□而用之，猷(猷—猶)尚莫敢不服，㊹☐肖(趙)氏□□□□□

(接上頁)則與實際情況不符。《戰國策·秦策四》“秦昭王謂左右”章：“昔者六晉之時，智氏最强，滅破范、中行，又帥韓、魏以圍趙襄子於晉陽，決晉水以灌晉陽，城不沈者三版耳。”(此據鮑本，姚本將此章併入其前“三國攻秦入函谷”章，“帥”上無“又”字。)《秦策》此章内容又見《韓非子·難三》、《史記·魏世家》、《説苑·敬慎》等，文字大同小異。前二者“智”皆作“知”，與帛書此章末句同。今據“又帥韓、魏以圍趙襄子於晉陽”句，在帛書此句“趙襄”與“陽”字間補出“子於晉”三字。句首“[知伯]”下缺字極可能是“率”字(“帥”“率”通。《秦策》“又帥”，《史記·魏世家》及《説苑·敬慎》皆作“又率”，《韓非子·難三》作“而從”，王先慎《集解》據《御覽》引文改作“又率”)，但也不能完全排斥是“從”字的可能，故未補。“魏”字，帛書原作“魏”。《説文》有“巍”(見《九上·嵬部》)無“魏”，大徐本“巍”字下注：“今人省山。以爲魏國之魏。”漢代人似皆用“巍”不用“魏”，且多將“山”寫在“鬼”下(參看《字形表》648～649頁)。原釋文逕釋“巍”爲“魏”，今從之。帛書“韓”字皆從“𠦝”，與《説文》合，今亦從原釋文逕寫作“韓”。(408～408頁)今按：“知伯”之“伯”的人旁在帛書上尚可清晰辨出，因逕釋；“知”字雖存些微殘筆，但很難判斷其字究竟爲何(似以釋“知”的可能性大)。“魏”、“韓”二字據釋文體例皆已嚴格隸釋，馬王堆帛書的“魏”字所从“山”旁有時位於整個“魏”旁之下(參看《文字編》，第380頁)，爲統一起見，今隸定爲“䰰”而不像裘文那樣隸定爲“魏”。“晉陽”之“晉”尚有底部殘筆，今逕釋。

㊶　裘文：此字只殘存右半，姑從原釋文作“深”。《校釋》認爲“所謂‘深□□□……’蓋言水浸晉陽之深度”，(22頁)不知確否。(409頁)今按：“深”字之下尚有兩字殘筆，似無法釋爲與水深有關的字，《校釋》之説可疑。所謂“深”字究竟是否應釋讀爲“深”，亦無法完全確定。

㊷　裘文：原注：赫字上似是智字，所説未詳。(5頁注[三])《校釋》：戰國初期，游士有杜赫其人……《事語》本章所載言論，蓋亦杜赫説辭乎？(22頁)按：“赫”上一字上端稍殘，下部與“智”字相合，顯非“杜”字，《校釋》之説不可從。(409頁)今按：從圖版看，此字釋“智”當無疑問(比較《文字編》第138頁“智”字條《養生方》例)，今逕釋。智赫之言應是向知伯所進。智赫當亦是知氏族人，但是其氏名用“智”字，與本章知伯用“知”字不同，不過這亦不足怪，參看注㊺引裘文關於本章趙氏之“趙”用字的説明。

㊸　裘文：此字基本完整而筆劃不很清晰，疑是“退”字，但把握不大。(409頁)今按：此字原釋文缺釋，據圖版當釋爲“初”。“初君……而用之”和“今□波而报，君弗見”正相對文。

㊹　裘文：“猷”原釋文徑釋爲“猶”。此字爲“猷”字異體，讀爲“猶”。“猷”“猶”本來也是一字異體，用法分化是後來的事(參看拙著《文字學概要》223～224頁，商務印書館，1988年)。“不”下一字原釋文作“用”，此字只存左側筆劃，寫法與同行“用”字左側有别，故缺釋。或疑此字左側筆劃是“舟”旁簡寫，乃“服”字殘文。(409頁)今按：裘文釋“服”從字形和文義看可信，今逕釋。

㊺15亡,二家之憂也。㊻ 今韓(韓)波而報,㊼君弗見,是辱二主㊽〼子恐兵之環之16而佴(恥)爲人臣＝(臣,㊾臣)恐□□□會

㊺　裘文：原注：帛書此章十四、十五、十六(引者按：當作"十五、十六、十七")三行下端"肖氏"等九字(引者按：指十五行"肖氏",十六行之"子恐兵之環之"、十七行之"曰")與下章二四、二五兩行"以召人"等十三字,是依文義與殘帛形式復原的。(5頁注[四])按：此注所言兩處復原的文字,都是已與帛書總體脱離並且只能用遥綴的辦法加以綴合的碎片上的文字。整理者對所置行次是否一定正確,可能尚無充分把握。此章上文用"趙"字,此處又以"肖"爲"趙"。這並不可怪。《馬王堆漢墓帛書[叁]》所收另一種帛書《戰國縱横家書》,既用"趙"字又借"勺"爲"趙",而且有時一章之中(如第三、四、二十五等章)甚至一行之中(如第三章的21和26行、第四章的31和33行、第二十五章279行)二字並用,情況與此相類。(409～410頁)今按：整理者遥綴的行次從前後殘帛形態看應屬可信。

㊻　裘文：《校釋》：案《國策・趙策》一首章載郗疵謂知伯曰:"夫從韓、魏之兵而攻趙,趙亡,難必及韓、魏也。……城降有日,而韓、魏之君無喜志,而有憂色。"難及韓、魏,此韓、魏二家之所以有憂色也。本句"亡"上缺文,可據《國策》補"而趙氏"三字。(23頁)按:《校釋》對文義的解釋是對的,所補之字未必正確,"而"字、"氏"字都不是必有的。(410頁)

㊼　今按:"韓(韓)"字據殘筆釋出(參看《文字編》第221頁及本帛書19行的"韓(韓)"字)。"波"字在此頗爲費解。"波"在戰國至西漢文字中常用作"陂"[參看白於藍(2012:291～292)],"陂"由陂堤義引申而有築堤壅水的意思,帛書此章的"波"疑亦用作"陂",可能是指韓氏築陂壅水以助知氏決晉水灌晉陽的意思(《戰國策・秦策四》"秦昭王謂左右"章記中期之語:"智伯出行水,韓康子御,魏桓子驂乘。"《説苑・敬慎》作"智伯行水,魏宣子御,韓康子爲驂乘。"《魏世家》與《説苑》略同。)這只是以爲知伯駕車點出韓、魏二君參與灌晉陽之事。如果對帛書文義理解大致正確,則至少韓氏是有實際作爲的。《史記・魏世家》正義引《括地志》:"《山海經》云懸壅之山,晉水出焉,東南流注汾水。昔趙襄子堡晉陽,智氏防山以水灌之,不没者三版。""防山以水灌之"語出《左傳・昭公三十年》"吴子……遂伐徐,防山以水之",杜預注:"防壅山水以灌徐。"可見知氏也是防壅懸壅山之水來灌晉陽的,帛書所謂"今韓波(陂)而報"似即此事。下文"君弗見",也許是説知伯對此卻視而不見,所以導致"辱二主(即韓、魏,參看注㊽)"的結果。

㊽　裘文：原注:"二家"與"二主"均指韓、魏。(5頁注[四])《戰國策・趙策一》"知伯從韓魏兵以攻趙"章,記郗疵警告知伯韓、魏將反,知伯以告韓、魏之君,魏、韓之君反駁説:"夫勝趙而三分其地,城今且將拔矣。夫二家雖愚,不棄美利於前……是疵爲趙計矣,使君疑二主之心而解於攻趙也。今君聽讒臣之言而離二主之交,爲君惜之。"文中"二家""二主"的用法與帛書同(參看《校釋》23頁)。(410頁)

㊾　裘文:"……子恐兵之環之而佴(恥)爲人臣"句,如綴合無誤,似亦是分析韓、魏之君心理之語。"……子"似即指韓、魏之君,"環"疑當讀爲"還"。"恐兵之還之",即懼怕滅趙後韓、魏將成爲知伯的用兵對象。"佴"與"恥"皆从"耳"聲,故"佴"可讀爲"恥",也可以把這種"佴"字就看作"恥"的異體(參看拙文《墨經"佴""誚""廉""令"四條校釋》,北京大學中國傳統文化研究中心《國學研究》第三卷260～261頁,1995年)。此字也見於第十三、十四章。(410頁)今按：此語似當是智赫警告知伯("子"即知伯),韓、魏既憂且受辱,可能反過來聯合趙氏反擊知氏[即"兵之環(還)之"],知伯反將恥爲人臣;下文"臣恐"云云,可能是智赫預判自己的下場。

[50]□也。今在□□□鄉[51]⍁曰□□□□□$_{17}$□□□□弗隋[52]⍁$_{18}$処(處)一於此,[53]難胃(謂)不敢。”韓(韓)⍁,三[54]家爲一,以反知⍁[55]$_{19}$

四　魯文公卒章[56]

【·】[57]魯文公卒,叔中(仲)惠伯□□□佐之。[58]東門襄中(仲)殺適(嫡)而羊(佯)以【君】令(命)召惠【伯】,[59]□□□□,

---

[50] 今按:“會”字原釋文和裘文未釋,今據殘筆釋出。

[51] 裘文:“鄉”上一字原釋文作“之”。此字只存些微殘畫,細審似是“也”之殘文,原釋不可信,姑缺釋。(410頁)今按:從圖版看,“鄉”上一字釋“之”的可能性似不能排除(帛書“之”字的下横往往向右下斜傾)。

[52] 今按:此字原釋文和裘文皆釋“隨”,但圖版上“辵”旁已完全不可見,故暫釋“隋”,但此字當釋“隨”的可能性也並不能完全排除。

[53] 今按:古書多“有一於此”、“居一於此”之類的話,“居”“處”義同。《晏子春秋·外篇第八》“仲尼見景公景公曰先生奚不見寡人宰乎”章云“孔丘必據處此一心矣”,于鬯認爲:“‘據’字即涉‘處’字而衍,‘心’字涉上文而衍,‘孔丘必處此一矣’,猶《孟子·梁惠王篇》云:‘夫子必居一於此矣(引者按:此語出自《公孫丑下》,于氏所記有誤)。’”(吴則虞編著:《晏子春秋集釋》,中華書局,1962年,第500頁),其説似可從。“處此一”與帛書“處一於此”義同。

[54] 今按:原圖版此處有誤綴殘片,該殘片應綴入本帛書第七章,參看彼章注⑫。不過剔除此殘片後,從殘筆、反印文及文義判斷,本行“三”字之釋仍無誤。

[55] 裘文:原釋文在“知”字下只打一個缺文號。原注:知伯本與韓魏圍晉陽,趙襄子使張孟談陰約韓、魏,反擊知伯,見《戰國策·趙策一》。(5頁注[五])《校釋》認爲“‘知’下缺文,當是‘伯’字”(23頁)。今按:“知”字下所缺是否只有一字難以斷定,故改用省略號。(410頁)

[56] 裘文:本章記魯文公卒,叔仲惠伯立其嫡子爲君,東門襄仲殺嫡立庶(即宣公),詐以君命召惠伯而殺之之事。原注:此事見《左傳》文公十八年(公元前609年)和《史記·魯世家》,但較詳。(6頁注[一])按:帛書此章所記惠伯之宰勸諫惠伯之言,較《左傳》、《史記》爲詳,參看注10(引者按:即本章注一〇)。(411頁)

[57] 裘文:章首圓點已殘去,原釋文未補,今爲補出。(411頁)今按:今據裘文補章首圓點。

[58] 裘文:原注:叔仲惠伯是魯國宗族,魯桓公的曾孫。魯文公死後,東門襄仲要立宣公,叔仲惠伯不同意,立文公嫡子惡而佐之。(6頁注[二])《校釋》認爲“惠伯”與“佐之”間的缺文應爲“立適而”三字(24頁),似可信。(411頁)

[59] 裘文:原注:東門襄仲是魯莊公的兒子,據《左傳》,他在取得齊國同意後,“殺惡及視(引者按:視爲惡之母弟——此爲裘文原按——)而立宣公”。又説:“仲以君命召惠伯。”此章説“佯以君命”,當指假託叔仲所立的君的命。(6頁注[三])(411頁)

⑥⓪$_{20}$亓(其)宰公襄目人曰:“入必死”。⑥①【惠伯】曰:“入死$_{=}$(死,死)者(諸)君令(命)也。”⑥②亓(其)宰公襄貿人曰: ⑥③“□□□$_{21}$□□□□劫於禍而□□□□能无(無)⑥④患,亓(其)次□⍁$_{22}$⍁□□也⍁何聽。”

---

⑥⓪　裘文:《校釋》: 案:“惠伯”下缺四字,疑當作“惠伯欲往”。《左傳》曰:“仲以君命召惠伯,其宰公冉務人止之。”仲,即襄仲。蓋惠伯欲往,公冉務人方始止之也。(24 頁)此説頗有道理。此説若確,帛書原文“惠伯”二字皆應有重文號。帛書此行“惠”字下尚有一些空白殘帛,比照他行末尾,殘帛之下已殘去的行尾部分,似只能有三字地位,補“伯”字後只能再補二字,原釋文打四個缺文號,不知是否由於已考慮到“惠伯”二字應有重文的緣故。(411 頁)

⑥①　裘文:“亓”字原釋文作“[其]”。按此字尚殘存右下方一筆,據文義當爲“亓”字無疑,故不用補文符號。《左傳》叙此事,作:“其宰公冉務人止之曰:‘入必死。’”公冉務人,帛書此句作“公襄目人”,下文又作“[公]襄負人”。原注:“目”、“負”與“務”並音近。(6 頁注[四])(411 頁)蕭旭説:“冉”、“襄”音亦近。《戰國策・楚策四》:“冉子,親姻也。”馬王堆漢墓帛書《戰國縱横家書・虞卿謂春申君章》作“襄子,親因(姻)也”,是其比(《馬王堆漢墓帛書〈春秋事語〉校補》,收入蕭旭《群書校補》,廣陵書社,2011 年 7 月,第 45 頁)。今按:《戰國縱横家書》原注已指出,“襄子,指穰侯”,而“冉子”之“冉”則是穰侯魏冉之名(參看《戰國縱横家書》二十三章注),二者恐非通用關係,姑記之待考。

⑥②　裘文: 原注:《左傳》作:“叔仲曰:‘死君命,可也。’”(6 頁注[五])(411 頁)今按:原釋文和裘文都讀惠伯此語後一句爲“死者君命也”,但這樣從語法上頗不易講通(“死”與“君命”並不是對等的主謂關係,恐不能以“……者……也”的句式來表達)。“者”字當讀爲“諸”,“諸”在古漢語中有跟“於”、“乎”等虚詞接近的用法,如《禮記・祭義》:“孝弟發諸朝廷,行乎道路,至乎州巷,放乎獀狩,脩乎軍旅。”(參楊樹達《詞詮》,中華書局,1979 年,第 203 頁。)“死諸君命”就是“死於(或死乎)君命”,《左傳》的“死君命”,既可理解爲“死於君命”,也可理解爲“爲君命死”(“死”字是爲動用法),意思跟帛書一樣。

⑥③　裘文:“亓宰”二字,原釋文作“其□□”,與上文“入死,死者君令也”合爲一句,“也”字後用逗號,後引號加在“其□□”之後。《校釋》從之,並説:《左傳》曰:“其宰公冉務人止之,曰:‘入必死。’叔仲曰:‘死君命,可也。’”據《傳》文,“其”下所缺者,當是“可也”二字。(25 頁)今按:“亓”下一字殘存上部右側,筆劃形狀與上文“宰”字所從“宀”旁右側相同,故今將“其□□”改釋爲“亓宰”。“宰”與“襄”字形皆較長,在“亓”與“[公]襄”之間只補一個“宰”字,從位置上看是説得過去的。按一般文例,上文既已出現“亓宰公襄目人”,此處即不必再重複“亓宰”二字。但寫文章或抄文章的人由於疏忽而重複此二字的可能性是完全存在的。這並不影響文義。《校釋》把“亓”下一字補爲“可”,與殘畫形狀全不相合,不可信。(411～412 頁)今按:“宰”“公”二字反印文在第 30 行可辨,故“宰”字應從裘文釋,“公”字補文魚尾號也予以取消。又“負”字從字形上部看較可疑,陳劍認爲此字實應釋“貿”,“貿”(明母幽部)、“目”(明母覺部)、“負”(並母之部)、“務”(明母屋部)古音並近,可以通用。

⑥④　裘文: 此“无”字原釋文誤爲“無”,參看第二章注⑨(引者按: 即注㊱所引裘文)。(412 頁)

⑥⑤▨□□□23 □□□□□⑥⑥也，非君令（命）也，有子之所以去也。初□□□□□以召人，今禍滿矣，⑥⑦24不與君者，顧寬君令（命）以召子，⑥⑧亓（其）事惡矣，而▨□无（無）男（勇）⑥⑨，初失備以25□君，今失⑦⓪謀▨□盈⑦①□□▨26入，東門襄中（仲）⑦②殺而貍（埋）□路□□中。⑦③27

引用論著簡稱（以首字拼音爲序）：

1. 白於藍（2012）：《戰國秦漢簡帛古書通假字彙纂》，海峽出版發行集團 福建人民出版社，2012年；

⑥⑤　裘文：原注：《左傳》作："公冉務人曰：若君命，可死。非君命，何聽。"只有十六個字。此書所記公襄負人的話較詳，有一百五十六字（引者按：原注本作"有一百五六十字"，裘文原誤）。（6頁注[六]）（412頁）

⑥⑥　今按：本行第二至第四字，原釋文和裘文據原圖版釋爲"□之□"，其實寫有"□之□"字迹的殘片很可能不當屬於此處（與本行摺疊位置相應的33行帛頂部形態亦基本殘去可證），此片暫無法歸位，應剪去作爲帛書殘片處理。又此處原釋文連"之"字一共估計六字地位，由旁行字距推斷當以寫五字可能性較大，今删去一個缺文號。

⑥⑦　裘文：原釋文將"禍"下一字隸定爲"漹"（引者按：實應隸定爲"滿"），注曰：疑是滿。（6頁注[七]）馬王堆帛書古地圖"滿"作滿（《字形表》796頁），此即其變形。今逕釋爲"滿"。（412頁）今按：《字形表》已逕將此字收在"滿"字條下。

⑥⑧　裘文：原注：賓疑是賓的誤字，此處當利用講。（6頁注[八]）此字究爲何字，似尚須進一步研究。（412頁）今按：原釋文隸定此字爲賓不一定準確。施謝捷疑此字是"寬"字，此從其説釋。"寬"字如何解釋有待研究。

⑥⑨　今按："男（勇）"字下"力"旁原圖版誤剪去歸入殘片，此從陳劍説復原並釋讀。

⑦⓪　今按："失"字原釋文和裘文釋"亓（其）"，從殘筆看，此字頭部所存之筆並非横筆，而是由右上往左下的一撇，故改釋爲"失"（此本陳劍説）。"今失謀"與上文"初失備"照應。"失謀"之語古書屢見，如《國語・晉語一》："棄人失謀，天亦不贊。"（韋昭注："不據其安，爲失謀。"）

⑦①　今按："盈"字原釋文和裘文未釋，此據殘筆釋（"盈"字的寫法很有特點，《文字編》199頁諸"盈"字寫法，皆與此字殘筆密合）。"盈"字或與前"禍滿矣"意思相承。

⑦②　今按："仲"原以補文號補出，此字略存殘筆，與"中"字筆劃合，故逕釋。

⑦③　裘文：原注：從足旁的字似是路字（引者按：從圖版看，當指'貍'字下第二或第三個缺文號所代表的殘文——今按：當指其下第二個缺文號所代表之字——）。《左傳》此處作"弗聽。乃入。殺而埋之馬矢之中"。（6頁注[九]）《校釋》：案：《左傳》曰："殺而埋之馬矢之中。"然則《事語》"中"上缺文，當是"之馬矢之"四字明矣。（25頁）按：原注已指出缺文中有一从"足"之字。又"中"上一字尚存下部殘畫，顯非"之"字。可見《校釋》之説不可信。《校釋》寫作時，其作者尚未見《春秋事語》帛書圖版，故所補之字往往與其字在帛書上的殘存筆劃不合。以下對《校釋》補字之明顯錯誤者，不再一一指出。（412頁）今按：原注所疑"路"字可信，今逕釋。

2.《會典》：高亨纂著、董治安整理《古字通假會典》，齊魯書社，1989年；

3.《校釋》：鄭良樹《〈春秋事語〉校釋》，《竹簡帛書論文集》，中華書局，1982年；

4.《文字編》：陳松長編著，鄭曙斌、喻燕姣協編《馬王堆簡帛文字編》，文物出版社，2001年；

5.《字形表》：漢語大字典字形組編《秦漢魏晉篆隸字形表》，四川辭書出版社，1985年。

原刊《湖南省博物館館刊》第十輯，嶽麓書社，2014年。

談馬王堆漢墓漆器等有關漆器製地的文字信息及相關問題

長沙馬王堆一號漢墓、三號漢墓出土數百件漆器,①因其數量多、質量高、保存好,早已受到學界的高度矚目。前不久,我們應湖南省博物館之邀,已根據漆器文字的拓本和照片,對漆器上所有的烙印文字、刻劃文字和毛筆書寫的朱砂、黑漆等文字作出釋文。因爲漆器的製地問題牽涉頗廣,很大程度上要結合考古學、古器物學對漆器材質、製作工藝、形制、漆色、紋飾等方面的專門研究才可能解決;加上漆器文字多模糊不清,給辨釋、研究帶來了相當的困難,所以我們不可能在本文中對馬王堆漢墓漆器的製地作出全面而科學的判斷。下面我們只準備談一談這些漆器文字資料和其他相關的漆器文字資料與漆器製地有關的一些問題,以期對相關問題的研究帶來一些幫助。

我們先從馬王堆漢墓發掘以後學者對馬王堆漆器産地的相關討論開始談起。因爲文獻浩繁,我們只選擇我們認爲比較重要的進行評介。

馬王堆一號墓的發掘報告《長沙馬王堆一號漢墓》釋出了該墓出土的213號卮的烙印戳記“南鄉□”,認爲其他烙印“字迹皆模糊”,“都不易辨識,從字形推測,似都爲作坊地名”,並且説了下面這段話:

---

① 據湖南省博物館聶菲研究員《關於湖南地區楚漢漆器的生産、管理和産地問題的再討論》(中國秦漢史研究會第十三次年會暨國際學術研討會會議論文,河南南陽師範學院,2011年)一文統計,“長沙馬王堆1號漢墓出土盤、鼎、匕、卮、耳杯、食盤、小盤、匜、奩等223件,長沙馬王堆3號漢墓出土451件”。

> 歷年來,長沙出土不少戰國、西漢漆器,不論就器型、花紋裝飾、圖案組織來看,風格是一脉相承的。這次出土的漆器,包括兩具漆繪棺上的繪畫題材,都進一步肯定長沙西漢漆器是長沙楚國漆器的繼承和發展。一般認爲,長沙在漢代不産漆,也没有設置工官製造漆器。但我們以爲不能由此就得出楚漢時代的長沙漆器都是外面輸入的結論。《史記·貨殖列傳》:"陳夏千畝漆。"陳夏戰國時屬楚,漢初軑縣又與陳夏毗鄰,陳夏生産的漆運到長沙製造漆器是完全可能的。把歷年長沙楚漢墓中出土的大量漆器,看成大部分是在本地製造的,似較合理。②

俞偉超、李家浩兩位先生合作撰寫的《馬王堆一號漢墓出土漆器製地諸問題——從成都市府作坊到蜀郡工官作坊的歷史變化》(下簡稱"俞文"),較多、較明確地釋出了一號墓的漆器烙印戳記等文字,並提出了與上引發掘報告不同的意見。他們説:

> 細審已發表的六個烙印戳記拓片,原報告尚未辨識的五個戳記,有二個爲"成市草"(原報告圖六八下右、上中。後者因將戳記倒轉,致不易辨識),一個爲"成市飽"(原報告圖六八上右)。其中,"成市"二字比較清楚,"草"、"飽"二字在没有其它比較材料前,確難認清。今年之初,承荆州地區博物館的幫助,在江陵鳳凰山八號墓中的一批同時期的漆耳杯和漆盂上,見到了"成市","成市草","成市飽"、"成市素"、"市府"、"市府飽"、"市府草"、"北市□"以及單獨一個"草"字的烙印戳記。有了這些對比的例子,馬王堆所出漆器戳記中的"草"、"飽"二字就都可以辨認出來。
>
> ……
>
> "成市"是指什麽而言?
>
> 蜀郡成都是漢代最著稱的官府漆器産地。據西漢陶器上常見的"某亭"、"某市"戳記之例,"某市"即爲某地市府作坊的標記,並且地

② 湖南省博物館、中國科學院考古研究所編:《長沙馬王堆一號漢墓》上集,文物出版社,1973年,第78、94頁。

名爲二字者，大都省略一字，一般還都是省略第二字，故“成市”當即成都市府的省稱。鳳凰山八號墓漆器上“成市”與“市府”戳記並見，更直接證明是指市府而言。

但據《長沙馬王堆一號漢墓》發表的材料，“成市”戳記只在一件漆匜上才能辨明，那麽，其它漆器是否也是那裏製造的呢？

要回答這個問題，最好是再仔細觀察各器的烙印戳記。在未能進行這項工作以前，只好從工藝風格的分析來判斷。

馬王堆一號墓的漆器，除 445 號漆几和 447 號漆屏風這兩件明器外，其它各器的工藝作風非常接近，且又同出一墓，以當作同地產品爲宜。如果拿鳳凰山八號墓中帶“成市”和“市府”戳記的漆耳杯，同馬王堆一號墓的 110 號、156 號等漆耳杯加以比較，則又可見到耳杯邊緣裝飾的三角卷雲紋，無論是圖案的形態或是色調的配合，都幾乎一樣。這就可進而推斷馬王堆所出漆器，至少有相當一部分是成都市府作坊出産的。

但帶着“南鄉□”那種不同戳記的 213 號漆巵，是否爲其它地方製造的呢？

上面提到的那種三角卷雲紋，在這件漆巵的身部也見到畫了同樣的三道，它們仍應爲同地所製。西漢的縣名没有叫做“南鄉”的，這就可推測戳記中的“南鄉”，乃指成都的一鄉。《漢書·循吏文翁傳》曾説：文翁“修起學官於成都市中”。《華陽國志·蜀志》所記文翁的文學精舍講堂石室是“在城南”，《水經注·江水》記此則作“於南城”，但當時成都有東、西二城而没有“南城”，且《水經注》中有關文翁建文學精舍講堂石室的整段記載又全係抄録《蜀志》，故“南城”當爲“城南”之訛。這個“城南”，應即成都的南鄉之地。陳簠齋《望文生誼齋輯存古陶文字》第一函（北京圖書館藏拓本）中曾著録“南鄉之市”陶文戳記，當爲一地，並説明設有市府。那裏既有成都之市，戳印“南鄉”自應是那個地點的市府漆器作坊製品的標記。

但成都的市不止一處。據《文選·蜀都賦》和李善注，漢代的成都有東、西二城，市在西邊的小城中。對於城南的市來説，這個西邊小城内的市位於其北,鳳凰山八號墓漆器戳記中的"北市",可能即指此市。可見,"南鄉"、"北市"大約是南、北二處成都市府漆器作坊的標記。西漢長安城内有東、西九市,它們即可分別叫做"東市"、"西市",又可統稱爲"長安市",這同此地既有"成都市"的統稱,又可分別用"南鄉(之市)"和"北市"來標記是一樣的。

"成市"和"南鄉"、"北市"戳記的性質既明,便能判斷馬王堆一號墓和鳳凰山八號墓處的漆器,基本上都是成都市府製造的。③

在俞文的"附記"中,作者補充説:

1975 年春、夏,在鳳凰山又發現了許多文景時期的帶"成市"戳記的漆器,其工藝作風,包括錐畫紋(即針刻紋)漆奩,都同馬王堆一號墓出的相同。同年 8 月初,又承湖南省博物館之助,在馬王堆一號墓 100 號和 275 號漆鼎的鼎蓋内,見到了"成市飽"和"⊠市"等烙印戳記,這都進一步證明馬王堆一號墓的漆器主要是成都市府製造的。此外,又承示馬王堆三號墓的許多漆器上的"成市草"、"成市飽"和"南鄉□□"、"中鄉□"等烙印戳記,可知成都的許多鄉内都設有市府漆器作坊。④

俞文認爲,從考古資料看,自秦至西漢,成都始終設有工官,但秦和漢初的漆器生産是歸市府管理的,大約到漢景帝以後最遲到昭帝時,成都漆器手工業劃歸蜀郡工官管理,直至東漢安帝時,蜀郡工官漆器製作停止;漆器生産由成都市府作坊管理變到由蜀郡工官管理,是西漢統一局面和中央集權大大加强的需要。⑤

可以説,俞文的意見對後來研究馬王堆漆器産地的論著産生了非常深遠的影響。

---

③ 原刊《考古》1975 年第 6 期,收入俞偉超《先秦兩漢考古學論集》,文物出版社,1985 年,第 146、148～149 頁。殷崇浩先生在俞文發表後不久,認爲鳳凰山 168 號墓出土漆器與馬王堆漢墓漆器的紋飾非常接近,"這幾批漆器都是從成都遠銷來的"(《關於鳳凰山一六八號漢墓座談紀要》,《文物》1975 年第 9 期),顯然是接受了俞文的意見。

④ 俞偉超:《先秦兩漢考古學論集》,第 151 頁。

⑤ 俞偉超:《先秦兩漢考古學論集》,第 150～151 頁。

裘錫圭先生《嗇夫初探》一文在討論市嗇夫的時候説：

在西漢前期的漆器上也常常可以看到市印。文帝時代的馬王堆1號、3號墓出土的漆器，有"成市草"、"成市飽"等烙印。鳳凰山文帝十三年的168號墓及文景時代的8號等墓出土的漆器，有"成市草"、"成市飽"、"成市素"、"市府草"、"市府飽"、"市府素"、"北市□"等烙印。文景時代的銀雀山4號墓出土的漆器有"筥市"、"市府草"、"▨素"等烙印。西漢初期的貴縣羅泊灣1號墓出土漆器，有"市府草"、"市府素"等烙印。此外，雲夢秦至漢初墓出土漆器也有少數烙有"市"、"許市"或"咸市"等印文。上述這些烙印，雖然有的比較大，但是除"市"字印外，都作長方形，屬於半通類型。……

俞偉超、李家浩同志指出成市是成都市省稱，蔣英炬同志認爲筥是成陽國莒縣，都是可信的。許應即潁川郡許縣，高樂疑即勃海郡高樂縣。羅泊灣1號墓所出漆器有的烙"布山"印，此墓漆器上所見的"市府"不知是否就指布山市府。布山是桂林郡（武帝改鬱林郡）屬縣。

這些見於漆器銘文的市，可能多數也是由市嗇夫主管的。俞、李二同志曾舉《漢書·食貨志下》王莽"更名長安東西市令及洛陽、邯鄲、臨淄、宛、成都市長皆爲五均司市，稱師"的記載，證明成都市設有市長，這是很正確的。但是這條證據還不足以證明在西漢前期成都市已設市長。就現有資料來看，在西漢前期，縣邑之市有三種管理方式。一種是設市嗇夫。一種是設市令、長，如長安市。這種市不屬於縣。……第三種方式是設置專管市務的縣丞。……西漢前期的成都市究竟屬於哪一種情況，目前似乎還不好下斷語。

馬王堆1號墓漆器有的烙"南鄉□"印，3號墓漆器有的烙"南鄉□□"或"中鄉□"印，雲夢墓出土的個别漆器也烙有"中鄉"印。俞、李二同志認爲馬王堆漆器印文的"南鄉"、"中鄉"是標明市府作坊的所在地的。前面舉過的見於陶文的市印裏有"南鄉之市"印，似可作爲此説的佐證。不過在西漢前期，鄉本身好像也有經營手工業的。……上述各墓所出的有鄉印的漆器，可能就是鄉的産品。當然，鄉所經營的手工業完全有可能是由縣市統一安排的。⑥

裘先生此文除了在對漆器烙印"南鄉"、"中鄉"銘文反映出來的與漆器生産所在地問題上的認識與俞文略有不同之外,其他看法與俞文意見基本一致。⑦

李昭和先生在 1980 年召開的中國考古學會第二次年會上發表的《"巴蜀"與"楚"漆器初探》一文認爲:

> 青川漆器多次出現"成亭"的烙印戳記,按"成"應指其製地而言,它與西漢初年的"成市"相同,其製地都應該是古代的成都。"亭",應爲"市亭"。《周禮·地官·司市》"上旌於思次以令市",注曰:"思次,若今之市亭。""市亭"爲治市政之所,"司市"即爲"掌市之治"的官吏。所以,"成亭"應是囊括漆器作坊在内的一種管理機構。那麽,該作坊則應是地方經營的。青川漆器除"成亭"之外,還有"王X"、"X君"等姓氏和刻劃符號,滎經出土的一件漆圓盒(M1:13),在"成亭"戳記之上朱書"王邦"的姓氏,這就向我們暗示了"成亭"的産品,主要爲市鬻之物,應爲地方經營,面向市場,没受到官府的嚴格控制。值得注意的是,青川漆器的時代爲戰國中、晚期,滎經第一期漆器出自秦墓,它們都有"成亭"戳記的出現。而進入漢初的滎經第二期漆器,"成亭"卻不再出現了,説明"成亭"的時代當爲戰國至秦。到了漢初,馬王堆和鳳凰山漆器多"成市"和"市府"的戳記,還有諸如"南鄉"、"中鄉"、"北市"等郡縣和地方經營的漆器作坊,而享有盛譽的"成亭"卻

---

⑥ 原刊《雲夢秦簡研究》,中華書局,1981 年;收入《裘錫圭學術文集》第五卷,復旦大學出版社,2012 年,第 88～90 頁。

⑦ 裘先生認爲:"俞偉超、李家浩同志認爲西漢設立工官在'景帝至武帝時'(《馬王堆一號漢墓出土漆器製地諸問題》,《考古》1975 年第 6 期第 347 頁),可參考。個別郡工官可能設置得更早。例如《地理志》説蜀郡成都有工官,顯然就是指漆器、銅器銘文裏屢見的蜀西工等工官,蜀西工在秦代就已存在,似乎不會晚到景帝、武帝時才重新設置。俞、李二同志根據出土西漢前期漆器中有成都市所造之器而没有蜀西工所造之器的現象,斷定西漢前期蜀郡未設工官,這是有道理的。但是也有可能蜀西工在漢初已經恢復,只是早期生産品不多,所以没有遺留下來。"(《嗇夫初探》,《裘錫圭學術文集》第五卷,第 74 頁注 120)這是很正確的。我們上面對俞文關於成都市府向蜀郡工官漆器管理部門變化過程的敘述,是根據俞文收入《先秦兩漢考古學論集》時的修訂本概括的,從此修訂本的"再記"看,作者已經改從秦漢時成都一直有工官存在的看法。

突然消失了。另一方面,“成市”漆器多“君幸食”、“君幸酒”和記載容量的銘文,而“成亭”那種私家刻劃符號和姓氏卻大大減少了。説明“成亭”漆器作坊,在漢初有可能歸於成都市府直接管轄,由地方手工業變爲官府經營了。從工藝上看,“成市”也是直接繼承了“成亭”的工藝傳統發展而來的。很可能進入漢初,“成亭”則以“成市”的身份出現。换言之,“成市”實質上就是“成亭”的發展和繼續。隨着髹漆工藝的發展,中央直接派員經營名家漆器作坊,“成市”的工藝傳統,又爲“工官”所承襲。“蜀郡工官”和“廣漢郡工官”,應該説就是在“成亭”和“成市”的基礎上發展而來的。從“成亭”→“成市”→“工官”,爲戰國、秦漢時期,巴蜀漆器發展的主要綫索,就這條綫索結上各種“失環”,巴蜀漆器的起源和發展過程會愈來愈清楚。今按時代、作坊和主要出土地點示圖如下:

巴蜀漆器發展示意圖

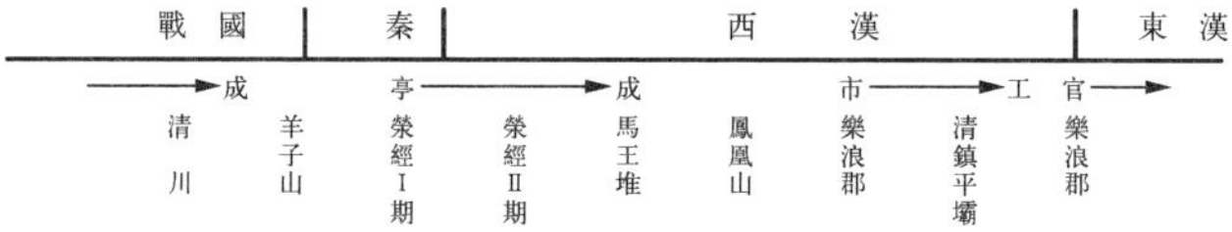

⑧

其實“成亭”、“成市”烙印的功能應該是相同的。俞偉超先生在《漢代的“亭”“市”陶文》已指出“某亭”陶文和“某市”意義相同,並提出“亭”是“市亭”省稱的看法。⑨ 裘錫圭先生則根據睡虎地秦簡記載的秦律和上博所藏咸陽亭小權銘文指出,“亭”印的“亭”就是指鄉亭之亭,秦代亭嗇夫兼管“市”務,所以漢代用“市”印的場合,秦代用“亭”印。⑩ 所以李先生所謂“‘成亭’應是囊括漆器作坊在内的一種管理機構。……該作坊則應是地方經營的”,“在漢初有可能歸於成都市府直接管轄,由地方手工業變爲官府經營了”等看法是不準確的。不過,裘錫圭先生從多方面推斷亭印、市印流行

⑧ 中國考古學會編:《中國考古學會第二次年會論文集 1980》,文物出版社,1982年,第95～97頁。

⑨ 《文物》1963年第2期,第34～35頁。

⑩ 《嗇夫初探》,《裘錫圭學術文集》第五卷,第92頁。

有時代先後之分,⑪跟李先生的意見不謀而合。無論如何,李先生對於烙有"成亭"、"成市"印的漆器産自成都,也是贊成俞文意見的,所以他説:

> 由於巴蜀與楚相鄰,爲其經濟文化的交往提供了方便,就兩地的髹漆工藝而論,它們之間又存在着許多共性,有時甚至很難區别開來。例如:長沙左家公山漆耳杯與青川漆耳杯(M26:8),從胎質、形制到紋飾都有着驚人的相似之處,彷彿同出一人之手。江陵雨臺山的圓耳漆耳杯(M519:1)的紋飾與青川漆圓盒(M2:10)上的"變形魚紋"有許多共同的特點。其他如楊家灣漆耳杯以及蔣玄佁《長沙"楚民族及其藝術"》一書中所收集的圓耳漆耳杯等,與青川漆耳杯有許多相似之處。左家公山漆奩盒,與青川漆奩盒(M26:4)都以"變形鳥紋"三分圓形畫面,風格也完全一致。長沙顔家山嶺 M35 出土的彩繪狩獵紋漆奩,其一、三、五層圖案,實爲青川漆器所常見的"變形魚紋";二層的"牛紋",與四川彭縣竹瓦街銅罍"牛紋"是基本相同的;第四層"鳳紋",又爲樂浪郡漆器所吸收。詳查楚器的相關資料,有巴蜀漆器之影響者,舉不勝舉。反之,巴蜀漆器在很大程度上也受到了楚器的影響。特别是時代稍晚的"成市"和"工官"漆器,楚人信奉鬼神的習俗及神獸、神怪等圖案,逐步被吸收在巴蜀漆器中來。江陵鳳凰山和長沙馬王堆的西漢漆器,實質上已集中了巴蜀與楚漆器工藝的精華。⑫

據不很完全的文獻查檢和搜集,我們注意到,在上述幾篇較爲重要的論文之後,徐中舒和唐嘉弘、⑬宋治民、⑭羅開玉、⑮陳紹棣、⑯四川省文管會

⑪ 《嗇夫初探》,《裘錫圭學術文集》第五卷,第 91～92 頁。

⑫ 中國考古學會編:《中國考古學會第二次年會論文集 1980》,第 98 頁。

⑬ 《古代楚蜀的關係》,《文物》1981 年第 6 期,第 25 頁;又載徐中舒主編《巴蜀考古論文集》,文物出版社,1987 年,第 69～79 頁。

⑭ 《漢代的漆器製造手工業》,《四川大學學報(哲學社會科學版)》1982 年第 2 期,第 85 頁。

⑮ 《秦在巴蜀的經濟管理制度試析——説青川秦牘、"成亭"漆器印文和蜀戈銘文》,《四川師院學報(社會科學版)》1982 年第 4 期,第 80～81 頁。

⑯ 《秦漆器試探》,《中國生漆》1984 年第 2 期,第 13 頁。

等、⑰沈仲常和黄家祥、⑱劉士莪、⑲李如森、⑳王品中、㉑張理萌、㉒高大倫、㉓明文秀、㉔陳麗華、㉕朱學文、㉖孫機、㉗洪石、㉘張飛龍㉙等,在他們涉及或專門討論研究馬王堆漢墓漆器製地問題的論著中,都沿用或基本贊成前引俞文的意見。

由何介鈞先生主編的《長沙馬王堆二、三號漢墓 第一卷 田野考古發掘報告》綜述了三號墓的漆器文字資料,作出如下判斷:

> 在馬王堆一號漢墓中,有七十三件漆器上有烙印戳記,當時因可資比較推勘的材料不多,所以對其意義無法弄清。在三號漢墓出土的鼎、鍾、壺、鈁、盒、匕、匜、案、耳杯、具杯盒、盤、盂、卮、奩等一百八十三件漆器上,也發現有烙印戳記,有在器内的,也有在器外的,有的内外均烙印戳記,甚或多處。戳記烙在木胎上然後上漆,字迹均模糊,無法拓印清楚。但因發現數量較多,且與一號漢墓所出相同,互相對照,補充筆劃,現可確認的有"成市草"、"成市飽"、"南鄉草"、"南

---

⑰ 四川省文管會、雅安地區文化館、滎經縣文化館:《四川滎經曾家溝戰國墓群第一、二次發掘》,《考古》1984 年第 12 期,第 1078 頁。

⑱ 《從出土的戰國漆器文字看"成都"得名的由來》,原載《四川文物》1985 年第 4 期,第 13～16 頁;此文又以《從出土的戰國漆器文字看"成都"的得名》爲題載徐中舒主編《巴蜀考古論文集》(增加"後記"一條),第 186～190 頁。

⑲ 《秦漢時期的漆器》,《中國生漆》1987 年第 1 期,第 16 頁。

⑳ 《戰國秦漢漆器銘文淺論》,《天津社會科學》1987 年第 5 期,第 60～61 頁。

㉑ 《從一件陶胎漆鉢看四川古代漆器》,《四川文物》1988 年第 11 期,第 23 頁。

㉒ 《漢代漆器初探》,《故宫博物院院刊》1989 年第 3 期,第 27 頁。

㉓ 《從考古發現看四川上古文化的開放性》,《天府新論》1996 年第 5 期,第 78 頁。

㉔ 《戰國秦漢時期四川漆器的分期》,四川大學碩士學位論文,2004 年,第 11 頁(參看同作者《四川漆器的早期發展》,《四川文物》2008 年第 6 期,第 62 頁)。

㉕ 《中國古代漆器款識風格的演變及其對漆器辨僞的重要意義》,《故宫博物院院刊》2004 年第 6 期,第 74 頁。

㉖ 《秦漢漆器手工業管理狀況之研究》,《秦文化論叢》(第十一輯),三秦出版社,2004 年,第 178 頁(參看同作者《秦漆器手工業研究》,《文博》2012 年第 1 期;《有關秦漆器銘文的幾個問題》,《考古與文物》2012 年第 3 期,第 54 頁)。

㉗ 《關於漢代漆器的幾個問題》,《文物》2004 年第 12 期,第 50 頁。

㉘ 《戰國秦漢時期漆器的生産與管理》,《考古學報》2005 年第 4 期,第 398 頁(參看同作者《戰國秦漢漆器研究》,文物出版社,2006 年,第 203 頁)。

㉙ 《中國古代漆器款識研究》,《中國生漆》2007 年 5 月第 26 卷第 1 期,第 47 頁。

鄉×"、"中鄉××"等。這種烙印戳記,常見於西漢前期的漆器上,大都是市府所屬漆器作坊的標記。……成市爲成都市府的省稱。蜀郡成都是漢代最著稱的官府漆器產地。武帝時,西漢朝廷在成都設立工官,專門控制漆器生産。漢初,蜀郡未置工官,漆器手工業當由成都市府來控制。"成市草"、"成市飽"烙印戳記的漆器,1975年在江陵鳳凰山八號墓中也出了一批,無論圖案形態,色調配合,工藝風格都與馬王堆一、三號漢墓所出非常接近,這説明馬王堆一、三號漢墓和江陵鳳凰山八號墓漆器有相當大部分是成都市府控制的官手工業作坊的産品。烙印有"南鄉草"、"南鄉×"、"中鄉飽"、"中鄉××"戳記的漆器作風與有"成市"戳記的漆器作風相同,且往往南鄉、中鄉的戳記與成市的戳記出於同一器物上,説明南鄉、中鄉均指成都某鄉的市府漆器作坊。[30]

這明顯是已經放棄了前引《長沙馬王堆一號漢墓》關於馬王堆一號墓漆器爲長沙本地製造的推測,而接受了俞文的意見。

陳振裕先生的專著《戰國秦漢漆器群研究》,在談到馬王堆漢墓漆器時,亦多次正面地引用俞文的意見,並認爲湖北江陵高臺2號墓的漆器上的烙印文字,"與馬王堆1號墓漆器上的烙印文字相同,也應是四川成都市府作坊的産品標記"。[31]

在學者們傾向於接受俞文結論的同時,在二十世紀八十年代也曾有學者對馬王堆漆器産地問題提出了一些開放式的設想。如院文清先生説:

有關西漢時期漆器資料,近年來發現的很多,分布地域也相當廣泛,由於條件的限制,我們僅就江漢地區和湖南長沙一帶的資料來看,西漢時期(尤其是西漢初期)的漆器工藝風格特徵都與秦漆器工藝基本一致。漢初漆器的數量明顯增多,但在器類上都没有能超出秦器的範圍。儘管秦與漢漆器存在着産地"咸亭"與"城(引者按,原文如此,似爲"成"字之誤)市"的區别,但可以看出它們是同屬於一個

---

[30] 湖南省博物館、湖南省考古研究所編著,何介鈞主編:《長沙馬王堆二、三號漢墓 第一卷 田野考古發掘報告》,文物出版社,2004年,第117～118頁。

[31] 陳振裕:《戰國秦漢漆器群研究》,文物出版社,2007年,第347、349、351頁等。

體系,無論是在漆器的器物類群、紋飾風格、形制特點上,都極相似,僅在器形上稍有變化,製作更爲精緻。……目前在學術界中,普遍地認爲漢代漆器主要産於成都平原,在楚故地是否有漆器製造業,還没有明確的證據。如果説長沙馬王堆、江陵鳳凰山所出土的大量漆器是來自於成都,那彩紋絢麗、形體碩大的棺椁就不大可能是來自於千里之外的成都吧?而有可能就是當地産品,從這一情況來分析,西漢時,長沙、江陵應當有了漆器製造業。雖然西漢前期漆器工業是在楚的舊邑上恢復起來的,卻罕見楚器風格,只不過有一些楚的因素存在,但不是主導的,只是次要的,占主導的是秦漢風格。㉜

近年來,也有學者繼續撰文論證楚漢時期的湖南地區自産漆器。比如《從湖南西漢貴族墓出土漆器審度漢初漆器功能工藝的傳承與變異——兼論湖南漢初漆器産地問題》一文(以下簡稱此文爲“《湖南漢》”)曾詳細討論長沙地區在西漢時代存在地方性製漆手工業的可能,所提出比較關鍵的理由有如下四條:

其一,……早在戰國時期長沙就有了地方性的製漆手工業,楚漆器製作業爲漢初長沙國漆器製造業奠定了基礎。

……

其三,馬王堆一、三號漢墓出土的烙印戳記也説明問題。發掘報告稱馬王堆一號漢墓出土漆器上的烙印戳記有73件,或打印在器内或器外,打印後再上漆,故字迹模糊,除戳記有“成市草”、“成市包”等銘文外,其中213號卮的戳記爲“南鄉□”銘文,馬王堆三號墓許多漆器上也有“南鄉□□”、“中鄉□”等烙印戳記。而漢代文獻記載全國著名漆器産地有九個郡,這些漆器産地不在其列。有學者認爲此爲成都城南之地,但筆者對此持不同觀點。因爲考古發現漢代著名漆器産地遠不止九郡,如廣州石頭崗漢初墓葬中出土的漆器有“番禺”烙印文字,廣西貴縣羅泊灣西漢墓出土的漆器有“布山”烙印,山東臨

㉜ 院文清:《楚與秦漢漆器的幾個問題》,《江漢考古》1987年第1期,第68～69頁。

沂西漢劉疵墓漆器有"當道北里"隸書等,説明漢代番禺、布山、當道等都是漢代不見記載的地方漆器製造中心。此外,東漢班固《漢書·百官公卿表》等歷代文獻記載秦漢時的"鄉"爲一級地方政府,設在縣城的鄉稱"都鄉",較大的縣城或城外還設有"左鄉"、"中鄉"、"南鄉"、"北鄉"等。如居延漢簡中有"東鄉嗇夫護"、"河南郡雒陽北鄉北昌里公乘□忠年"的簡文,武威漢簡釋文第149頁簡文"姑臧西鄉閹導里壺子梁"、"姑臧北鄉西夜里女子"。漢代文獻記載某郡守政績時往往談到某郡的南鄉、北鄉、東鄉等。……因此,將馬王堆漢墓漆器銘文"南鄉""中鄉"釋爲長沙國都城的"南鄉""中鄉"更爲貼切。

……

其四,馬王堆漢墓出土的漆器上漆書"軑侯家"、"君幸酒"、"君幸食"、"四斗"、"七升"等字迹顯然是書寫於最後底漆之下,與製造時烙印或戳印銘文一樣,是在製造地寫上去的,與一般買主漆書物主標記不一樣。"軑侯家"漆器可釋爲軑侯漆器作坊産品。

其五,馬王堆漢墓、砂子塘一號漢墓、咸家湖象鼻嘴一號漢墓出土的形體碩大的棺椁決不可能來自千里之外的成都,而爲當地産品。

並認爲:

長沙在漢初應有漆器製造業,長沙國諸侯王府或丞相府就有漆器作坊。另外,馬王堆漢墓出土的圓形漆器中間都有一個小孔,表明大批漆器是輪製生産的,漆器生産規模之大可想而知。由此推定長沙爲西漢早期江南地區漆器製作中心之一。[33]

關於戰國楚漆器的産地問題,近年來較爲詳細的討論見於《關於湖南地區楚漆器的生産、管理和産地問題的再討論》一文(以下簡稱此文爲"《湖南楚》"),該文以長沙楊家灣楚墓出土漆耳杯"市攻(工)"銘文,證明

---

[33] 聶菲:《從湖南西漢貴族墓出土漆器審度漢初漆器功能工藝的傳承與變異——兼論湖南漢初漆器産地問題》,《湖南省博物館館刊(第一期)》,船山學刊雜志社,2004年;又刊周劍石,陳勤群,田輝主編《從河姆渡走來——2006中國現代漆藝發展國際學術研討會揚州高峰論壇論文集》,高等教育出版社,2009年,第134～136頁。此據後者引用。

"南楚的官市兼營包括漆器製造業在内的手工業,而且設有兼管漆器生產的工官——'市工'";以新中國成立前長沙楚墓所出二十九年太后詹事漆卮(或稱樽)銘文中的"右工師"和1999年常德德山寨子嶺1號楚墓所出十七年太后詹事漆盒銘文中的"工師"證明楚國漆器生產部門中有兼管技術的工官(此文認爲十七年太后漆盒是秦占領下的楚國漆器);以長沙楚墓所出帶"某里某"銘文的漆耳杯等,證明長沙有漆器的私營手工業作坊。㉞

因爲關涉《湖南漢》一文提出的第一條理由,所以下面我們先逐次分析一下《湖南楚》一文舉出的這些戰國楚漆器資料。

關於楊家灣楚墓漆耳杯的"市攻"戳印銘文,最早是裘錫圭先生《戰國文字中的"市"》一文釋出的,他認爲"'市攻'當讀爲'市工',意即市所屬的工官或工匠"。㉟ 在此文被收入1992年出版的《古文字論集》時,裘先生對"市攻"漆耳杯戳記的解釋作了如下補充:

> 本文提到的出打有楚"市攻"印的漆杯的長沙楊家灣6號楚墓,原報告認爲其時代可能"在戰國末期與西漢初期之間"(《考古學報》1957年1期101頁)。除此漆杯外,鄂城鋼74號墓所出漆尊(《考古學報》1983年2期247頁圖二五)和雲夢睡虎地35號墓所出漆奩的底部,也都有同文戳印,寫法大致相同(引者按,此墓所出包括漆奩在内的漆器並未見烙有"市攻"印的,疑裘先生此處誤記)。鋼74號墓的時代,《鄂城楚墓》定爲"秦漢之際或西漢初"(《考古學報》1983年2期251頁,參看此文所附墓葬登記表)。睡虎地35號墓的時代,《湖北雲夢睡虎地秦漢墓發掘簡報》定爲漢初(《考古》1981年1期44～45頁。其實此墓時代很可能早於漢初,但不會早到此地爲秦占領之前)。這些墓爲什麽會出打有楚印的漆器,是一個有待研究的問題。在馬王堆3號墓出土的、秦占領楚地後由楚人用秦篆抄寫的帛書上,有不少字

㉞ 聶菲:《關於湖南地區楚漆器的生產、管理和産地問題的再討論》,楚文化研究會編:《楚文化研究論集》第九集,上海古籍出版社,2011年,第130～138頁。

㉟ 《戰國文字中的"市"》,《裘錫圭學術文集》第三卷,第342頁。

> 的構造同於戰國晚期的楚國文字。由此看來,秦占領之後,楚地某些工匠仍舊使用楚印的可能性,應該是存在的。又按照一般印文由右向左讀的慣例,我們所討論的這種印文當讀爲“攻市”(鄂城及睡虎地二例皆“攻”字在右“市”字在左。長沙一例爲反文,故“攻”字在左“市”字在右)。那末“攻”也許應當工人講,“市”爲工人之名。[36]

由此可見,裘錫圭先生認爲楊家灣、鄂城等地出土的“攻市”戳印漆器都是秦占領楚地之後,楚地工匠所生產之物,印文是楚人使用以往使用的楚璽烙印漆器的結果。這類“攻市”小圓印在一般的楚墓漆器上很少看到,而卻多在晚周、秦漢之際至漢初墓葬出土漆器上看到,確實應考慮秦所占楚地的工匠使用楚印,或刻意使用楚文字刻市印烙印器物的可能。當然,似乎也不能排除這些帶楚文字“攻市”戳記的漆器生產於秦占領之前,一直被使用到秦占領之後乃至漢初的可能性。

對於“攻市”二字的解釋,裘先生後來考慮到印文的讀序,傾向於讀爲“攻市”,這是很正確的,但認爲“攻(工)”是指工人、“市”爲工名卻可能有問題,因爲此工人所生產的漆器何以在湖南湖北多個墓葬(且墓葬未必同時)出土,恐怕是一個難以解釋的問題。“攻市”小圓印還見於新蔡出土的戰國楚封泥(它與長沙楊家灣和湖北鄂城漆器戳記非一印所鈐,後兩者雖然文字十分相似,但好像也不會是同一印),[37]同出的封泥多有“某市”或“市”字樣,更説明把“市”理解爲人名是不合適的。

我曾就此枚小圓印的解釋問題請教裘錫圭先生,他也認爲他過去將“攻市”的“市”解釋爲人名不妥,並提示我,“攻”字古多用爲“工”,[38]“攻市”印的“攻”也應讀爲“工”,此印可能是説明當時的市嗇夫監管手工業工

---

[36] 《戰國文字中的“市”》,《裘錫圭學術文集》第三卷,第 344 頁“《論集》編校追記”。

[37] 周曉陸、路東之:《新蔡故城戰國封泥的初步考察》,《文物》2005 年第 1 期,第 55、58 頁。此文作者讀“攻市”爲“工市”,未作具體解釋。又參看許雄志編《鑑印山房藏古封泥菁華》,河南美術出版社,2011 年,第 13 頁 26 號。

[38] 參看王輝編著《古文字通假字典》,中華書局,2008 年,第 458 頁;白於藍編著:《戰國秦漢簡帛古書通假字彙纂》,海峽出版發行集團 福建人民出版社,2012 年,第 646 頁。按“攻”字應爲表示“攻治”之“攻”的本字,與“工人”、“工匠”、“工官”之“工”意義相承,故戰國時往往用“攻”爲“工”。

匠之事。秦代的“市亭”印的“‘市’和‘亭’大概是並列的。亭嗇夫既然兼管市務,而市務又比較重要,所以有時就在亭嗇夫印裏加上‘市’字,表明他兼管亭、市二者。有可能在當時亭嗇夫就可以叫市亭嗇夫”,所以“市亭”印文“並非指市中之亭”,㊴“攻(工)市”印情況疑與之類似,也就是説,“攻(工)”與“市”並不一定是偏正結構,而可能是並列關係——因爲市嗇夫兼管手工業作坊,而且這方面工作又比較重要,所以就在“市”前加上“攻(工)”字。此説若確,則鄂城墓和長沙楚墓所出的“攻(工)市”印漆器就有可能未必爲一地製造,新蔡所出“攻(工)市”封泥也可能與這兩方璽没有什麽特殊關聯,非爲同一市之戳記。由此可見,出自長沙楊家灣楚墓的漆器究竟是不是長沙製造的,從“攻(工)市”戳記上顯然是找不到積極證據的。按照裘先生過去提出的看法,這些戳記也有可能是秦占楚以後甚至更晚楚地工匠製作漆器後烙以楚印的結果,但這也並不足以説明這些漆器爲長沙附近製造。

或説“攻市”之“攻”也有可能應視爲地名。我們知道,楚國出土文字資料已見鄂市(見鄂君啓節)、陳市、㊵𣪠市、成陵市、蔡市(以上三例見楚

㊴　裘錫圭《嗇夫初探》,《裘錫圭學術文集》第三卷,第 93 頁。

㊵　大冶縣博物館:《鄂王城遺址調查報告》,《江漢考古》1983 年第 3 期,第 27 頁。裘錫圭先生在《戰國文字中的“市”》的“《論集》編校追記”中認爲“陳”下一字似爲“生”而非“市”字,視爲人名(《裘錫圭學術文集》第三卷,第 344 頁)。按此字字形作,與楚文字“市”寫法相同;“陳市”疑亦非人名,出陳市戈的鄂王城遺址還發現一小塊“陳再”金版(《鄂王城遺址調查報告》,第 27 頁),疑“陳市”之“陳”也應指地名(“陳”還見於楚璽“陳之新都”,其地在今河南省淮陽縣,戰國晚期曾爲楚都,參看吴良寶《戰國楚簡地名輯證》,武漢大學出版社,2010 年,第 170 頁)。戈上刻有“陳市”二字,有兩種解釋的可能。一是戰國時代官市或兼營工業(《戰國文字中的“市”》,《裘錫圭學術文集》第三卷,第 335 頁),如新鄭“鄭韓故城”發現的韓國兵器銘文記鑄造兵器的機構有“市庫”(《戰國文字中的“市”》,《裘錫圭學術文集》第三卷,第 341 頁),“陳市”大概就是表示此戈爲陳的官市所造;二是戈銘“陳市”或是作爲商品在陳市出售的標記(關於春秋戰國時代的“市”以兵器爲商品,參看裘錫圭《市》,《裘錫圭學術文集》第六卷,第 279 頁)。至於裘錫圭先生指出的《書道》第一卷著録的“陳逸”、“陳”兩面楚印,似乎也並非私印。“逸”在楚文字中多用爲“道路”、“路車”之“路”(參看黄德寬主編《古文字譜系疏證》,商務印書館,2007 年,第二册第 1365 頁),字從字形看也接近“市”字而遠於“生”字。此印疑是陳市之長兼管陳地道路街巷事務使用的一枚官印(古代“路”、“市”密切相關,常常連帶提及,如《春秋繁露·爵國》將“街路市”跟“郭邑、屋室、閭巷”等並列)。

璽和封泥)[41]等,結合秦漢漆器戳印銘文中的"咸市/亭"、"許市"、"成市"、"莒市"文例,以及"攻市"戳記還見於戰國封泥的情況,似可推想"攻市"之"攻"爲地名的可能性也是存在的。馬王堆帛書《戰國縱横家書·麝皮對邯鄲君章》有"工君奚洫",整理者讀"工"爲"江",指出此人"當即昭奚恤,是楚宣王時楚國的相。封於江地,在今河南省正陽縣"。[42] "攻市"之"攻"如爲地名,疑應讀爲"江"。位於河南正陽縣的"江"地,至西漢設慎陽縣,屬汝南郡,正屬古"陳、夏"之地的範圍。[43] 結合馬王堆一號墓發掘報告的撰寫者所引司馬遷《史記·貨殖列傳》"陳、夏千畝漆"之語看,"江"地極可能是一個産漆、製漆的要地,在此地設市即稱"攻(工—江)市",所以漆器的"攻市"印似可解釋爲主管漆器生産的"江"地市府的戳記。如果按照這種推論,這些有楚文字戳記的楚墓或漢初墓葬中出土的漆器,其製地似乎應該在今河南一帶。上述二説究竟哪一説較符合實際,當待考。

關於長沙所出廿九年漆卮(或稱樽),裘錫圭先生在研究古隸形成問題時曾予討論,他説:

> 銘文全文是:"廿九年大后□□吏丞向,右工帀(師)爲(引者按,此字可能應釋"象"),工大人臺。"(《新探》編按:李學勤同志就原器觀察,指出"大后"與"丞"之間爲"詹事"二字,見《文博》1986年5期21頁。)以前很多人根據出土地點和器物形制,把這件東西看作楚器。其實從銘文字體看,顯然不是楚國文字,而是秦國文字。從銘文格式和所反映的官制看,也可以得出同樣的結論。公認爲秦器的相邦義戈銘文説:"十三年,相幫義之造,咸陽工帀田,工大人耆,工頮。"把它跟漆樽銘對照一下,就可以明白後者也是秦國的東西。漆樽銘

---

[41] 參看施謝捷《古璽匯考》,安徽大學2006年博士學位論文,第186頁。

[42] 馬王堆漢墓帛書整理小組:《馬王堆漢墓帛書[三]》,文物出版社,1983年,第83～84頁。又《戰國策·楚策一》"江尹欲惡昭奚恤於楚王"章有"江尹"其人,鮑彪注云"(江尹)乙也",范祥雍先生據帛書指出"昭奚恤曾封於江,故曰'江君'。疑江乙爲江尹,在其屬下,嘗得罪(見《列女傳》及《渚宫舊事》),有隙,故屢搆之於宣王。此'江尹'之'江'字兼地名與氏名言"(《戰國策箋證》,上海古籍出版社,2006年,第762頁)。

[43] 參看王子今《秦漢時期陳夏地區的區域文化特色》,《許昌師專學報(社會科學版)》1999年第1期,第73頁。

> 文的“大后”應該是昭襄王的母親宣太后，廿九年是昭襄王二十九年。宣太后是楚人，入秦以後，跟楚國總還有一定的聯繫。在楚地發現她的漆器是毫不足怪的。《史記·秦本紀》記：“（昭襄王）二十八年，大良造白起攻楚，取鄢、鄧。……二十九年，大良造白起攻楚，取郢爲南郢。”至是，楚國原來的中心地區已爲秦所占有。説不定廿九年漆樽就是在秦所占領的楚地製作的。㊹

關於常德寨子嶺楚墓所出十七年太后詹事漆盒，學者也已經指出它應爲昭襄王十七年宣太后之物；它出於楚墓中的原因，或推測是宣太后“將宫中之物賞賜給楚使”。㊺ 裘錫圭先生研究古隸形成問題時未見漆盒，故結合《史記》記昭襄王二十九年白起拔郢事，推測漆卮可能是爲秦所占後的楚地造（當然裘先生也没有排斥其他的可能性）。但是寨子嶺漆盒既是昭襄王十七年之物，其時楚地尚未爲秦攻占，結合漆盒銘文亦爲典型的秦國古隸風格以及所記也是典型的秦官制來看，它顯然不可能是楚國製造之物。㊻ 當然，現在不能確切證明器物是宣太后“賞賜給楚使”的，它出自楚墓的原因可進一步研究。不過可以肯定的是，漆盒與漆卮應該都是秦國所造之物，而非楚地本土之物。

長沙楚墓所出帶“某里某”刻劃銘文的漆耳杯，《湖南楚》一文曾指出“雲夢睡虎地秦墓中出土的漆器，也烙印有‘安里皇’、‘錢里大女子’、‘左里漆界’等。……在秦漢遺址中，出土大量有陶工印文的陶器陶片，這些印文都有表示陶工所居住的地方。如‘咸亭完里丹器’，‘咸亭右里道器’”，並引俞偉超先生《漢代的“亭”“市”陶文》的意見，認爲“漆器銘文所

㊹ 《從馬王堆一號漢墓“遣册”談關於古隸的一些問題》，《裘錫圭學術文集》第四卷，第14頁（引文中“《新探》編按”指的是作者爲其1992年在江蘇古籍出版社所出的論文集《古代文史研究新探》所寫編按）。

㊺ 龍朝彬：《湖南常德出土“秦十七年太后”扣器漆盒及相關問題探討》，《考古與文物》2002年第5期，第64～65頁。

㊻ 廿九年漆卮底部朱書“長”字，李學勤先生推斷是“長沙”之省，是漆卮的置用地點，並指出“至於漆卮本身，應該是秦國製造的。……是一件秦國工匠的傑出產品”（《論美澳收藏的幾件商周文物》，《文物》1979年第12期；收入李學勤《新出青銅器研究》，文物出版社，1990年，第315～316頁）。

刻'里'應爲漆器作坊所在地名","'里'後的文字,則是作器漆工的名字"。[47] 這些看法都是正確的。不過此文以爲這些銘文證明這些漆器爲楚國私營手工作坊製造,卻並無確據。裘錫圭先生在《嗇夫初探》一文裏曾指出:

> 過去長沙發現的所謂楚漆器,有刻有"輿里□"、"杜里□"等人名的(商承祚《長沙古物聞見記》上 21、24 頁,蔣玄佁《長沙》第一集圖版玖,《考古學報》1957 年 4 期 46 頁圖十三之 2),都應是秦器(包括戰國時的秦器)。近年廣州秦漢造船工廠遺址發現的漆柲上也有針刻"丞里□"人名(《文物》1977 年 4 期圖版伍之 3)。[48]

裘先生此文已指出雲夢睡虎地秦墓所出漆器銘文亦有"輿里□",顯然與長沙楚墓所出有"輿里□"、"輿里周"等銘文的漆器爲同里所製。從文字風格看,這些漆器銘文顯然都是典型的秦國文字,與楚文字特徵完全不同。所以我們贊成裘先生的意見,認爲楚墓中所出這些帶刻劃銘文的漆器都是秦器而非楚地製造的。

綜上所述,現在還没有確鑿的漆器文字證據可以證明戰國楚墓出土的有銘漆器是在長沙製造的。

《湖南漢》提出馬王堆漢墓漆器上的漆書與烙印或戳印銘文都是在製造地寫上去的,因此書有"軑侯家"等漆書文字的漆器是軑侯漆器作坊産品。但是我們現在並不清楚漢初漆器製作、交易的細節,是否可能軑侯在其他地方定製購買的漆器也可以在當地由相關的漆工或書手書寫這些由定製者規定的漆器銘文? 這顯然是不能排除的一種重要可能。即使我們假設這些漆器確實是軑侯漆器作坊所作,那麽作坊到底是位於軑侯國河南光山一帶,[49]還是位於長沙? 這些問題現在都没有足够資料可以給出確切的答覆。所以《湖南漢》提出的這一條理由似乎也不足以證明相關漆

---

[47] 《湖南楚》,楚文化研究會編《楚文化研究論集》第九集,第 136～137 頁。

[48] 裘錫圭:《嗇夫初探》,《裘錫圭學術文集》第五卷,第 95 頁注 256。

[49] 軑侯國初封地的考訂,看黄盛璋、鈕仲勛《有關馬王堆漢墓的歷史地理問題》和馬雍《軑侯和長沙國丞相》,《文物》1972 年第 9 期。

器的製地位於長沙。而且,可以注意的是,有些馬王堆出土的漆器"軑侯家"文字,往往與"成市"烙印同見,似乎也是不利於這種推測的,詳下文。

《湖南漢》提出的第五條理由,與前引院文清先生文的疑問可謂不謀而合。從情理上講,像馬王堆漢墓所出的這種巨大棺椁,的確不太可能是從很遠的地方運來的,爲長沙本地或附近製造的可能性比較大。但是儘管如此,我們也無法判定馬王堆漢墓的漆棺椁就是長沙本地所産而不是從湖南湖北的附近地方製作後運輸過來的。

下面我們就結合馬王堆漆器文字,着重來看一看《湖南漢》提出的第三條理由。我們注意到,該文曾正面引述俞文的意見,認爲"長沙國部分漆器産品是由蜀都成都市府地方政府管轄作坊生産的"。[50] 這就是説,關於馬王堆漆器烙印銘文的"成市"是指成都市府作坊,已經是大家的共識。下面,我們先將馬王堆漢墓中帶有"成市"銘文的器物列表於下方以便觀覽和討論(爲便閲讀,器物與器物之間以有無灰色底紋區隔):

器物照片編號及器類	釋　文
6170 鼎身-1	飽
6170 鼎身-2	成市素
6170 鼎身-3	成市□
6236 鼎身-1	成市□/成市飽(?)
6236 鼎身-2	成市素(?)
11478-蓋(鼎)	成市飽(?)
11478-身 1	成市
11478-身 2	……
11478-2	二斗
6238 蓋(鼎)	成市飽/成市

[50] 《湖南漢》,《從河姆渡走來——2006 中國現代漆藝發展國際學術研討會揚州高峰論壇論文集》,第 130 頁。參看《湖南楚》,《楚文化研究論集》第九集,第 130 頁。

（續表）

器物照片編號及器類	釋　文
6065(匜)	成市飽/成市飽/成市草(?)
6065－2	軑矦家
11449(匜)	成市飽/成市飽/成市草(?)
5729(卮)	成市/飽(?)
5729－2	君幸酒
6163(鍾)	成市草(?)/……
6163_F	石
10452_3(鍾)	石
10452 鍾	成市草(?)/……
5734(盒)	成市草
10443_00005(壺)	成(?)市(?)□
5775(盤)	□市(?)草
5775_2	九升/軑矦家
6270(匜)	……/成(?)市(?)飽/成市草(?)
11066(匜)	成市草/成市草(?)□/成市□
5726_1(卮)	草/成(?)市(?)□
5726_2	草/成(?)市(?)□
5727(卮蓋)	成(?)市(?)
5727(卮内)	成(?)市
5727_3	七升
5727_4	君幸酒
6089(卮蓋)	成市飽/成市□/……
6089(卮身)	成市飽/成市/

（續表）

器物照片編號及器類	釋　　文
無號　鈁	成(?)市素
11476(6234)鼎蓋-1	……
11476(6234)鼎蓋-2	成市飽
11476-2(6234)漆鼎	……/……
11480 鼎身-1	成市草
11480 鼎身-2	成市素
11480 鼎身-3	……
11481 鼎身	成市草/……
11482 鼎蓋-1	成市□
11482 鼎蓋-2	成市草
11482 鼎蓋-3	成市素
11482 鼎身	成市素/成市(?)
11487 漆鈁(鈁蓋)	……
11487_3(鈁)	四斗(?)
11487-1 漆鈁(鈁身)	成市□
11487-2 漆鈁(鈁身)	成市素
11490 漆鈁(鈁蓋)	……
11490_3	四斗(?)
11490-1 漆鈁(鈁身)	成市素
11490-2 漆鈁(鈁身)	成市素/……
6061 鍾蓋	成市草……
5649 漆耳杯	成市草
5649_0002	一升半升

(續表)

器物照片編號及器類	釋　　文
5652 漆耳杯	成(?)市(?)
5652-1	一升半升
5659 漆耳杯	成(?)
5659_3	一升半升
5670 漆耳杯	成……/……/中(?)鄉(?)
5670_0005	一升半升
5671 漆耳杯	成市草/……
5671_0004	一升半升

一號墓所出 6065 號匜、5729 號卮,三號墓所出 5775 號盤、5727 號卮、11487 號鈁、11490 號鈁、5649 號耳杯、5652 號耳杯、5659 號耳杯、5670 號耳杯、5671 號耳杯,都有"成市"烙印與其他朱砂或漆書文字(包括"軑侯家"和記容量文字)共見,[51]可見前述《湖南漢》一文以此證明器物爲軑侯漆器作坊所作是有問題的,"軑侯家"等朱書漆書文字,顯然也應該是在成都市府作坊裏書寫製作的。

關於馬王堆漆器戳記文字的"南鄉"、"中鄉"問題,比較複雜。爲便於討論,我們也先把相關材料列表於下:

器物照片編號及器類	釋　　文
5612(耳杯)	鄉□
5612-2	一升半升
10447_3(盒)	君幸食

[51] 過去江陵鳳凰山漢墓等漆器中已有"成市素"烙印銘文的漆器,但馬王堆漢墓漆器"成市素"烙印銘文則一直未被釋出,今釋出後可見馬王堆漆器反映出來的"成市"作坊的"飽"、"素"、"草"等工序是齊全的。

(續表)

器物照片編號及器類	釋　文
10447_4	軑矦家
10447－1	中鄉
10447－2	中鄉□
10446(奩)	中鄉□/中鄉
10446_3	君幸食
10446_7	君幸食
5711(卮)	南鄉□
5711_1	君幸酒
5712(卮)	南鄉□
5712_1	君幸酒
5717_2	二升
5717_3(卮)	君幸酒
5717	南(?)鄉□
5719(卮底)	……
5719(卮内)	南鄉□
5719_1	君幸酒
5731_1(卮)	君幸酒
5731 卮底(内)	南鄉□
5731 卮底(外)	……
5906(卮)	……鄉□
5906_00003	君幸酒
5906_00005	二升
5710(卮底)	南鄉

(續表)

器物照片編號及器類	釋　　文
5710(卮内)	鄉□
5720(卮)	南鄉□
5720(卮底)	……
5722(卮底)	素(?)
5722(卮内)	鄉□/……
5723(卮)	南鄉□/工□草
5747(奩蓋)	中(?)……鄉/中(?)……鄉……
5747(奩身)	中鄉□
5747(身)	中鄉
R0034155(卮)	南鄉□
5640 漆耳杯	中鄉□/……
5640 - 2	一升半升
5643 漆耳杯	鄉素
5643 - 2	一升半升
5646 漆耳杯	中鄉
5646 - 1	一升半升
5650 漆耳杯	中鄉
5650 - 2	……
5657 漆耳杯	□鄉(?)
5657_2	一升半升
5663 漆耳杯	中鄉□
5663_0002	一升半升
5664 漆耳杯	中鄉(?)/中(?)鄉(?)

(續表)

器物照片編號及器類	釋　文
5664_2	一升半升
5665 漆耳杯	中(?)鄉
5665_0002	一升半升
5676 漆耳杯	……/中(?)鄉/中鄉
5676_0005	一升半升
5685 漆耳杯	中鄉□
5685_0002	一升半升
5978(耳杯)	……/中鄉□
5978_3	一升半升
無號 荆州取回 M3 漆卮-1	……
無號 荆州取回 M3 漆卮-2	南鄉□/……

關於"南鄉"、"中鄉"和"成市"的關係,舊有不同認識。前已介紹,俞文認爲馬王堆漆器印文的"南鄉"、"中鄉"是標明成都市府作坊的所在地;裘錫圭先生則認爲,西漢前期的鄉可能也有經營手工業的,有鄉印的漆器,可能就是鄉的産品,並指出鄉所經營的手工業完全有可能是由縣市統一安排的。《湖南漢》則認爲"南鄉"、"中鄉"與成都無關,而是長沙國都城的"南鄉"、"中鄉"。

"南鄉"、"中鄉"從字面看確如《湖南漢》一文所説的那樣,完全可以解釋成不同縣邑之下的行政單位,所以它們也就未必與"成市"(即成都市府)有關,但是從幾個方面綜合來看,我們認爲"南鄉"、"中鄉"仍應以成都附近之鄉的可能性大。

有"成市"戳記的漆器和"南鄉"、"中鄉"戳記的漆器紋飾相近(參看前引俞文所述),文字風格完全一致,顯然適於認爲是同一地域製造的器物。而且更爲重要的是,仔細分析這兩類戳記的漆器,可以發現有着比較明顯的器型種類上的側重。"成市"戳記的器物,較少見耳杯、卮、盒這類小型漆器,多見的是鼎、鍾、鈁、壺、匜、盤這些體量或面積較大的食器和水器、酒器;而烙有“南鄉”、“中鄉”戳記的,則只有卮、耳杯、奩、盒這些小型漆器,那些大型食器、水器和酒器一個都没有。我很懷疑這種現象不是偶然的,實際上這在提示我們,兩類戳記所代表的製作場所是不同的,它們互相之間是有漆器手工業的某種有意圖分工的。

我們以出有較多“成市”戳記的江陵鳳凰山八號墓漆器爲例進行了進一步調查。此墓所出器型較大的A型盒蓋肩、器底分别烙有“□市素”、“成市□”、“□□草”和“成市草”、“成市素”、“成市飽”戳記,器型較小的B型盒則無戳記;八件盂中的三件分别烙有“成市草”、“成市素”戳記,“市府飽”、“市府□”戳記與“□市草”、“成市□”、“成市飽”戳記;一件較大的壺和一件較小的壺,蓋内和外底都有烙印文字(發掘報告未交代文字内容,可能是文字不够清晰釋讀有困難的緣故;但按照此墓漆器的烙印規律看,疑也應是“成市”或“市府”相關烙印);漆卮一大一小(小卮與四件小漆盤置於大卮内),大卮外底烙有“市府飽”、“成市飽”、“成市草”戳記,小卮則無;一件匜的外底烙有“成市□”、“□市草”戳記。此墓出土大小、形制、花紋不同的耳杯一百枚,據發掘報告,連一件烙“成市”或“市府”戳記的都没有,同墓出的耳杯盒、樽、奩、圓盤(遣册中稱“平盤”、“卑虒”)等亦無這類戳記。[52] 當然,鳳凰山一六八號漢墓漆器未見“南鄉”、“中鄉”戳記,我們無法判斷没有戳記器物的具體製地;但是至少可以説,雖然鳳凰山漢墓漆器的相關情況與馬王堆漢墓漆器不完全一致,卻仍大致可以看出,烙有“成市”、“市府”戳記的器物,一般皆有體量較大或製作工藝較爲繁複的特徵。這是很值得注意的。[53]

---

[52] 湖北省文物考古研究所:《江陵鳳凰山一六八號漢墓》,《考古學報》1993年第4期,第467～482頁。

[53] 江陵高臺2號墓的耳杯、盤、圓奩等漆器上,有“成市素”、“成市□”、“成”、“成市草”等烙印文字,高臺6號墓漆器有“飽”、“□市草”烙印文字;江陵鳳凰山8、9、10、167號墓、張家山136、247、249號墓有與鳳凰山168號墓類似的烙印文字,沙市肖家草場26號墓漆器有“成市飽”、“成市素”、“成市草”等烙印文字(參看陳振裕《戰國秦漢漆器群研究》,第349、351、353頁);湖北枝江縣磚瓦廠1974年發掘的西漢早期墓出土漆盤、耳杯、奩、勺等34件,“在有些器物的底部有烙印文字,尚可辨認的有‘成市草(造)’‘市府造’等字樣,説明這批漆器是漢代四川成都市府作坊的產品”(黄鳳春:《枝江縣發現西漢早期木椁墓》,《江漢考古》1980年第2期,第36頁)。這些西漢前期墓葬中出土漆器只有“成市”相關戳記而不見“南鄉”、“中鄉”戳記,情況與鳳凰山168號墓相似。

如果我們上述的觀察分析是有道理的話，似可推測，“南鄉”、“中鄉”的漆器手工業與“成市”的漆器手工業，很可能存在着某種分工與合作的關係。前者因爲是屬於鄉的手工業，與屬於市府作坊的手工業，在技術、工匠等方面可能有着一定差距，因此首先其所生産的器物，一般都是比較簡單、最爲常用的；成都市府經營的漆器手工業，也同時生産各類器物，但在器物類型的比例偏重上，與南鄉、中鄉有所不同；第二，從漆器手工業生産工序工藝上講，“成市”所負責的工序“素”偶爾見於烙鄉印漆器之外，“飽”、“草”等工序在“南鄉”、“中鄉”戳記的漆器上没有見到，反而“南鄉”、“中鄉”戳記下常見的那個至今未能確釋、很可能也是一道工序名的怪字，在“成市”戳記裏似也從來没有見過。個别烙鄉印的器物，如三號墓所出的5723號卮烙有“工□(此字不清，似應是工名)草”印，在馬王堆漢墓漆器中非常罕見，不知是不是成都市府派去南鄉監製負責草工的工匠的戳記(當然也並不排除是南鄉工匠本身的戳記)。可以一提的是，三號墓所出的5670號耳杯，所烙“成……”印是比較清楚的，此印左方二字極不清晰，疑是“中鄉”二字，如確，則當是成市與中鄉協作配合生産的器物。所以，正如裘錫圭先生所推斷的那樣，南鄉、中鄉的手工業很可能是在成都市府的統一安排、協調下進行的，屬於鄉的手工業很可能也是受市府管轄的。由此看來，“南鄉”、“中鄉”最有可能還是位於成都市府周邊的兩個同樣經營漆器手工業的鄉，而不大可能是其他地方的鄉。

總之，我認爲從現有的馬王堆漢墓漆器銘文看，其所指向的製地信息仍應考慮是成都市府及鄰近的鄉的可能性最大。至於没有銘文信息的那些漆器，尤其是像漆棺椁這類形體巨大的器物，以及俞文指出的一號墓445號漆几和447號漆屏風這兩件工藝作風與其他漆器很不一樣的器物，究竟是不是從千里之外的成都製造後運至長沙的，當有待進一步研究。

得出這樣的結論，決不是説我們否認從戰國至西漢初期長沙附近存在漆器手工業作坊，相反我們認爲，雖然這個歷史時期長沙的漆器手工業不一定像成都市府和後來的蜀郡工官那樣發達、那麼有名，以至産品遠銷各地，但是此地一定也有着比較完整的漆器手工業，以滿足當地一般的需要。這樣的看法已並非完全出於推測。在本文最後,我們就以一批近年新發表的漆器資料爲例,來對此問題進行一些補充説明。

2008年到2009年,長沙市嶽麓區、望城縣交界處的谷山漢墓盜掘出土大量漆器,收繳所得的漆器共151件(器型爲耳杯和盤),分别爲長沙市文物考古研究所和長沙市博物館收藏,其中144件漆器有銘文。[54] 這批漆器中共有36件紀年器物(有"四年"、"六年"、"七年"、"九年"、"十年"、"十一年"、"十□年"、"十七年"),其中34件記載的漆器監管官吏爲縣長或侯國相(所記縣或侯國見於《漢書·地理志》記載的共9個,分别是充、零陽、沅陵、臨沅、酉陽、義陵、無(潕)陽、辰陽,皆武陵郡所轄;不見於《漢書·地理志》記載的有"沅陽"、"醴陽"[55]和"門淺"[56]3個)。何旭紅先生認爲,這些漆器所記最有可能是長沙定王劉發的紀年,漆器很可能屬於景帝或武帝初的長沙王王族;又據沅陵虎溪山漢簡"故沅陵在長沙武陵郡"及漆器紀年資料,推測"第一代沅陵侯吴陽卒前某段時期(卒於前162年)長沙國曾下轄武陵郡",隨葬漆器是"長沙王封國内官營作坊生産的漆器"。[57] 這些漆器的朱書漆書文字中的地名、機構名(下以Q代表)、刻劃銘文中所記的縣或侯國長官名與下轄縣庫之嗇夫名(下以K代表),以及烙印戳記的機構名(下以Y代表)往往共見,我們主要根據《長沙"12·29"古墓葬被盜案移交文物報告》一文所附移交漆木器統計表和《簡析長

---

[54] 參看長沙市文物考古研究所《長沙"12·29"古墓葬被盜案移交文物報告》,丘東聯、潘鈺、李夢璋《簡析長沙市博物館2009年徵集的一批西漢漆耳杯》和何旭紅《對長沙谷山被盜漢墓漆器銘文的初步認識》,《湖南省博物館館刊》第六輯,岳麓書社,2010年,第329~368、369~379、380~391頁。

[55] 張家山漢簡《奏讞書》有"醴陽令恢",李學勤先生指出《水經·澧水注》有澧陽縣,爲晉太康時立,李先生推測漢初也有醴(澧)陽,"應在澧以水北,屬於南郡,所以本條前後都講到南郡和江陵"(《〈奏讞書〉初論》,《文物》1993年第8期,收入李學勤《簡帛佚籍與學術史》,江西教育出版社,2001年,第203頁,此書"澧"字皆誤作"灃",今正)。現在看來醴陽縣很可能應屬於武陵郡。何旭紅先生認爲醴陽縣跟其他11個縣或侯國"自西漢初年至景帝或武帝初屬於長沙國的可能性較大"(《對長沙谷山被盜漢墓漆器銘文的初步認識》,第390頁),這個結論恐不可信,詳下文。

[56] 李鄂權先生認爲"門淺""當是武陵屬縣之一"(《長沙出土漆器銘文"門淺"考釋及相關問題探討》,《中國文物報》2010年6月23日第7版)。

[57] 何旭紅:《對長沙谷山被盜漢墓漆器銘文的初步認識》,第386~390頁。

沙市博物館2009年度徵集的一批西漢漆耳杯》一文，將銘文内容清晰的共見信息分類交代於下以便討論：

“王后家官”(K)與“長沙□(引者按，此字右从“邑”旁，左所从不清)倉”(Y)共見(001號耳杯)；

“家官”(Q)與“家官”(K)共見(124號耳杯)；

“家官……東官尚食”(Q)與“東官”(Y)共見(123號、125號耳杯)；

“食官”(K)與“長沙□倉”(Y)共見(020號、028號耳杯)；

“食官”(K)與“長沙”(Y)共見(025號耳杯)；

“長沙□□家”(Q)與“奴家”(Y)共見(123號耳杯)；

“門淺庫”(Q)與“沅陽長”(K)共見(004號、027號耳杯)；

“門淺庫”(Q)與“門淺長”(K)共見(009號、017號、021號、026號、市博02號耳杯)；

“門淺庫”(Q)與“門淺”(Q)共見(024號耳杯)；

“門淺庫”(Q)與“無(潕)陽長”(K)共見(010號耳杯)；

“門淺庫”(Q)與“酉陽長”(K)共見(032號耳杯)；

“門淺庫”(Q)與“沅陵侯相”(K)共見(市博01號耳杯)；

“零(引者按，爲零陽省稱，下同)”(Q)與“倉”(Y)共見(008號耳杯)；

“零”(Q)與“義陵長”(K)共見(042號耳杯)；

“零”(Q)與“零陽丞”共見(111號、122號耳杯)；

“沅陵”(Q)與“倉”(Y)共見(016號耳杯)；

“沅陵”(Q)、“辰陽長”(K)與“倉”(Y)共見(038號盤)；

“沅陵”(Q)與“倉”(Y)共見(040號盤)；

“沅陵”(Q)、“沅陵長”(K)與“倉”(Y)共見(053號耳杯)；

“臨沅長”(K)與“倉”(Y)共見(015號耳杯)；

“辰陽長”(K)與“庫”(K)共見(109號盤)；

“辰陽長”(K)與“倉”(Y)共見(126號耳杯)。

今按，何旭紅先生得出漆器紀年歸屬結論的關鍵在於兩件寫有“十七年家官……東官尚食”的漆耳杯(123號、125號)，這兩件耳杯没有問題應由長沙國"家官"製作的、在"東官尚食"置用的器物，其所記年份没有問題是長沙王的紀年，從相關漆器的朱漆書和烙印文字的書風接近於馬王堆漢墓漆器文字看，確實最有可能是景帝之子長沙定王劉發的紀年。但是上列其他所有的漆器年份，都是來自由武陵郡下轄縣或侯國之庫監造的34件漆器。這些漆器所記年份，並不也能確定是長沙王的紀年，相反，更可能是西漢某代皇帝的在位年數（有學者排除所有漆器紀年屬於在位十六年的漢景帝紀年的可能時，用到了"十七年家官"耳杯的朱漆書文字，但這兩批監造機構和製地不同的漆器，完全可能使用不同系統的紀年，因此何氏結論是有問題的。武陵郡所製漆器的年份，恰恰没有高於十六年的，與景帝紀年正不衝突）。所以我們也就没有充足的理由得出漆器所記的這些縣和侯國在西漢初期也使用長沙國王紀年的結論，更難以推出西漢初年長沙國下轄武陵郡的結論（虎溪山漢簡簡文其實也並不能充分説明這一點）。在没有充分資料的情況下，我們還是傾向於認爲這些漆器的來源包括了長沙國自身及其西面的武陵郡，二者並無統屬關係。從上述漆器製造機構共見情況看，長沙國器物與武陵郡器物從銘文本身可以清晰區分，且完全没有共見的現象，這也支持我們的這種判斷。至於爲何武陵郡所産漆器會在長沙國王室墓葬中出現，待考。

何旭紅等先生已經結合二十世紀七十年代汝陰侯墓所出漆器銘文，對漆器的製地、收儲等問題進行了比較細緻的分析。[58] 裘錫圭先生曾指出，"汝陰侯家由汝陰庫製造的大量漆器和銅器，則是西漢前期縣一級庫製造武器以外器物的實例"，[59]而谷山漢墓漆器銘文所反映出來的漆器製地情況，比汝陰侯庫製漆器顯然複雜得多。比如"門淺庫"是門淺縣庫，常自製漆器，銘文還顯示它可與沅陽庫、無（潕）陽庫、酉陽庫、沅陵庫合作製器。何旭紅先生認爲漆書文字的"零（零陽）"、"沅陵"等，是"零陽庫"、"沅陵庫"的省稱，這應當是正確的，所以零陽庫、沅陵庫也分别有與義陵庫及辰陽庫合作製器的情況。這些由兩個縣庫或侯國之庫共同製器的情況，

---

[58] 何旭紅：《對長沙谷山被盜漢墓漆器銘文的初步認識》，第384～386頁。

[59] 裘錫圭：《嗇夫初探》，《裘錫圭學術文集》第五卷，第71頁。

很可能意味它們有着具體的分工,惜具體情況不明。較其他縣庫而言,"門淺庫"與其他縣庫合作情況較多,顯然説明此縣庫在製漆手工業上比較發達,[60]它與其他庫合作製器,可能負責的是較爲關鍵的工序和工藝。何旭紅先生認爲,這批漆器的烙印"長沙□倉"、"倉"是器物的收儲機構,"長沙"是指生産機構。我對此也有不同意見。我認爲"長沙□倉"、"倉"和"長沙"一樣,應該都是漆器的製地。"長沙",疑指長沙國之庫,自然是漆器的生産機構。"倉"應指各相關縣倉,"長沙□倉"則是長沙國某地之倉,應也是有關漆器製造的機構。何旭紅先生認爲"庫"與"倉"在這批漆器銘文裏互相排斥,比如刻劃"庫"或漆書"門淺庫"的,必定没有"倉"字烙印,所以"倉"是收儲機構。其實,這並非"倉"是收儲機構的積極證明,何況"倉"還與"零"(零陽庫)、"沅陵"(沅陵庫)、沅陵庫、辰陽庫同見,更可見何説之不能成立。前舉 020 號、028 號耳杯"食官"與"長沙□倉"共見,"食官"顯然是長沙國王室負責飲食的機構,耳杯應當是屬於它收儲的對象,"長沙□倉"不大可能也是同時負責收儲器物的機構。所以烙印的"長沙"、"長沙□倉"和"倉"都應該是漆器製作機構的標識。這對我們瞭解西漢"倉"的功能也許是有意義的。[61] 當然,"倉"、"長沙□倉"等,在漆器製作中可能是一種從屬地位的機構,漆器生産肯定不會是其主要經營的内容,這從"倉"多與王后家官和縣庫同時出現似乎也能看出。

因這批漆器材料是盜掘後追繳,相關考古信息損失嚴重,對漆器銘文内涵的討論見仁見智,想要"恢復每件漆器之原屬遺迹已無可能",[62]所以我們上述的解釋也未必一定符合事實。但無論如何,谷山漢墓盜掘的這批漆器可以肯定是長沙國和臨近的武陵郡下轄縣庫等負責生産的,這對

---

[60] 或據里耶秦簡"女六百六十人助門淺"的記載推測"門淺""是一個管理手工業門類的機構"(丘東聯、潘鈺、李夢璋:《簡析長沙市博物館 2009 年徵集的一批西漢漆耳杯》,第 372～373 頁),不可信。但是里耶簡記門淺需要那麽多的女性勞動者,似乎意味着門淺手工業的發達。

[61] 東漢時郡府屬曹有"倉曹",與三公府僚屬中的倉曹職能相類,主倉穀事,魏晉南北朝隋唐皆沿置。唐代"倉曹、司倉掌公廨、度量、庖厨、倉庫、租賦、徵收、田園、市肆之事"(《舊唐書·職官志三》),所掌範圍相當廣泛,也許西漢時郡國諸倉和縣倉職能也並不僅局限於倉穀貯藏出納,待考。

[62] 何旭紅:《對長沙谷山被盜漢墓漆器銘文的初步認識》,第 391 頁。

長沙及湖南附近地區在西漢前期已有比較完整的漆器手工業是很有力的證據。我們應該以這批漆器資料的材質、製作工藝、形制、漆色、紋飾等爲定點和綫索,[63]對湖南出土的戰國秦漢漆器進行深入分析與研究,也許可以鑒别出真正在湖南本土乃至長沙的漆器手工業作坊製造的漆器。

本文曾在"紀念馬王堆漢墓發掘四十周年國際學術研討會"上宣讀,長沙:湖南省博物館,2014年12月。

---

[63] 前引《湖南漢》一文指出"馬王堆漢墓出土的圓形漆器中間都有一個小孔,表明大批漆器是輪製生産的,漆器生産規模之大可想而知",但我們仔細觀察了谷山漢墓被盜的圓形漆盤彩色照片(如038號、041號、133號漆盤以及139號彩繪鳳鳥紋大漆盤殘底,見《湖南省博物館館刊》第六輯彩圖三四～三七),似皆無中間小孔的存在,可見這些漆器的製作工藝與馬王堆漢墓漆器是不同的。

關於《老子》第一章"道可道"、"名可名"兩句的解釋*

《老子》今本第一章開頭兩句説：

道可道，非常道；名可名，非常名。

歷來對這兩句的解釋衆説紛紜。

大約成書於東漢的《老子河上公章句》，於"道可道"下注："謂經術政教之道也。"於"非常道"下注："非自然長生之道也。常道當以無爲養神，無事安民，含光藏暉，滅迹匿端，不可稱道。"於"名可名"下注："謂富貴尊榮，高世之名也。"於"非常名"下注："非自然常在之名也（下略）。"①

三國魏王弼注云：

可道之道，可名之名，指事造形，非其常也。故不可道，不可名也。②

王弼注説得比較抽象，主要强調"常"、"常道"、"常名"不是"指事造形"的語言所能表達出來的。他們的解釋雖然不盡一致，都可以視爲傳統

---

* 本文是2012年教育部人文社科青年項目和上海市哲學社會科學青年項目"馬王堆簡帛字詞彙編與研究"的階段性成果。

① 王卡點校：《老子道德經河上公章句》，中華書局，1993年，第1頁。關於《老子河上公章句》的著作年代，參看此書《前言》第1～3頁。

② （魏）王弼著，樓宇烈校釋：《王弼集校釋》，中華書局，1980年，第1頁；又見（魏）王弼注，樓宇烈校釋《老子道德經注校釋》，中華書局，2008年，第1頁。

解釋。河上公和王弼都以“常道”爲《老子》所主張的“道”,這是傳統解釋的核心。

不過,從王弼的注可以引出與河上公注不同的較深層次的解釋。在某些對《老子》這兩句話的解釋基本持傳統觀點的學者的著作裏,可以看到這種較深層次的解釋。下面以任繼愈、陳鼓應兩家的著作爲例來説明這一點。

任繼愈先生在1956年出版的《老子今譯》裏翻譯這兩句話説:

> “道”,説得出的,它就不是經常的“道”;名,叫得出的,它就不是經常的名。③

這個譯法是比較模糊的。在此書《老子》第一章譯文的注脚中,任氏認爲:

> 《老子》書中第一次提出“道”這個哲學概念。過去的“道”字的用法都與老子的哲學意義的道不同。所以老子首先説明他所謂“道”與一般習慣用法不同。④

從“老子首先説明他所謂‘道’與一般習慣用法不同”一句,可以比較明確地看出,任氏當時認爲《老子》“道可道”的第一個“道”,是不同於老子所説的哲學意義的“道”的,這跟河上公注把“道可道”解作“經術政教之道”的觀點相似。

但是任氏在2006年出版的《老子繹讀》一書中,删去了上引這幾句話,且未對“道可道”的前一個“道”字所指作明確解釋,只是説:

> 老子重點在於説出“道”的不同於任何具體事物,因爲它是最先提出的,所以正面表述它,遇到困難。没有和“道”相對應的恰當名詞來表示它的特性、本質。⑤

---

③　任繼愈:《老子今譯》,(北京)古籍出版社,1956年,第1頁。可能是因爲“經常的道”、“經常的名”不好理解,任氏後已將“經常”改譯爲“永恒”(參看任繼愈《老子繹讀》,北京圖書館出版社,2006年,第1～2頁),其餘譯文則未作更動。

④　《老子今譯》,第1頁;參看同人所著《老子新譯》,上海古籍出版社,1978年,第26頁。

⑤　《老子繹讀》,第1頁。

跟王弼注一樣,這段話没有把"道可道"的第一個"道"明確爲一般習慣用法的"道",似已和前面的解釋有所不同。

陳鼓應先生在他的《老子》注本中將這兩句翻譯爲:

> 可以用言詞表達的道,就不是常道;可以用文字表述的名,就不是常名。⑥

在注釋中,陳氏認爲"道可道,非常'道'"的"第一個'道'字是人們習稱之道,即今人所謂'道理'"。⑦ 這也接近於河上公注的解釋,與任氏 1956 年《老子今譯》注釋的觀點基本一致。

然而,陳氏在《老子注譯及評介》"道可道"章的"引述"部分説:

> 整章都在寫一個"道"字。這個"道"是形而上的實存之"道",這個形上之"道"是不可言説的;任何語言文字都無法用來表述它,任何概念都無法用來指謂它。……至於老子説"道"不可名,事實上他已經給了我們一些概念:即是道之不可言説性與概念性等。在二十五章上,老子説道這個形而上之實存體是個混然狀態的東西,無以名之,勉强用一個"道"字來稱呼它,這只是爲了方便起見而已。老子説到"道"體時,慣用反顯法;他用了許多經驗世界的名詞去説明,然後又一一打掉,表示這些經驗世界的名詞都不足以形容,由此反顯出"道"的精深奥妙性。⑧

其意大致是説,老子心目中形而上的"道"雖然可以勉强以言詞稱道,但它的實質實際上是不可言説的,這跟前引陳氏注釋中"道可道"之前一個"道"字是"人們習稱之道,即今人所謂'道理'"的説法,實已有所不同。陳氏在《老子譯注及評介》一書所收《老子哲學系統的形成和開展》(下簡稱

---

⑥　陳鼓應:《老子今注今譯(參照簡帛本最新修訂版)》,商務印書館,2003 年,第 77 頁;參看同人所著《老子注譯及評介(修訂增補本)》,中華書局,2009 年,第 58 頁(此書翻譯"名可名"爲"可以説得出來的名",其餘譯文同前書一致)。

⑦　《老子今注今譯(參照簡帛本最新修訂版)》,第 73 頁;《老子注譯及評介(修訂增補本)》,第 53 頁。

⑧　《老子注譯及評介(修訂增補本)》,第 58～59 頁。

此文爲“《開展》”)一文中更加明確地説：

> “道可道，非常道”的意思：道可以説的出來的，就不是常“道”。“可道”的“道”字，和老子哲學思想無關；它是指言説的意思。第一個“道”字和第三個“道”字，是老子哲學上的專有名詞，這裏指“道”是構成世界的實體，也是創造宇宙的動力。它是永恒存在的，故而稱爲“常道”。所以這一個“道”字顯然是指實存意義的“道”。⑨

這已明確提出“道可道，非常道”句的第一和第三個“道”字，都是“老子哲學上的專有名詞”，顯然跟前引陳氏把“道可道”之前一個“道”字解釋爲“習稱之道”、“道理”的説法不一致。陳氏在“道可道”句上解釋的變化，⑩應該説比任氏明顯得多。

對“道可道”句理解的這種變化，即從强調《老子》之“道”與常俗之道的不同，轉變到强調道的解釋説明與道的真實性質的距離，在傳統解釋的範圍裏進入了一個較深層次，這應該是受了王弼注的影響。不過我們現在已經無法肯定王弼是否已經明確具有跟陳氏《開展》一文的意見完全相同的看法。

陳氏在同一部書中同時保留這兩種不同層次的理解，似乎也有可能是其本意，而並非觀點變化形成的失照。也許他以爲勉强以言詞説出來的“道”，既然不同於道體本身，某種程度上也就可以看作習慣所稱之“道理”了。所以，這兩種意見在陳氏看來也許不是不可以調和的吧。

裘錫圭先生曾在多個場合跟我們講過，他對“道可道”、“名可名”這兩句的傳統理解是不同意的，因爲馬王堆漢墓出土的帛書《老子》甲本，這兩句話是這樣説的：

> 道可道也，非恒道也；名可名也，非恒名也。⑪

---

⑨ 《老子注譯及評介(修訂增補本)》，第13～14頁。

⑩ 我們暫無法確切判斷陳氏這兩種意見産生的真正先後，這裏所説的“變化”只是立足對“道可道”句的解釋層次由淺入深的實際這個角度來説的。

⑪ 國家文物局古文獻研究室編：《馬王堆漢墓帛書[壹]》，文物出版社，1980年，第10頁。原釋文於二“可”字前逗斷。同墓所出帛書《老子》乙本相關文句有殘缺，但第一句尚存，亦作“道，可道也”。

除了“恒”字在今本中避漢文帝諱改爲“常”之外，帛書本比今本多出了四個“也”字，“道可道”、“名可名”下多出的兩個“也”字，對文義理解有關鍵影響，是最重要的差别。⑫ 裘先生認爲，帛書本對傳統的理解顯然是不利的。按照傳統解釋（尤其是取河上公注的那一種理解），如要把《老子》這兩句的意思表達得比較清楚一些，應該説“道可道者，非恒道也；名可名者，非恒名也”才是，决不會像帛書本那樣在“道可道”、“名可名”之後都用“也”字。從帛書本看，根本無法作出河上公注那類理解。不管按照河上公注的理解（亦即任、陳二氏的前一種理解），還是按照陳氏《開展》一文的理解，《老子・道經》第一章開頭兩句都變成强調作爲本體的道的本身是不可講的，這跟《老子》全書通過各種方法解釋、描述“道”，讓人接受、遵循“道”是矛盾的（關於這一點，可參看後引周生春 1992 年發表之文）。

2012 年 6 月 9 日上午，裘錫圭先生在爲紀念章培恒先生逝世一周年而舉辦的“章培恒講座”上，作了題爲“《老子》第一章解釋”的演講。演講當然涉及了對“道可道”、“名可名”的理解問題。

裘先生在演講中指出，傳統的講法不但對帛書的“名可名也”、“道可道也”無法作出合理解釋，而且對“恒（常）道”、“恒（常）名”也不易作出恰當的解釋。這是很對的。

帛書本在“道可道”、“名可名”下多出“也”字，對於上引任、陳二氏後一種理解而言，似乎還不是不可以勉强作解（不過即使勉强作解，在語氣上依然顯得很不自然），但對“恒（常）道”、“恒（常）名”的意思都未能從訓詁學上真正得到落實，這是陳、任二氏之説不能成立的另一個非常重要的原因。我們在此就這一點略作補充。

陳鼓應先生考慮到“道”是恒變恒動的，所以反對一般將“常道”解爲永恒不變之道。他説“常道”“可以‘永恒’釋之，卻不當以‘不變’作解”。⑬

---

⑫　北大西漢簡《老子》這兩句作“道可道，非恒道殹；名可命，非恒名也”（北京大學出土文獻研究所編：《北京大學藏西漢竹書［貳］》，上海古籍出版社，2012 年，圖版第 74 頁；釋文注釋第 144 頁），“道可道”、“名可命”下已無“也”字。

⑬　《老子今注今譯（參照簡帛本最新修訂版）》，第 73～74 頁注①。

這是有道理的。朱謙之指出,“老聃所謂道,乃變動不居,周流六虛,既無永久不變之道,又無永久不變之名”;⑭嚴靈峰同樣認爲,“‘常道’之所以爲‘常’,就在於他永久不息地在動和在變”,⑮陳氏的理解與他們接近(陳氏已引朱氏意見)。但是,“恒(常)”在語義上卻顯然無法表達出永恒變化的意思。對於一般傳統解釋而言,“恒道”、“恒名”之“恒”比較合理的解釋似乎是“永恒存在”,⑯但是古漢語中“恒”、“常”二字單獨連接名詞時通常並没有“恒久存在”、“永恒存在”的意思,而是表示“恒久如此”、“恒久不變”之義,比如“恒星”(見《左傳》等古書)即固定不動的星,“恒”字引申又有“恒心”(即持久不改之心)之義,這都來自“恒”字“不變”之義。而且“恒”字用來表示“永恒如此”的意思也決不會指“永恒變動不居”。⑰因此,傳統的解釋對於“恒道”、“恒名”的理解都是有問題的,陳氏等人的傳統理解從古漢語角度是無法成立的。按照陳氏等人描述的這種永恒存在、永恒變動的特徵,從古漢語裏其實是根本找不出一個恰當的字來修飾“道”的。

裘先生指出,根據帛書的“道可道也”句看,“道可道”的前一個“道”,只能是指老子的“道”,“恒道”與之有别。“恒”字在古代修飾名詞,往往是表示“平常”、“普遍”的意思,如説“恒物”(《莊子·大宗師》)、“恒士”(《戰國策·秦策二》)、“恒民”(《莊子·盜跖》)、“恒言”(《孟子·離婁上》)、“恒醫”(《論衡·恢國》)等,因此“恒道”應該解釋爲“平常的道”、“普通的道”爲好;“恒名”之“恒”亦當作同樣理解。從帛書本《老子》看,這兩句話應理解爲“道(即老子主張的道)是可以説的,但並非一般所説的道;(道之)名是可以命名的,但並非一般所用的名(即其名表示的不是一般用這個字來

⑭ 《老子校釋》,中華書局,1984年,第4頁。

⑮ 《老子的重要用語之新解釋》,《無求備齋學術論文集》,臺灣中華書局,1969年,第9頁;轉引自張純、王曉波《韓非思想的哲學基礎》,收入傅傑選編《韓非子二十講》,華夏出版社,2008年,第203頁。

⑯ 陳氏《開展》一文即以“永恒存在”釋“恒”字。

⑰ 有學者將“常道”、“常名”解釋爲“渾然一體、永恒存在、動動不息的大道”、“渾然一體、永恒存在、動動不息的道之名”(陸玉林:《中華經典精粹解讀 老子》,中華書局,2011年,第1頁)。這是要調和恒久跟變動兩個意思,給“恒”字在本來並無確據的“永恒存在”義之外又增加了額外的“變動”的意義,更是没有任何語言學根據的。

表示的意義，如“大”、“一”）”。

講座結束後，裘先生準備將講座内容整理成文。我在網上爲裘先生檢索前人成果，發現過去有不少學者對“道可道”、“名可名”兩句已作出了跟他相似或相同的解釋。雖然這些見解相對於影響深遠的河上公注、王弼注來説，還不能説是學界的主流意見，但是不但持這類見解的學者爲數已不算很少，而且這類見解可以説“源遠流長”，至晚在唐代就已出現，應當充分加以重視。我將情況告訴裘先生，他讓我把相關材料加以整理，寫成文章儘快發表出來，以救他在演講中的失引之過。

先來看現代學者的意見。目前查檢到比較早提出類似見解的，似乎是胡曲園先生。他在 1959 年發表的《論老子的“道”》中認爲：

> 老子爲什麽要把“名”和他的根本思想“道”一同提出來呢？因爲老子所説的道和世俗所謂禮樂制度之類的道是不同的，老子所説的道是普遍常在的“道”，因而它反映在我們的認識上，産生出來的名，也就不是世俗所謂禮樂制度之類的名，而是普遍常在的“名”。⑱

這段話當然是針對《老子》第一章而發，不過因爲並不是對“道可道”、“名可名”兩句的逐字逐句解釋，所以意思還稍有些不太明晰（比如有人可能會懷疑他所謂“普遍常在的‘道’”、“普遍常在的‘名’”就是翻譯“常道”、“常名”的）。胡氏在 1980 年發表的《〈老子〉不是唯心論》中反對司馬光、王安石將《老子》第一章“無名，天地之始；有名，萬物之母”、“故常無欲，以觀其妙；常有欲，以觀其徼”改讀爲“無，名天地之始；有，名萬物之母”、“故常無，欲以觀其妙；常有，欲以觀其徼”，其理由如下：

> 其實原來《老子》中的“道，可道，非常道；名，可名，非常名”，是説他講的“道”是永恒的“道”，不是平常所説的“道”，所以“道”的“名”，也是永恒的“名”，不是平常所説的“名”（引者按，由此可以看出胡氏把“常道”、“常名”之“常”理解成“平常所説的”）。爲什麽呢？《老子》接着回答：“無名，天地之始；有名，萬物之母”。就是説，天地開始是

⑱　胡曲園：《論老子的“道”》，《復旦》1959 年第 10 期，第 46 頁。

没有“名”的，是有了萬物才用“名”來辨别的。所以“無名”是指還未形成天地萬物的東西來説的。這四句話是有聯繫的。如果按照司馬光等人的讀法，就變成了第二句是講“名”，第三句是講“無”，前後互不相關了。“故常無欲；以觀其妙；常有欲，以觀其徼”是連接前面有名和無名兩句來説的，認爲我們應該無所欲求，來客觀地考察“無名”的微妙，也要有所欲求，來從生活中了解“有名”的情境，這樣才能領會“有名”和“無名”的關係。如果按照司馬光等人的讀法，那就不是領會“有名”和“無名”的關係，而是在講“有”和“無”的問題了。⑲

這可視作胡氏對他 1959 年論述的補充，可見他對“道可道”、“名可名”兩句的理解大致與裘説一致。

洪家義先生 1987 年發表的《玄、無、道、自然》一文説：

作爲老子哲學範疇的道，既包含着動義，也包含着静義，這就是老子賦予“道”的特殊含義。例如“道可道，非常道”。（一章）第一個道字，既是天地萬物産生、發展、變化的啟動者，又是共同遵循的法則。這種特殊的含義以往没有人使用過。所以他開宗明義地説：“道可道，非常道。”道是可以説明的，但不是通常人們所説的道。⑳

洪氏的理解是完全正確的。

以上是未見或未引帛書《老子》的論著，下面再來看用到帛書《老子》的論著。

周生春先生 1992 年發表的《帛書〈老子〉道論試探》説：

帛書《老子》……較通行本多出二“也”字，並以“常”爲“恒”。此二“也”字是位於句末的語氣詞，“非”字則是否定副詞。……“道，可道也，非恒道也”是由一句肯定判斷句和一句否定判斷句所組成的複

⑲ 胡曲園：《〈老子〉不是唯心論》，《復旦學報（社會科學版）》1980 年第 4 期，第 24～25 頁。

⑳ 洪家義：《玄、無、道、自然——關於〈老子〉的哲學體系》，原載《南京大學學報（哲學・人文・社科版）》1987 年第 4 期，第 199～206 頁；轉引自中國人民大學書報資料中心複印報刊資料《中國哲學史》1987 年第 12 期，第 56 頁。

合句。這種由句末的"也"字和"非"字構成的複句,是帛書《老子》常用的一種句式。如"名,可名也,非恒名也"(通行本第一章);"夫天下,神器也,非可爲者也"(通行本第二十九章),以及"非其鬼不神也,其神不傷人也;非其神不傷人也,聖人亦弗傷也"(通行本第六十章)之類即是。而按通行本的文字和《韓非子》的解釋,"道,可道,非常道"只是一條件複句。上述文字上的差異和對句子性質的不同理解,勢必導致對原文含義的不同詮釋。又,在先秦和秦漢時,"恒"字除有長久、固定不變之義外,還可作平常、一般、普通解釋。……(引者按,此處舉《莊子》的"恒民"、《戰國策》的"恒士"、《越絶書》、《史記》的"恒人"、《論衡》的"恒醫"等例,"恒"作"平常"解。)據此,上述"道,可道也,非恒道也"可以譯作:道是可以道的,它不是一般的道。

再就帛書《老子》的内容而言。綜觀《老子》上下五千言,我們找不到一條可以確鑿無疑地説明道不可道的證據。相反,我們卻能找到許多例證,表明道是可以言説的。例如……《老子》書中又有"道之出言也,曰:談呵!其无味也!"(通行本第三十五章)以及"吾言甚易知也,甚易行也,……言有君,事有宗"之語(通行本第七十章)。這明確指出道是可以言説和表述的。

……

《老子》不僅認爲道可言説,而且對道進行了多次反覆的描述。……《老子》一書通篇説的就是道。在該書的作者看來,道雖因其玄妙而存在難以描述的困難,但並非不可道。如若不可言傳,那末他也就不會撰作此書,反覆向人闡述他的道了。㉑

周生春先生又與王詩宗先生於 1993 年發表《老子"道論"與互補原理》,也闡發了類似的意見,但細心體會,具體解釋與上引之文有所不同。他們説:

……所以,"道,可道也,非恒道也"。應譯爲:道是可以言説的,

㉑ 周生春:《帛書〈老子〉道論試探》,《哲學研究》1992 年第 6 期,第 37 頁。

它不是一般的道(可道之道不具有一般性。)

……

我們極力論證道並非不可道,絶非節外生枝,要知道,如果道果真是完全的不可説出的,那麽老子哲學就是完全的不可知論,它與現代科學研究中的認識論態度就毫無共同之處,比較也就無從談起。但是,老子的“非恒道也”之説也不容視(引者按,“視”字上似脱去一字),它表明可道出的認知對象僅是道的一個小方面,遠不是本體(即道)的全部,道的確不能全部爲語言所表達。在《老子》全篇中,道都具有神秘的色彩,這實質上是一種相當清醒的認識論態度。道儘管可道,但通過語言不能反映道的全部,所以它又有不可道的一面,這表明人的認知能力是有界限的!㉒

雖然周氏在1992年發表的那篇文章中也有“作爲具體事物和對具體事物之抽象的‘道’是可以言説和易於感知的,但作爲並非任何具體事物的本體之道卻是不可言説的,是感官所無法直接感覺和難以感知的”這樣的表述,㉓但仍將“道可道”之前一個“道”字明確理解爲《老子》的“道”本身,並未以“可道之道不具有一般性”來解釋“非恒道”(實際上後面這篇文章對“恒道”之“恒”的解釋,已經完全不同於前文。後一文所謂“一般的道”,實是指具有一般性的道,也就是《老子》的道體本身,而不是平常、普通所謂的道的意思了,這反而跟傳統理解一致)。周氏等1993年的這篇文章强調可道之道和不可道之道的關係,意在給互補原理作認識論上的解釋,只是這種解釋並不合《老子》原意;此文跟陳、任二氏對“道可道”的後一種理解,其實只有很細微的語氣上的差别了。相比前文而言,這是一個明顯的退步。

頗有一些學者雖然利用了帛書本《老子》,卻與周氏後一文持論接近(即比較明確地主張不可説的“恒道”才是《老子》之“道”)。下面來看看他們的解釋。在周氏後一文發表之前,這樣的見解就已出現。比如涂又光

㉒ 周生春、王詩宗:《老子“道論”與互補原理——兼談道家思想的一條復興之路》,《自然辯證法研究》1993年第1期,第63~64頁。

㉓ 周生春:《帛書〈老子〉道論試探》,第40頁。

先生1986年發表的《論帛書本〈老子〉的哲學結構》認爲：

從認識論來看，對本體的認識水平有高低，道表示知性水平，恒道表示理性水平。《老子》第一章指出，在認識論的意義上，道是可説的，恒道是不可説的，這是由於名的限定使然。㉔

羅尚賢先生1989年出版的《老子通解》説：

此章（引者按，即第一章）六個"也"字，據帛書甲、乙本。今行諸本皆無此六"也"字，大概是漢景帝時爲了便於"諷頌"而被删去了的。"也"字本身雖無字義，但對句意有一定限制作用，删去之後，曾經造成許多注家的誤解。應依帛書，復其原貌。

羅氏將《老子》這兩句翻譯爲：

道，是可以論説的，論道不同於客觀存在的道；名，是可以稱命的，論名不同於平常事物的名。㉕

將"非恒名"理解爲"不同於平常事物的名"，其實倒是很有啟發性的，可惜羅氏没有注意到他對"恒道"、"恒名"的"恒"其實作了兩種區别很大的理解。與前引涂氏之文相似，羅氏認爲所謂"客觀存在的道"與可道之"道"不同。在同書所收《老子學説：唯道主義》一文中，羅氏對這兩句話也作了類似的理解：

道這東西，可以論説，經過論説而成道理，就區别於客觀存在的原本的恒道了；名字，是可以稱命的，但在道論中稱命的名字，並不是普通意義的定物名稱（恒名），而是抽象的概念（非恒名）。㉖

與涂、羅二氏見解類似的後出著作頗多，如古棣、周英二氏1991年將這兩句翻譯爲：

道是可以説的，但説出來的道就不是常道了；名字是可以起的，

㉔ 涂又光：《論帛書本〈老子〉的結構》，《哲學研究》1984年第7期，第68頁。
㉕ 羅尚賢：《老子通解》，廣東高等教育出版社，1989年，第51頁。
㉖ 同上書，第15頁。

但起出來的名字就不是常名了。㉗

谷斌、張慧姝、鄭開等氏 1996 年解釋說：

> 道是可以言説的，又是不可以言説的。……有名(稱)的東西是可以名言的，但並非總是能夠名言的。例如"道"(無名之名)變動不居，周流六虚，没有恒久不變的名(稱)，所以"道"不能以名言來表達，來窮盡；如此可見，名言是有局限性的。㉘

這類理解，從表面上看也承認"道"爲可道，但實際上仍然主張"恒道"才是《老子》的"道"。這跟陳氏《開展》一文爲代表的後一種傳統意見實質並無不同，只在是否積極肯定"道"爲可道這一點上稍有語氣的區别，仍然是不正確的。古棣、谷斌等氏對"非常名"的解釋也與傳統解釋並無本質區别，這與前引羅氏之説有别。不過，從上引諸家説法可以看出，馬王堆帛書出土以後，利用了帛書本《老子》的研究者似乎大多已經摒棄了河上公注以"道可道"之"道"爲道家之外的人所講的一般性的"道"這一傳統理解，這還是應該予以肯定的。

朱喆先生在 2001 年發表的《道言論》一文中説：

> 在先秦道家的經典文本中，"道""言"問題無疑是一個重要的問題，它引起人們的廣泛關注(不管關注的深度如何)就足以説明這一點。帛書甲本《道篇》首章通行本《老子》首章就是"道可道，非恒(常)道；名可名，非恒(常)名。無，名萬物(天地)之始也；有，名萬物(天地)之母也"。在這裏，"可道"、"可名"均指可以稱説、可以稱道的意思，也即是説老子首先就提出了"道"與"言"(稱道、稱名)問題，而且主要的意旨表達了"恒(常)道"不可言説的觀念，這爲歷代注家所共認。㉙

這種解釋也是與傳統理解非常接近的。不過，朱氏下文爲了"揭發道家諸

㉗ 古棣、周英：《老子通 上部・老子校詁》，吉林人民出版社，1991 年，第 626 頁。

㉘ 谷斌、張慧姝、鄭開注譯：《黄帝四經今譯・道德經今譯》，中國社會科學出版社，1996 年，第 163 頁。

㉙ 朱喆：《道言論》，陳鼓應、馮達文主編《道家與道教：第二届國際學術研討會論文集》，廣東人民出版社，2001 年，第 104 頁。

子在言道方式上的獨特的勝場,……化解'道"不可道"'的緊張",又在司馬光解釋(司馬氏的解釋參看下文)的基礎上作出了另一種理解:

> 我以爲此句理應有而實際也有這樣一層涵義,即"常道"、"常名"是可以道,可以名的,只不過不能用一般的稱説、稱名的方式去説、去名。在此,第一個"道",第一個"名"指"常道"、"常名",作名詞,而第二、第三個"道"字,第二、第三個"名"字作"言説"、"稱名"解,爲動詞。句中的"常"字作尋常、舊常、故常解,……是指其有"一般的、慣常的尺度"的意思。上述所謂"非常道","非常名"也就是説:不能採用尋常的方式、方法、尺度來言説"常道"、稱名"常名"。拙見與司馬光説有同有異,……司馬氏區别了常人所謂的道和道家所謂的道,重心仍在"道"也,我則區别了尋常的語言與道言,重心在言説方式上。㉚

這是一種很新穎的解釋。但"非常道"、"非常名"從語法上是無法表達出"不能採用尋常的方式、方法、尺度來言説'常道'、稱名'常名'"的,如果是這種意思,似當以"非以常法道"、"非以常法名"之類的方式來表述。這種新説顯然也是難以成立的。

近年來,對"道可道"、"名可名"兩句作出最貼切解釋且具有代表性的,有下面兩本與《老子》有關的著作。何宗思先生2003年出版的《道家經典:〈老子〉、〈莊子〉》,所用《老子》文本以帛書《老子》甲本釋文爲底本,校以帛書乙本、傅奕本、王弼本,此書對"道可道"、"名可名"兩句作了這樣的翻譯:

> "道"是可以言説的,但是不是人們經常所説的那些道;"道"的名稱是可以命定的,但不是人們經常所用的那類名。㉛

㉚ 朱喆:《道言論》,陳鼓應、馮達文主編《道家與道教:第二屆國際學術研討會論文集》,廣東人民出版社,2001年,第108~109頁。

㉛ 唐松波主編:《中華傳統文化精品文庫》第4卷,何宗思撰:《道家經典:〈老子〉、〈莊子〉》,新華出版社,2003年,第18頁。與何氏解釋相近的,還有田洪江、吕雙波主編的《讀懂老子》,此書翻譯爲"道,是可以説明的,但不是普通的道理。道的形態,是可以説明的,但不是一般的形態"(内蒙古大學出版社,2007年,第3頁)。此外,曾文星先生2002年出版的《文化與心理治療》雖然不是一部專門研究《老子》的著作,但是此書卻指出《老子》"在第一章裏開頭就説:'道'是可以説清楚的,但不是人們一向説的那樣;道的名是可以叫出的,但不是人們所用的那類名"(北京醫科大學出版社,2002年,第136頁),亦頗值得注意。

關於"非恒道"、"非恒名",何氏解釋説:

> 在老子所處的那個時代,講"道"是很普遍的現象。《論語》中,就常談到"道"。如《論語·里仁》:子曰:"參乎,吾道一以貫之。"曾子曰:"唯。"子出,門人問曰:"何謂也?"曾子曰:"夫子之道,忠恕而已矣。"但儒家的"道"是一種主觀的社會倫理觀念,老子的"道"則是一種客觀存在的宇宙本體和自然規律。因此,《老子》開宗明義,特别指出其"道"的"非常"之處。……《老子》的"道"與一般事物大不相同,一般的事物可根據其外形、構成、功用等來命名,而"道"是不可用常法來講解的,只能用"非常"的方法來講解;不可用常名來指稱,只能用"非常"的名來指稱。比如《老子》一書就用"水"、"無"、"有"、"一"、"谷"等等來形容"道"。㉜

郭世銘先生2006年出版的《〈老子〉究竟説什麽》據帛書《老子》譯爲:

> 道是可以説清楚的,但不是人們一向所説的那樣;道的名是可以叫得出來的,但不是人們一向所講的那類名。

與前引何氏的解釋極其相似,而且他的書中也引用了《論語·里仁》的"道"來説明儒家的"道"(即"恒道")跟《老子》所説的"道"的不同。㉝ 郭氏還批評道:

> 令人費解的是:帛書出土已經二十多年了,這二十多年中出版的研究《老子》的著作多達數十上百本,但從未見有人對帛書甲本中多出的這四個"也"字加以討論。帛書中的"道可道也非恒道也"無論如何標點都不好解釋成"説得出來的道都不是永恒的道"這個傳統的意思。然而這麽多的人這麽多的書(包括各種專門研究帛書的著作)卻都對此採取視而不見的態度,其原因實在讓人難以想象。㉞

大概郭氏對上引包括何宗思書在内的各種《老子》研究、注釋論著都没有

㉜ 同上注所引何宗思書,第17頁。

㉝ 郭世銘:《〈老子〉究竟説什麽》,紅旗出版社,2006年,第27頁。

㉞ 同上書,第27～28頁。

注意到。

郭氏之書還提示我們,歷史上只有司馬光等少數人作過類似的理解,但不知何故,郭氏對此未作具體闡述;前述朱氏的新解,則明確說明是在司馬光的理解基礎上提出的。對於歷史上與王弼注等傳統說法異調的見解,在朱、郭二氏之前,也已有學者注意並進行總結。比如朱氏之文已提到,1982 年出版的詹劍峰先生遺著《老子其人其書及其道論》列舉過王弼、司馬光和唐玄宗三種對“道可道,非常道”的解釋並分別對這三種說法作過批評。㉟ 詹氏之書頗值得參考,但是相關論述不夠全面(比如他没有注意到更早的李榮的見解,詳下),爲節省篇幅,我們就不具體引用了,大家可以覆按其書。下面我們看一看尹志華先生 2004 年出版的《北宋〈老子〉注研究》總結的“道可道,非常道”在北宋以前三種主要的不同詮釋:

(1) 道若可以言説,就不是永恒常在之道。……

(2) 道可以言説,但不是人間常俗之道。

唐代道士李榮説:“道者,虛極之理。……(引者按,原文此處略去“夫論虛極之理,不可以有無分其象,不可以上下格其真,是則玄玄非前識之所識,至至豈俗知而得知,所謂妙矣難思、深不可識也。聖人欲坦茲玄路,開以教門,借圓通之名,目虛極之理”數句)以理可名,稱之可道,故曰吾不知其名,字之曰道。非常道者,非是人間常俗之道也。人間常俗之道,貴之以禮義,尚之以浮華,喪身以成名,忘己以徇利,失道後德,此教方行。今既去仁義之華,取道德之實,息澆薄之行,歸淳厚之源,反彼恒情,故曰非常道也。”(原注:李榮《道德真經注》卷一,《道藏》第 14 册第 38 頁。)李榮把“常道”解釋爲“常俗之道”,認爲老子之道不是常俗之道。

(3) 道可以言説,但道非恒常不變之道。

唐玄宗説:“道者,虛極妙本之强名也,訓通,訓徑。首一字標宗也。可道者,言此妙本通生萬物,是萬物之由徑,可稱爲道,故云

㉟ 詹劍峰:《老子其人其書及其道論》,湖北人民出版社,1982 年;華中師範大學出版社,2006 年,第 115～116 頁。

可道。非常道者，妙本生化，用無定方，强爲之名，不可遍舉，故或大或逝，或遠或反，是不常於一道也，故云非常道。”（原注：《唐玄宗御製道德真經疏》卷一，《道藏》第 11 册第 750 頁。）唐玄宗把“非常道”解釋爲“不是常而無不變之道”，認爲老子之道是變化無常的。

尹氏接着指出：

北宋《老子》注家對“道可道，非常道”的詮釋，大多與第一種觀點相同，唯有司馬光的詮釋接近第二種觀點。第三種觀點在北宋《老子》注家那裏則没有得到響應。

……

司馬光説：“世俗之談道者，皆曰道體微妙，不可名言。老子以爲不然，曰道亦可言道耳，然非常人之所謂道也。……（引者按，原文此處略去“名亦可强名耳，然非常人之所謂名也”）常人之所謂道者，凝滯於物（引者按，原文此處略去“所謂名者，苛察繳繞”）。”（原注：司馬光《道德真經論》卷一，《道藏》第 12 册第 262 頁。）司馬光跟李榮一樣，都主張道可以言説，都不從本體的意義上詮釋“常道”。這是他們的一致之處，也是他們跟絶大多數《老子》詮釋者不同的地方。但他們二人對“常道”的具體解釋，一個指人間常俗之道，一個指常人所謂的道。雖然二者的字面意義相差無幾，但實際内涵則大不一樣。李榮作爲一個道士，他所説的“常俗之道”，從其解説來看，顯然是指儒家的仁義禮教。而司馬光作爲一個正統的儒家學者，他不可能認同道士李榮的觀點。他對老子之道與常人之道的區分，是從認識水平來説的。他批評平常人所謂的道“凝滯於物”，是説平常人的認識局限於具體事物，只能認識表現在具體事物中的“道”，而不能超越具體事物，認識道體之大全。㊱

其實“恒道”無論理解成“人間常俗之道”還是“常人所謂的道”，都是可以

㊱ 尹志華：《北宋〈老子〉注研究》，巴蜀書社，2004 年，第 36～38 頁。

的，其間的差别，似並不如尹氏强調的那麼重要。司馬光對“名可名”句的理解，也是完全正確的。

比尹氏之書出版稍早，董恩林先生在《唐代〈老子〉詮釋文獻研究》中比較過李榮對“道可道，非常道也”句的解釋和以成玄英《道德經義疏》爲代表的傳統理解，他指出：

李榮恰好相反（引者按，指與成《疏》相反），認爲“聖人欲坦兹玄路，開以教門，借圓通之名，目虚極之理，以理可名，稱之可道。故曰吾不知其名，字之曰道。非常道者，非是人間常俗之道也”。也就是説，可道者，即指其理可名的虚通之道，而常道即是人間常俗之道。……這大約是他自認爲可以“辟於玄關”、“開於虚鑰”（引者按，此爲李榮《道德真經注・序》語㊲）的地方之一。㊳

爲省去讀者查檢之勞，我們將李榮關於“名可名，非常名”的解説引録於下：

名者，大道之稱號也。吾强爲之名曰大。夫名非孤立，必因體來，字不獨生，皆由德立，理體運之不壅，包之無極，遂以大道之名，詔於大道之體，令物曉之，故曰名可名也。非常名者，非常俗榮華之虚名也。所以斥之於非常者，欲令去無常以歸真常也。名有因起，緣有漸頓，開之以方便，捨無常以契真常，陳之於究竟，本無非常之可捨，亦無真常之可取，何但非常，亦非無常，既非無常，常亦無常，亦非非常非無常也。㊴

其中“以大道之名，詔於大道之體，令物曉之，故曰名可名也。非常名者，非常俗榮華之虚名也”，雖也值得注意，但不如司馬光對“名可名”句解釋得好。

總之，對於《老子》的這兩句話，唐高宗時的道士李榮和北宋司馬光，已有比較合理的、異於河上公與王弼注的理解，但他們的説法此後似乎一

㊲ 參看蒙文通《道書輯校十種・輯校李榮〈道德經注〉》，巴蜀書社，2001年，第562頁。

㊳ 董恩林：《唐代〈老子〉詮釋文獻研究》，齊魯書社，2003年，第112～113頁。

㊴ 蒙文通：《道書輯校十種・輯校李榮〈道德經注〉》，第564～565頁。

直相對沉寂,很少引起注意和共鳴。直到二十世紀,才漸有學者得到了與他們接近的看法,不過他們卻又很少注意到(或者説没有充分引用)早於他們九百餘年甚至一千數百年的兩位古人的類似意見,這些學者似乎也很少注意到現代學者已有的合理意見並加以引用。這實在是學術史上一個非常奇特的現象。當然,囿於見聞,我也不能保證在 1959 年以前没有近現代乃至更早的學者提出過類似的見解或重視過李榮、司馬光的意見,未周之處,敬希方家指教。

這裏還有一個需要附帶一提的問題。有一些學者認爲,道不可道、可道非道的觀點,並非王弼首創,這是戰國末的韓非就已提出的,並爲後代學者沿襲。㊵ 他們指的是《韓非子·解老》的下面這段話:

> 凡理者,方圓、短長、麤靡、堅脆之分也,故理定而後可得道也。故定理有存亡,有死生,有盛衰。夫物之一存一亡、乍死乍生、初盛而後衰者,不可謂"常"。唯夫與天地之剖判也具生,至天地之消散也不死不衰者謂"常"。而常者,無攸易,無定理。無定理,非在於常所,是以不可道也。聖人觀其玄虚,用其周行,强字之曰"道",然而可論,故曰:"道之可道,非常道也。"㊶

關於這一段話,前人多已據以討論《韓非子》對《老子》思想的繼承和改造問題,不過具體看法不完全一樣。㊷ 但是這段話的基本意思還是比較清楚的,《韓非子》主張,區别於一切相對待的"理",作爲與天地同生,至天地消亡仍不死不衰的"常",是無所變易,無有定理的,所以它是不可道的;但是對於這種"常",勉强可以爲之取字爲"道",然後便可以論説了。也就是説,《韓非子》區别了"定理"和"常道",觀點比較接近於河上公注的理解,但是又表達了常道可論的一面。前引唐玄宗對"道可道"的後一個"道"的

㊵ 參看尹志華《北宋〈老子〉注研究》,第 36 頁。

㊶ 張覺:《韓非子校疏》,上海古籍出版社,2010 年,第 393 頁。

㊷ 參看陳柱《老子韓氏説》,商務印書館,1939 年,第 1～2 頁;馮友蘭:《中國哲學史新編(上卷)》,人民出版社,1998 年,第 769～770 頁;任繼愈主編:《中國哲學發展史(先秦)》,人民出版社,1983 年,第 744～746 頁;王元化:《韓非論稿》,傅傑選編:《韓非子二十講》,第 163～165 頁。

理解與《韓非子》不同,關於"常道"的解釋也與《韓非子》不同,不過對這兩句的總體意思的把握,尤其是在道之可道這一點上的立場,兩者倒是有接近之處的。實際上我們看到的《老子》之外的戰國時代的道家著作,在"道""言"問題上,普遍認爲道是不可言説的,比如《管子》明確提出:

> 大道可安而不可説。……道也者,動不見其形,施不見其德,萬物皆以得,然莫知其極。故曰可以安而不可説也。(《心術上》)
>
> 道也者,口之所不能言也,目之所不能視也,耳之所不能聽也,所以修心而正形也。(《内業》)

《莊子》也强調:

> 大道不稱,大辯不言。……道昭而不道,言辯而不及。……孰知不言之辯,不道之道。(《齊物論》)
>
> 道不可聞,聞而非也;道不可見,見而非也;道不可言,言而非也。知形形之不形乎?道不當名。(《知北遊》)

將道不可道的意思推向了極端。這大概才是後來逐漸把"道可道,非常道"的理解完全引導至絶對的"可道非道"方向的關鍵。稷下道家、莊子學派等爲了推崇他們所主張的學説,往往把學説中的核心概念"道"説得非常玄妙,以爲道是不可言道的。著作時代稍晚的《淮南子》、《文子》中不少發揮《老子》第一章的内容,採取的也是這一路理解。㊸ 這跟《老子》要通過五千言把"道"闡説給讀者的主旨是不合的。

從《解老》的引文看,《老子》至少在戰國末應該已經産生了因不同説解而引發的重要異文。帛書本《老子》雖然晚於《解老》,在《老子》傳本中是"少數派",但從文義和思想而言,帛書本《老子》第一章應該是最符合《老子》本意的一種本子,我們應該充分重視它在《老子》思想研究上的重要性。㊹

㊸ 參看楊樹達《老子古義》,同作者《周易古義 老子古義》,上海古籍出版社,2006年,第1～2頁。

㊹ 關於這一點,參看裘錫圭先生曾舉過的與今本《老子》七十五章相當的帛書本的重要異文和相關説明,見裘錫圭《關於〈老子〉的"絶仁棄義"和"絶聖"》,《裘錫圭學術文集》第二卷,復旦大學出版社,2012年,第521～522頁。

趙汀陽先生2011年發表《道的可能解法與合理解法》,將"道可道"、"名可名"兩句翻譯爲"凡有規可循之道,就不是一般普適之道;凡可明確定義之名,就不是普遍概括之通名",認爲"'道可道'的正宗含義是'有規可循之道',其所指是倫理經術政教禮法以及各種操作規則、章程規制、日用技術等等那些能夠規範化、制度化、程序化的東西,也正是老子在《道德經》各章裏不斷反對的那些東西","有規可循之道屬器的層次,是形而下的事情,無規可循之道才是形而上之道,是使一切有規可循之道能夠各就各位、各行其是、各得其所而且形成互相協作的萬變之道"。㊺ 趙先生主張《老子》之"道"是形而上的、無規可循的,這與《老子》的思想不符。《老子》四十一章說"上士聞道,勤而行之"("勤而行之"句傅奕本作"而勤行之",出土簡帛本亦頗有異文,郭店簡《老子》乙組作"堇(僅)能行於其中",馬王堆帛書《老子》乙本作"堇能行之",北大簡《老子》作"堇能行",㊻"行之"的"之"無疑是指"道"),周生春氏1992年之文已引及的七十章說"吾言甚易知,甚易行。天下莫能知,莫能行",皆可見《老子》認爲其所謂的"道"是可以知曉、可以遵循的。趙氏的新解蓋不可從。

裘錫圭跋:讀永秉之文後,感到我竟然把這麽多古今學者已經講過的説法當作自己的創見,實在荒唐。尤其不能原諒自己的,是我本來有避免這一錯誤的機會,但卻很不應該地放過了。周生春先生發表《帛書〈老子〉道論試探》後,曾送了我一份抽印本,我當時對《老子》還不是很感興趣,收了文章卻没有讀。永秉跟我提到周先生的説法後,我才找出那份抽印本讀了一遍,發現自己所想到的,周先生在那篇文章裏幾乎都已經説了。如果我及時讀了周先生的文章,即使對這種説法的源流仍然缺乏知識,至少不會犯"掠美"的嚴重錯誤。這是要向那次講座的聽衆和周先生等有關作者致歉的。

2013年2月22日

㊺ 趙汀陽:《道的可能解法與合理解法》,《江海學刊》2011年第1期,第5～11頁。

㊻ 參看《北京大學藏西漢竹書[貳]》所附《〈老子〉主要版本全文對照表》,第175頁。

校按：承沈培先生賜告，周生春先生1992年之文的主要觀點已見於他譯注的《白話老子》（三秦出版社，1990年，第1～2頁）。附記於此，並向沈老師致謝。

2013年6月11日

原刊《出土文獻與古文字研究》第五輯，上海古籍出版社，2013年。

編按：裘先生《〈老子〉第一章解釋》的演講稿近已整理發表於復旦大學古籍整理研究所、章培恒先生學術基金編《中國經典新詮論》（上海文藝出版社，2014年），關於《韓非子·解老》對“道可道，非常道”句解釋的兩種可能的解讀方式以及唐玄宗《御製道德真經疏》的理解與《解老》文之間的關係，皆請詳參此文。裘先生指出，“《解老》所據《老子》原文，‘常道’、‘常名’應作‘恒道’、‘恒名’，與今所見《老子》簡帛本同。《解老》所説‘非在於常所’之‘常’原來亦應作‘恒’。而《解老》上文‘不可謂常’、‘謂常’、‘而常者無攸易，無定理’之‘常’，則原來即應作‘常’。《老子》中數見用法類似的‘常’，……這些‘常’字似皆指合乎道的狀態。漢代人將《解老》此段文字中的‘恒’改爲‘常’，遂致文義難明”（第19頁“校按”）。這對於正確理解《解老》文的本意相當重要。

重印按：日本物理學家湯川秀樹的科學觀深受《老子》思想影響，他認爲“真正的道，即自然法則，不是通常的道，常識性的法則；真正的名即概念。”（引自蔡明哲《關於老莊的“道”與湯川秀樹的科學觀》，《科學技術與辯證法》1989年第4期），中國物理學家關洪《量子力學的基本概念》在湯川氏理解的啓發之下，把《老子》的這幾句話解釋爲：“自然的規律和秩序是可以講清楚的，但它們不是通常意義的規律和秩序。科學的術語和概念是可以給予稱呼的，但它們不是通常意義的術語和概念。”（引自張之翔《在現代物理學裏感覺到老莊思想的光芒》，《物理》1992年第3期）録此備參。

有關隸書形成的若干問題新探*

商和西周時代的漢字就有正體和俗體之分,①到了戰國時代,文字的使用頻度和使用人群擴大,正俗體的分殊更趨明顯;至戰國晚期,在秦文字俗體的基礎上,終於發展出了隸書這一字體。這是漢字徹底脱離表意程度較高的古文字階段,開啟隸楷時代的劃時代大變革。隸書形成的敘述與研究已有相當長的歷史,本文擬在前賢研究的基礎上,對若干相關問題據新資料作些補充和續貂的工作,以期對隸書之形成問題得到更加明確的共識。

一、隸書形成的傳統表述

《説文解字·敘》説:

> 秦始皇帝初兼天下,丞相李斯乃奏同之,罷其不與秦文合者。斯作《倉頡篇》,中車府令趙高作《爰歷篇》,大史令胡母敬作《博學篇》,皆取史籀大篆,或頗省改,所謂小篆者也。是時,秦燒滅經書,滌除舊

---

* 本文在本人執筆的教育部重大課題攻關項目"戰國文字及其文化意義研究"之"隸書的形成"一節上修改而成。爲免繁瑣,本文對前輩、師友一概不加敬稱,敬請諒解。本文又受到國家社科基金青年項目"清華簡時代特徵及文本源流的語文學研究"(項目批准號:14CYY058)的資助。

① 裘錫圭:《殷周古文字中的正體和俗體》,《裘錫圭學術文集》第三卷,復旦大學出版社,2012年,第394～410頁。

典。大發隸卒，興役戍，官獄職務繁，初有隸書，以趣約易，而古文由此而絶矣。……及亡新居攝，使大司空甄豐等校文書之部，自以爲應制作，頗改定古文。時有六書：……三曰篆書，即小篆，秦始皇帝使下杜人程邈所作也；四曰佐書，即秦隸書……

這段關於秦篆隸文字製作的敘述有一些值得注意的問題。段玉裁《説文解字注》指出“秦始皇帝使下杜人程邈所作也”這十三個字“當在下文‘佐書即秦隸書’之下”，他説：

上文明言李斯、趙高、胡毋敬（引者按：小徐本“毋”作“毋”）皆取史籒大篆省改所謂小篆，則作小篆之人既顯白矣，何容贅此，自相矛盾耶。況蔡邕《聖皇篇》云“程邈删古立隸文”，而蔡琰、衛恒、羊欣、江氏、庾肩吾、王僧虔、酈道元、顔師古亦皆同辭。惟傳聞不一，或晉時許書已譌，是以衛巨山疑而未定耳。下杜人程邈，爲衙獄吏，得罪幽繫雲陽，增減大篆體，去其繁複。始皇善之，出爲御史，名書曰隸書。②

因此程邈作隸書的傳説，在東漢以下幾乎是衆口一詞的，《説文敘》關於程邈作小篆的講法，既與《敘》上文所敘李斯等人省改大篆爲小篆的説法不合，也跟程邈爲隸書創制者的傳統講法不合，一般認爲這大概是《説文》傳抄過程中發生的譌誤。據段《注》的意見，這種譌誤晉代大概已經産生，因爲他注意到晉代衛恒的《四體書勢》中講：

下杜人程邈爲衙役隸，得罪始皇，幽繫雲陽十年，從獄中作大篆，少者增益，多者損減，方者使圓，圓者使方，奏之始皇，始皇善之，出以爲御史，使定書。或曰程邈所定，乃隸書也。

這就是比較早的一種調停程邈作隸書與作小篆之説的表述。

著成時代早於《説文》的《漢書·藝文志》説：

漢興，蕭何草律，亦著其法，曰：“太史試學童，能諷書九千字以上，乃得爲史。又以六體試之，課最者以爲尚書御史史書令史。吏民

② 段玉裁注、許惟賢整理：《説文解字注》，鳳凰出版傳媒集團、鳳凰出版社，2007年，第1317頁。

> 上書，字或不正，輒舉劾。”六體者，古文、奇字、篆書、隸書、繆篆、蟲書，……《蒼頡》七章者，秦丞相李斯所作也；《爰歷》六章者，車府令趙高所作也；《博學》七章者，太史令胡母敬所作也：文字多取《史籀篇》，而篆體復頗異，所謂秦篆者也。是時始造隸書矣，起於官獄多事，苟趨省易，施之於徒隸也。

顔師古《漢書》注認爲：

> 篆書，謂小篆，蓋秦始皇使程邈所作也。隸書，亦程邈所獻，主於徒隸，從簡易也。

顔注也是意在調和《説文敘》和傳統講法的分歧。③ 值得注意的是，《藝文志》敘述秦代的秦篆和隸書的形成，講法與《説文敘》不盡相同。關於秦篆(也就是《説文敘》講的小篆)，《藝文志》没有説是取史籀大篆“省改”而來的，只是説它與《史籀篇》篆形不一樣，而且《藝文志》没有交代小篆是程邈所作；關於隸書，《藝文志》也没有明確點出是程邈所作，只是講了隸書是因爲在官獄之事繁多的背景下創製出來的。不過，《藝文志》和《説文敘》一樣，都把小篆和隸書看成是在秦代形成的字體，應該説，這也是佔統治地位數千年的關於隸書形成時代的見解。當然，對於這個問題，歷史上也並不是没有不同意見，如趙翼《陔餘叢考》卷十九“隸書不始於程邈”條就有他特別的看法：

> 《書斷》云：“秦下邽人程邈，字元岑，爲縣吏，以罪下雲陽獄，精思十年，益小篆方圓而得隸書三千字，奏之。始皇善之，用爲御史。時以篆字難成，乃用隸字，以爲隸人佐書，務趣便捷，故曰隸書。”是以古來皆以隸書爲邈所作。然《封氏聞見記》謂酈道元注《水經》云：“臨淄

③ 類似的調停，習見於唐人的表述，如李賢注《後漢書·儒林傳》説：“篆書，謂小篆。秦始皇使程邈所作也；隸書亦程邈所獻。”(參看蔣善國《漢字形體學》，文字改革出版社，1959年，第167頁)張懷瓘《書斷》也認爲“胡毋敬……與程邈、李斯省改大篆”，皆爲受此類傳説影響而産生的異説。啟功《古代字體論稿》和吴白匋《從出土秦簡帛書看秦漢早期隸書》認爲程邈所作是不同於李斯《倉頡篇》的小篆(參看《文物》1978年第2期，第52頁)，此説亦恐難坐實。

人發古塚,得銅棺,前和(引者按:《戰國策·魏策二》"魏惠王死"章"見棺之前和"鮑注:"和,棺兩頭木。")外隱起爲隸字,言'齊太公六代孫胡公之棺',惟三字是古篆,餘同今書。"則知隸書非始於秦也。封氏又謂:"此書在春秋之前已有之,但諸國或用或不用,程邈觀其省易,有便於時,故修改而獻,非創造也。"然則隸書非起於邈矣。又按許氏《説文自序》云秦李斯省改史籀大篆作小篆,又有隸書,以趨簡易云云,似隸書亦李斯所作。其下文又謂新莽改定六書,一古文,二奇字,其三曰篆書,即小篆,秦始皇使下杜人程邈所作也,四佐書,即秦隸書云云。是許氏於隸書不言程邈作,而反以小篆爲邈作。④

《水經注》所記之事甚爲不經,⑤在銅棺兩頭木上刻銘文蓋非先秦所能有之事,從所記文字内容看也不似先秦時代器物題銘的風格,所以此事不能作爲討論隸書起源的資料是可以斷定的。趙翼以此爲據,主張隸書非始於秦,頗無謂。趙氏據《説文敘》懷疑"隸書亦李斯所作",故許慎"反以小篆爲邈作",這恐怕也是不足信據的臆説。從《説文敘》當中,顯然只能看出小篆與李斯有關,是得不出隸書亦爲李斯所作的結論來的。儘管趙翼的相關論證無法成立,但他對隸書起於程邈説的懷疑精神仍值得欣賞。

附帶一提,傳世古書還記載有王次仲作隸書的説法,馬非百輯録出文獻中的如下内容:

王次仲,上谷郡人也。少有異志(《水經·瀔水注》)。……上古蒼頡,曾觀鳥迹製書曆,世代用之,然其文繁,無所會據,學者難焉。次仲弱冠時(依《水經》增此三字),因其意旨,更爲隸法,簡略徑直,急速即可成章。時秦方燔書,廢古訓,官獄多事。得次仲所易書,大喜。遣使三召,次仲皆辭不至。始皇怒,因令程邈增損其書行之(《圖書集成》引《鎮志》)。或曰:八分書亦次仲所作(《太平御覽》七四九引

---

④ 趙翼著,欒保群、吕宗力校點:《陔餘叢考》,河北人民出版社,2007年,第348頁。標點略有改動。

⑤ 唐蘭和郭沫若都已指出這個見於《水經注》卷十六"穀水"和卷二十六"淄水"記載的故事"很可疑"、"不一定可靠"(唐蘭:《中國文字學》,開明書店,1949年,第164頁;郭沫若:《古代文字之辯證的發展》,《考古學報》1972年第1期,第11頁)。

《書斷》)。⑥

王次仲生平幾無翔實資料可考,如他確是秦時人,則不可能也是八分書的創製者;程邈作隸書以次仲書爲藍本的講法,不見於較早的古書記載,恐更爲後起附會之説。

《太平御覽》卷七四九引東漢趙壹《非草書》(又見《法書要録》卷一):

> 蓋秦之末,官書繁冗,戰攻並作,軍書交馳,羽檄紛飛,故隸草趣急速耳,亦簡易之指,非聖人之業也。

此説值得注意處是已經不把隸書草書的製作歸到某個人的頭上,而是把隸書的出現跟當時的社會背景放在一起考察,這是很有見地的(當然,趙壹以爲草書起於秦代並無確切根據)。王蘧常説:

> 蓋人事日進,則文字之用日繁,不得不求省易以赴急。初則人自爲之,後則或相仿效,積習既久,遂成體勢,必非一二人所可爲力也。……李相特總其成,而程邈輩則整齊損益之者也。故篆隸之作,或曰李斯,或曰程邈歟。⑦

撇開此説以李斯也在隸書創製中起到主導作用恐怕並無實據外,這確實是一種平情之論。不過這些説法仍然没有跳出隸書起於秦代舊説的窠臼。趙翼等人試圖將隸書的出現時代提前,我們已指出其根據不可靠。現代學者擺脱舊説,將隸書産生時代提前到戰國,則基本是依賴了二十世紀以來大量的出土簡帛文字資料。

二、隸書是戰國晚期在秦文字俗體基礎上形成的一種字體

二十世紀七十年代以前秦至漢初文字的研究缺乏充分的條件。李學勤曾説,秦代還有若干石刻金文,漢初材料更爲貧乏,七十年代以後所見

⑥　馬非百:《秦集史》,中華書局,1982年,第342頁。
⑦　王蘧常:《秦史》,上海古籍出版社,2000年,第269～270頁。

的秦及漢初文字資料是前人等人所夢想不到的，因此他提出過“探溯隸書的産生過程”的課題。⑧ 古文字學者對早期隸書形成問題及其性質的認識，是從七十年代以後逐漸明晰的。

郭沫若 1972 年發表的《古代文字之辯證的發展》，⑨是在秦漢簡帛大量出土前的一篇涉及隸書形成問題的重要文章。他指出：

> 規整的字體，無論是後來的篆書隸書或者楷書，都是文字爲統治階級所壟斷以後所産生出來的東西。但規整的字體只能在鄭重其事的場合上使用，統治階級之間乃至被統治階級的民衆之間，文盲自然除外，在不必鄭重其事的場合，一般是使用着草率急就的字體的。故篆書時代有草篆，隸書時代有草隸，楷書時代有行草。隸書是草篆變成的，楷書是草隸變成的。草率化與規整化之間，辯證地互爲影響。

他區分的規整字體和草率字體，也就是我們所説的正體和俗體之分。“隸書是草篆變成的”這一觀點，唐蘭在 1949 年出版的《中國文字學》中已有類似表述，⑩郭沫若的這篇文章中則據新材料有比較詳細的説明：

> 作爲應用工具的文字，由於社會生活日趨繁劇，不得不追求簡易速成。這樣的傾向，應該説是民間文字的一般傾向。統治階級在私下應用乃至在行文起稿的時候也是在採取這種傾向的。這種傾向的文字，即草率急就的文字，屬於西周和春秋時代的資料，没有什麽留存下來。到了戰國時代，留存下來的卻是不少。例如，長沙出土的帛書、簡書，信陽出土的簡書，存世的印璽文、陶文、貨幣文、兵器上的刻款、銅器上所刻的工名等等，都是比較草率急就的文字，與藝術性的裝飾文字固然有别，與一般莊重的鐘鼎文也大有不同。
>
> ……

⑧　李學勤：《古文字學初階》，中華書局，1985 年，第 87 頁；參看《〈隸變研究〉序》，載趙平安《隸變研究》，河北大學出版社，2009 年，第 3 頁。

⑨　郭沫若：《古代文字之辯證的發展》，《考古學報》1972 年第 1 期，第 1～13 頁。

⑩　唐蘭據《顔氏家訓》記秦權文字爲“古隸”之説，認爲“秦權量詔版上的簡率一路，都是隸書”，西漢刻石“都還跟篆書接近，是古隸的一派”，“隸書在早期裏，只是簡捷的篆書”（《中國文字學》，第 166、168 頁）。

隸書無疑是由草篆的演變。秦始皇時代，官書極爲浩繁。《史記·秦始皇本紀》言“天下之事無大小皆決於上，上至以衡石量書”。石是一百二十斤，這是説秦始皇一天要親自過目一百二十斤竹木簡寫成的官文書。秦始皇的特出處，是他准許並奬勵寫草篆，這樣就使民間所通行的草篆登上了大雅之堂，而促進了由篆而隸的轉變。程邈或許是最初以草篆上呈文而得到奬勵的人，但決不是最初創造隸書的人；一種字體也決不是一個人一個時候所能創造出來的。

秦代的隸書究竟是怎樣，很難斷言。因爲秦代的竹木簡書，一直到現在尚無所發現。將來無疑是有發現的可能的。今傳秦代度量衡上和若干兵器上的刻文，和《泰山刻石》等比較起來是草率急就的，無疑是草篆，大約也就是秦代的隸書吧。

隨後他根據六十年代阿房宫遺址出土的高奴銅權上秦昭王時代(公元前306～前251年在位，銘文“三年”二字清晰，郭沫若認爲“三”上還有一個“卅”字，但有些學者認爲此銘即昭王三年——公元前304年——所鑄[11])銘文的字體指出：

這些鑄辭中的好些字迹和隸書差不多。以“奴”字而言，所从女旁，不象篆書那樣作而是作女(引者按：銘文“女”旁原作“”)，同於隸書。這就很明顯地證明：隸書並不始於秦始皇時的程邈。同時也可以證明：秦始皇和秦二世的刻辭大體上也就是秦代的隸書了。

秦權上的文字在郭沫若等學者看來跟隸書差不多，[12]但是後來不少研究者不同意這類説法，認爲秦權字形仍是“草率的小篆”或“間雜篆隸二體的日用書體”(此權“漆”字的水旁不作三點)，[13]不過他所舉出的高奴銅權“女”旁之例確實是説明隸書寫法決不始於程邈的好證據。關於隸書和篆

---

[11] 參看陳昭容《秦系文字研究——從漢字史的角度考察》，臺北樂學書局，2003年，第337頁圖版三五。由此書所附彩色圖版看，“三”上確實没有字迹。

[12] 吾邱衍《字源七辨》、錢玄同《章草考序》即有秦權、詔版上字爲隸書之説，參看趙平安《隸變研究》，河北大學出版社，2009年，第109～110頁。

[13] 裘錫圭：《從馬王堆一號漢墓“遣册”談關於古隸的一些問題》，《裘錫圭學術文集》第四卷，第15頁；陳昭容：《秦系文字研究——從漢字史的角度考察》，第49頁。

書的區别，郭沫若認爲：

> 在字的結構上初期的隸書和小篆没有多大的差别，只是在用筆上有所不同。例如，變圓形爲方形，變弧綫爲直綫，這就是最大的區别。畫弧綫没有畫直綫快，畫圓形没有畫方形省。因爲要寫規整的篆書必須圓整周到，筆劃平均。要做到這樣，每下一筆必須反復回旋數次，方能得到圓整，而使筆劃粗細一律，這就不能不耗費時間了。改弧綫爲直綫，一筆直下，速度加快是容易瞭解的。變圓形爲方形，表面上筆劃加多了，事實上是速度加快了。要把圓形畫得圓整，必須使筆來回往復，那決不是三兩筆的問題了。此外，當然還有些不同的因素，如省繁就簡，變連爲斷，變多點爲一劃，變多劃爲數點，筆劃可以有粗細，部首可以有混同，……這樣寫字的速度便自然加快了。注意到了這些，爲了提高工作效率，而有意識地採用了隸法，這是秦始皇帝的傑出處。但也應該看到：這是社會發展的力量比帝王强，民間所流行的書法逼得上層的統治者不能不屈尊就教。是草篆的衝擊力把正規的篆書沖下了舞臺，而形成爲隸書的時代。

他的這些概括基本都是可以成立的。裘錫圭在 1973 年發表的一篇文章中，也説過這樣的話：

> 在漢字發展史上，篆書演變爲隸書是最重大的一次改革，而隸書就是由人民群衆的篆書草體發展而成的一種字體。“隸書”這個名稱就顯示了它是來自下層的。隸書就是徒隸之書的意思。當時統治階級看不起這種字體，所以把它叫隸書。古書裏説秦始皇命程邈作隸書，把隸書看作個别人創造的字體，這是錯誤的。不過，秦始皇確實曾經命人對新興的隸書進行過統一整理工作，把它作爲小篆的輔助字體加以推行。這是對漢字發展有重大意義的措施。⑭

文章儘管是在特殊歷史背景下所寫，但對隸書起源於人民群衆所使用的

⑭　裘錫圭：《人民群衆是漢字的創造者和改革者》，原載《光明日報》1973 年 10 月 25 日第 4 版；收入《裘錫圭學術文集》第四卷，第 4 頁。

篆書草體而不始於程邈一人的看法,是很正確的。

對於古隸面貌的真正的全面的認識,肇始於1972年馬王堆一號漢墓遣册的發掘出土。這批材料出現後,很快就引起裘錫圭的關注。馬王堆一號漢墓的時代早於武帝,"墓中所出的'遣册'、竹笥和陶罐上的簽牌以及漆器上書寫的文字,都是隸書","這就使我們對西漢前期的隸書第一次有了比較清楚的認識"。⑮ 裘錫圭經過研究發現,馬王堆一號漢墓遣册的古隸字體有幾個特點:

> (一)這批隸書的結體顯得很不方整。從筆法上看,"遣册"的文字没有八分的那種波勢和挑法。
>
> (二)字形有相當一部分跟篆文還很接近。
>
> (三)一方面存在着很多接近篆文的寫法,另一方面又已經出現了不少草書式的寫法。
>
> (四)文字形體很不統一,同一個字或偏旁往往有不同的寫法。

他認爲:

> 以上所説的四點,都反映出這種隸書的不成熟和不穩定。它顯然正處在相當劇烈的變化過程中。

他並且指出馬衡評論居延元帝永光二年文書"一篇之中兼有篆、隸、草"可以移用來評論馬王堆遣册的隸書,認爲"馬王堆'遣册'所代表的古隸,在當時應該是很通行的一種字體"。裘錫圭的意見得到了後來研究古隸的學者的普遍贊同。⑯ 在此我們根據新見資料作些補證。在馬王堆漢墓出土的漆器上用毛筆硃書的漆器容量的題記中,"升"字反覆出現,蓋數以百計,其寫法呈現出極爲多樣的面貌,正好可以拿來作爲裘錫圭所概括的上述這四條特徵的直觀例證。

首先,漆器上用毛筆書寫的文字結體也並不方整,長短寬窄不一,幾

---

⑮ 裘錫圭:《從馬王堆一號漢墓"遣册"談關於古隸的一些問題》,原載《考古》1974年第1期;收入《裘錫圭學術文集》第四卷,第8頁。

⑯ 參看陳昭容《秦系文字研究——從漢字史的角度考察》,第49頁。

乎没有波勢和挑法，只有個别的横筆之末有微微的挑起，如（M1：183）、（M1：190），總體而言這樣的情況比較少。

第二，漆器文字中“升”的不少較古的寫法，作（M1：211）、（M3：南 96），與春秋秦公簋（《集成》4315—3）、戰國商鞅方升（《集成》10372）和高陵君鼎（《通鑑》2154）寫作、、的“升”字篆文幾乎並無太大差别。睡虎地秦簡《效律》的“升”字作，⑰寫法亦同。

第三，漆器“升”字既有與秦篆類似的寫法，也有頗爲草率的作（M1：182）、（M3：東 13），把斗口中的那一點與表示斗柄的那一筆連了起來，並且斗柄那筆逐漸轉向水平；甚至有個别字形寫作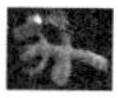（M3：館藏號 5469），除了没有波勢挑法，已與漢碑當中寫作（熹平石經《周易》）的“升”字外形如出一轍（不過，字斗口中的那一點與表示斗柄的那一筆雖亦連起，但細察仍非以一筆寫就）。

第四，從上述字形已經可以清楚地看出，馬王堆漢墓漆器中的“升”字形體很不統一，寫法没有一定之規，甚至數次看到同一件器物上所寫“一升半升”的兩個“升”字差别很大的例子，如、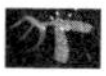（M1：190），、（M1：館藏號 6083），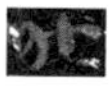、（M3：南 96），請特别注意這些字形斗柄一直筆跟斗部不同的交接位置和傾斜角度【編按：書寫者可能也有避複的考慮】。

總之，從西漢早期的馬王堆漢墓中的文字資料很容易直觀地感受到古隸的上述種種特點。可以説，馬王堆漢墓文物中所見的古隸，是處在一種急劇變化過程中的文字，它既在努力擺脱篆文的束縛，又在很多情況下仍跟秦系篆文有着千絲萬縷的瓜葛，這也正折射出漢初古隸的一種現實

⑰ 方勇：《秦簡牘文字彙編》，吉林大學 2010 年博士學位論文（指導教師：吴振武），第 319 頁。

狀態。

除了對馬王堆古隸本身特徵的研究和描述，裘錫圭又把以馬王堆遣册爲代表的古隸，跟統一前秦國的銅器銘文（主要是兵器銘文）、陶器和漆器銘文，統一後的秦代銅器銘文（主要是兵器銘文）、權量詔文以及“周秦印”（指字體比漢印上的小篆古，絶大多數是邊上有框、字間有陰文闌格的陰文印，時代從戰國秦延至秦漢之際和漢初）等爲代表的秦篆文簡率寫法作了全面細緻的比較。爲便觀覽，下面把他所比較的部分字形列出（具體出處從略，只標出文字的載體，取自偏旁的加注“偏”字）：⑱

篆文正規寫法	秦篆中接近隸書的寫法	馬王堆遣册	其他漢代隸書
（偏旁水）	（銅） （陶） （印）		
（大）	（銅） （漆） （權）		
（言）	（銅偏） （印偏）	（偏）	
（者）	（銅偏） （權） （版）	（偏）	

⑱　原表中没有馬王堆遣册文字之例（也就是只比較秦篆中接近隸書的寫法和其他漢代隸書）的條目略去。“權”指權量，“版”指詔版，“銅”指青銅器，“印”指周秦印，“漆”指漆器，“陶”指陶器。

(續表)

篆文正規寫法	秦篆中接近隸書的寫法	馬王堆遣册	其他漢代隸書
(女)	(權偏) (版偏)		
(昔)	(銅偏) (印偏)		
(龍)	(版偏) (印偏)	(偏)	
(首)	(權) (權)		
(皆)	(權)		
(母)	(版)		
(乘)	(印) (印)		
(癸)	(印) (印)	(偏)	

裘錫圭在上述比較的基礎上,作了一些很重要的判斷:

我們認爲,秦篆中的簡率寫法跟漢代古隸的密切關係説明了一個重要問題:隸書是在戰國時代秦國文字的簡率寫法的基礎上形成的。

就各種日常使用的字體來説，一種新字體總是孕育於舊字體内部的。並且孕育期不會很短。如果新字體包含過多的新成分，那它是不大可能得到社會上一般人的承認的。隸書和小篆都形成於秦始皇時代，隸書應該是從戰國時代的秦國文字中逐漸發展出來的。如果認爲先有小篆，然後才從小篆發展出隸書，隸書的孕育期就未免太短了。

在戰國時代，文字異形的現象非常嚴重。六國文字與秦國文字的面貌有顯著差别，秦篆本身也不統一。早在秦孝公時代的銅器上，我們就看到既有像商鞅量銘文那樣的很規整的文字，同時又有像商鞅鐓銘文那樣的很草率的文字。往後，文字的使用越來越頻繁，文字的演變也隨着越來越劇烈。在秦篆不斷簡化的過程中出現了大量異體，並且有很多是破壞篆文結構的簡率寫法；用方折的筆法"解散"篆文圓轉筆道的風氣，也逐漸流行了開來。正是由於存在着這些情況，秦朝統一全國後，不但需要廢除六國文字"不與秦文合"的異體，並且還需要對秦國本身的文字進行一次整理。這次整理所規定的字體就是小篆。此外，適應文字實際使用的需要，在那些破壞篆文結構的簡率寫法的基礎上，還形成了一種比較簡便的輔助字體。這就是隸書。

小篆跟戰國時代的正規秦篆没有什麽本質區别。……

隸書與小篆相反，全面地繼承了戰國時代秦篆裏破壞篆文特點的那些新因素。

我們在前面舉出的秦篆中接近隸書的那些簡率寫法，有很多在戰國時代的資料裏就已經出現，它們顯然是隸書形成的基礎。秦代時間很短，這些寫法大多數也應該是從戰國時代的秦篆裏繼承下來的。今天我們看到的秦篆資料數量很少，而且只限於銅、漆、陶器及印章，寫在簡帛上的文字還没有被發現。因此，前面舉出的秦篆中接近古隸的簡率寫法，跟當時實際存在的相比，無疑只是極小一部分。

用方折的筆法"解散"篆文的圓轉筆道，對隸書的形成也有巨大

> 意義。有一些字僅僅由於這一點，就有了濃厚的隸書意味。例如昭襄王廿一年相邦冉戈的（廿）字、（帀）字，就是這樣。這種方折的筆法在廿九年漆樽銘以及很多權量詔文中，都表現得很明顯。
>
> 所謂程邈"作"隸書，其實際情況大概就是把秦國文字中接近隸書的那些新因素集中起來，加以系統化，使之初步形成一種獨立的字體。在整理過程中很可能會根據類推的原則對某些文字作些改造，不過數量大概也不會很多。
>
> 從秦篆跟漢代古隸的密切關係來看，秦代古隸的面貌大概跟漢代古隸相當接近。當然，在秦隸裏接近篆文的成文無疑會更多些。

雖然裘錫圭仍然從傳統説法把隸書的形成時代定在秦始皇時代，但是他指出隸書的孕育過程比較長，是在戰國時代破壞篆文結構的秦文字簡率寫法和以方折筆法解散篆文的圓轉筆道的風氣的雙重影響下形成的，並據秦篆簡率寫法與漢代古隸的關係，推測秦隸面貌應該跟漢代古隸相當接近，這都是在隸書形成問題研究上的重要進展。

1975 年 12 月，湖北省雲夢縣睡虎地十一號墓出土竹簡 1 150 餘枚，殘片 80 枚，從竹簡内容判斷抄寫於戰國晚期的秦昭王五十一年（公元前 256 年）到秦始皇三十年（公元前 217 年）之間，竹簡上的文字被研究者認定爲秦隸。⑲ 這是大家第一次看到真正的秦人書寫在竹簡上的毛筆文字，也是第一次真正見識秦的古隸。吴白匋在睡虎地秦簡、馬王堆帛書、銀雀山漢簡等秦西漢文字資料出土之後，在郭沫若《古代文字之辯證的發展》一文意見基礎上，認爲隸書至少起於秦昭襄王時期，他指出：

> 隸書既然起於始皇以前，當然不是從小篆演變、簡化而成的，而是從秦國一貫使用的文字演變、簡化的。……
>
> 秦隸和小篆的關係，是同出於一個祖先的兄弟關係，都是周秦篆體文字不斷簡化的結果。……

1975 年秋，江陵鳳凰山第七十號墓出土了兩顆玉印，印文如下：

---

⑲ 睡虎地秦墓竹簡整理小組編：《睡虎地秦墓竹簡》，文物出版社，1990 年，出版説明第 1～2 頁。

甲

乙

都是白文,邊上加一道框子,符合了一般公認爲秦鉨的條件。這個墓裹又出土了兩個漆盤,盤底刻有廿六年和卅七年字樣,根據所有隨葬器物的形制推定,這個墓是屬秦昭襄王時期的,可是印甲文字是標準小篆體,印乙卻是隸書體:“泠”(引者按:此字原文誤作“冷”)字偏旁用“三點水”,“令”也是簡化體,“賢”字偏旁“臣”的兩個短直劃貫通成一劃,“又”作方折而不拉長。兩印同是一個人用的,都是重要的信物,而字體两樣,這就更能够説明問題。⑳

鳳凰山七十號墓的年代有争論,即使從始皇時墓之説,玉印是墓主人生前使用的,應是戰國晚期物,所以這的確是隸書在戰國晚期已經形成並與正規篆文分道、並行的極好證據。李學勤據睡虎地秦簡文字認爲:

戰國時較早的秦器銘文,……文字結體上承春秋秦文字的統緒,與隸書差距尚遠。秦昭王時器銘,如若干兵器上的文字,字體漸向隸書趨近。始皇時期銘文,……字體多與秦簡相似,可資對照。這説明隸書的濫觴應上溯至戰國晚年。㉑

雲夢睡虎地秦簡的文字證實了裘錫圭對秦隸面貌的推測,他後來在《文字學概要》中也認爲隸書形成時代可上推至戰國晚期:

仔細觀察睡虎地十一號秦墓出土的大批竹簡上的文字,可以知道在這批竹簡抄寫的時代,隸書已經基本形成。

睡虎地秦簡上的文字顯然不是正規的篆文。從筆法上看,在簡文裹,正規篆文的圓轉筆道多數已分解或變成方折、平直的筆劃。例

⑳ 吴白匋:《從出土秦簡帛書看秦漢早期隸書》,《文物》1978 年第 2 期,第49～50 頁。
㉑ 李學勤:《秦簡的古文字學考察》,《雲夢秦簡研究》,中華書局,1981 年,第 337 頁。

如"又"字(包括"又"旁),正規篆文作　,簡文則大都作　。從字形上看,簡文裏很多字的寫法跟正規篆文顯然不同,跟西漢早期的隸書已經毫無區別,或者只有很小的區別了。例如(寫在後面括號裏的是供參考的小篆字形):

這些字形的形成,都跟使用方折、平直的筆法有關。最後舉出的"書",本是从"聿""者"聲的字,簡文通過把"聿"旁下部和"者"旁上部的筆劃合而爲一的辦法簡化了字形。西漢早期隸書裏"書"的寫法大體與此相同。如果再把"者"旁的斜筆省去,就跟較晚的隸書和楷書的寫法没有什麽區别了。在簡文字體方面還有一個非常值得注意的現象,就是左邊从"水"的字幾乎都把"水"旁寫作"　",像正規篆文那樣寫作"　"的例子極爲罕見(《語書》部分中"江陵"之"江"的"水"旁作　)。

根據上述這些情況,可以把秦簡所代表的字體看作由篆文俗體演變而成的一種新字體。秦簡出土後,很多人認爲簡上的文字就是秦隸,這應該是可信的。㉒

正如裘錫圭指出的,在秦文字當中,"水"旁的簡化寫法很引人注意,所以他把睡虎地秦簡"　"形的"水"旁看成是隸書形成的標誌之一。從前引吴白匋所舉"泠賢"印的例子來看,這是很有道理的。不過,秦文字當中"水"旁寫法問題並不那麽單純。早在秦惠文君四年(公元前 334 年,或説惠文王更元四年——公元前 321 年)的相邦樛游戈的"游"字"水"旁已是

㉒　裘錫圭:《文字學概要(修訂本)》,商務印書館,2013 年,第 74～75 頁。

三點水形，㉓秦惠文王時的秦駰玉版乙版銘文中“瀴”字所从的“水”旁也是同樣寫法，㉔可見在隸書還没有完全形成的時候，三點水形的“水”旁已經是秦篆俗體中常見的寫法了。同時也可注意到，秦隸形成以後，在簡牘文字中還經常出現篆文“水”旁的寫法。裘錫圭所舉的睡虎地秦簡的情況是相對比較單純的，寫作“”形的“水”旁還不多，在睡虎地秦簡發表以後，又有多批秦簡發表，請看下列左旁从“水”字形的例子：

里耶秦簡“河”里耶秦簡“洞”里耶秦簡“沅”

嶽麓秦簡“江”

關沮秦簡“涂”關沮秦簡“波”關沮秦簡“池”關沮秦簡“涌”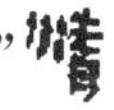關沮秦簡“清”關沮秦簡“澤”關沮秦簡“漬”關沮秦簡“浚”關沮秦簡“洗”關沮秦簡“淳”關沮秦簡“汗”關沮秦簡“染”

龍崗秦簡“沙”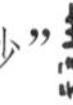龍崗秦簡“羡”㉕

這幾批材料，大部分被認爲是秦統一以後抄寫的。㉖ 當時古隸無疑已經形成。這些例子足以説明，在隸書形成以後，“水”旁的寫法仍可因爲不同原因呈現出不同的面貌。里耶、嶽麓、龍崗幾批秦簡“水”旁在左寫成篆文“水”形的字，可以注意其出現的場合基本都是地名，如“廬江”“江陵”之“江”、“沙羡”之“沙”和“羡”、“河内”之“河”、“洞庭”之“洞”、“臨沅”之

㉓ 裘錫圭：《文字學概要(修訂本)》，第74頁。

㉔ 郭永秉：《秦駰玉版銘文考釋中的幾個問題》，《古文字與古文獻論集》，上海古籍出版社，2011年，第43頁。

㉕ 方勇：《秦簡牘文字彙編》，第255～263頁。“染”字從陶安、陳劍《〈奏讞書〉校讀札記》釋，《出土文獻與古文字研究》第四輯，上海古籍出版社，2011年，第395頁(馬王堆帛書的“染”字，參看陳松長編著、鄭曙斌、喻燕姣協編《馬王堆簡帛文字編》，文物出版社，2001年，第441頁)。

㉖ 參看方勇《秦簡牘文字彙編》，第4～6頁；陳昭容：《秦系文字研究——從漢字史的角度考察》，第50～51頁。

“沅”，這和睡虎地秦簡《語書》“江陵”的“江”情況相同。古漢字在人名、地名等專名用字中往往存古，所以這幾批秦簡文字中在左的“水”旁用與篆文相同的寫法出現在地名當中，其他場合基本不見，決不是偶然的。這似乎也可以推論，在隸書形成過程中也許正如前人所推測，是有過一番整理規範的，哪些字可以保留較古的篆文寫法，也許有過成文或不成文的約定。這種人爲的約定在當時也並不執行得很一貫（這些專名用字當時已出現不少不按照接近篆文的寫法去書寫的例子，比如嶽麓秦簡“清河”的“清”，里耶秦簡“江陵”的“江”、“臨沅”的“沅”，龍崗秦簡“沙丘”的“沙”等等，都作三點水形，例子也不少），這應當是由於隸書簡俗體的寫法實在太過方便，衝破了舊書寫規則藩籬的緣故。但反過來也可以看到，在關沮秦簡中，在左的“水”旁寫成“𣱱”形的卻出人意料得多，而且除了“涌”字是出現在地名“羅（離）涌”當中之外，其他基本都不是專名的用法。這究竟是書手個人風格因素、個人喜好的反映，還是這批竹簡中部分內容抄寫時代較早的反映，抑或是古隸作爲一種書體不夠成熟、處於不斷調整過程當中的反映，還有待進一步研究。儘管如此，仍略有可說之處。關沮秦簡的內容有很大一部分是病方，上述从“水”旁的字多見於整理者所分出的“病方及其他”部分中（“澤”字見於曆譜），這部分內容與馬王堆帛書中的相關內容接近，而在馬王堆帛書中“水”旁寫法作“𣱱”形的，基本也都集中見於《五十二病方》、《雜療方》、《胎產書》、《足臂十一脈灸經》、《陰陽脈死候》、《陰陽十一脈灸經》甲乙本等，㉗這類醫書內容都有比較專門的傳承，其傳抄當有所本，因而會有比較古的字形寫法出現【編按：也不排除這些書就是秦統一前抄寫，流傳到後代的可能。秦禁《詩》、《書》、百家語，但“醫藥”和卜筮、種樹之書一樣，在“不去”之列】。關沮秦簡的情況，也許可以與之類比作解。總之，在秦和西漢早期隸書中在左的“水”旁不作三點水形的，似乎大多都有一些特殊的原因，這正是隸書方始形成過程中不夠穩定、一致的一種反映。

陳昭容從文字載體、書刻方式的角度，認爲簡率的銘刻方式對早期隸書的形成有一定程度的影響：

㉗　陳松長編著，鄭曙斌、喻燕姣協編：《馬王堆簡帛文字編》，第435～460頁。

> 草率的篆體，並不是如唐蘭所説是先使用於民間，前述的瓦書（引者按，指秦惠文君四年的秦封宗邑瓦書）也是官方正式文書，表現出來的風格就與詛楚文的嚴謹大異其趣；商鞅方升也與大良造鞅戟頗有差異。我們認爲正規篆體與俗書的差别並不在統治者與民間，而是取決於製作時的態度和工具質材，詛楚文是用以祭祀山川鬼神，製作極爲嚴謹；虎符爲出兵憑信，亦不可馬虎，但前者琢磨於石章，後者鏨刻於銅器，圓轉與方折就有差異。青銅器上的鑄銘一般都較爲規整，刻款則較率簡，製作時不嚴謹當然是主因，直接以尖鋭的工具刻寫，難於婉轉，也是重要因素，質材堅硬難刻也有關係。尤其是要應付戰國日益繁複的社會，像兵器數量龐大，刻款時破圓爲方、簡省筆劃能節省許多時間，隸書的寫法就在這一步一步的方折簡省中形成了。
>
> 我們認爲，簡率的銘刻方式對於早期隸書的形成，起過一定程度的影響。戰國時期秦文字承襲了春秋以來的風格，嚴謹的文字朝結構規整、綫條圓轉方向發展，逐漸形成小篆；率簡的俗體朝簡化結構、綫條平直方向發展，形成早期隸書。爲了應付戰國以來更趨繁雜的事務，刻款較鑄款簡省時間，俗體較正體便於書寫，俗體刻款的簡省及平直，加上毛筆柔軟特質的運用，表現在簡牘上，就是我們所見到的早期隸書。㉘

陳昭容對比時代相近的秦封宗邑瓦書和詛楚文字體，認爲二者有草率與嚴謹之别，這是可以的；不過仔細觀察秦封宗邑瓦書的字形結構，基本承襲的還是傳統的秦篆寫法，幾乎没有看到嚴重的破壞字形結構的現象（重點可以注意“之”、“游”、“出”、“書”、“爲”、“羈”、“御”等字，看下頁圖），㉙所以從本質上講，瓦書還不能説與詛楚文有顯著的區别，這也就是説，書法風格和字體是兩個應該區别對待的問題（裘錫圭和陳昭容等指出的商鞅方升和大良造鞅戟，情況也相類似，只不過大良造鞅戟的字比瓦書的字

㉘ 陳昭容：《秦系文字研究——從漢字史的角度考察》，第 60～61 頁，又參看第 65 頁。

㉙ 郭子直：《戰國秦封宗邑瓦書銘文新釋》，《古文字研究》第 14 輯，中華書局，1986 年，第 178～179 頁。

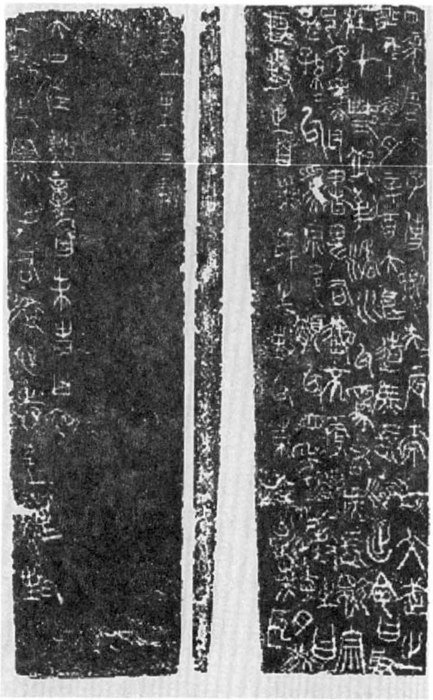

更草率而已。甚至嚴格來説，瓦書的字在當時的秦篆中還可能算是相當規整的了，詛楚文是具有政治意義的特殊文字記載，所以用最端正、美觀的秦篆去書寫，那是最極端的例子，與一般篆文恐怕不能等量齊觀），因此這個例子似乎不足以反駁自唐蘭《古文字學導論》以下學者關於草篆以至古隸是起自民間的傳統觀點。陳昭容認爲，因爲刻寫銘文不易，所以容易在刻款中産生破圓爲方、簡省筆劃的現象（這可以作爲商代文字俗體的殷墟甲骨文爲例證，比如甲骨文中的“日”字因爲刻字的方便改圓爲方，是大家所熟知的），這種風格後來被簡牘所見的早期隸書吸收。她提出的這個意見應該説是比較新穎的，我們的確不應過分低估銘文刻寫導致的篆形結構破壞和筆道方直在隸書形成中的作用。不過，我認爲隸書形成的大部分因素，恐怕仍然是來自毛筆書寫的簡帛文字本身而不是刻寫的銘文。這是因爲，古人書寫的最主要載體畢竟是簡帛，鑄刻的金石文字並非常態，所以手寫文字才是推動文字字體演變進化的最主要方面。過去因爲戰國時代秦國的簡牘文字資料嚴重缺乏，研究者很大程度上依賴戰國中晚期秦到秦代的青銅器銘文、權量、詔版、漆器、陶文、璽印等來推測早期隸書的形成，並以西漢早期的文字資料（包括二十世紀七十年代以後出土的簡帛文字）爲輔證，那是不得已的，也是很有局限的；在戰國中晚期秦文字資料已經大大豐富的今天，我們認爲就不應該再過分地强調銘刻對於隸書形成的影響，而應該盡量從毛筆文字本身出發考察隸書的形成。[30]

---

[30] 前面所舉馬王堆漆器文字中的“升”字之例，就是用毛筆書寫的古隸文字迅速演變的生動實例。

對於這個問題,首先可以從秦惠文王末年所作秦駰玉版銘文中得到一些啟示。秦駰玉版的兩版銘文,除了甲版正面爲刻銘之外,其餘都是毛筆文字。㉛ 曾憲通等已經指出,“A 版(引者按,就是一般所稱的乙版,下同)結字”比睡虎地秦簡和龍崗秦簡的文字“更近於篆書”,而“B 版(引者按,就是一般所稱的甲版,下同)正面……是較爲規整的小篆”,㉜這就已經很簡明地點出了秦駰玉版的刻銘更接近篆文的事實。曾憲通等還進一步分析道:

> 從書寫角度看,A 版和 B 版正面存在較大差異。我們認爲這除了和前者爲筆書、後者爲刻銘有關之外,還可能與出自不同的書手有關。其理由一是兩者的文字風格明顯不同,A 版結字雖然近於小篆,但許多字形和筆劃帶有很濃的隸書意味。字勢倚斜,左高右低,這一點與睡虎地及龍崗秦簡類似,只是玉版更近於篆書。B 版正面筆劃細勁,結體端莊,比瓦書還要規整,是較爲純正的小篆。二是兩者字體略有不同。B 版正面是較爲規整的篆書,而 A 版則不然,比如月、人、而、之、永、法、滅、光、川、神、祀、罪、也等字,都有較濃的隸意,甚至與後世隸書幾無差别,特别是“人”字。三是兩者在構形上也有差别,比如“美”字 A 版作,B 版作;“得”字 A 版作,B 版作;“其”字 A 版作,B 版作。四是兩者在筆劃上也有一些差異。A 版筆劃粗細富有變化,隸書的蠶頭雁尾已經出現,如“不”字的横筆,“人”字的捺筆。B 版正面筆劃均匀,粗細缺少變化,更近於標準的小篆。㉝

其説除了所謂 A 版的蠶頭雁尾説並不準確外,其他對玉版文字情況的描

㉛ 李零:《秦駰禱病玉版的研究》,《國學研究》第六卷,北京大學出版社,1999 年,第 525～543 頁。關於玉版的器主和年代,參看李學勤《秦玉牘索隱》,《故宫博物院院刊》2000 年第 2 期;李家浩:《秦駰玉版銘文研究》,《北京大學中國古文獻研究中心集刊》第 2 輯,北京燕山出版社,2001 年。

㉜ 曾憲通、楊澤生、肖毅:《秦駰玉版文字初探》,《古文字與出土文獻叢考》,中山大學出版社,2005 年,第 227～228 頁。

㉝ 曾憲通、楊澤生、肖毅:《秦駰玉版文字初探》,第 228 頁。

述基本上是可信的。但是這四點似乎也不足以説明兩件器物銘文的書手不同。我們認爲,其中的不同,主要還是因爲刻銘和毛筆書寫造成的差異。爲便於比較,我們把甲版正面與乙版有特徵性的相關字形列在下方(上引曾文已舉出字形者不重複舉出):

文　字	甲版正面	乙　版
又		
月		
身		
人		
天		
光		
川		
神	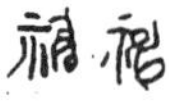	
先		
灋		
使		
友		
事		

從這些字形比對中可以很清楚地看出,甲版雖然是刻銘,卻非常好地保留了秦篆正體的寫法,其字體、書風正如有些學者指出的,跟宗邑瓦書、詛楚文等接近。㉞ 曾憲通等舉出的“得”字,甲版正面的“貝”省爲“目”形,好像更接近後來隸書的寫法,是一個反例,但其實這種寫法是戰國文字裏最常見的,齊、楚、三晉、燕文字的“㝵(得)”字多數都寫作這種省體,㉟幾乎應當等同於當時的正體來看待,所以這是一個比較次要的問題;乙版“得”字下部譌變从“寸”,甲版正面卻仍从“又”形,其實這才是篆文俗體和保留古文字特徵的秦篆正體的不同。㊱“事”、“吏”(“使”字所从)二字的頭部,玉版刻銘皆有傾垂的斜筆,毛筆書寫的乙版則皆作直筆,這跟“造”字所从的“告*”在秦文字中已大量地與一般的“告”字譌混,而在商鞅量、六年上郡守戈、“邯鄲造工”印和秦代漆器烙印銘文中的“告*”“仍然保留中豎向左屈頭的特徵”,㊲是類似的情況。因此,秦駰玉版銘文給我們提示出的信息是,刻銘雖然比毛筆書寫困難,但正因爲它是鏤刻於金石上的,所以一般來説仍然較爲鄭重,仍會比毛筆文字更接近篆文正體,簡帛上所見的毛筆文字才是包含簡俗體因素最多的文字(從六國到秦,應該無不如此)。㊳ 所以,古隸應當是最先在以毛筆書寫的竹木簡文字中脱胎的。在隸書形成過程中,金石刻銘中迅速吸收其中的簡俗寫法,以提高刻寫的便利性,這是必然的結果。當然,那些戰國時代草率的刻銘,也不排除對隸書的發展産生過一定的影響,二者也有互相促進的一面。

㉞ 參看王輝《秦曾孫駰告華大山明神文考釋》,《考古學報》2001 年第 2 期,第 153 頁。

㉟ 湯餘惠主編:《戰國文字編》,福建人民出版社,2001 年,第 116～117 頁。

㊱ 湯餘惠主編:《戰國文字編》,第 116 頁;漢語大字典字形組編:《秦漢魏晉篆隸字形表》,四川辭書出版社,1985 年,第 124 頁。泰山刻石的“得”字作,已經譌變,但三體石經“得”字作,尚不誤(商承祚:《石刻篆文編》,中華書局,1996 年,第 104 頁)。

㊲ 陳劍:《釋造》,《甲骨金文考釋論集》,綫裝書局,2007 年,第 136～137 頁。

㊳ 我很懷疑在玉版上用毛筆書寫的文字,是爲後來刻寫銘文打的草稿。只是後來因爲惠文王病情加重,需要盡快向華山祭禱,所以没來得及把四面銘文刻完,就匆匆埋在了華山之下。

距離秦惠文王時代之後不久的秦武王二年至秦昭王元年甘茂亡秦奔齊前抄寫的青川木牘,㊴其字體正處在從秦篆俗體向早期隸書過度的關鍵階段。從此木牘文字的整體書風很容易看出,它跟秦的傳統篆文不太一樣,許多字的寫法已經跟後來的秦隸没有差别,如"月"、"史"、"波"(作三點水的"水"旁)等字,"大"字作,甚至可以説比晚出的如睡虎地秦簡所代表的秦隸作的"大"字更加草率,但是可以注意其中的"年"、"道"、"千"、"行"、"高"等字,仍然和秦篆寫法甚爲接近,而遠於後來的古隸,請看:

文　字	青 川 木 牘	睡虎地秦簡
年	(牘背,方勇摹本)	(《語書》)
道		(《爲吏之道》)
千		(《爲吏之道》)
行		(《爲吏之道》)
高		(《秦律雜抄》)

可見隸書的形成過程非常複雜,字形的超前性與滯後性往往同見於同一書手筆底下的文字。前引曾憲通等文中提及秦駰玉版"美"字"A 版作,B 版作"的事實,也是類似現象(B 版即甲版正面本來更接近篆文正體,其"美"字字形反倒更爲簡率;不過細審比較清晰的照片,B 版"美"

㊴ 四川省博物館、青川縣文化館:《青川縣出土秦更修田律木牘——四川青川縣戰國墓發掘簡報》,《文物》1982 年第 1 期,第 1～21 頁。比較清晰的彩色圖版,參看中國文物研究所編《出土文獻研究》第八輯,上海古籍出版社,2007 年,圖版第 1～2 頁。

的摹本也許有誤,似下部尚有大形腿部的筆劃,故此例還應存疑)。㊵ 所以,我們應該認識到,古隸從秦篆中獨立出來成爲一種書體,一定是一個非常漫長的漸變過程。趙平安指出:

> 隸變繼承了古漢字的形變方法,其過程連綿數百年,具有明顯的連續性和階段性,不是"突變",而是漸變。㊶

他又說:

> 在惠文王時期,秦國文字中已經出現了比較明顯的隸變傾向。這種趨向到了戰國晚期的昭襄王、秦王政時期愈演愈烈,成爲一種普遍現象。㊷

根據我們上文的考察,這些都是很正確的意見。不過他又認爲:

> 七十年代初期,裘錫圭先生就已指出:"隸書是在戰國時代秦國文字的簡率寫法的基礎上形成的。"這一觀點較之傳統的看法取得了新的突破。但由於當時材料的限制,作者仍把秦始皇時代及其以前秦國文字的簡率寫法看做"草率的小篆","接近隸書的寫法",而没有直接把它看做隸書。本文與裘先生的看法有所不同,一是把戰國時期秦國文字的某些簡率寫法直接看做古隸,二是把隸書的產生時間明確卡在戰國中期。㊸

既然承認隸變是一個延續時間也比較長的漸變過程,那麼就没有道理把戰國中期的那些包含較多簡俗體因素的秦篆看成隸書,所以把隸書形成時間定在戰國中期的根據是不足的。陳昭容認爲青川木牘的字形"在改

㊵ 在古隸形成以後,簡牘文字也會在某些特殊場合使用混雜隸書寫法的篆文(如《里耶秦簡[壹]》所收的 461 號正、772 號、906 號,第一例所書是秦關於更换各種名稱、用語和更换文字寫法的規定,第二例者形制特别,正背書"南郡泰守"、"洞庭守府",第三例是簽牌,書"卅四年遷陵課笥",見湖南省文物考古研究所《里耶秦簡[壹]》,文物出版社,2012 年,第 14、12、906 頁),與上面講到的這種情況不一樣。

㊶ 趙平安:《隸變研究》,第 72 頁。

㊷ 趙平安:《隸變研究》,第 9 頁。

㊸ 趙平安:《隸變研究》,第 9 頁。

變秦篆筆法方面,已大體具備,破圓爲方、改曲爲直、省併筆劃等,都已經出現",認爲木牘的"九"、"有"等字和"辵"、"水"、"阜"、"木"、"戈"、"羊"、"刀"、"首"、"禾"、"广"等偏旁"與成熟漢隸的寫法幾無二致","充分説明所謂'初有隸書'的年代絶對可以提前到戰國晚期的早段,公元前三百年之前,這是無可懷疑的。如果考慮到這樣的變化不是一朝一夕可能完成的,那麽青川木牘所展現出來的隸體也應前有所承,只是目前我們還没有看到實際的材料罷了"。方勇同意陳昭容的意見。㊹ 我們認爲,忽略青川木牘上尚有不少明顯帶有篆意的字,而把牘文直接與以睡虎地秦簡等爲代表的古隸等同起來的做法是不妥當的;總體上講,木牘文字仍更近於惠文王時期使用的文字,應當看成秦篆俗體向古隸過渡的類型。裘錫圭指出有些權量銘文"毋"、"明"、"皆"、"者"等字的寫法與秦簡隸書完全相同,"從總體上考慮,這種草率銘文恐怕還不能就看成隸書","但是,這種包含着很多隸書成分的詔書銘文,確實預示着小篆即將爲隸書取代的命運"。㊺ 以睡虎地秦簡爲代表的隸書,因爲還包含着許多接近正規篆文的寫法,裘錫圭認爲仍尚未完全成熟;㊻青川木牘文字的隸書成分,雖然比那些權量詔文更多(權量詔文的"水"旁皆不作三點水形),但它和秦駰玉版銘文一樣,比睡虎地秦簡接近篆文寫法的地方要更多,所以只能看成是一種過渡性字體,不能作爲當時隸書已經形成的證據。

總之,通過對新出秦至西漢早期簡帛文字資料的研究,綜合前人正確可取的意見,我們認爲應當得到如下結論,隸書是在戰國時代秦文字的簡俗體基礎上形成的,其形成過程較長且比較複雜,古隸形成過程的結束時代應爲戰國晚期(但古隸在此之後仍然繼續發展,一直持續到西漢早期),推動隸書形成的最主要内因是毛筆書寫的簡帛文字而非金石篆文中的草率一路寫法。

㊹　陳昭容:《秦系文字研究——從漢字史的角度考察》,第 52～53 頁。方勇:《秦簡牘文字彙編》,第 14 頁。

㊺　裘錫圭:《文字學概要(修訂本)》,第 79 頁。

㊻　裘錫圭:《文字學概要(修訂本)》,第 76～77 頁。

三、六國文字與隸書

二十世紀七十年代以來,學者就開始已經注意到六國文字中存在隸書因素。㊼ 裘錫圭在《文字學概要》中,對六國文字的隸書化趨勢有很好的概括:

> 在戰國時代,六國文字的俗體也有向隸書類型字體發展的趨勢。楚國的簡帛文字"體式簡略,形態扁平,接近於後世的隸書"(郭沫若《古代文字之辯證的發展》,《考古學報》1972 年 3 期 8 頁)。在齊國陶文裏可以看到把""所从的""寫作(原腳注:把寫作的現象,早在春秋時代的銅器銘文裏就已出現。在陶文之外的齊國文字以及三晉文字裏,有時也能看到這種現象。但是秦代隸書通常卻把"大"字寫作。),把"桼"所从的""寫作,把""(卒)寫作或等現象。這種簡寫方法跟隸書改造篆文的方法極爲近似。如果秦没有統一全中國,六國文字的俗體遲早也是會演變成類似隸書的新字體的。㊽

當時學者已經看到了一些戰國時代東方國家的簡牘文字資料,但是畢竟還不多,隨着八九十年代以來戰國簡牘文字資料大量發表,六國文字中有向隸書類型字體發展趨勢的寫法已經看到越來越多,下面舉出一些例子:

> "言"和"言"旁:上博簡《柬大王泊旱》20 號簡"言"、上博簡《天子建州》乙本 11 號簡"言"、上博簡《孔子見季桓子》6 號簡"詧(察)"字

㊼ 郭沫若、李孝定、顧鐵符、馬國權等學者都有這方面的論述,參看陳昭容《秦系文字研究——從漢字史的角度考察》,第 65 頁。

㊽ 裘錫圭:《文字學概要(修訂本)》,第 76 頁。

"大"：包山簡157號簡、曾侯乙墓竹簡124號簡、上博簡《緇衣》12號簡

"天"：上博簡《性情論》2號簡

"而"：上博簡《性情論》23號簡、上博簡《内禮》6號簡

"又"：上博簡《性情論》38號簡、上博簡《采風曲目》1號簡、上博簡《采風曲目》2號簡、上博簡《相邦之道》4號簡

"之"：上博簡《性情論》8號簡、上博簡《性情論》33號簡

"也"：上博簡《相邦之道》4號簡

"不"：上博簡《天子建州》乙本11號簡"不"

"北"：上博簡《孔子詩論》26號簡

"虍"旁：上博簡《孔子見季桓子》22號簡"虘"、上博簡《孔子見季桓子》22號簡"䖣(皆)"、曾侯乙墓竹簡62號"虎"、上博簡《緇衣》14號簡"虘"、上博簡《緇衣》23號簡"虘"

"心"旁：上博簡《性情論》10號簡"惪"、上博簡《孔子見季桓子》22號簡"𢖶(恐)"、上博簡《孔子見季桓子》9號簡"𢚧(仁)"、上博簡《孔子見季桓子》25號簡"𢘓"

"宀"旁：上博簡《緇衣》11號簡"寧"、上博簡《緇衣》19號簡"守"、上博簡《緇衣》23號簡"宋"、上博簡《性情論》33號簡"宜"

"斤"旁：曾侯乙墓竹簡141號"所"、包山簡257號簡"所"、上博簡《緇衣》8號簡"所"、上博簡《孔子見季桓子》17號簡"所"

“止”旁：上博簡《性情論》34 號簡“近”、上博簡《性情論》1 號簡“𡳿”

“阜”旁：包山簡 163 號簡“墮”、上博簡《用曰》9 號簡“降”

“隹”旁：曾侯乙墓竹簡 124 號簡“唯”、曾侯乙墓竹簡 123 號簡“䪈”

“豕”旁：曾侯乙墓竹簡 35 號簡“䨕”、上博簡《緇衣》11 號簡“家”

“犬”旁：上博簡《孔子詩論》23 號簡“䏻”、上博簡《孔子詩論》4 號簡“猷”

“虫”旁：上博簡《緇衣》18 號簡“䖵（夏）”（對比同簡同字作）

這些例子全是戰國簡資料中挑選出來的。只要看這些例子，便大致可以得出六國文字的隸書化傾向絲毫不比秦國來得遜色的印象。六國文字向隸書過渡也有其特點。首先是俗體的影響比秦文字更加厲害，“在六國文字裏，傳統的正體幾乎已經被俗體衝擊得潰不成軍了”。[49] 戰國時代的簡牘文字中，俗體字是大量的，從上面所舉“言”、“大”、“天”、“而”等字寫法就可以對此有直觀認識。簡俗寫法的確立有時是“人同此心”的，比如前舉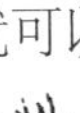字下的“言”旁，可以説跟省去中間一豎的西漢古隸的字已經很接近；字與前文已舉的青川木牘的字筆法也一致；字與秦陶文字、西漢古隸的字寫法也基本相同。第二，解散篆體、改圓爲方的情况同樣存在，但往往與秦文字俗體情况不同，比如前舉“而”字、“心”旁的寫法、“宀”頭的第一、三兩種寫法、“隹”旁的寫法、“犬”旁的寫

[49] 裘錫圭：《文字學概要（修訂本）》，第 64 頁。

法等等。六國文字在左的"水"旁簡化成三點水形的例子,目前似乎一個都找不到,可見這種簡俗體是秦獨有的。第三,六國文字隸書化傾向導致文字異形情況越來越嚴重。因爲各國文字的簡俗體發展方向不一,簡省字形的方式、技巧很不一樣,各國之間的俗體便呈現不同面貌。前舉簡牘文字中,除了楚文字之外,還有帶有齊系文字風格的抄本如上博簡《緇衣》,曾侯乙墓竹簡文字一般雖然歸入楚文字範圍,但是其中也有一些不合於一般楚文字特徵的寫法(是否受到三晉文字等影響亦可考慮),所以它們反映出來的簡俗體風格導致的隸書因素,也是各不相同,比如前舉"虍"旁的寫法。這也就是説,六國文字俗體不像秦文字那樣,有着比較顯著的統一化的趨向,相比秦文字,六國文字的隸書化趨勢顯得複雜得多。裘錫圭説,"如果秦没有統一全中國,六國文字的俗體遲早也是會演變成類似隸書的新字體的",他所設想的在六國文字俗體上建立起來的新的字體,當然也應該是以統一了包括秦在内國家的那個國家的文字俗體爲基礎的,它一定是距離我們現在看到的古隸面貌有頗大不同的一種字體,而且可以推測,在六國文字俗體基礎上建立起來的那種"隸書",因爲上述這些特點,其形成、推行、發展,可能都會比秦隸遇到更多的困難。[50]

裘錫圭曾批評有些學者認爲隸書"有一部分是承襲六國文字的"的看法,認爲"這是一種誤會",並對持這些觀點的學者所舉的"戎"、"欠"等有問題的篆形與隸書字形不合的例子進行了解釋,認爲不能根據這些字形得出它們來自六國文字的結論;他還對"朝"、"明"、"鼎"、"於"這些情況比較複雜的字作了説明,認爲隸楷的"朝"、"明"等字都是出於秦系文字的,也"並不否定隸書所從出的篆文或篆文俗體以至隸書本身,曾受到東方國家文字的某些影響的可能性"(如秦系文字"鼎"簡化爲"貝"形、秦簡"於"字的寫法)。[51] 這都是十分客觀合理的意見。不過關於"欠"字的情況,似可據新材料多説兩句。對"欠"字篆文作"",究竟

[50] 這當然也跟秦隸直接來自比較完整地保留了古漢字的正統面貌(即繼承了宗周文字)的秦文字,而六國文字很早就與早期古漢字正體分道揚鑣直接有關。

[51] 裘錫圭:《文字學概要(修訂本)》,第78頁。

是怎樣譌變的,何時發生的譌變,因爲資料還很缺乏,很難作確切推論(唐寫本《説文》木部“橛”字所从不作此形而同於秦篆)。上博簡《緇衣》有“疑”字的異體“㠯心”字(當然也有可能是《説文》訓“騃也”的“儗”字異體),在2號簡中寫作,但同篇3號簡和22號簡分別寫作。[52] 2號簡之形上部來自早期古文字中“矣”字頭部張口之形的譌變,[53]後兩形頭部則顯然是在形草率寫法基礎上又加了一撇而成的。雖然現在尚未看到過“欠”旁的這樣的譌變,但是“欠”旁後來之所以會變成“”形,是否也是受了六國文字中這種特殊的張口人形寫法的影響,似乎並不是不可以考慮的。

隨着戰國文字資料的大量發表和不斷研究,研究者逐漸對秦和西漢前期文字中的六國古文遺迹有了更加深入的認識。[54] 他們所舉出的例子大多是確實可靠的,但也有一些誤解。比如周波認爲,馬王堆帛書《稱》150行、《相馬經》26行寫作、,與秦、西漢前期寫作(馬王堆帛書《五行》210行)的“淺”字不同,而和三體石經“踐”字古文的聲旁相同,並認爲此聲旁亦見於郭店簡《五行》46號簡寫作的“淺”字,周波還將這個聲旁上推到金文翦伐之“翦”字所从的聲旁“辛”(金文字形周波從劉釗説)。[55] 無獨有偶,北大藏秦簡中有一塊木牘,整理者將牘文命名爲《泰原有死者》,其中有一個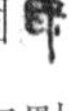字被整理者釋爲“錢”,並對之作了如下説明:“‘錢’,戔旁的寫法有點怪。這種寫

---

[52] 李守奎、曲冰、孫偉龍編著:《上海博物館藏戰國楚竹書(一～五)文字編》,作家出版社,2007年,第499頁。

[53] 參看魏宜輝《試析楚簡文字中的“疑”與“舜”字》,謝維揚、朱淵清主編:《新出土文獻與古代文明研究》,上海大學出版社,2004年,第158頁。

[54] 參看范常喜《馬王堆簡帛古文遺迹述議》,武漢大學簡帛網,2007年9月22日首發;周波:《秦、西漢前期出土文字資料中的六國古文遺迹》,《出土文獻與古文字研究》第二輯,復旦大學出版社,2008年,第240～292頁。

[55] 周波:《秦、西漢前期出土文字資料中的六國古文遺迹》,《出土文獻與古文字研究》第二輯,第290頁。

法的戔曾見於傳世古文的踐字和郭店楚簡的淺字(《五行》篇簡 46)。清華楚簡《繫年》述及踐土之盟,踐字从土,聲旁也這樣寫(第七章,簡 44)(引者按: 此字原寫作)。"⑯這些意見都是錯誤的。只要把他們所舉的秦漢簡帛中的這種特殊"戔"旁跟古文"踐"、郭店簡、清華簡中相關字形比較即可知有明顯區别。首先,秦漢簡帛中的特殊"戔"旁下部,從筆順、筆勢看,毫無疑問都是寫的"戈"旁,戰國古文和傳抄古文相關之字的下部都是在一豎筆兩側加若干小點(三體石經和《五行》之字是加對稱的四點,《繫年》之字則是加了對稱的兩小撇),這是完全無法比附的。秦漢簡帛特殊"戔"旁的上部,似乎和戰國古文和傳抄古文用作聲旁"戔"的字形有些相像,但排比字形,容易知道它其實是"戈"旁的下撇被平置的一種變體。秦漢古隸的"戈"旁爲了給位於下方的部件讓出地位,往往會將"戈"的下撇横置,如"戒"、"武"等字寫作、形;⑰"戔"旁的上方那個"戈"爲了給下邊之"戈"空出位置,也往往寫作類似形體,"戈"形右上之點拉長越過"戈"的第一横,就變成略似兩横兩豎交叉之形了。馬王堆帛書《繆和》的"戔"字作,就是一個非常清楚的例證。銀雀山漢簡中的"賤"字演變,也可以印證我們的這種看法:

(403)、(259)、(688)、(193)⑱

其由"戔"旁比較規範的寫法合併、草寫的變化過程是一目了然的。因此這種特殊的"戔"旁可以確鑿無疑地肯定是從秦漢文字中規範的"戔"字變化來的,與三體石經古文等毫無關係。我們在研究古隸字形的時候,仍應牢記裘錫圭關於隸書的"字形構造就應該是屬於秦系文字系統"的明

⑯ 李零:《北大秦牘〈泰原有死者〉簡介》,《文物》2012 年第 6 期,第 82 頁。
⑰ 陳松長編著,鄭曙斌、喻燕姣協編:《馬王堆簡帛文字編》,第 104、508 頁。
⑱ 駢宇騫編著:《銀雀山漢簡文字編》,文物出版社,2001 年,第 231～232 頁。字形是摹本,括號中數字是原簡簡號。

確判斷，切忌忽略秦系文字本身的發展規律，作出不切實際、求之過深的推論。

説明：馬王堆漆器文字資料承湖南省博物館聶菲研究員准予引用，特致謝意。

原刊《簡帛文獻與古代史——第二届出土文獻青年學者國際論壇論文集》，中西書局，2015 年。

讀里耶8∶461木方札記

里耶簡雖尚未全部公布，但8∶461號木方（或稱"秦更名方"，原曾編號爲455，此據正式報告）已完全可稱得上是里耶簡中最重要的内容之一了，其上所書内容是秦始皇兼併天下之後對字形、用字、各種稱謂和用語進行統一規範的規定。① 可惜此方出土時已裂爲多個小塊，字迹亦多漫漶、磨滅，給釋讀帶來相當難度。已有不少學者對此木方文字的釋讀提出了有價值的意見，例如2013年10月召開的"簡帛文獻與古代史"國際學術研討會暨第二届出土文獻青年學者論壇上，陳侃理兄發表《里耶秦簡8－461號木方與"書同文字"》（下引其意見皆見此文，不再注，簡稱"陳文"），即對木方中的一些較難考釋的關鍵内容進行了深入研究，揭示出木方中與"文字字形和用法規範"相關内容的讀解規律，取得了明顯進展。印象中8∶461號木方懸而未決的問題或未被察覺的錯誤釋讀尚多，所以花了些時間加以重新研讀思考，將自己的一點心得提出來，疏誤處一定不少，盼得到方家批評指正。

一、毋曰客舍曰冥（瞑）飤（食）舍

這是木方最後兩行，也就是《里耶秦簡牘校釋（第一卷）》所編BXXXI

---

① 我曾指出，結合嶽麓簡、里耶簡的"走馬"、"簪褭"在統一前後用語的不同以及木方AIX行"走馬如故更簪褭"的規定可以看出，木方很可能是秦始皇二十六年官方頒布的書同文字規範（《"出土文獻的語境"——國際學術研討會暨第三届出土文獻青年學者論壇論文集》，臺灣新竹清華大學，2014年8月27～29日，第23頁）。

和BXXXII兩行[②](看下圖)的新釋文,此書和《里耶秦簡【壹】》皆釋爲“毋曰客舍曰賓飤舍”。[③] “賓”字改釋爲“冥”,是陳劍先生與我閒談時説起的意見,他認爲此字上部明顯从“网”,不能釋“賓”,而“冥”字可讀爲“賓”,猶上博簡《莊王既成》“以待四鄰之賓”的“賓”寫作从“貝”从“命”聲之比。[④]

陳先生釋“冥”的意見非常正確,此字上从“网”,中間从“日”,下从“大”形,與馬王堆帛書《五十二病方》129行“冥”字作寫法一致。“冥”字的構形我們到現在仍然並不完全清楚,值得略作梳理和推測。

《説文・七上・冥部》“,幽也。从日、从六,冖聲”,從秦漢文字資料來看,“冥”字有从“冖”和从“网”兩類寫法,爲數都不少(漢魏以後隸楷書的“冥”有“冖”頭和“穴”頭兩種寫法,似分别來自秦漢古隸从“冖”和从“网”兩類寫法),[⑤]《説文》以从“冖”之形立説,這無可厚非;但《説文》説“冥”字下从“六”則可能是一種誤解,因爲從詛楚文、馬王堆帛書、新嘉量等“冥”字寫法看,“冥”字有一類形體下更可能是从“大”形,[⑥]否則即無法解釋爲何在秦漢還有不少作形的“冥”字(“大”形與“个”形相混,則有秦漢的“奚”、“隻”等字等寫法可以類比)。[⑦] 季旭昇先生説“冥字从冂(坰)、从日,可能會日在下,暮色昏冥之

---

② 陳偉主編,何有祖、魯家亮、凡國棟撰著:《里耶秦簡牘校釋(第一卷)》,武漢大學出版社,2012年,第157頁。

③ 湖南省文物考古研究所編著:《里耶秦簡【壹】》,文物出版社,2012年,釋文第33頁。因爲“飤”字下部殘去,兩書據其釋文體例,皆打上表示殘缺的符號示意。

④ 蘇建洲:《初讀〈上博六〉》,簡帛網2007年7月19日。

⑤ 參看臧克和主編《漢魏六朝隋唐五代字形表》,南方日報出版社,2011年,第162頁。“冪”字異體“羃”,大概就是將从“网”形之“冥”爲聲的“冪”字的“网”下部筆劃變作“莫”形“艹”頭的結果,唐代還有既从“网”又从“莫”、“幕”的“羃”,大概是當時人不明文字來源的疊床架屋(參看同書第163頁“冪”字唐石經、隋張貴男墓誌等例)。

⑥ 參看季旭昇《説文新證》,海峽出版發行集團、福建人民出版社,2012年,第561頁。

⑦ 傳抄古文中的“冥”字,下从“廾”形,當是後代人的錯誤翻轉,並没有先秦文字資料的根據,或據此來釋解戰國楚文字中的“冥”(趙平安:《新出簡帛與古文字古文獻研究》,商務印書館,2009年,第53～54頁),當不可信。

意，下从大”，⑧這大概是着眼於詛楚文等字形上部類似於“冂”形立論的。“冂”、“冖”本形近易混，《説文》明確説“冥”是从“冖”的，作爲表示“覆”義的形旁，它可跟“网”旁通用，如是从“冂”則反倒不好解釋了，故此説大概有問題。

段玉裁將《説文》“冥”字下“冖聲”改爲“冖亦聲”，並指出：“亦字舊奪，依小徐説補。冖，今音莫狄切，鼎蓋之鼏用爲聲，䖵部䵢又用鼏爲聲。冥在十一部，莫經切，以雙聲爲聲也。”⑨“冥”、“鼏”二字語音關係密切，古書从冥聲的“幎”、“冪”字（馬王堆帛書中的“冥”字常用作“冪”），往往與“鼏”通用。⑩ 我很懷疑“冥”字不但从“冖”聲，其字形本身也可能與“鼏”密切有關。我們知道，“鼏”字出現得很早，⑪但可靠的“冥”字則是戰國以後才見的，二者從出現時段上看，似存在字形分化的可能性。春秋以下的“鼏”字開始發生譌變，如齊國國差𦉜“鼏”字“鼎”旁變成“貝”形。⑫ 而“鼎”字象鼎體的“目”形部件，在春秋戰國文字中，有時會省變成“日”形，如戰國文字“貞”字的“鼎”旁，⑬又如下列金文从“鼎”之字：

（《集成》2551.2 褱鼎，比較褱鼎 2551.1 的字）

（春秋金文“𩱦（肆）”字）⑭

“鼎”字鼎足部件在戰國文字中變成類似“火”、“大”、“亦”一類形體，是大家熟悉的常見現象，因此認爲詛楚文“冥”字（寫作）是從“鼏”字分化，

⑧　季旭昇：《説文新證》，第 561 頁。

⑨　段玉裁注、許惟賢整理：《説文解字注》，鳳凰出版傳媒集團、鳳凰出版社，2007 年，第 547 頁。

⑩　高亨等：《古字通假會典》，齊魯書社，1989 年，第 73～74 頁。

⑪　“鼏”字西周金文已有，參看董蓮池《新金文編》，作家出版社，2011 年，第 931 頁。秦公大墓石磬殘銘的“鼏”字作（王輝：《秦文字集證》，藝文印書館，2010 年，圖版 60）。

⑫　董蓮池：《新金文編》，第 931 頁。

⑬　參看李守奎《楚文字編》，華東師範大學出版社，2003 年，第 438 頁。

⑭　董蓮池：《新金文編》，第 938 頁。

可能性似乎並不是不存在的。[15] 當然,“鼏”字分化過程中,將字形中間改成“日”,除了字形本身演變的可能性之外,也不排除有以“日”形兼表音、表意的考慮,表意的功能自然不必說,這是和分化出“冥”字的職能密切相關的;“幂”字、“鼏”字及从“鼏”之字雖然是錫部,卻常與質部字“密”、“蜜”等相通,[16]《説文》謂“䵑”字“讀若鼏”,但分析爲“昔省聲”則非是,段玉裁指出此字當與“汨”字一樣从“冥”省聲,“日聲可同密”、“鼏、密音同”。[17] 所以“日”字的讀音和“冥”、“鼏”是很接近的。我也懷疑,把“鼏”的“鼎”旁改造成爲“昗”形,也許是權作義符“昃”來理解的(比較秦駰玉版寫作的“昃”字,較爲接近,但也不完全一樣),《説文・七上・日部》訓“昃”爲“日在西方時側也”,義與“冥”的昏暗不明義相關。以上推測,有待今後古文字資料不斷發表加以檢驗和修正。

下面回過頭來談木方的文字。我認爲從文義看,木方的“冥”字應取《集韻》“民堅切”一讀,音義同於與“眠”音義一致的“瞑”字(《廣韻》音“莫賢切”)。《莊子・列禦寇》:“彼至人者,歸精神乎无始而甘冥乎无何有之鄉。”俞樾《諸子平議・莊子三》指出:

> 陸德明《釋文》:“冥,本亦作瞑,又音眠。”當從之。“瞑”“眠”古今字。《文選・養生論》“達旦不瞑”,李善注曰:“瞑,古眠字。”是也。“甘瞑”即“甘眠”。《徐無鬼》篇“孫叔敖甘寢秉羽而郢人投兵”,司馬云:“言叔敖願安寢恬卧以養德于廟堂之上,折衝于千里之外。”此云“甘瞑”,彼云“甘寢”,其義一也,並謂安寢恬卧也。《釋文》讀冥“如字”,失之。《淮南子・俶真》篇曰“甘瞑於溷澖之域”,即本之此。[18]

---

[15] 漢魏以後隸楷“冥”字,多有从類似“具”形的寫法(《漢魏六朝隋唐五代字形表》,第162～163頁),不知道是不是跟它本來與“鼎”形有聯繫的緣故。

[16] 高亨等:《古字通假會典》,第74頁。

[17] 段玉裁注、許惟賢整理:《説文解字注》,第372頁。

[18] 俞樾:《諸子平議》卷十九,中華書局,1954年(重印商務印書館國學基本叢書本),第382頁。

其説極是。“瞑”就是這個與“眠”音義一致的“冥”的後起本字。⑲《莊子·德充符》:“倚樹而吟,據槁梧而瞑。”《楚辭·招魂》“致命於帝,然後得瞑些”王逸注:“瞑,卧也。”皆此類讀法之“瞑”。

過去把“冥”誤釋爲“賓”,除了字形没有辨釋清楚以外,可能還有出於把“客舍”的“客”字同改變稱呼以後的名稱聯繫起來的考慮。其實仔細一想,就知道這種考慮並不妥當,因爲“客舍”的功能,並不是只能作爲賓客的“食舍”,就像現在的賓館、旅社,最主要的功能不是住宿休息麽?我們把“冥”讀成表“眠”義的“冥(瞑)”之後,就不存在這個問題了。《續漢書·百官志》注和《太平御覽》卷一九四引應劭《風俗通義》佚文“今語有亭待,蓋行旅宿食之所館也”(《漢書·高帝紀》顔師古注“亭謂停留行旅宿食之館”義與此同),“宿食之館”也就是木方所謂的“冥(瞑)飤(食)舍”。秦統一以後,可能不再允許稱呼外地客居的旅人爲“客”(戰國晚期的睡虎地秦簡《法律答問》尚多有“客”及“邦客”、“諸侯客”的稱呼⑳),所以睡覺吃飯的旅舍,隨之就不再稱爲“客舍”,而改以其功能來稱呼了。

二、者如故更諸

這是AX行(參看右圖)的新釋文。《里耶秦簡牘校釋(第一卷)》和陳文皆釋“□如故【更】□”號。按“更”字存筆劃尚多,文義也毫無問題,當從《里耶秦簡【壹】》逕予釋出。㉑

此行之最後一字作,可以看出左从“言”(比較AXIV行“謾”字

⑲ “瞑”與“眠”古多相通用之例,看高亨等《古字通假會典》,第73頁。清華簡《説命(中)》“若藥不眂均”(李學勤主編:《清華大學藏戰國竹簡(叁)》,中西書局,2012年,第38頁),《孟子·滕文公上》引作“若藥不瞑眩”(孫奭《孟子音義》:“瞑眩又作眠眴。”)。《廣雅·釋詁三》“眠、眩,亂也”王念孫《疏證》:“《楚語》及《孟子·滕文公篇》並引《書》:‘若藥不瞑眩。’《揚雄傳》:‘目冥眴而亡見。’並與眠眩同。”

⑳ 睡虎地秦墓竹簡整理小組編:《睡虎地秦墓竹簡》,文物出版社,1990年,第114頁(90號簡)、126頁(140號簡)、135頁(179號簡)、137頁(184號簡)、141頁(200號簡)、142頁(203號簡)。

㉑ 湖南省文物考古研究所編著:《里耶秦簡【壹】》,釋文第33頁。陳偉主編,何有祖、魯家亮、凡國棟撰著:《里耶秦簡牘校釋(第一卷)》,第155頁。

所从“言”作)，右旁則下从“口”、“甘”之形，其上則爲交叉形筆劃，最上還有筆劃。結合文義和字形看，此字似只能釋爲“諸”，試比較嶽麓秦簡和龍崗秦簡的“諸”字字形（出處詳下）：

又可比較木方中“者”字和“都”字的“者”旁：

、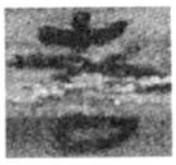(BXVIII 行)　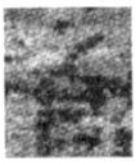(BXXVII行“都”所从)

可知此字釋“諸”當無問題。因爲此字不需加另一字構成雙音節詞或複合詞即可明確文字分化情況，與陳文所舉 AXI 行“酉如故更酒”情況類似，極可能也是字形有相承分化關係（例如加注義符分化文字）的一個例子，所以第一字可依陳文所説規律推斷爲“者”，諦審此字確尚存“者”字下部“甘”形之底横、中間一横以及交叉之筆中由上往下那一筆的末端。

《説文·三上·言部》：“諸，辯也。”古漢語中表示衆、凡一類意思或助詞、代詞及“之於”、“之乎”合音的“諸”，古文字本來都借“者”字表示，時代在戰國晚期的睡虎地秦簡没有“諸”字，全部以“者”爲此類“諸”，而在秦統一以後龍崗秦簡和嶽麓秦簡中，就開始大量使用“諸”字了，㉒經粗略翻檢，《里耶秦簡【壹】》中除了我們討論的木方有“諸官”之“諸”外，8∶130 也有“諸”字，未見以“者”爲“諸”的現象。這種用字習慣的急劇變化，顯然也是秦統一文字的措施造成，如今木方“者如故更諸”的規定更直接證明了這一點。

㉒ 方勇：《秦簡牘文字編》，海峽出版發行集團 福建人民出版社，2012 年，第 63 頁（此字編只收龍崗秦簡 1 例“諸”字，實龍崗秦簡 1、7、27、28、38、103、178 號皆有“諸”字，可以説是全面用“諸”而不用“者”爲“諸”了）。白於藍編著：《戰國秦漢簡帛古書通假字彙纂》，海峽出版發行集團 福建人民出版社，2012 年，第 213 頁。秦始皇二十六年詔量、詔權、詔版等也用“諸”表示“諸侯”之“諸”（高明編著：《古陶文彙編》，中華書局，1990 年，第 518、521～523 頁；王輝：《秦文字集證》，臺北藝文印書館，2010 年，圖版 42～47、49）。

當然,漢初的一些古書有不少還使用"者"爲"諸",㉓造成這種現象的緣故,一種可能當然是由於相關古書底本較早(有的早至戰國),秦漢之際或漢初抄本是沿襲了較早的用字習慣,另一種可能則是抄手個人偶然的用字復古。

三、騎邦尉爲騎校尉

這是 BXXIV 行(看右圖)的文字,第二個"騎"字下一字殘泐,《里耶秦簡【壹】》與《里耶秦簡牘校釋(第一卷)》皆打框未釋。㉔ 此字黑白圖版作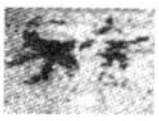,從所存筆劃來判斷,似可以確定是左右結構的;其左旁存筆劃尚多,顯然應當是"木",試比較秦簡下列从"木"之字:㉕

(睡虎地秦簡"桐"字)　(嶽麓簡"椶"字)

(睡虎地秦簡"梃"字)　(睡虎地秦簡"榫"字)

共同特點是"木"旁的篆味較濃,上部彎筆起筆處寫得較粗,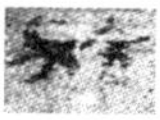字左旁的中豎有泐損,但從其頂部殘筆尚能看出本來這一豎頭部也跟上舉"桐"、"梃"、"榫"諸字一樣寫得比較粗。此字右旁存筆不太多,但是也有很明顯的特徵(例如有一個類似封閉圈形的筆劃),加上上部一撇一横與左旁"木"的限制,此字當是右从"交"的,試比較下列秦簡中的"校"字:㉖

㉓ 白於藍編著:《戰國秦漢簡帛古書通假字彙纂》,第 213～214 頁。

㉔ 湖南省文物考古研究所編著:《里耶秦簡【壹】》,釋文第 33 頁;陳偉主編,何有祖、魯家亮、凡國棟撰著:《里耶秦簡牘校釋(第一卷)》,第 157 頁。

㉕ 方勇:《秦簡牘文字編》,第 164、166、170、172 頁。

㉖ 方勇:《秦簡牘文字編》,第 172 頁。

（睡虎地秦簡）（里耶秦簡）

右旁殘缺的主要是“交”字下部交叉腿形的下端。

“騎邦尉”一職不見於傳世文獻，過去曾在相家巷出土和文雅堂所藏等秦“騎邦尉印”封泥中出現，學者一般認爲“騎邦尉”之職相當於秦漢之際出現、漢武帝以後屬光禄勳屬官的“騎都尉”，“不統兵時爲侍衛武官”。[27] 不過也有學者持不同意見，他們將相關封泥文字讀爲“邦騎尉印”：

> 此封泥曾出土，《西安》（引者按：指劉慶柱、李毓芳《西安相家巷遺址秦封泥考略》一文）讀爲“騎邦尉印”。《漢表》：“郎中有車、户、騎三將。”“騎尉”或爲“騎將”屬官。《漢表》又有“騎都尉”、“屯騎校尉”、“越騎校尉”、“胡騎校尉”之名。如以發掘出土的“騎尉”封泥看，此封泥或可讀爲“邦騎尉印”，同《睡虎》之“邦司空”。從傳世有“邦尉之印”的秦印看，“騎邦尉”（引者按：原文如此。此文第 4 頁附圖一：2 的釋文亦作“騎邦尉印”）和“邦尉”在職責上當有區别，可能爲一司騎卒一司步卒，它們二者也可能有着統屬關係，可能“邦騎尉”爲“邦尉”屬官。此外，徐州獅子山西漢楚王陵出土有“楚騎尉印”銀製印章。[28]

此文提出的“邦騎尉”的讀法，現得里耶木方文字已可不必考慮。但是這一段意見中提出將“騎邦尉”與《漢書・百官公卿表》的“屯騎校尉”、“越騎校尉”、“胡騎校尉”等比較，則值得注意。從木方文字看，“騎邦尉”所對應的職官大概不是後世的“騎都尉”（從《史記》、《漢書》的記載看，騎都尉在秦漢之際的級别是不太高的，漢武帝以後規定其“監羽林，秩比二千石”），[29]而與

---

[27] 參看朱晨《秦封泥集釋（中央官印部分）》，安徽大學 2005 年碩士學位論文（指導教師：徐在國教授），第 196 頁［引劉慶柱、李毓芳《西安相家巷遺址秦封泥考略》（載《考古學報》2001 年第 4 期）一文意見］。

[28] 周曉陸、劉瑞、李凱、湯超：《在京新見秦封泥中的中央職官内容——紀念相家巷秦封泥發現十週年》，《考古與文物》2005 年第 5 期，第 3 頁。

[29] 有學者認爲“騎邦尉”是爲了避劉邦諱而在漢以後改名“騎都尉”的（張新超：《西漢騎都尉考》，《天水師範學院學報》，2012 年第 1 期，第 78 頁），此説顯然非是，作者已經注意到秦漢之際已有“騎都尉”一職，避諱而改名之説自不能成立；而我們看到木方的記載更不利於此説，因爲秦代已將“騎邦尉”改爲“騎校尉”了。

秦以後的"騎校尉"一類職官似有更密切的淵源關係。從傳世文獻記載看,"校尉"一職最早見於秦末起義軍中(《史記·項羽本紀》"部署吳中豪傑爲校尉、候、司馬"、《張耳陳餘列傳》"以張耳、陳餘爲左右校尉"),現在看起來似乎"校尉"的起源當更早,至少不晚於秦代。《百官公卿表》載武帝初年設立八校尉,其中"屯騎校尉掌騎士"、"越騎校尉掌越騎"(顔師古注引如淳曰:"越人内附,以爲騎也。"引晉灼曰:"取其材力超越也。"㉚)、"胡騎校尉,掌池陽胡騎,不常置"(顔師古注:"胡騎之屯池陽者也。"),此外,西漢還有"輕騎校尉"(《史記·衛將軍驃騎列傳》)等。"屯騎"、"越騎"、"胡騎"、"輕騎"都是以定語修飾"騎"的,這些職官的設立及其名稱的特點,似乎可以讓我們推測在較早的時候應當比它們有一個涵蓋更廣泛的"騎校尉"——亦即統管所有騎士的武將的存在,木方的"騎校尉"可以説明這一點。

可能有學者會懷疑,作爲"騎邦尉"與上舉諸騎校尉有着郡吏和屬於中央官吏的不同,並不可比附,因爲"騎邦尉"從名稱看本是屬於"邦"的職官。這個問題是需要解釋的。

我們知道,木方内容有很多地方是跟突出秦中央集權和皇帝權威有關係的内容,例如爲了避免説"王"或"王"字,改其他的稱呼或其他詞(如"毋敢曰王父曰泰父";"王馬曰乘輿馬")或者改作"皇"、"皇帝"(如"以王令曰以皇帝詔"、"王游曰皇帝游"、"莊王曰泰上皇"等);BXXIV 行的規定與此目的類似,從前後文看,是爲了配合郡制推行,將過去的"邦"字改掉,學者指出,這説明"秦確實有過由邦而郡的官制變遷",㉛木方與此相關的有如下幾條:

郡邦尉爲郡尉。(BXXV 行)
邦司馬爲郡司馬。(BXXVI 行)
毋曰邦門曰都門。(BXXIX 行)

㉚　《資治通鑒·唐太宗貞觀十年》引《新唐書·兵志》"凡民年二十爲兵,六十而免。其能騎而射者爲越騎",胡三省注:"越騎者,言其勁勇能超越也。"胡注是相信晉灼説的。

㉛　游逸飛:《戰國至漢初的郡制變革》,臺灣大學文學院歷史學系 2014 年博士學位論文(指導教授:邢義田博士),第 31 頁。

出土秦簡没有看到過“郡邦尉”的稱呼，孫聞博先生指出“邦司馬均改稱爲郡司馬，可證統一之前的秦郡也稱邦”，而“郡邦尉”之“郡”是“爲與中央之邦尉相區别的緣故”而加，㉜所以“郡邦尉爲郡尉”一句的意思實質就是“郡之邦尉爲郡尉”。由此我們似乎應該思考，爲什麽“郡邦尉”改爲“郡尉”，“騎邦尉”卻没有隨之改爲“騎郡尉”呢？這是否正暗示“騎邦尉”、“騎校尉”並不是各郡内部的官吏，而是秦中央統一負責管理騎士的職官呢？這似乎並不是没有可能的。此前王輝先生在探討“騎邦尉印”封泥時，認爲“‘騎邦尉’當爲中央騎兵統帥”，㉝現在看來可能是接近事實的。

其次，張家山漢簡《二年律令·秩律》440號簡有二千石的“車騎尉”，㉞似乎有可能就是繼承“騎邦尉”、“騎校尉”而來的。學者已經指出，“車騎尉”應當就是《漢書·馮唐傳》“主中尉及郡國車士”（《漢紀》作“主中尉及郡車騎士”）的“車騎都尉”，㉟“車騎尉”與前舉漢武帝設置的諸騎校尉秩級相同，不知後來的諸騎校尉是不是分散了車騎尉或車騎都尉的職掌。東漢有“車騎校尉”一職（見《後漢紀·孝和皇帝紀上》㊱），疑即“車騎尉”、“車騎都尉”的别稱。秦封泥中所見的“騎尉”，王輝先生認爲，從此職用半通印來看，級别應低於“騎邦尉”。㊲ 這一點是否合於事實，還有待研究。㊳ 或疑“騎尉”即“騎邦尉”或“騎校尉”之省稱。

㉜ 孫聞博：《秦漢軍制演變研究》，北京大學2013年博士學位論文（指導教師：王子今教授），第38～39頁。

㉝ 王輝：《古璽印文字雜識（18則）》，收入同作者《高山鼓乘集：王輝學術文存二》，中華書局，2008年，第255～256頁。不過王輝先生亦主張西漢“騎都尉”與“騎邦尉”地位接近。

㉞ 彭浩、陳偉、［日］工藤元男主編：《二年律令與奏讞書——張家山二四七號漢墓出土法律文獻釋讀》，上海古籍出版社，2007年，第47頁。

㉟ 彭浩、陳偉、［日］工藤元男主編：《二年律令與奏讞書——張家山二四七號漢墓出土法律文獻釋讀》，第258頁。

㊱ （東晉）袁宏撰：《後漢紀》，收入張烈點校《兩漢紀》下册，中華書局，2002年，第258頁。

㊲ 王輝：《古璽印文字雜識（18則）》，第256頁。

㊳ 承遊逸飛兄賜告，近年大量封泥似反映同一官職可同時擁有四字印與半通印，故王輝先生的意見論據似嫌不足。

因爲資料太少，秦漢之際的很多職官演變綫索還相當缺乏，我們上面對騎邦尉、騎校尉相關情況的推測，很可能有不正確的地方，有待今後不斷發表的新資料加以修正補充。

四、待質録

木方中還有一些疑問或過去釋文明顯有誤的地方，但我自己還没有什麽確定意見或者没有很好地加以解決，謹一併列出，以俟高明。

AXVI 行“歸户更曰乙(?)户”，第二個“户”字上一字，《里耶秦簡【壹】》和《里耶秦簡牘校釋(第一卷)》皆釋“乙”。按此字原形彩色照片和黑白照片如下：

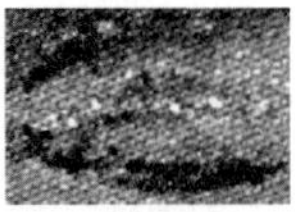　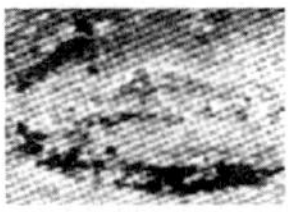

此字與一般寫作、的“乙”字形狀頗不類，㊴没有“乙”字(特别是篆文形體)頭上屈曲的那一折，而且從圖版看這個字的筆劃中有斷裂，並不像一筆寫成，釋“乙”應當不可信。更值得注意的是，上撇的頭部下方和下横筆的中部上方，其實有着不容忽視的墨迹顆粒，此字似應是“乏”字，試比較下列秦漢簡中的“乏”：

(睡虎地秦簡)　(張家山漢簡)㊵

可惜“歸户”的意義不明，“乏户”義亦應待考。

BXXVIII 行原釋“大府爲守□公”，諦審圖版，“公”下顯然尚有一字殘筆，請看：

㊴　方勇：《秦簡牘文字編》，第 410 頁。

㊵　方勇：《秦簡牘文字彙編》，吉林大學 2010 年博士學位論文(指導教師：吴振武教授)，第 28 頁(作者後來在此論文基礎上出版的《秦簡牘文字編》卻未收“乏”字)；鄭介弦：《〈張家山漢簡・二年律令〉文字編》，第 146 頁 70 號。

該字似當釋“人”。“公人”是指替公家服賤役的人，[41]此處似無關此義，與“大府”對應的“守□公人”是什麽意思，當待考。

BXXX行，《里耶秦簡【壹】》釋“毋曰公□曰□□”，《里耶秦簡牘校釋(第一卷)》釋“毋曰公坊曰□坊”，並謂：

> 公坊，似即“公市”。《晏子春秋·問上十一》：“于是令玩好不御，公市不豫，宫室不飾，業土不成，止役輕税，上下行之，而百姓相親。”[42]

按兩個所謂“坊”字原形作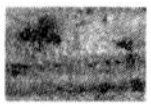、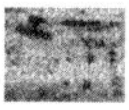，殘損嚴重，左旁作“土”没有問題，但右旁與秦文字的“市”作、完全不似，[43]當毫無關聯。更值得注意的是，從後一個字的黑白圖版可以看出，這個字右邊似可能是从“而”的：

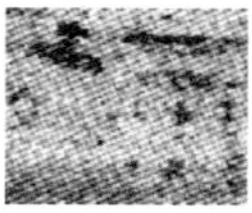

“垌”字不見於字書，《説文·十下·大部》謂“耎”字“从大、而聲”，甚疑“垌”即“堧(壖)”字異體。《史記·李將軍列傳》“李蔡以丞相坐侵孝景園壖地”，司馬貞《索隱》：“壖地，神道之地也。《黄圖》云‘陽陵闕門西出，神道四通。茂陵神道廣四十三丈’也。”“公堧”疑即公的陵園神道。不過此字尚難以最後論定，加上“曰”後一字無法釋定，上述意見姑提出備參。

2014年7月13日草

---

[41] 裘錫圭：《戰國時代社會性質試探》，《裘錫圭學術文集》第四卷，復旦大學出版社，2012年，第40～41頁。

[42] 陳偉主編，何有祖、魯家亮、凡國棟撰著：《里耶秦簡牘校釋(第一卷)》，第159頁。

[43] 方勇：《秦簡牘文字編》，第154頁。

附記：此文初稿曾在“出土文獻的語境”——國際學術研討會暨第三屆出土文獻青年學者論壇(臺灣新竹清華大學,2014年8月27～29日)上宣讀。初稿的第一則及追記是討論木方AIX行應釋“走馬如故更簪褭”的,會上承蒙陶安先生賜告,賀曉朦《秦漢簡牘所見“走馬”、“簪褭”考》(第三屆“出土文獻與法律史研究”學術研討會論文集,上海華東政法大學,2013年11月)已經對此行文字有正確釋讀(會後陶安先生給我發來了賀文的掃描本,知其對該行文字含義的具體解釋與本文初稿的理解稍有出入)。今將初稿第一則刪去,改換成現在的第一則。謹此説明,並向陶安先生致謝!

2014年9月13日

初稿原刊《“出土文獻的語境”——國際學術研討會暨第三屆出土文獻青年學者論壇論文集》,臺灣新竹清華大學,2014年8月27～29日。

編按：承田煒、郭理遠二位先生賜告,秦泰山刻石有“者(諸)産得宜”,與木方規定“者如故更諸”之例不合。我推測這大概是石刻文字保守的緣故,記此備考,謹向田、郭二位致謝。

書評與文評

完全可免的失誤

去年,中華書局出版了一部厚重的學術著作——《張政烺批注〈兩周金文辭大系考釋〉》。全書三大册,其中前兩册是張政烺先生所批《兩周金文辭大系考釋》(下簡稱《大系》)的原件影印,第三册是張先生批注的釋文整理本,並由負責整理的學者對相關批注做了必要的注釋和説明。張先生批注的《大系》能够在他百年誕辰之際面世,是一件非常值得慶幸的事。此書印製十分精良,雖然價格不菲,但仍是關心張先生學術見解以及關注金文和先秦歷史研究的學者所宜購藏的。

此書第三册所載朱鳳瀚先生《讀〈張政烺批注《兩周金文辭大系考釋》〉》一文指出,張先生 1936 年托傅樂焕先生在來薰閣購得《大系》,批注中最晚引及的是 1987 年發表的王顯先生《讀書獻疑》的意見,由此可以推知張先生對《大系》一書的研讀至少綿延了半個多世紀。也就是説,這部書可以視作張先生畢生研究兩周金文心血的結晶。衆所周知,張先生學問的廣博在現代學人中罕有其匹,張先生的《大系》批注(下以"張批"簡稱),從古文獻到考古資料,從宋人考釋到今人意見,從甲骨卜辭到漢代石刻,涉及範圍極廣,内涵極爲豐富,任何一個從事整理的學者,都必須以相當長的一段時間投入其中,細心體會、研讀,反覆核查、校對,才能爲讀者提供一個相對可靠、便於研讀的文本。朱鳳瀚先生帶領何景成、韓巍、劉源、陳絜四位學者,不畏艱難,花了很大工夫爲我們拿出了一個批注的整理稿,這是值得感謝的。但是我們在使用該書的過程中,發現因爲各種原因,整理的結果難稱理想。爲了便於讀者更好地使用此書,我們寫了這篇文章供大家參考。錯誤之處,敬請識者指正。

一、因未領會張批意圖、核查引文而導致的分條、分行問題

張批經常環繞《大系》的天頭地脚和兩側空白,有時還在行間夾注,以紅、藍、藍黑、黑四色寫成(還有個別鉛筆批注),不細心解讀,很難理出頭緒;要把張先生每一條批注的内容與《大系》的相關釋文、考釋内容聯繫,並分立出條目加以歸類,是一件極費斟酌的事。張批整理本在這方面當然花費了巨大的心力,成績也是很明顯的。不過,也有不少因爲没有仔細體會張先生意圖,導致分列條目及分行的不妥或明顯錯誤,這會對讀者造成閱讀使用的不便。下面舉幾個例子(下文所引頁碼皆爲第三册張批整理本頁碼,個别不便排印的古文字或其隸定形,因爲不涉及討論内容,姑以通行釋讀或聲旁寫出,並略加説明)。

9 頁令彝"京宫、康宫"條,有"《淮南子》'馮夷'作'馮遲'"一批,此當别列考釋部分"康宫夷大室"條,列"京宫、康宫"條下不妥。

11 頁禽簋舊或釋"殷祝"二字之條(張先生不同意此説),列有《前》2.11.2 和《院》3074 兩條卜辭,但卜辭内容和相關銘文並無關聯。實際上這兩條卜辭都有地名"去",應當是張先生考慮禽簋銘文从二"木"从"去"聲之地名所記的資料,當移入該條。

29 頁大盂鼎"奔走"條,列有"大保簋'王□大保'"一條批,但所引大保簋銘文與"奔走"無關。查此條爲朱筆批於"王曰䚄(按,此字從林澐先生釋)……"句正下方,批語"大保"上一字張先生原空一字地位,可能是要補入原形(今一般釋"衍/侃"),查此字原形右側與大盂鼎"䚄"字稍有點相像,可以推知張先生實乃録此備考大盂鼎"王曰"下今釋"䚄"之字,故當另立條目。

87 頁矢人盤"交易"條,列有"衛鼎甲、衛鼎乙"一條批。查此條批與其上方以藍黑鋼筆在"堳"字邊上所批"疑皆是履字"一批緊接,用筆、字迹顔色完全相同,而且衛鼎甲、乙皆見"履"字,故張先生一定是因此二銘

“履”字想到矢人盤舊所謂“壻”字亦應釋“履”，故當併入前“壻”條。

89 頁番生簋“屏王位”條，有“《抑》：‘罔敷求先王，克共明刑。’”一條批，與“屏王位”無關，實際上是說明番生簋銘“専求不朁德”句，當另立條目。又同條所引克鼎、叔夷鎛、秦公簋三條銘文，也跟“屏王位”無關。三條銘文有“諫”（或言改从攴之字）、“諫”等字，實關簋銘“用諫四方”句，亦應另列條目。

90 頁毛公鼎“約”條，引李平心文爲一批，又換行引《説苑》卷二、《采芑》兩條書證加“支青對轉”四字爲一批。查原批此二條除“支青對轉”四字外全部緊接，毛筆墨色由濃到淡，顯爲一次寫成；又查所引李平心之文，《説苑》卷二、《采芑》皆其文已舉之例，此處换行另列一條，會讓讀者誤以爲是張先生提供的書證，這很不妥當。實際上，這條批只有“支青對轉”四個鋼筆小字注爲張先生的意見。

我所注意到的，在分條列目方面最離譜的一個錯誤，是 77 頁伯晨鼎“彤弓彤矢”一條，因爲不仔細核對、研讀引文，將張先生在界欄綫上所録羅振玉《遼居稾》跋關於“彤弓”、“彤矢”合文的内容，與界欄綫下所録陳文懿（介祺）手稿關於“彤弓”合文解釋的一句話夾抄在一起，致使兩條批注都完全不可讀；其注不察自己釋讀有誤，反謂“張先生所據不知何本”。

二、不明原因地漏録張批

張批内容彌足珍貴，按照我們的看法，所有批注（哪怕小到在釋文行間對釋文、標點、考釋作出的糾正），無論其對錯，都應該在整理中以適當的形式加以反映。但平心而論，要嚴格做到這點是不容易的，因爲張批許多地方密密麻麻，偶有遺漏蓋不可避免，對一些已難細辨的地方不作交代，也可以理解。不過我們發現，在張批整理中，有許多批注被莫名其妙地漏釋了。例如：

7 頁令彝“明保”條，漏“明，名；保，官也。公即三事大夫。明保尹三事之後，故曰明公，又曰明公尹人，與班簋始稱毛白繼稱毛公同”一眉批。

18 頁班簋“秉繁蜀巢”條，漏“周原甲骨 110 片有‘征巢’二字”一批。

19 頁班簋"左比、右比"條，漏"郭：比者，庇也"行間夾批。

19 頁班簋最後漏録"王子淵《洞簫賦》'幸得謚爲洞簫兮，蒙聖主之渥恩'"一批，此爲説明古代器物有謚，當另列"益曰大政"條。

22～23 頁大保簋漏釋文行間和考釋界欄綫下"永"字兩處批（糾正"𠂢"字之釋）、考釋行間"即今言派遣也"一批，以及考釋所引作册益卣"石宗"之"石"字邊上"祏"一批。

26 頁臣辰盉"關於四海之思想亦與之思想互相關聯，始能了然"一批，"與"字下不知爲何脱去 Jambu-dvipa 一語，致文義不通。Jambu-dvipa 即閻浮提，瞻部洲的梵語。

31 頁小盂鼎釋文，漏三處釋文行間改釋批注。

三、不明張批删去符號功用和張批字迹造成誤録

張先生在長達五十餘年的研讀過程中，不斷增加批注，也經常删去一些他認爲靠不住的批注。他删去批注所使用的符號類似舊式標點中的引號，因而大多被整理者誤當引文以引號録出而没有任何説明。例如：2 頁卷首"《三代吉金文存》卷十二……當是同時出土者"一批，"當北方溯河而上……次其時代亦宜如此也"一批，13 頁睘卣"隹十又九年王（首行六字）"一批（此批張先生已經加注指出"是推測，不對"），19 頁小臣迹（左加言旁）簋"塍從土朕聲……"一批，28 頁大盂鼎"述命，説命也。……"一批（此批勾去後已説："此與人戲言記之於此者。"），31 頁小盂鼎"'邦賓即賓服之事乎？'（余别有考。）"一批，141 頁𪔛鎛"此疑是封建制……亦無此豪舉也"一批等，張先生實際上都是使用删去符號將舊説勾掉表示放棄的。這些批注不是不可以録出，但必須加以説明和特殊標識，否則很容易對讀者造成誤導。

張先生的書迹，甚有特點，容易辨認，整理者在個别地方卻誤認了字迹，造成誤録。130 頁邾公牼鐘"蓋今樂以磬爲之箎磬"條有"箎，故謂之"一批，並加注説明"張先生在'以磬爲之'後補"。核對原書可知，"箎，故謂之"四字其實是《大系》原書郭沫若先生抄寫時所增補的字迹，並非張批。

四、不識草書、缺乏相關知識造成的誤釋

不忠實於張批文本的各種類型誤釋，是整理中的最突出的一個問題。這方面的例子實在不勝枚舉，因爲篇幅所限，我們只舉不識草書、缺乏語文學等相關知識的典型例子説明，大量因爲不够仔細或排印錯誤造成的誤釋、漏釋等，就不舉例了。

張先生過録文獻、自加批注，常用行書或行草。整理者常因爲對行草書不熟悉（有時也同時有對文義没有理解或缺乏相關知識背景的緣故），造成誤釋。這方面我所見最嚴重的問題，是在 110 頁和 111 頁竟接連看到了“《雙劍誃吉金選》‘吴北仕先生曰召公壽最高……’”、“《蓼園詩鈔》卷二爲羅舛言題攻吴夫差鑒拓本”兩句。稍熟悉金文研究的，都會知道這兩句裏的“吴北仕”、“羅舛言”肯定是“吴北江”（闓生）、“羅叔言”（振玉）的誤釋。所以這既可以説是不明草書之誤，也可以説是整理者缺乏相關知識背景卻又不查書造成的失誤。

此外，“過”字（2 頁“鄒安校印本……已録之”的“已”、126 頁“或謂是韓太子嬰，在人名上可以通也”的“也”）、“家”字（5 頁“鬲以人計，蓋新俘獲未成年者”的“年”）、“宫”字（8 頁“均在王城，陳某據此謂周公宫爲周之公室”的“室”）、“耳”字（9 頁“宫在京而傳世彝銘周初者少，故不見之”的“之”、147 頁“傳寫之誤也”的“也”）、“丈”字（12 頁“瑞安黄仲弢文有考一篇”的“文”）、“及”字（15 頁“耕地得之”的“得”）、“據”字（16 頁“嚴、攈拓本多‘王’、‘成’兩字，似未足信”的“攈”，此句應取消前一頓號）、“德”字（94 頁“新嘉量：‘往帀于虞，往帀于新。’”的“往”）、“郭”字（104 頁“《君奭》‘祇（按，此字誤植，當作“祗”）若兹’，古文作‘……’，祁云。劉公鋪：‘……。’與此爲一字。”的“祁”，此句亦標點有誤，詳下節）、“讀”字（108 頁“《漢學商兑》卷中之下‘……《説文》未作以前，西漢諸儒得壁中古文《書》不能談’”的“談”字）、“傅”字（113 頁“傳先生謂‘四方民大和會’之和會”的“傳”，“傅先生”指傅斯年）、“處”字（141 頁“《王文敏公文集》卷四《説齊子仲姜鎛》文甚好，無穿鑿附會”的“會”）、“鮑叔”二字（142 頁“鮑叔”二字摹

原批字形而不釋)、“雙”字(143 頁“厲從厂萬聲,萬無爲□聲”的怪字“□”)等等,皆因不識草書而被錯釋爲括號中指出的那些字。有些地方本來釋對了,卻因爲對草書没有十足把握而打了問號。比如 137 頁“唐(?)云是陶鐵”、163 頁“稱祀爲□(復?)古風氣”(□是掃描原形),實際都是可以確釋無疑的。

還有一些是没有相關知識造成的誤釋。比如 117 頁曾姬無卹壺“望安兹漾陲”條“虐”一批,整理者還加一注説“張先生改釋‘望’爲‘虐’”。其實張先生所批的根本不是“虐”而是从虎从土之字的隸定形,張先生是決不可能將此字釋爲“虐”的。165 頁屭羌鐘批注引容庚《善齋彝器圖録考釋》,張先生對容先生《考釋》所引陳夢家“則有刻畫意”(按,其中引文標點有誤,此不贅)的意見下朱筆批語:“陳乃用孫《古文聲系》説而弃其名。”“孫”顯然是指孫海波。但因整理者不知孫海波曾著《古文聲系》,也不曾仔細核對,該批竟被録爲“陳乃用孫貫文《聲系》説而弃其名”,竟將被弃名者張冠李戴爲孫貫文先生。

五、標點失誤

標點的錯誤是因爲没有透徹理解文義及瞭解相關文獻背景。如上節所舉“《君奭》‘祗若兹’,古文作‘……’,祁云。劉公鋪:‘……。’與此爲一字”,實當作“《君奭》‘祗若兹’,古文作‘……’。郭云:劉公鋪‘……’與此爲一字”,“郭”指的是郭沫若。下面再舉幾例。

80 頁大克鼎“肆克”條“于、肆,故也;克(引者按,此字爲“惠”字誤釋),順也”一批,標點因不明“于”指于省吾而誤,實應作“于:肆,故也;惠,順也”。

86 頁矢人盤“觃”條批引《檢論・述圖》“古之尊官,器三,簪中圖云。……”,應點作“古之尊官器三:簪、中、圖云”。

121 頁邛君婦龢壺有“鞏見《韓策》,原注屬河南恩澤。按:……”一批,標點因不明恩澤是指著《國策地名考》的程恩澤而誤,實應作“鞏見《韓策》,原注屬河南,恩澤按:……”。

139 頁叔夷鐘“此‘僚’當是隸臣僚、僚臣僕之‘僚’，奴隸也”一批，整理者不知“隸臣僚、僚臣僕”爲《左傳》昭公七年典，漏標引號。

有些誤標，兼有誤釋字形的原因。109 頁“者減鐘”條“者減者，謂之者字可異，豈吴越方言邪?”一批，文義不通。實所謂“謂”字是从水从弓之字誤釋，全句當作:“‘者減’、‘者沼’之‘者’字可異，豈吴越方言邪?”張先生意思是兩件鐘的器主名都有“者”字，可能是吴越方言。

六、注釋的問題及其他

張批整理本對張批作了大量的引文核對工作，對必要的地方用脚注予以説明，很便於讀者。但是我們看到，有些注釋却是畫蛇添足、以不誤爲誤，比如 81 頁注 7，謂張先生批注“奴農”應爲“農奴”誤倒，“奴農”的講法其實本來就有，二十世紀五十年代還多有人使用;168 頁“察容庚《鳥蟲書一二三考》(引者按，此處不宜標書名號，因容文原題《鳥書考》、《鳥書考補正》、《鳥書三考》)”下注云:“‘察’字疑爲‘參’或‘查’字之誤”，按“察”本有考核、細看的意思，不煩整理者改字。整理者對某些字交代新近通行的釋法和意見，不是不可以，但是其中有一些情况卻可能包含錯誤，這是不够謹慎的，比如 79 頁注 1 對大簋之字有案語云“此字郭釋爲‘芻’，學者多從之”，其實現在相信此字釋“芻”的人很少。有些注釋則不明史源，比如 136 頁注 9 交代釋古文字“引”字的出處，引了裘錫圭先生文，卻不引最早發覆的于豪亮先生《説引字》;137 頁“‘余一人’，魯哀誄孔子”一批，注釋引《史記・孔子世家》，卻不引《左傳》哀公十六年之文，皆不妥。注釋中還有一些技術性錯誤，比如 11 頁注 6 謂“合”指“《殷墟甲骨綴合》”，實際書名應爲“《殷虚文字綴合》”。有些應當出注説明的地方卻没有交代，如 110 頁批注引“《論衡・壽氣篇》”，當作“《論衡・氣壽篇》”，此是張先生原批筆誤;84 頁批引《三代》11.30 著録所謂“猋父丁尊”，注釋指出此器“《集成》似未收”，卻未注明此器本爲卣，張先生“猋”字之釋也有誤(參看《古文字研究》二十四輯裘錫圭先生文)。

在此附帶一提，本書前兩册《大系》原件印製非常清晰，不過不知爲何，中册 273 頁、274 頁影印内容重出，是美中不足。

張批博大精深，由任何人整理都不可能不出紕漏。整理者在兩年的時間内就能拿出張批的整理稿，的確很不容易。但是我們也應該看到，張批整理中相當多的問題，實際上是完全可以避免的。希望今後有比較細心、負責的學者，將全書内容重校一過，給出一個更加完善的整理本。我更希望，如果有可能的話，最好能以筆迹（包括用筆、墨色）、所引著作年代等各方面的綫索，大致清理出張批所有内容的先後層次關係，尤其是搞清楚那些張先生獨到學術見解的大致批注年代，讓張批能更大程度地發揮它應有的功用。

原刊《東方早報·上海書評》2012 年 9 月 9 日第 203 期

編按：郭理遠《〈張政烺批注《兩周金文辭大系考釋》〉的重新整理與初步研究》（復旦大學 2014 年碩士學位論文）已對此書作了重新整理，可參看。

“副本文書”不是“控告文書”

籾山明是日本目前研究先秦秦漢出土文獻的一位重要學者,他在漢簡、秦漢歷史、法律制度等方面的論著,大概是目前相關領域的研究所無法忽略的。籾山氏長期研究中國古代法律制度,由於熟稔相關出土材料(籾山氏在漢簡研究方面有重大貢獻,他揭開了漢代簡牘上刻齒的形態特徵與其所代表含義之關聯的秘密,見籾山明著、胡平生譯《刻齒簡牘初探——漢簡形態論》,載《簡帛研究譯叢》第二輯,湖南人民出版社,1998年;此文又有張海青譯本,收入張傳璽《契約史買地券研究》,中華書局,2008年。若不是長期涵泳相關材料,是不可能對漢簡的形態產生如此之敏感,進而解決長期以來被忽視的重要問題的),加上扎實細緻的學風,籾山氏基於出土秦漢文獻的研究成果撰成的《中國古代訴訟制度研究》,成爲研究秦漢時代法律史繞不過去的一部著作。該書自2006年由京都大學學術出版會印行以來,已引起廣泛關注(可參看該書中文版附録及譯後記中提示的四篇日文書評)。2009年年底,該書被翻譯成中文出版。籾山氏本人在該書《中文版序》中對此譯本期望甚高,“研究者相互的對話,即雙方正確理解與批評對方的學説,是有利於推動學術前進的基礎。由於本書中文版的刊行,與中國學者的對話變得更加容易了”。

不過此書中譯本的實質性問題,我粗粗讀了一過之後,已發現不少。總體感覺,這個譯本的質量可以説是比較差的,要順利達到原作者與中國學者對話交流的目的恐怕頗爲困難。下面從幾個方面簡單舉例,希望得到著者和譯者的指正。要説明的是,本文寫作時核對了該書京都大學學術出版會 2006 年的原版,因本人日語水平有限,有些地方是靠查閱字典的結果,有些地方則請教了我一位懂得日語的朋友,錯誤難免,歡迎批評。

粉山氏此書有大量對傳世和出土文獻的日語翻譯,將這些地方回譯成現代漢語,不僅要懂日語,也要有較高的古漢語修養,並非易事。如果定一條體例,對這些日語翻譯全部不作回譯,倒是一條可以爲譯者省去許多麻煩且無可指摘的便宜之法。可是既然此書譯本"翻譯説明"第 3 條説"原書作者不厭其煩地將其所引用的傳世文獻和出土文字資料翻譯成日文,雖然主要是給日本讀者看的,但是因其體現了作者對原始資料的理解和解讀,這對於本書來説是相當重要的,故予以保留並譯爲中文",則應該嚴格按照此體例把它們譯好。但大概是因爲譯者對古漢語和日語同樣陌生,造成翻譯中的不少錯誤。

粉山氏爲證明古書中有"責……狀"的表達時,引了《漢書・常惠傳》"兵未合,先遣人責其王以前殺漢使狀。王謝曰:乃我先王時爲貴人姑翼所誤耳,我無罪。惠曰:即如此,縛姑翼來,吾置王。王執姑翼詣惠,惠斬之而還"一段,並有日語譯文(原書 35 頁)。"吾置王"一句被譯者翻成"交給我王處置"(譯本 31 頁)。讀到此地,不禁讓我爲粉山氏的古漢語功底打了一個寒戰。放、釋等義是"置"字古代的常訓,此句顔師古注"置猶放","吾置王"就是"我就放了王",這是很容易理解的,怎麽會翻譯成"交給我王處置"呢?但是爲了不冤枉作者,我還是確認了一下原書的譯法。原書實將此句翻譯爲"吾れ王を置さん"(在"置"字上注了平假名"ゆる"),查最爲簡便易得的《袖珍日漢詞典》,"ゆるす"的第 2 義項是"赦免、免除"(商務印書館,2002 年,第 536 頁),因此粉山的理解不誤,卻是譯者大誤。

譯本 34 頁譯《史記・李斯列傳》"斯更以其實對,輒使人復榜之"爲"如果李斯又以其實情回答,就讓人再拷打他"。將"更"譯爲"又"是錯誤的,此處原書作"斯、更めて其の実を以て対うれば"("更"字邊注平假名"あらた")。"あらためる"也作"改める",日語"改める"的意思有"改變、更改、改正、修改"(《袖珍日漢詞典》,20 頁),あらためて是其連用形,因此粉山的翻譯本來也不誤。此處文義對理解粉山氏關於故事情節的分析

頗關重要：李斯此前被趙高案治榜掠，不勝痛苦而誣服；而等到"覆訊"時，李斯以爲是二世派來的人，所以改口說出實情，從而又被趙高派來的假御史等拷打。而譯者將"改口"翻成"又以……回答"，恰好是與文義相反的。與此情況相同的是，譯本 84 頁譯張家山漢簡《奏讞書》219～220 號"改曰"爲"再次說"，亦大誤。"改曰"就是"改口說"，此處籾山氏原文作"改めて言うには"，也是正確的。《史記》的"更"和《奏讞書》的"改"，意思是完全相同的，所以作者都用"あらためる"翻譯，而譯者卻將"改めて"作副詞解（作副詞的"改めて"有"重新、再"一類意思，見《袖珍日漢詞典》，20 頁），才有上述誤譯。可是按照常理，譯者無論如何不至於連《奏讞書》文本中的"改曰"的意思都不懂，所以這不由得不讓人懷疑這兩段是不是借助翻譯工具的產物。

譯本 57 頁將張家山漢簡《二年律令》"奴婢告主、主父母妻子"譯爲"奴婢告發主人與主人的父母、妻子"，似乎不知"妻子"是指妻和子而言的（籾山氏將此譯爲"父母妻子"，因日語中只有"妻"而並無"妻子"一詞，所以他的理解應是正確的）。附帶提一句，籾山氏將此簡前文的"婦告威公"譯作"嫁が姑を告し"，導致譯者亦譯爲"兒媳告發婆母"，是有問題的。"威"是指婆婆，"公"則是指公公。

此外，譯者對作者的某些話也沒能準確把握，因而造成誤譯。

譯本 102 頁有一句不知所云的話："路温舒說，果如此則即使是擅長獄訟的咎繇，也使人理解有餘。"這同上文所引《漢書・路温舒傳》"雖咎繇聽之，猶以爲死有餘辜"一句有關，但怎會譯成如此不通的語句呢？查原書 110 頁原文如下"そうすれば、獄訟に長じた咎繇であろうと納得させてなお余りある"，其實意思是很清楚的。據上下文大致可以理解爲：囚犯迫於嚴刑拷問之痛而被迫招供，因此而被處罪，那麽，對於像咎繇這樣長於獄訟的人，要說服他（囚犯有罪這個事實）也是綽綽有餘的事情。

譯本 119 頁有一句"引人注目的'罝'字，熟爲'罝冥'"，亦極令讀者費解。原書 134 頁原文如下"問題の'罝'字は'罝冥'と熟して"，意思是：成問題的"罝"字，構成"罝冥"這個固定詞。

譯本 123 頁，作者在對駒罷勞病死册書做出全面解釋之後，以"全文以草體書寫,這意味着其爲控告文書”結尾。我讀到這裏,不由在書邊上打了一個大大的問號。以草體書寫的文本多得很,難道都是控告文書嗎?不過有了前面的例子,我料到其中必定有什麽奥妙。查原書 138 頁,對應的文句是“全體が草書體で書かれているのは、控えの文書であることを意味する”。翻查《袖珍日漢詞典》,即可知“控え”有“副本、抄件、底子、筆録”等意思(443 頁),“控えの文書”指的是“副本文書”,譯者竟然不查字典,看到漢字“控”,想當然就以爲是“控告”的意思,可謂謬甚。尤其要多説一句,籾山明對此册書研究的專文《居延新簡“駒罷勞病死”册書——爲漢代訴訟研究而作(續)》(即本書該節的前身)曾由趙平安、張溪渝譯成中文,發表在《簡帛研究譯叢》第二輯上。該文與此節雖然不完全相同,但該文譯者正確譯出過如下文句:“在呈上之前,候官方面製作一份副本,附上標題簡(I),交文書庫保存。破城子 F22 出土的本册書無非就是這樣一個東西。”(188 頁)這些話可與原書 138 頁“その際、候官では手控えのため册書の寫しを作成し”對應,而譯者將此句也譯成了“此時,候官爲了記録此事,就寫成册書”(譯本 123 頁),卻把“控えのため(爲了留底)”略去不譯;推想譯者此處不譯爲“控告”的原因,大概是在内心實在没有辦法説服自己“爲了記録此事”爲何要“寫成控告册書”吧。可是譯者就是偷懶到不願意去查一查“控え”的意思,使得本來明白易懂的文章變得如此荒唐。譯者在“譯後記”中説“籾山明先生書中部分章節的原稿,此前已有中文譯本,在這次翻譯全書的過程中,對這些早先的譯作均有所參考”,可是僅就此一例來看,譯者對籾山氏文章過去的中文譯本似乎並没有好好讀過。

譯本 140 頁注 2,作者在引淺原達郎意見後解釋道:“即,粟君約定作爲運送費支付價值六十石的牛,而寇恩方面則認爲所借的搬運用的黑牛相當於運送費,就按照自己的判斷把黑牛賣掉了。後來,粟君收到了作爲充作補償運送費的牛,但是因爲已經賣掉的黑牛較之貴二十石,所以寇恩當然就向都尉府起訴,要求粟君賠償其差額。”讀過候粟君寇恩事册的讀者對相關情節已經熟悉,不用多作説明。簡册中從未説到“粟君收到了作爲充作補償運送費的牛”一類意思(又,“作爲充作補償運送費的牛”當删去“作爲”或“充作”之一方通)。原書 164 頁注原文説“のちに寇恩は、運

送賃として受け取った牛を補償に充てようとしたが、……",意思其實是"後來寇恩想以作爲運費得到的牛來補償(粟君)",句中根本就没有提到"粟君收到"這一類話。

還有一個百思不解的問題,須在此一併指出。籾山氏對古文獻資料的譯文,有不少在譯本中根本没有體現。比如前文曾經提到的譯本102頁有《漢書・路温舒傳》的一段話,原文的一部分如下:

> 棰楚之下,何求而不得。故囚人不勝痛,則飾辭以視之,吏治者利其然,則指道以明之,上奏畏卻,則鍛練而周内之。蓋奏當之成,雖咎繇聽之,猶以爲死有餘辜。

譯者的譯文是:

> 棰楚之下,何求而不得。故囚人不勝痛,則飾辭以視之,若吏治者利其然,則指道以明之,若上奏畏卻,則鍛練而周内之。蓋奏當之成,雖咎繇聽之,猶以爲死有餘辜。

所謂"譯"的地方,只是加了兩個"若"字而已,其餘文字則和《漢書》全同。這樣的"譯"究竟能否使不太有古漢語基礎的讀者真正讀懂這段話的意思,能否達到所謂"體現作者對原始資料的理解和解讀"這一目的,是要打上問號的(同類之例還有不少)。

本書譯本的脱字、衍字、誤字非常多(有少數是原書的問題),可見譯者和校對的工作都做得很不細緻。僅就注意所及舉例如下。70頁注1引王念孫《讀書雜志》中"隸書氏字或作互,又作亘","亘"字爲誤字(此形爲"氏"的一種異體,字形可核原書);同頁同注"槁祇侯"、"漢表祇作祖"的"祇"皆"祗"之誤。87頁1行"慌稱"、88頁6行"慌話"之"慌"皆"謊"之誤。92頁2行"對將適用黥城旦的刑罰","將"是"講"(案例中的人名)之誤。101頁10行"鄢縣'令史'的即睡虎地十一號秦墓的墓主",前一"的"字爲衍文。113頁3行"遂内中"的"遂"爲"燧"之誤。116頁倒數8行"纔不任職"之"纔"爲"才"之誤。118頁倒數6行、119頁4行"□吟"爲"口吟"之誤。120頁注1"私作産業不","不"字爲衍文。"百姓或無門筲之儲"的"門"爲"斗"之誤。124頁9行"恩不可肯受","可"字爲衍文;同頁

12行“移甲渠候”,“候”下脱一“官”字(原書亦脱);同頁14行“……辭”,簡文“辭”下尚有“爰書自證”四字(原書亦脱)。139頁注2,“悼西元年”,“西”爲“公”之誤。183頁倒數7行至倒數6行“移效穀自言六事”,“穀”下脱一“移”字(原書亦脱)。此外,“翻譯説明”中所定“除日文論著、期刊名稱、姓名保持原文外,其他依出版社統一的繁體字”的規矩,也並未嚴格執行,比如書中多有“掾党”(124頁,當作“掾黨”)、“弁告”(163頁、193頁等,當作“辨告”)、“皆応令”(197頁,當作“皆應令”)等日語漢字寫法,應該都是使用日文原著電子本改而未盡的例子。

上面舉出的僅僅是我粗讀此書發現的一些問題,估計書中一些讀起來彆扭不通的文句也存在誤譯的情況,因日語水平限制,我没有辦法一一查對,衷心希望有懂日語的專業人士將此書認真校讀一遍,以便相關學者放心地徵引參考這部有價值的書。

原刊《時代周報·時代閱讀》2011年4月18日第9期

文評一束

編按：這是我發表在《東方早報·上海書評》上的有關學術的四篇評論文字，因不捨丟棄，今合爲一篇，名曰《文評一束》（各篇小題爲刊發時之題，後兩篇是編輯擬題）。因爲不是正式的學術論文，行文口語化、引證粗疏處在所難免，收入本集時作了少量不涉實質的修改。此外還有一篇，也是投寄《上海書評》的，但未能刊出，因不準備再另投，亦附於此篇最後。

對《顧頡剛銘"九鼎"》一文的幾個疑問

讀朱維錚先生2月22日發表於《上海書評》的《顧頡剛銘"九鼎"》（下簡稱"朱文"），對這樁我以前不甚清楚的民國時期公案有了較爲深入的瞭解，收穫頗多。朱先生對顧頡剛先生似素無好感（看《上海書評》2月1日發表之《顧頡剛改日記》），在此文中對顧先生自然亦頗多貶抑之辭。但文中有幾處似與事實有一定出入，今寫出來向朱先生請教，也請讀者指正。

朱文說："既然從1923年起，顧頡剛就堅持説大禹治水、禹作九鼎，均爲戰國後古書'造僞'，由此建構出'層累地造成的中國古史'的辨僞系統，怎麼時過二十年，到1943年，他卻自悖其論，承認'禹作九鼎'實有其事，向蔣介石'獻九鼎'呢？"據我所知，顧頡剛先生從未發表過"大禹治水""爲戰國後古書'造僞'"的意見。顧先生在1923年2月25日致錢玄同信中，寫過下面這些話:"《商頌·長發》説'洪水芒芒,禹敷下土方;……帝立子生商',禹的見於載籍以此爲最古。……看這詩的意義,似乎在洪水芒芒之中,上帝叫禹下來布土,而後建立商國。然則禹是上帝派下來的神不是人。……《商頌》,據王静安先生的考定,是西周中葉宋人所作的(《樂詩考略·説商頌下》)。這時對於禹的觀念是一個神。到魯僖公時,禹確是人了。《閟宫》説:'是生后稷,……俾民稼穡;……奄有下土,纘禹之緒。'(……到《閟宫》作者就不同了,他知道禹爲最古的人,后稷應該繼續他的功業。……)"(《古史辨(一)》第 62 頁)顧先生在同一年發表的《討論古史答劉胡二先生》還提出"禹是西周中期起來的"的看法。總之,顧先生只疑禹本來並非人王,卻並未講過類似"大禹治水""爲戰國後古書'造僞'"的話。至於《史記·封禪書》等所説禹鑄九鼎,大概是從《左傳》宣公三年王孫滿對楚子語中"夏之方有德也,遠方圖物,貢金九牧,鑄鼎象物"的説法演變而來的。顧先生對禹鑄九鼎説法出現的時代本並無明確意見。在《討論古史答劉胡二先生》一文中顧先生只説他在 1923 年給錢玄同的信中曾據《左傳》此文相信九鼎是夏鑄的,禹的出現與九鼎上所鑄紋飾有關係;因顧先生又懷疑"貢金九牧"之語,所以放棄此説(看《古史辨(一)》第 63、119～120 頁)。至於先秦無禹鑄鼎之説,是顧先生和童書業在 1937 年合作發表的《鯀禹的傳説》(見《古史辨(七·下)》第 194 頁)中才明確提出來的意見,並非朱文所説的"1923 年"。關於此問題,還有兩點需要説明:第一,指出先秦無禹鑄九鼎之説,並非建構"層累地造成的中國古史"的重要根據;第二,據童教英説,《鯀禹的傳説》等文都是"由父親搜集材料,寫出初稿,然後由顧頡剛修改成定稿"(《從煉獄中升華——我的父親童書業》第 49 頁,《鯀禹的傳説》已被收入近年出版的《童書業史籍考證論集》),將此意見歸在顧先生一人身上,恐亦不妥當。

關於顧先生所撰鼎銘(二)中"於維總裁,允文允武"一句,朱文解釋説:"首句分明套用《周頌》'於皇武王',而'於皇'據清人《詩》注乃表示贊嘆的發語辭。但内有'皇'字,便可能犯忌,……顧頡剛於是用生造的'於維'代替了。次句'允'作信解,也是《詩》《書》常用字,而'允文允武'則語帶雙關,既贊總裁兼委員長乃唯一的文武領袖,又可據《尚書·冏命》釋作總裁真是周朝文、武二君‘聰明齊聖’的不世出的偉人，至於《冏命》是‘僞古文’，就顧不得了。”其實“於維總裁”句即使是套用《周頌》“於皇武王”，“犯忌”之説亦不能成立。衆所周知，《武》“於皇武王”之“皇”並非專制君主之“皇”，而是“大”的意思，顧先生自然不會不知道這一點。更重要的是，此句其實不但不是套用《周頌・武》，“於惟（“維”與“惟”古通用）某某”也並非顧先生生造。這類説法常見於漢代傳世古書及碑銘，《漢書・叙傳下》“於惟帝典”（顔師古注：“於，嘆詞也。”），《郎中鄭固碑》“於惟郎中，寔天生德”（《金石萃編》卷十），《敦煌長史武斑碑》“於惟武君，允德允恭”（《金石萃編》卷八），《荆州刺史度尚碑》“於惟我侯，允懿允明，文武是該，克忠克貞”（《隸釋》卷七），是其比。僞古文《尚書・冏命》“昔在文武，聰明齊聖”中的“文武”自然指文王和武王，但是這跟顧先生所撰鼎銘又如何能够比附呢？從我們上舉漢碑“允德允恭”、“允懿允明，文武是該”等話來比照，顧先生所作鼎銘“允文允武”中的“文武”則恐怕只宜作形容詞理解，而决不好與“周朝文、武二君‘聰明齊聖’的不世出的偉人”等意義牽合。朱文以顧先生不顧《冏命》之僞以媚蔣，實在是無從説起的。

關於顧先生所撰鼎銘（一）原文“萬邦協和，光華復旦”被馬衡改作“協和萬邦，以進大同”，朱文解釋説：“首句出於《尚書・堯典》‘百姓昭明，協和萬邦’。據清代漢學家較通行的詮釋，百姓指百官，協意爲合，邦指封國。二語大意謂帝堯告誡百官，放明白些，要使天下萬國和睦共處。這是未然語，表示一種期盼。但顧頡剛將‘協和’與‘萬邦’二詞對調，意思就變了，變成已然語，暗喻蔣介石已使萬國實現和諧。”“協和萬邦”是動賓結構，“萬邦協和”是主謂結構，其差别並不一定在於“未然”和“已然”。從語法上講，“協和萬邦”自然可以根據語境表示“協和了萬邦”或者“使萬邦協和”的意思。從《堯典》上下文很容易看出，“協和萬邦”實非“未然語”，而是對堯統治時盛况的描述。此句孔穎達《正義》説：“百姓蒙化皆有禮儀，昭然而明顯矣，又使之合會調和天下之萬國。其萬國之衆人於是變化從上，是以風俗大和，能使九族敦睦，百姓顯明，萬邦和睦。”可以代表大多數學者的理解。《東觀漢記》“蓋聞堯親九族，萬國協和，書典之所美也”（《後漢書·下邳惠王衍傳》李賢注引和帝詔)，正是漢人引《堯典》時把"協和萬邦"理解成"萬邦協和"的確證。朱文卻將此句翻譯作"帝堯告誡百官，放明白些，要使天下萬國和睦共處"，平白增添了"告誡"、"要"等詞，並把"昭明"解釋爲"放明白些"，都與《堯典》原文意思不符，其癥結是否都在於想把"協和萬邦"解釋成"未然語"，進而給顧先生貼上"寡廉鮮耻"的標簽呢？最後説一句，《堯典》作"協和萬邦"而不説"萬邦和協"，是和下句"黎民於變時雍"趁韵(看朱駿聲《説文通訓定聲》"邦"字條，"邦"、"雍"是古東部字)；馬衡將顧先生所寫"萬邦協和，光華復旦"改爲"協和萬邦，以進大同"，最平實簡單的解釋恐亦當從押韵的角度考慮("同"也是東部字)。所謂馬衡對顧先生的"諛詞""難以忍受，非改不可"云云，大概也屬求之過深的推論。

原刊《東方早報·上海書評》2009 年 3 月 1 日

談論漢字應尊重事實

張大春先生《中國書·寫：作爲文化本質的漢字——在法蘭克福書展上的講演》(《東方早報·上海書評》第 67 期第 13 版)是一篇有關漢字的文章。讀後有幾點意思，願借貴報一角表達出來。

從張先生文中"'書'這個原先出自書法之一體(草書)的文字卻似乎不勝負荷，因爲在簡略的筆劃裏，中國字所飽含的文化知識消失了。……'簡體字'使原本隱藏在絶大部分文字内部的故事——尤其是文化人類學上彌足珍貴的生活軌迹——遁形失踪"，"我來自一個只有兩千三百萬人居住的小島，應該説：相當幸運地，在過去六十年間，臺灣這個小島上的正統教育架構之中，一直在使用這種寫起來筆劃繁多、認起來意義複雜、思索起來仿佛取之不盡、用之不竭的字。它被稱爲'繁體字'"等語中，可以很明確地瞭解作者的命意："以书(書)"字爲例，申述繁體字優而簡體字劣的觀點。無庸諱言，簡體字有其不合理的地方，但張先生所重複的繁體字的優點，則又是那種從情感出發的老調，可以説是重入大衆庸識的窠臼。比如張先生的例證之一是,“我們無法經由‘书’來看到那隻擎着一支筆的手,無法得知這個字的讀音是源於‘者’”。但張先生大概忘記了從繁體的“書”字本身,一個没有接受過傳統文字學教育的普通人不但絶無可能“思索”出其讀音與“者”的關係,也恐怕極難“思索”出“那隻擎着一支筆的手”;换句話説,從學理上講,“书”與“書”充其量不過是半斤對八兩的關係,它們都只是没有表音表意作用的“記號”而已。張先生所謂的“中國字所飽含的文化知識”又何以從這個“書”字中傳遞呢?

張先生花了大量的篇幅對“書”字所从的聲旁“者”進行聯想和闡發,從“者”字像“玉米”説到像“甘蔗”,從“在衆多相同或相似之物上取其區别”生發出“已然經由分别檢選的手續,挑取出來、可以爲用的東西”,無非是要從“書”字所从的“者”中闡發出他所謂的“文化知識”、“文化人類學上彌足珍貴的生活軌迹”。但衆所周知,“書”字以“者”爲聲旁,原因極爲簡單,就是二者讀音相近。如果説“書”字所从的“者”聲有如此豐富的内涵,我很好奇,張先生又會怎樣聯想“猪”、“賭”、“堵”、“屠”等等這些同从“者”聲的字呢? 前人有“者”字上部所从像“黍”的説法,張先生所謂“玉米”、“甘蔗”之説則未之嘗聞,望張先生有以教我。另外,“甘蔗”、“玉米”傳入中國的時代,大概都比漢字“者”的出現要晚(或者晚得多),當初造“者”字的人又何以能够對這些物種未卜先知,這也是要請張先生給予指教的。

張先生説“在甲骨文時代,還没有這個字(按,指“書”字)。到了商代的金文(鐘鼎文)裏,這個‘書’就是後來秦代小篆所寫的樣子,‘从聿、者聲’”。這話有兩個問題。第一是誤以爲甲骨文時代早於商代金文。商代後期鑄銘文於銅器成爲風氣,商前期也已有零星的銅器銘文。甲骨文的情況是,商代早期已有,主要則是在商代後期的殷墟發現的。因此説“甲骨文時代”如何如何,“到了商代的金文”就如何如何,是不合邏輯的。第二,我查了一下手邊的金文字編和古文字字編,商代金文中實未見“書”字,張先生所言不知何據。

張先生説“現存經考訂爲真實可信的《書經》文本之中,還有遠早於夏朝的文獻”,這是違背常識的説法。其實目前極少有人相信《虞夏書》中的

《堯典》、《皋陶謨》、《禹貢》諸篇真的是從堯舜禹時代流傳下來的文獻。

張先生説"书""這個字原本是草書,現存的書法資料顯示:這個字最早出現於西晉時代的書法家索靖(239～303年)筆下。索靖或許不是第一個這樣寫'書'字的人"。其實索靖一定不是第一個這樣寫"書"字的人,王羲之、孫過庭等人也絶非受了索靖影響才寫"書"字,這些事實從"現存的書法資料"同樣可以"顯示"出來。查一下《簡化字溯源》就可以知道,在居延漢簡、敦煌漢簡中就廣泛使用草書"書"字(語文出版社,1997年,第98、229頁),這比索靖的時代大概要早至少兩三個世紀。晉唐書法家不過是因循了慣常的草書寫法而已。

衷心希望談論漢字的朋友尊重事實,而不要從情感出發。

原刊《東方早報·上海書評》2009年11月29日

學術問題,還是現實問題

清華大學李學勤教授以七十七歲高齡,編就了一部新文集,由編輯代擬題名爲《通向文明之路》(下面簡稱爲《通》)。該書和2008年同在商務印書館出版的《文物中的古文明》(下面簡稱爲《文》)體例裝幀類似,只不過這次單列了"序跋、雜文"作爲"下編",佔到全書645頁篇幅的一半略强(當然,這只是李先生近年所作的序跋雜文,其他的早已有《擁篲》、《清路》二集在前)。李先生的序跋雜文,也多包含了他的學術思考。兩書我都在第一時間購讀,當然得到很多教益;但也有一些走在李先生所指點的古文明之路上的疑問,要請諸位同好和李先生給予我指教。

先談談讀了序跋和雜文的感受。李學勤先生近年在古史方面竭力主張把古史辨派否定掉的傳説人物重新恢復爲歷史人物。性質尚有争論的堯、舜等人自不必談,李先生對黄帝、炎帝、女媧、蚩尤這些虛幻的傳説人物甚至神話人物也已全部徹底予以平反昭雪。李先生在一篇文章中就認爲"女媧是中國古史的重要組成部分",後來在爲所謂"古史女媧傳説的分布核心"河北涉縣寫《涉縣縣志彙編本序》時,再次强調女媧傳説具有"歷史價值”(《文》41～42 頁,《通》569 頁);在河北作“河北與古代文明的起源”的演講,提出“炎帝、黄帝——這些關於三祖文化的部分,是中國古史不可缺少的組成部分”(《通》20 頁)、“炎帝、黄帝、蚩尤的歷史傳説,它一定是包含着極其重要的史實之素地”(《通》22 頁);又爲“涿鹿·中華三祖聖地文化産業發展有限責任公司”主辦的《根源》創刊號撰寫《炎帝、黄帝、蚩尤在涿鹿》(《通》576～577 頁);在爲《縉雲國際黄帝文化學術研討會論文集》所作序中,指出“這是一次值得懷念的研討會。縉雲仙都,文化豐厚,風光無限,發揮人傑地靈的優勢,開發的前景十分引人”,針對“關於黄帝的各種類型學術會議已舉行多次……但這些集會一般都是在北方,在中原”的情況,李先生告訴與會學者,“作爲黄帝雲官之一的縉雲氏,即見於《左傳》文公十八年。在縉雲舉辦關於黄帝的研討會,正是順理成章”,並“希望這樣的學術研討會將來還會以更大規模、更高水準繼續舉辦下去”(《通》391 頁);在寶雞“炎帝·姜炎文化與和諧社會國際學術研討會”上作開幕辭,號召大家“要從學術的角度,深入探討炎帝傳説的歷史意義,闡明我們的先人做出的重要貢獻”。因爲前一天晚上欣賞了“同一祖先、同一首歌”大型演唱會(《通》480 頁),所以從學術角度對另一位“人文初祖”黄帝的研究自然不需多提;在山西作“中華文明起源與山西”的演講,李先生告訴大家“堯舜在什麽地方呢?就在山西”(《通》35 頁);在運城舉辦的“丙戌年公祭虞舜聖帝大典”上作書面致辭,説“虞舜是上古時期由庶民擢昇爲天子的代表人物”(《通》483 頁。不知道李先生此時是否還記得他在《楚簡〈子羔〉研究》中説過《子羔》“全篇的中心,是以舜爲例,説明黎民有德,也可以受命爲帝,而且超越三王之上。這在列國紛争的形勢中,無疑是有針對性的學説見解,不能僅作爲古史看”,這段話見《文》366 頁);在擁有“清潔整齊”的大酒店、縣領導“熱情款待”過李學勤教授的北川(《通》623 頁),提出應當根據三峽考古在雲陽發現的東漢熹平年間景雲碑所謂“先人伯沇,匪志慷慨,術禹石紐,汶川之會”的記載,將禹生石紐(按,石紐在北川境)説的出現時間提前到先秦(《通》44～45 頁。説老實話,我至今仍然没有搞清楚東漢末年碑刻中一段叙述性的話可以把禹生石紐説提早到先秦時代的邏輯,西漢末楊雄《蜀王本紀》早有禹生石紐説,李先生爲什麼不根據揚雄的說法把此說年代推得更早些呢？這和景雲碑明確點出“汶川”二字而李先生正好在北川演講，極力想給“北川”“一點貢獻”——《通》45 頁——有無關係呢？）。我還想提請讀者注意《黄帝傳説是歷史的一部分》（《通》393～395 頁）中的這樣一段話：

> 大家都知道，我國學者堅決反對以非學術的因素來干擾正常的學術研究，但是不是因爲這樣，我們就不能研究黄帝和黄帝文化這個課題呢？我個人認爲完全不是這樣。事實上，這個問題不僅是一個重大的學術問題，而且對 21 世紀的中國來説是一個現實問題，有着十分重大的現實意義。這是因爲，黄帝和黄帝文化問題關係到中華民族的傳統、包括海外華僑華裔的民族向心力、凝聚力，還關係到整個中華民族的復興。

由此我們知道，李學勤先生以七秩高齡，足迹遍布山西、河北、浙江、四川等地，其實乃是出於一片爲民族復興奔走呼號的苦心。不過，我個人還是同意吉林大學林澐教授的一段話。這段話也見於一次演講，只不過聽衆並非政府要員、“有限公司”的總裁，而是一群學生，所以知道的人大概不多，不嫌麻煩，一起抄出來（見《林澐學術文集（二）》，科學出版社，2008 年，第 284～285 頁）：

> 顧頡剛寫的那本教科書不提盤古，在“三皇五帝”前加上“所謂”，表示不真實，戴季陶説：“中國所以能團結爲一體，全由於人民共信自己爲出於一個祖先；如今説没有三皇、五帝，就是把全國人民團結爲一體的要求解散了，這還得了！”“民族問題是一個大問題，學者們隨意討論是許可的，至於書店出版教科書，大量發行，那就是犯罪，應該嚴辦。”（原注：顧頡剛《我是怎樣編寫古史辨的？》，《古史辨一》，上海古籍出版社，1982 年，第 19 頁）但是我們現在的歷史教科書中，都把三皇五帝作爲傳説來處理，中華民族並没有解體。反而越來越强大了……
>
> 當然，中國有中國的特殊國情，土地廣闊，人口衆多，而漢族佔人口的大多數。特別是在海外的華僑和華裔中漢族佔的比例更大，他

們的前輩在走出故土前,因爲歷史的傳統都有炎黄子孫的情結,而黄帝作爲共同祖先的信仰還有很大的影響。因此,黄帝或是炎黄二帝在凝聚海外華人方面的作用比凝聚國内人民的作用更爲明顯……

所以我認爲,今天我們並没有必要在心裏仍以黄帝或炎黄爲"根"的人中,從學理上去破除這種信仰和感情,讓這種信仰或感情仍能繼續發揮在華人和國人中的凝聚作用。但如果説不相信黄帝或炎黄是實有的中國各族祖先和中華文明的開創者,就會打擊民族精神和民族自信心,我覺得這是很荒唐的。因爲,要重新正確估價中國古代文明,主要應該通過越來越發達的田野考古和手段越來越多樣的科學檢測,而決不會再依靠已經被疑古思潮撕去神聖外衣的儒家經典。要發揚民族精神和增强民族自信心,則不僅有賴於這個民族能實事求是地對待自己的真實過去和歷史貢獻,更有賴於這個民族用不斷搏戰在當今世界中取得的地位。我深信,在中華民族不斷現代化的過程中,靠虚幻的共同祖先和歷史輝煌來維繫團結一致的陳腐觀念,必將逐漸地自行消亡,那時,我們偉大的中華民族,必將更意氣昂揚地站在世界面前。

合觀之下,想必讀者諸君自能在其中做出自己的判斷。

李先生《文》、《通》兩書中對甲骨文、青銅器及其銘文、戰國文字、簡帛、學術史、古代史等方面的研究,篇幅很大,涉獵極廣。但是細讀兩書的一些文章,也感到有些考慮欠周、較爲隨意之處。下面舉一個例子。

洹子孟姜壺(或稱齊侯壺)是一對著名的齊國銅器,銘文著録於《殷周金文集成》9729、9730。孫詒讓《古籀餘論》認爲銘文所謂"齊侯女畾"即銘文後半出現的"洹(桓)子孟姜","畾"爲齊侯之女、陳桓子之妻。陳桓子是齊莊、景時人,各家皆據此定齊侯壺的年代爲春秋晚期。李先生《文》一書所收《齊侯壺的年代與史事》(244～248頁),由壺的形制出發,認爲該器"怎樣也不會在春秋早期之後"。這樣就必然要對孫詒讓提出的"陳桓子之妻"説提出合理的反駁。其中關鍵,即在銘文開頭所謂"齊侯女畾聿喪其斷"(姑從李文釋讀)一句和銘文後半的"洹子孟姜"的解釋上。

李先生認爲“齊侯女盥聿喪其斷”一句中的“聿”義爲“惟”，“其”訓爲“當”，“斷”的意思是“絶”，他説：“古禮國君絶期以下，齊侯之女家的喪事，齊侯本應絶不成服，而自願期服，這是超逾禮制的行爲，因此齊侯特命太子趕赴王都，通過管理禮制的大宗伯向周天子請示。”對於“洹子孟姜”，李先生認爲過去“洹(桓)子/孟姜”的讀法也不對，應該讀成“洹(桓)/子孟姜”，“子孟姜”之“子”爲美稱，猶金文中的“子仲姜”、“子叔姬”，“洹(桓)/子孟姜”則有《左傳》中齊昭公夫人“子叔姬”又以夫謚稱“昭姬”爲之比。李先生的結論是，“桓子孟姜”就是大名鼎鼎的魯桓公夫人姜氏(古書中記載的“文姜”是其死後之謚)，壺銘的“齊侯”乃是齊襄公。

不必説古書中只有“昭姬”、“子叔姬”，而並未出現過“昭子叔姬”這種彆扭的稱呼，也不必説所謂“齊侯女盥聿喪其斷”的“其”能否訓爲“應當”之“當”[李先生引以爲證的《詞詮》161 頁——李書誤引爲 160 頁——云“命令副詞。王氏(按指王引之)云：其猶當也，庶幾也”，例證爲《臯陶謨》“帝其念哉”等，這類訓“當”的“其”，是用於勸令句和感嘆句中的副詞，義近於“庶幾”，這和李先生所謂“齊侯本應絶不成服”的“應”根本不是一回事兒]，所以“齊侯女盥聿喪其斷”句從語法上無論怎樣都難解釋出“齊侯本應絶不成服，而自願期服”一類意思。只要稍稍熟悉春秋歷史的人看到李先生的上述結論，心中大概都還不得不打上一個大大的問號——文姜(即桓公夫人姜氏)自來都説與齊襄公爲兄妹關係，故古書中有所謂“鳥獸之行，淫乎其妹”的評價；齊襄公再荒淫無耻，也不至於禽獸不如到同自己親生女兒亂倫的地步吧？也許李先生認爲齊襄公就是這樣一個十惡不赦的人吧，姑不對此作什麽評論；但李先生爲了證明襄公和文姜的父女關係，拈出了一條《禮記・檀弓下》的史料：

> 齊穀(按，鄭注認爲“穀”是“告”的音近誤字)王姬之喪，魯莊公爲之大功。或曰：由魯嫁，故爲之服姊妹之服。或曰：外祖母也，故爲之服。

李先生根據後一“或曰”發揮道：

> 這裏王姬是齊襄公夫人，魯莊公是文姜之子，稱王姬爲外祖母，

表明文姜乃是齊襄公的女兒,與《詩序》和《史記》不同。如果依《檀弓》之説,魯桓公夫人姜氏是齊襄公之女,與齊侯壺銘文的事情便全然合適了。

事實真是這樣嗎?王姬(齊襄公夫人、周王之女)死了,魯莊公(文姜之子)聽到齊國發來的王姬的訃告,爲她服了大功。莊公爲什麼服大功,古人有兩種解釋(即《檀弓》所引的兩個"或曰"),這兩種解釋必有一誤。前人對此並不是没有決斷,從鄭玄的注到孔穎達的疏,一律以後説爲誤(上海古籍出版社吕友仁整理本,第358頁)。鄭注、孔疏文辭較古,已故三禮學家王文錦先生的《禮記譯解》譯述《檀弓》的兩個"或曰"正是以鄭、孔之説爲根據的,我們不妨引來看看(117頁):

> 有人從國家主婚的角度解釋説:"天子嫁女於異姓諸侯,必使同姓諸侯主婚。當初王姬嫁往齊國的時候,就是由魯國主婚的,所以魯國將她比做魯國出嫁的女子。《喪服》規定,姑姊妹未嫁而死爲之服齊衰,已婚而死爲之降服大功。因而魯莊公爲王姬服大功之服。"這個解釋是正確合理的。有人從魯莊公和王姬的私人親屬關係解釋説:"王姬是魯莊公的外祖母,所以魯莊公爲之服大功。"這個解釋是錯的。王姬不是魯莊公的外祖母,是舅母,而外甥爲死去的舅母是無服的。再説,即使真是外祖母,也只能服小功,而不能服大功。

事實看來是很清楚的。李先生不會没有查過從《禮記正義》到《禮記譯解》各類《禮記》的注釋,但李先生没有任何理由地使用一個被前人否定的"八卦"作爲研究的證據,則顯然有些太過隨意了。

不可否認,洹子孟姜壺的形制文飾確實較古,但是按照邏輯常識,晚期的器物留存較早的風格(即所謂"復古"之類),並不是不可能發生的事情,况且也不是没有可資比較的例子。已故青銅器專家馬承源先生在二十世紀六十年代早已指出田齊之器陳喜壺"紋飾與……洹子孟姜壺略異,但全爲環帶紋……從以上諸器看來,春秋末期尚采用西周以來的傳統紋飾,與當時一般流行的紋飾相去甚遠,足見當時齊國青銅器的形制和紋飾,在相當程度上,還保留着比較早的式樣"(《馬承源文博論集》,第117

頁)。此器又經于省吾、陳邦懷、黄盛璋、石志廉等先生進一步研究,性質已基本明確。只有安志敏先生曾對陳喜壺及其銘文提出懷疑。考古學家、古文字學家張頷先生爲此專門對壺及銘文做過詳細研究,認爲該器"確實不是一件東拼西凑移花接木的東西,作爲一件田齊的真實器物是無疑義的"(《張頷學術文集》,第30頁)。最近研究青銅器的學者,仍取洹子孟姜壺爲春秋中晚期器之説,並認爲"此種設計是當時頗爲成熟而成功的一種形式"(《曾國青銅器》,第33頁),大概都不是盲從舊説。關於陳喜壺,李先生卻僅説了一句"該器早有争論",似乎有些打馬虎眼的味道。

最後談一點零碎的問題。李學勤教授在談到堯舜傳説時,反復提到他去整理馬王堆帛書《古地圖》時的發現。或許是年代久遠,記憶不清的緣故,在《舜廟遺址與堯舜傳説》中,他説地圖在九嶷山的旁邊"竟標注着'帝舜'二字"(《文》59頁),在《國學與經學的幾個問題》中,則説"上面寫着虞舜"(《文》83頁),在鄭國茂《帝舜之謎》序中,又强調"九嶷山位置旁邊,明確標注有'虞舜'二字"(《通》474頁),讓人無所適從。爲此我好不容易找到了馬王堆帛書《古地圖》,根據整理者的摹本和釋文,發現其實還應是"帝舜"二字(《古地圖論文集》,第12頁,因原圖不清,不知整理者的意見是否可靠)。《文》、《通》二書總體排印質量不錯,《通》350頁"《如蔑歷史文化論文集》"這類把"姑"誤排爲"如"的錯誤並不多。但是不知出於何種考慮,《通》竟將《古文字研究的今天》一文重複收録了兩次(249～250、502～503頁,個别詞句略有小異),縱然算不上出版事故,總還是一件讓引用的人犯愁的事兒吧。

原刊《東方早報・上海書評》2010年6月20日

【北京人】就是只"指北京猿人"

8月26日《上海書評》刊登朱績崧先生的文章《【北京人】只"指北京猿人"嗎?》,批評了《現代漢語詞典》第六版的一些問題。作者是外文系詞典學專業出身,對英語詞典的編纂自然得心應手,但對漢語言文字學似乎不是太熟悉,所以對《現漢》的某些批評並不準確。就拿作爲篇名的【北京人】這詞條來説,朱先生認爲《現漢》的釋義僅一項“指北京猿人”,那不成了“全國現在有近兩千萬北京猿人?”其實,表示“籍貫(或長期生活在)北京的人”的“北京人”,是由“北京”和“人”這兩個詞組成的詞組,不是具有特殊用法和意義的凝固下來的詞,不在《現漢》收詞範圍,所以《現漢》【北京人】這條的釋義完全不錯。【回老家】也是一樣的道理。網上已經多有網友指出：若按朱先生的講法,回新家、回你家、回我家……上海人、南京人、廣東人……是不是都要列條解釋?

“愛理不理”和“愛答(搭)不理”,雖然意思一樣,但不是一個詞,所以當然不能用“同”字互見。朱先生連“某同某”、“某也作某”跟“某也説某”也區分不了,説明他對文字和語言的區分還不甚了了。表示同一個詞的不同文字書寫形式,跟兩個詞義相同的詞,根本是兩回事情。“也作”和“也説”之間本不是朱先生所謂的“輕重之别”。同理,斷垣殘壁、頹垣斷壁、斷壁殘垣,並不是朱先生所説“三個詞組的變體”,而就是三個不同的詞。“變體”的概念,似乎應搞清楚再用。

《現漢》收詞是有詞頻統計的根據的。朱先生説:“【付】(頁 405)下,【付之東流】、【付之一炬】、【付之一笑】、【付諸東流】、【付諸一炬】連排,尤顯臃腫累贅,且易曝露問題：何以有【付之一笑】而無【付諸一笑】?”——其實“付諸一笑”就我個人語感而言,是極少看到也極少聽到的説法(雖然過去可能也有人用),《現漢》不收一定有他們統計的依據。只要具有基本語感的普通讀者一定都能領會,大概不會有朱先生的這種苛求。

“訓”和“詁”一條,其實現在一般只用到“訓”字,多已不用訓釋方言的這個意思了。所以《現漢》的解釋完全合乎現實,也符合自身的功能設定。畢竟《現漢》不是《辭源》。

【墳墓】一條,《現漢》解釋詞義由詞義主體延伸到附帶,本來是很正確的,可是朱先生爲了顯示他知道“墳”與“墓”詞源的區别,竟然强行給《現漢》的編者扣上顛倒義訓的帽子,顯然也是没有必要的。

原刊《東方早報·上海書評》2012 年 9 月 2 日

附録：

續説《論語正義》怎樣看待子見南子

傅杰師年初在《上海書評》發表大作《子見南子：千年懸疑》(2010年2月7日4版特稿)，提及劉寶楠《論語正義》對子見南子的相關解釋。這讓我想起了七八年前在拜讀傅師賜贈的王元化先生《清園論學集》時記的一則小札。那條筆記早已找不到了，但是主要意思還記得。現在寫出來，算是對當時讀書生涯的一種回憶，也正好向讀者請教。

王元化先生《"子見南子"與前人注疏》(見《清園論學集》，上海古籍出版社，1994年，第544～554頁)對《論語·雍也》"子見南子"章作過深入研究。這篇融考據、思想於一體的文章我讀過多遍，很受教益。不過其中"考證子見南子的行爲準則"一節對清儒劉寶楠的評價略有一些誤解，應該作一解釋説明。

王先生是這樣評價劉寶楠對"子見南子"章的研究的：

> 他對"子見南子"一章作了靡密的爬梳，幾乎不放過一字一義。首先，他説南子雖淫亂，卻有知人之明，故於蘧伯玉、孔子皆特致敬。這是比較通達的看法，在儒生經師中甚至可以説是很開明的。其次，他説子路不悦，是由於疑夫子見南子出於詘身行道，正猶孔子欲往公山弗擾、佛肸之召，子路也同樣感到不快一樣。他認爲這是無可指摘的，因爲孔子説過，人而不仁，疾之已甚爲亂。孟子也説過，仲尼不爲已甚，"可知聖人達節，非俗情所能測"。這話説得較牽强，……也没有顧及將置子路於何地，但是總的來説，還不失爲一種明達。令人詫怪的是，劉氏援引了下列秦漢諸書，加以激烈指摘。這些書是：
>
> 《吕氏春秋·貴因》篇："孔子道彌子瑕見釐夫人因也。"(秉按，原文如此，"因"字前宜施逗。下略去説明"釐夫人"即南子的"按"。)
>
> 《淮南子·泰族訓》："孔子欲行己(秉按，"己"爲"王"字誤植)道，

東西南北,七十説而無所偶,故因衛夫人彌子瑕而欲通其道。”

《鹽鐵論·論儒》:“孔子適衛,因嬖臣彌子瑕以見衛夫人。”

劉氏《正義》援引上述文字之後,直斥之爲“此皆當時所傳陋説,以夫子爲詭道求仕。不經之談,敢於侮聖矣”。劉氏訓解多所發明,説明他是一位頗有識見的注疏家。他爲孔子見南子、應公山弗擾、佛肸召欲往辯,説這是詘身行道,是堂堂正正的行爲。這不是一般俗儒膚學之徒所能道。但令人不解的是,劉氏懷此種胸襟,有此種見識,何以對上舉三書忿忿乃爾?試問:彌子瑕和南子、公山弗擾、佛肸這些人,在人格上、道德上又有多大差别?不知劉氏是否懷着學術思想上的門户之見,才對異我者加上這樣一個重大罪名?“侮聖”是越出學術之域的人身攻擊,爲歷來氣盛理窮者所慣用。今竟出之於這樣一位注疏家之口,使人不得不爲之扼腕。

初讀王先生此文,也頗感劉寶楠如此前後矛盾實在有些不可理解。但細繹劉書原文,我發現王先生文中所概括的“他認爲這(秉按,指“詘身行道”)是無可指摘的”、“他爲孔子見南子,應公山弗擾、佛肸召欲往辯,説這是詘身行道,是堂堂正正的行爲”,其實是不符合劉氏原意的。

劉寶楠在《正義》中説“子路亦疑夫子此見爲將詘身行道而於心不説,正猶公山弗擾、佛肸召欲往,子路皆不説之比,非因南子淫亂而有此疑也。夫子知子路不説,故告以‘予若固執不見,則必觸南子之怒而厭我矣’。‘天’即指南子。夫子言‘人而不仁,疾之已甚爲亂’(秉按,語見《泰伯》,“爲亂”本作“亂也”。全句意思是説,如對不仁之人痛恨太過,也會有不利),孟子亦言‘仲尼不爲已甚’(秉按,語見《孟子·離婁下》,“甚”下原有“者”字)”,劉氏是在這些話之後才有“可知聖人達節,非俗情所能測”之論的(上海古籍出版社,1993年影印本,第89頁)。劉氏在後文引述了繆播、欒肇等人的解釋之後,還進一步明確闡發道:

天未欲夫子行道,豈南子所能輿?明己之往見,不過欲答其禮而非爲求仕可知。

從上下文看,劉氏顯然認爲孔子見南子,絶不是爲了詘身求仕以行其道,而是爲了避免來自具有權勢的南子之威壓;换句話説,子見南子乃是權宜之計、應付一下罷了。在劉氏的眼中,子路不説的出發點(“疑夫子此見爲將詘身行道”)本是正確合理的,所謂“没有顧及將置子路於何地”的問題自然也是並不存在的。

然而《貴因》、《泰族》和《論儒》三篇所述子見南子之事,都突出孔子主動趨附(即所謂“因”)彌子瑕求見南子,《泰族》更强調孔子的目的是爲了“通其道”甚至是“行王道”,這在劉寶楠看來是絶非孔子會做出來的事情,故痛斥之爲“侮聖”的“陋説”。可見,劉氏對這三篇的批判,重點本不在“彌子瑕”這個人,而是在“因”這個行爲上。因此劉氏的注釋並没有前後不一貫的地方。至於把推測孔子爲“行道”而“詘身”見南子的古書痛罵作“侮聖”,的確是劉寶楠的局限所在,但似乎仍不宜把這種局限猜想爲劉氏對“異我者”的攻擊,也没有必要爲他太過可惜。

有意思的是,由劉寶楠之子劉恭勉續成的《論語正義》(見該書 1 頁陳立《叙》、245 頁)卷二十《陽貨》篇“佛肸召”章下注釋説:

> 蓋聖人視斯人之徒莫非吾與,而思有以治之,故於公山、佛肸皆有欲往之意。且其時天下失政久矣,諸侯畔天子,大夫畔諸侯,少加長,下淩上,相沿成習,恬不爲怪。若必欲棄之而不與易,則滔滔皆是,天下安得復治,故曰“天下有道,丘不與易也”(秉按,語見《微子》),明以無道之故而始欲仕也。且以仲弓、子路、冉有皆仕季氏,夫季氏非所謂竊國者乎?而何以異於畔乎?子路身仕季氏而不欲夫子赴公山、佛肸之召,其謹守師訓,則固以“親於其身爲不善,君子不入”(秉按,語見《陽貨》,“善”下本有“者”字)二語而已,而豈知夫子用世之心與行道之義固均未爲失哉!(249 頁)

劉恭勉對孔子應公山弗擾、佛肸之召原因的解釋,正可以被劉寶楠狠批的“詘身行道”説概括,想必劉恭勉對子見南子之事也會有類似的理解。也就是説,父子二人在相關問題上的看法,可謂判然有别。從思想上看,劉恭勉的説法自然要平和開明一些,大概也更符合現代人的口味;但是作爲繼承家學續注《論語》的一位學者,劉恭勉寫下這條注的時候,到底是完全忘記了儒家經典反復記載的夫子大人所謂“三年無改於父之道,可謂孝矣”的教訓(見《論語·學而》、《里仁》和《禮記·坊記》),還是對其父親大人的學術思想根本没有領會透徹,還是頗值得細細玩味的。

這是一個根本的態度問題

——《新出土先秦文獻與古史傳説》導讀

《新出土先秦文獻與古史傳説》是裘錫圭先生古史研究方面一篇重要論文(下文簡稱"《新出》"。因爲此文已收入本書,下引及其中内容不再出注)。沈培、陳劍兩位先生與中西書局諸位先生徵得裘先生的同意,決定選擇此篇作爲裘先生的代表作之一,並指定由我來撰寫一篇導讀。① 在深感榮幸的同時,我也感到在目前的學術環境之下,十分有必要向讀者尤其是對上古研究有興趣的初學者來介紹這篇文章。② 只是限於學力和識見,所謂"雖欲啟學,實蕪正典"之處必定難免,敬希裘先生和識者指教批評。

一

研讀《新出》,首先是要"知人論世",也就是説,首先應對裘錫圭先生

---

① 裘錫圭先生讀書時的專業是古代史,後來雖然主要從事古文字學、文字學和先秦秦漢古典文獻等方面的研究,但也在古史方面發表了許多力作。他曾自述,"我始終没有完全放棄歷史學方面的研究。八十年代以來發表了一些先秦、秦漢史方面的文章和少量研究古代思想和民俗的文章"(《〈裘錫圭學術文化隨筆〉跋》,《裘錫圭學術文集》第六卷,復旦大學出版社,2012 年,第 126 頁)。這方面的文章,收入《裘錫圭學術文集》第五卷的共 22 篇,讀過裘先生文章的讀者大概都有一個印象,裘先生古史、思想史方面的研究論文篇幅大多比較長,用力都特别深湛。

② 就我自身而言,《新出》對我學術道路的起步也有十分重要的意義。七八年前撰寫博士學位論文《楚地出土戰國文獻中的傳説時代古帝王系統研究》(復旦大學,2006 年 12 月),曾經受到裘先生此文極爲重要的影響。所以撰寫這篇導讀,也正好藉以表達我對裘先生及他在古史研究方面所作貢獻的敬意。

所受教育及其學術背景有一大致了解,否則就不會知道他的學術研究與"古史辨"派學術思想的淵源;還應該對目前上古史領域的大環境有一大致了解,否則就不能深刻理解《新出》最後引用郭沫若先生四十年代所著《古代研究的自我批判》中的那段話來針對"輕率信古"風氣進行批評,並説這段話"對今天的古史學界,仍然極有現實意義"的用意所在了。

裘錫圭先生 1952 年以第一志願考入復旦大學歷史系,接觸到了據他回憶當時在學術界還很有影響的"古史辨"派的學術論著,受到"古史辨"派的影響。③ 很多人也許並不知道,裘先生本人從五十年代初開始,就跟"古史辨"派的領袖顧頡剛先生有過直接接觸。

裘先生進入復旦的那一年年初,顧頡剛先生開始擔任上海學院和復旦大學二校的兼任教授,因上海學院於當年九月取消並被併入復旦大學等三校,顧先生被華東學委會分至復旦大學任專任教授,但因路遠等原因請假未上課。④ 據裘先生多次在不同場合回憶,顧先生曾應古代史課任課教師之邀,給歷史系新生講過一次課,顧先生在課中將做學問過程中的艱辛和最終得到答案解決問題時的愉悦,生動地喻爲女子懷孕直至最終分娩得子的感受,是給裘先生印象相當深刻的一件事情。⑤ 當然,這個妙

③ 《"古史辨"派、"二重證據法"及其相關問題——裘錫圭先生訪談録(裘錫圭、曹峰)》,《裘錫圭學術文集》第六卷,第 286 頁。

④ 顧潮編著:《顧頡剛年譜(增訂本)》,中華書局,2011 年,第 402、403、405 頁。參看《顧頡剛全集·顧頡剛日記卷七》,中華書局,2011 年,第 235、285 頁。年譜説顧先生是因爲路遠而未到復旦上課,但從日記内容反映出顧先生未到復旦任課的原因其實比較多、比較複雜。

⑤ 裘先生最近一次公開提及此事,是 2012 年 9 月 20 日復旦大學出土文獻與古文字研究中心新生入學見面會上的講話。此處所述即根據裘先生此次談話録音。據《顧頡剛日記》記録,1953 年 4 月 3 日至 6 日,顧頡剛應邀擔任復旦大學歷史系考古學通論課程的蘇州考古實習指導,同行教師有胡厚宣、譚其驤等,學生則有裘錫圭等六十人;相關日記顯示,這次考古實習本來只有一年級學生(也就是裘先生所在的年級)參加,但因爲顧先生於 3 月 25 日爲復旦歷史系學生作了一次蘇州歷史的講演,引發了二三年級學生參與考古實習的興趣,所以最後參加者的人數大大增加(1953 年那次考古實習前不久的 3 月 25 日,顧先生日記有如下記載"到文管會,預備下午講稿。九時半歸,即乘車到復旦。訪厚宣。回厚宣處飯。與厚宣到季龍處,未晤。……到歷史系,蔡尚思來。到二三二教室,講蘇州歷史一小時半。……復旦歷史系一年級讀考古學通論,故到蘇州旅行,當作實習。今日予演講後,二、三年級亦堅欲同去,到校長處争論",見《顧頡剛全集·顧頡剛日記卷七》,第 365 頁)。4 月 4 日,裘錫圭先生還與部分學生一起同顧先生談話交流(《顧頡剛全集·顧頡剛日記(轉下頁)

喻也並非顧先生的獨創。毛澤東於 1930 年 5 月發表的《反對本本主義》就曾有"調查就像'十月懷胎',解決問題就像'一朝分娩'"的説法,⑥我們不太清楚顧先生當時是否讀過毛澤東的這篇文章,他的比喻是否從此中化來(二者和所要談的問題和側重角度其實並不太一樣),不過從裘先生屢屢敘及顧先生演講中給他留下深刻印象的那段話來看,顧先生從自己的經驗出發,運用生動的比方引導初學者的研究興趣,顯然是一次頗爲成功的啟發式教學。

在更爲重要的具體層面,顧先生及其"古史辨"派的學術思想,通過顧先生本人及其學生譚其驤先生、同事胡厚宣先生等人的熏陶與傳授,通過裘先生自己的閱讀及體悟,在他後來的古史研究中産生了潛移默化的影響。裘先生自述他當時"很自然地接受了""古史辨"派學者"像'三皇五帝'的系統不是歷史事實"這類"不言而喻的"結論。⑦ 裘先生入學時,歷史系"中國通史"的授課教師胡厚宣、譚其驤等先生,"在課堂上講辨僞,講僞古文《尚書》等僞書不能用等等","在一定程度上維持着二十世紀三四十年代以來的學術氛圍和傳統";"他們都是從那個時代過來的人,都接受過'古史辨'派的影響,當然無形之中會讓我們這些學生受到一些熏陶,我們通

(接上頁)卷七》,第 365、367～370 頁。參看《顧頡剛年譜(增訂本)》,第 406～407 頁)。據裘先生的口述,顧先生那次應邀講課是剛入學不久,如此則就最可能是在此次蘇州考古實習之前的 1952 年,但查檢顧先生日記未得相關記録,不知是否裘先生記憶略有失真(查《顧頡剛全集·顧頡剛日記卷七》,顧頡剛先生於 1952 年 10 月 8 日曾到復旦與周谷城、譚其驤、胡厚宣等人談;12 月 10 日到復旦訪譚其驤、胡厚宣等人——第 285、316 頁——,皆未記有給本科生講話事。而 1953 年 3 月 25 日的那次講演,從日記判斷,顧先生無疑是提前受復旦歷史系邀請而作,而且很可能是受胡厚宣先生所邀,因此他事先準備了講稿,到復旦後也是先訪胡先生並在他處用飯。所以,裘先生回憶的顧先生講課,極有可能就是考古實習前的這一次演講)。1954 年,顧頡剛先生調至中國科學院歷史研究所工作,裘先生 1956 年隨胡厚宣先生至歷史研究所攻讀研究生,因同在一個單位,所以歷史所的有些會議,他們還經常一同出席(《顧頡剛全集·顧頡剛日記卷八》,第 392～393、397、424、718、730 頁;《顧頡剛全集·顧頡剛日記卷九》第 7、22 頁),偶爾還與其他研究學習員一起拜訪過顧先生(《顧頡剛全集·顧頡剛日記卷八》,第 190～191 頁)。雖然從裘先生的回憶文字和顧先生的日記裏看不出他們後來還有更多的學術上的接觸,但在學術道路起步之初便與顧先生這樣的史學大師有面對面的接觸,恐怕也是對裘先生的史學研究道路具有深刻意義的事情。

⑥ 毛澤東:《反對本本主義》,人民出版社,1975 年,第 3 頁。

⑦ 《"古史辨"派、"二重證據法"及其相關問題——裘錫圭先生訪談録(裘錫圭、曹峰)》,《裘錫圭學術文集》第六卷,第 286 頁。

過自身的理解，也感到'古史辨'派的好多看法是正確的，可以接受的"。⑧

因此，可以毫不誇張地講，裘先生那一輩史學工作者，是中華人民共和國成立以後的歷史學界直接承繼"古史辨"派傳統學術風格和方法之餘緒的最後一輩學人。裘先生曾説，"我讀書時就是那樣一個背景，在他們的基礎上開展研究也是很自然的"，並把自己的上古史觀描述爲，"基本傾向於'古史辨'派的觀點，承認有夏代，夏代以上是傳説時代，三皇五帝的系統不是歷史實際"。⑨

但是裘先生當時也並不是全盤接受"古史辨"派的所有看法的。他説他"對他們的有些講法也並不認同"，"對'古史辨'派辨僞書的不少具體説法，當時就感到不能接受"，認爲"'古史辨'的觀點是有過分的地方"。⑩

如果我們把裘先生在進入復旦求學之後五十年撰寫《新出》所得之結論，與他早年間對"古史辨"派學術見解的態度合觀，會發現他的立場正完全可用"一以貫之"四字形容。

及至二十世紀末、二十一世紀初，因爲整個社會思潮和學術風氣大變，上古史和古文獻研究領域正如裘先生所説，"輕率信古"之風大行。比裘錫圭先生更早求學於復旦大學，同時也是顧頡剛先生學生的黄永年先生，幾十年後措辭嚴厲地批評過當時古史研究方面的這類現象的外層表徵：

> 君不見今天不知什麽緣由又刮起了一股"復古風"或曰"信古風"，力主黄帝、炎帝等確有其人。找遺址，修陵墓，以致想拍他們的歷史故事電影。⑪

---

⑧ 《"古史辨"派、"二重證據法"及其相關問題——裘錫圭先生訪談録（裘錫圭、曹峰）》，《裘錫圭學術文集》第六卷，第286～287頁。

⑨ 《"古史辨"派、"二重證據法"及其相關問題——裘錫圭先生訪談録（裘錫圭、曹峰）》，《裘錫圭學術文集》第六卷，第292、294頁。

⑩ 《"古史辨"派、"二重證據法"及其相關問題——裘錫圭先生訪談録（裘錫圭、曹峰）》，《裘錫圭學術文集》第六卷，第286頁。

⑪ 《評〈走出疑古時代〉》，《紀念顧頡剛先生誕辰110週年論文集》，中華書局，2004年，第124頁。參看《"古史辨"派、"二重證據法"及其相關問題——裘錫圭先生訪談録（裘錫圭、曹峰）》，《裘錫圭學術文集》第六卷，第302～303頁。

至於古史研究的理論基礎方面，有很多學者都已指出，李學勤先生1992年發表的題爲《走出疑古時代》的演講以及稍後出版的同名論文集中所收《古史、考古學與炎黄二帝》等文章，⑫力圖揚棄“古史辨”派學術成果的態度，二十世紀末以來在學界影響非常深廣；李先生關於上古史研究方面的核心主張，被學者們概括爲“恢復被古史辨派推翻的黄帝一元、三代同源的古史體系”，⑬“不滿足於追溯到夏，在他心目中中華文明是應該追溯到黄帝”，“認定唐（堯）、虞（舜）、夏、商、周、楚、蜀都是黄帝之後”。⑭ 這方面的情況，過去已多有論述，這裏不再贅言。⑮

在古文獻方面，裘錫圭先生在《中國古典學重建中應該注意的問題》一文中指出“部分學者對古書辨僞的已有成果不夠重視”的現象，着重以某些學者將《列子》和僞古文《尚書》當作先秦著作來使用的做法爲例，批評古文獻研究方面的“輕率信古”的風氣。⑯ 作爲李學勤先生《走出疑古時代》演講文字的兩位整理者之一，李零先生回憶：

> 我記得，當年在奧斯陸，裘錫圭先生跟我説，現在真不像話，有人居然替《古文尚書》説話，還打着李學勤先生的旗號。我説，不，李先生的演講，確實有這麽一部分，他自己删掉了。爲了證明這一點，我給兆光（引者按，指葛兆光）打電話，想把整理稿的原件找出來，但《中國文化》那邊找了半天，就是找不着。⑰

李先生在演講整理稿中自行删去那些内容，其實也正説明李先生在這個

---

⑫ 這個演講整理成文後發表在《中國文化》第七期，1992年，第1～7頁；《走出疑古時代》一書（遼寧教育出版社，1994年）將此演講内容作爲“導論”收入（第1～19頁），《古史、考古學與炎黄二帝》原發表於王俊義、黄愛平編《炎黄文化與民族精神》，中國人民大學出版社，1993年，第14～21頁。

⑬ 楊春梅《去向堪憂的中國古典學——“走出疑古時代”述評》引吴鋭語，《文史哲》2006年第2期，第15頁。

⑭ 林澐：《真該走出疑古時代嗎？——對當前中國古典學取向的看法》，《林澐學術文集（二）》，科學出版社，2008年，第282頁。

⑮ 參看拙著《帝系新研》，北京大學出版社，2008年，第7～8、102～106頁。

⑯ 《中國古典學重建中應該注意的問題》，《裘錫圭學術文集》第二卷，第342～343頁。

⑰ 《維錚先生二三事》，《東方早報・上海書評》2012年4月22日。

問題上的某種態度；然而這些内容，卻被好多學者放大渲染甚至歪曲。⑱裘先生對在“走出疑古”思潮影響下，不加分辨地輕信已定案的僞書的現象，一直是非常擔憂的。

這是我們研讀《中國古典學重建中應該注意的問題》和《新出》這兩篇文章時需知曉的學術背景。

二

下面對《新出》所論内容作一些引申導讀。先談禹的傳説。

關於禹的傳説，我們可以補充談一下《古史辨》收録的王國維先生《古史新證》的一段關於禹的内容以及顧頡剛先生的跋語。因爲這是疑古派和信古派在早期的一次直接學術交鋒。

《古史辨》第一册收録了《古史新證》的第二章《禹》。王國維先生此章引用了春秋時期的秦公簋（引者按，王氏原稱“敦”）銘“鼏宅禹責（迹）”，叔弓鐘、鎛（引者按，王氏原稱“齊侯鐘鎛”）銘“尃尃（引者按，字原从虍）成唐（湯），有敢（嚴）在帝所，尃（引者按，王氏讀爲“博”）受天命，……咸有九州，處禹之堵”之語，説了下面一段話：

> 夫自《堯典》、《皋陶謨》、《禹貢》皆紀禹事，下至《周書・吕刑》亦以禹爲“三后”之一，《詩》言禹者尤不可勝數，固不待藉他證據。然近人乃復疑之。故舉此二器，知春秋之世東西二大國無不信禹爲古之帝王，且先湯而有天下也。

顧頡剛先生1925年12月22日爲此作一“附跋”云：

---

⑱ 葛兆光先生在爲李學勤先生《簡帛佚籍與學術史》所作書評《古代中國還有多少奧秘?》中，便説過“就連《孔子家語》、《孔叢子》這樣的書，也可以在出土的簡帛中找出源頭，而被當作古籍辨僞範例的《古文尚書》，是否孔安國僞造也漸漸成了疑問”（《讀書》1995年第11期，第8頁）這樣的話。前引黄永年先生文，對這篇“多少支持李先生”的文章中的講法批評道：“從没有人説《僞古文尚書》是孔安國僞造的，給《僞古文尚書》找僞證的閻若璩、惠棟没有説僞造者是誰，後來丁晏提出是王肅仍有人不同意。”黄先生同時批評了樓宇烈先生誤解《尚書》的今古文之别和僞古文《尚書》並非真古文《尚書》這兩個不同層次的問題（《評〈走出疑古時代〉》，《紀念顧頡剛先生誕辰110週年論文集》，第123、125～126頁），皆可參看。

頡剛案，讀此知道春秋時秦齊二國的器銘中都説到禹，而所説的正與宋魯二國的頌詩中所舉的詞意相同。他們都看禹爲最古的人，都看自己所在的地方是禹的地方，都看古代的名人（成湯與后稷）是承接着禹的。他們都不言堯舜，髣髴不知道有堯舜似的。可見春秋時人對於禹的觀念，對古史的觀念，東自齊，西至秦，中經魯宋，大部分很是一致。我前在《與錢玄同先生論古史書》中説，"那時（春秋）並没有黄帝堯舜，那時最古的人王只有禹"。我很快樂，我這個假設又從王静安先生的箸作裏得到了兩個有力的證據！⑲

有學者已經注意到王國維先生説的確不能成立，如李鋭先生説：

根據銅器證大禹爲古帝王，則是希望根據春秋時期的直接史料和間接史料，去證時代遠在此前的史實，把異時性材料當作共時性材料，故而缺少説服力，不成功。春秋時期的史料只能説明春秋時期的情況。這裏的不成功，並不是"二重證據法"這個方法本身出了問題，而是在運用時出了問題。⑳

不過材料的共時性和異時性只是一部分的問題，更重要的是，從傳世文獻和青銅器銘文看，從這幾件出土銘文去論證禹是人王毫無必然性，而且没有意義，這跟王國維本人用甲骨卜辭記録的商先公先王祀譜去驗證《殷本紀》記載的商王世系根本無法相提並論。禹的神性本來是很清楚的，雖然有成湯、后稷都處於禹迹的講法，但這絲毫不能證明禹本來是明確歷史坐標和帝王譜系上的一個人王。㉑ 黄永年先生在看到記載禹的傳説的豳公盨銘文之後，曾比較早地明確指出：

是否可以用（豳公盨銘）來證實禹實有其人，禹治水真有其事呢？

⑲ 顧頡剛編著：《古史辨（一）》，上海古籍出版社，1982年，第266～268頁。

⑳ 李鋭：《由新出文獻重評顧頡剛先生的"層累説"》，《人文雜志》2008年第6期，第142頁。

㉑ 李鋭先生已注意到王國維所舉秦公簋銘"僅僅只是從得到居處的土地這個角度而言的，而並不是在説有關禹爲最早人王的古史"（李鋭：《由新出文獻重評顧頡剛先生的"層累説"》，《人文雜志》2008年第6期，第142頁）。

我認爲不能。因爲顧先生當年早就注意到西周時《商頌·長發》裏被説成“洪水芒芒，禹敷下土方”的神性之禹，而這《豩公盨》説“天命禹”可知銘文作者仍認爲禹具有神性。退一步説，即使此銘文作者已認爲禹真有其人，禹治水真有其事，但時在西周中期偏晚的作者距離舊古史系統所説夏代初年已有千年之久，他講夏初人王之禹，就等於今人講一千年前北宋的事情，其不能當作史料爲人取信是誰都明白的。㉒

這就把禹的神性問題和李鋭先生所説的材料異時性問題都扼要點出了。裘先生的《新出》則根據豳公盨銘文和西周時代的《洪範》、《吕刑》銘文記載上帝（帝或皇帝）命禹來平治下界水土，説了這樣一段話：

在這樣的傳説裏，根本不可能有作爲禹之君的人間帝王堯、舜的地位。顧氏認爲堯、舜傳説較禹的傳説後起，禹跟堯、舜本來並無關係的説法，當然也是正確的。

並引顧頡剛先生在《討論古史答劉胡兩先生書》裏關於春秋末期以後神話中的古神被“人化”的觀點進一步指出：

在這種“人化”的過程中，禹受天帝之命平治水土的傳説變爲受人帝堯、舜之命平治水土的傳説，禹由“上帝部屬”“漸漸變成堯舜部屬”（原注：引號中語借用自《鯀禹的傳説》，見《顧頡剛古史論文集》第二册，第125頁），是很自然的事……

後來，裘先生還針對有些學者將“古史辨”派古書辨僞結論與古史辨僞結論互相牽連在一起看待的誤解，作了如下解釋：

“古史辨”派對古史的看法，並不是全靠古書辨僞得出來的。比如説大禹，不論他是由神變成人，還是由人變成神，從《詩經》和《尚書》的《立政》、《吕刑》篇裏講到的禹來看，他顯然是帶有神性的。關於禹平治洪水，《山海經》、《楚辭》、《淮南子》等書所反映的比較原始

㉒ 《評〈走出疑古時代〉》，《紀念顧頡剛先生誕辰110週年論文集》，第130頁。

> 的傳説，完全是神話性的。至於《堯典》、《禹貢》等，其著作時代較晚，不會早於春秋。這一點絶大多數學者都承認，並非“古史辨”派的私見。在禹的問題上，近年出土的豳公盨也未必能改變什麽，銘文説“天命禹”，而不是像《堯典》那樣説堯、舜命禹。這其實對“古史辨”派有利，證明了顧頡剛《吕刑》中命禹的“皇帝”是上帝的意見（《洪範》中命禹的也是上帝，顧氏也已指出，但他認爲《洪範》的時代晚到戰國則不正確）。㉓

這段話很重要，它指出了“古史辨”派關於一些古史傳説問題的看法實際上並不牽涉錯誤的古書辨僞結論，因而不影響其“惟窮流變”目的的達成。只要實事求是地看待古書對某些傳説記載的演變過程，自然應該會有同“古史辨”派比較一致的看法。

最近，有些學者對顧頡剛先生的“層累地造成的中國古史”説進行了反思和批判，其中涉及禹的傳説部分的批評，主要是針對顧頡剛先生以西周以至春秋人眼中以禹爲最早的古史傳説人物而發。㉔ 現在看來，我們的確不應否認古代口口相傳的某些傳説，如堯、舜傳説很可能有古老的來源（詳下），顧先生“截斷衆流”的做法的確可能太過激進。但是迄今爲止，卻仍然還没有任何可靠資料可以證實堯、舜傳説的出現先於禹的傳説；堯舜同禹發生聯繫、禹成爲堯舜帝廷之臣，跟古老的天帝命禹平治水土的傳説不相容，故當爲晚起之説的看法，大概並無可疑之處。可惜的是，據豳公盨等材料反對顧頡剛先生觀點的學者，對這個從古文獻當中被揭示得非常清楚的“人化”過程卻都没有能夠作出有力的反駁。㉕

㉓　《“古史辨”派、“二重證據法”及其相關問題——裘錫圭先生訪談録（裘錫圭、曹峰）》，《裘錫圭學術文集》第六卷，第 291 頁。

㉔　李鋭：《由新出文獻重評顧頡剛先生的“層累説”》，第 137、139、142 頁。

㉕　謝維揚：《從豳公盨、〈子羔〉篇和〈容成氏〉看古史記述資料生成的真實過程》，《上海文博論叢》2009 年第 3 期，第 56～59 頁。李鋭先生舉《孔子詩論》所記孔子對“帝謂文王，予懷爾明德”句的解釋“蓋誠謂之也”等，認爲豳公盨的“天命禹”並不是“禹是神而文王等不是神的充要條件”，還認爲所謂禹的天神性“是在成見引導下做循環論證”，其“神迹”是在傳説流傳過程中“被逐漸放大”的（李鋭：《由新出文獻重評顧頡剛先生的“層累説”》，第 141 頁），“因此所謂天命，至少對西周人而言，只是一種思想觀念，不能説得天命行事者都是神”（李鋭：《“二重證據法”的界定及規則探析》，《歷史研究》2012 年第 4 期，第 132 頁）；（轉下頁）

三

禹的"人化"並與堯、舜發生聯繫等，也與大一統帝王譜系的構建有密切關係。《新出》緊接着就用上博簡《子羔》篇檢驗了顧頡剛先生對"各族同源的古帝王世系"的辨僞工作。

裘先生在《新出》中根據他最終調整確定的《子羔》篇簡序，㉖對《子羔》所記古史傳説的意義進行了討論。他認爲：

> 在此篇寫作的時代，作爲大一統帝王世系重要組成部分的、契和后稷皆爲帝嚳之子以及禹爲顓頊之孫鯀之子等説法尚未興起。在此篇中，孔子完全是從禹、契、后稷都是天帝之子的角度，來敘述他們的降生神話的。從中一點也看不到上舉那些説法的影響。子羔提問

(接上頁)謝維揚先生也舉《書·大誥》"天休于寧(文)王，興我小邦周"的講法證明"並不意味着周文王本人就真的是神性的，而他的權力也真的不具有人世的來歷"(《古書成書和流傳情況研究的進展與古史史料學概念——爲紀念〈古史辨〉第一册出版80周年而作》，《文史哲》2007年第2期，第52頁)。我很同意兩位先生關於得天命行事者不都是神的觀點，但他們其他的看法恐怕都是有問題的。他們没有正面解釋爲何在較早的傳世和出土文獻中禹的傳説卻没有類似文王爲紂臣這類完全屬於人事的記載，只有天、帝、皇帝等命禹的記載，反而到了大家都公認的戰國時代形成的古書才有禹爲堯、舜臣的記載。這種情況跟李鋭先生所謂"神迹"是"逐漸放大"的講法恰好是背反不容的。帝命文王的傳説跟帝命禹的傳説本質顯然不同，似不可比附。文王伐商爲取得合法性，自然要附會或編造出一套受上帝(或天)之命的説法來，這與人所共知的具有悠遠歷史的禹受天帝之命平治水土神話傳説發生原理完全不同，所以禹的治水傳説後來在理性化思潮下被"人化"改造爲受堯、舜之命説，文王因爲人所共知是一位人王而非神，他受帝命的傳説就没有這種演變過程的可能和必要，這是兩者本質的區别。李鋭先生《由新出文獻重評顧頡剛先生的"層累説"》一文所舉《孟子·萬章上》記孟子所謂"天"與"舜"天下而否定"堯"與"舜"天下的講法，是否可藉以説明天命禹和堯、舜命禹傳説可以同時存在呢？我認爲也不行。因爲萬章意在請教孟子關於堯、舜禪讓的態度，孟子本來對於禪讓的態度比較消極，所以給出一個"天"予舜天下的回答，即意在强調舜承受天命而不是堯出於己意授天下予舜的。這個"天"在孟子那裏是很虚的(所以他説"天不言")，跟原始傳説中命禹平治水土的人格化的上帝顯然不同。因此在孟子看來，天與舜天下和堯實際上禪天下給舜是一個事實的兩面，而在早期的禹的傳説裏是不可能作出類似解釋的。另外有些學者更直接將豳公盨銘文的"天"指實爲"舜"，認爲銘文突出的以"德"治民思想體現了所謂舜的政治思想云云，則更是毫無根據的臆説(參看拙著《帝系新研》，第40頁)。

㉖　裘錫圭：《談談上博簡〈子羔〉篇的簡序》，《裘錫圭學術文集》第二卷，第437～444頁。

> 時，對禹、契、后稷的出身只説了其父爲天帝或爲“賤不足稱”的凡人這兩種可能，從中也看不到那些説法的痕迹。

裘先生認爲《子羔》不像是子羔跟孔子問答的實録，而是戰國早期或中期的作品，所以他認爲“契和后稷皆爲帝嚳之子以及禹爲顓頊之孫鯀之子”這類説法“應該是在進入戰國時代以後才興起的。大一統帝王世系的最後形成當然更晚，大概不會早於戰國晚期”，並基本肯定了顧頡剛關於大一統帝王世系的見解。林澐先生反對以“第二次對古書反思”的名義給《帝系》、《五帝德》及《史記・五帝本紀》增添可信度的做法，他對裘先生關於《子羔》篇的研究結論評價道：“可見即使是‘以書論書’，畢竟是可以判定是非的。”㉗

謝維揚、李鋭等先生則對裘先生的這些看法表達了不同意見。謝先生説：

> 《子羔》篇，作爲新獲的上博簡的材料，其重要性在於它講到了舜與禹、契、稷這三位三代王朝先祖的關係。其中值得注意的是它明確講禹、契、稷均做過舜的臣子，但禹、契、稷又皆爲“天之子”，也就是感生的。對於這個情節，有分析認爲《子羔篇》的記述還不能表明禹、契、稷與其前輩元素即舜之間關係的真實性。因爲他們傾向於把《子羔篇》的記法理解成將上述這些先王説成是無父之人。但這一讀法可商。我們只需提這樣一點，即《子羔篇》關於禹、契、稷等感生的記述與《詩經・商頌・玄鳥》説“天命玄鳥，降而生商”，在記述内容上也有感生情節似乎没有什麽不同。但毛傳的解釋卻是以契因玄鳥而生與述其有父爲高辛氏不相抵牾的。在《楚辭・天問》中也是説：“簡狄在台嚳何宜，玄鳥致貽女何喜。”王逸注：“簡狄，帝嚳之妃也。”可見《天問》雖也説到“玄鳥生商”故事，但仍提到作爲簡狄之夫的嚳，而且明言嚳爲商之先祖。所以在古人意識中，感生與以某爲父是不相排斥的。如此，《子羔篇》還是可以説明古史記述中禹以前的元素包括舜、鯀、帝嚳甚至顓項等的生成都有可能並不是非常晚的。這對“層累説”當然也是有挑戰的。顧先生時代因爲無從得見這些資料，

㉗　林澐：《真該走出疑古時代嗎？——對當前中國古典學取向的看法》，《林澐學術文集(二)》，第 284 頁。

應該是導致“層累説”對此類事實作過低估計的原因。㉘

李鋭先生認爲：

> 比較《子羔》和《五帝德》，同在先秦時期，同爲稱述“孔子”之語，而對於商周始祖有父無父的問題，所説卻截然不同，確實值得思索其原因到底是孔子前後之説不同（或弟子所聞不同），還是有文本出自後學編述，抑或有其它原因。但是在《子羔》和《五帝德》之間，我們似乎不能簡單地贊同一個，否定另一個。
>
> ……
>
> ……從邏輯上來講，也有可能《子羔》與《五帝德》二者皆有部分真實之處（當然也可能二者皆假）。如果我們求同存異，將今古文經的問題暫時放到一邊，那麽我們就會發現：《子羔》與《五帝德》篇都提到了堯舜禹契稷這個結構！㉙

在《子羔》篇的著作時代，已經出現禹契后稷服事舜的傳説，這其實毫不足異。㉚ 但是從《子羔》篇的三王降生神話看，還絲毫没有“契和后稷皆爲帝

㉘ 謝維揚：《“層累説”與古史史料學合理概念的建立》，《社會科學》2010 年第 11 期，第 145 頁。謝維揚《從豳公盨、〈子羔〉篇和〈容成氏〉看古史記述資料生成的真實過程》一文也舉《商頌・玄鳥》“天命玄鳥，降而生商”毛傳所謂“湯之先祖，有娀氏女簡狄配高辛氏帝，帝率與之祈于郊禖而生契，故本其爲天所命，以玄鳥至而生焉”（原文所引毛傳文略有出入，已作改動），認爲“由毛傳説可以看出在漢人認知上，謂契因玄鳥而生與其父爲高辛氏是不相抵牾的”（《上海文博論叢》2009 年第 3 期，第 60 頁）。又參看同作者《古書成書和流傳情況研究的進展與古史史料學概念——爲紀念〈古史辨〉第一册出版 80 周年而作》，《文史哲》2007 年第 2 期，第 52 頁。

㉙ 李鋭：《由新出文獻重評顧頡剛先生的“層累説”》，第 138～139 頁。

㉚ 這種説法的出現大概也有一個形成過程，並不是禹契后稷同時被安排到了堯、舜帝廷爲臣的。清華簡《良臣》篇所記舜臣有禹，卻並無契與后稷［清華大學出土文獻研究與保護中心編、李學勤主編：《清華大學藏戰國竹簡（叁）》，中西書局 2012 年，第 157 頁］，推測因爲禹有被“人化”構建帝王系譜的需求，而且又有著名的治水故事，所以他先被安排到堯、舜駕下爲臣平治水土就十分自然而且必要［《論語・堯曰》裏已經有“舜亦以命禹”的説法。新出《上海博物館藏戰國楚竹書（九）・舉治王天下》“堯王天下”小篇記堯訪禹問政，“禹王天下”小篇記堯命禹治水，禹奉舜重德等内容，説明在此篇的著作時代，禹爲堯舜帝廷之臣的傳説已經十分完備，此承鄔可晶兄提示。此篇内容見馬承源主編《上海博物館藏戰國楚竹書（九）》，上海古籍出版社，2012 年，圖版第 61～95 頁、釋文考釋第 191～235 頁。此篇著作應與上博簡的不少儒家著作一樣，至晚是戰國早期的作品］；作爲商周先祖的契、（转下頁）

嚳之子以及禹爲顓頊之孫鯀之子”這類内容的一點點痕迹，怎麽能得出《子羔》篇“還是可以説明古史記述中禹以前的元素包括舜、鯀、帝嚳甚至顓項等的生成都有可能並不是非常晚”的結論呢？謝先生舉《商頌・玄鳥》毛傳認爲商契感生降生神話與爲高辛氏之子的講法不衝突，這也是有問題的。我曾指出，在最早的傳説中，感生神話命鳥者本來是“天”、“帝”（見《商頌・玄鳥》和《長發》），可見《楚辭》所見的嚳、高辛也應是上帝（從郭沫若、顧頡剛等先生説）；從《離騷》、《天問》等嚳命玄鳥的説法看，嚳應當就是殷人始祖所從出的感生帝，《思美人》説“高辛之靈聖”，很可能就是感生帝説所謂“王者之先祖，感太微五帝之精而生”説的由來；而到了比較晚的傳説中，嚳才徹底人化爲契之父，簡狄由本來受天帝之感的女子成爲帝嚳人化後的次妃（如《大戴禮記・帝系》）。㉛因此契之感生神話所經歷演變的大致綫索仍是比較明晰的。毛傳則顯然是把比較晚出的理性化傳説跟早期的感生神話直接牽合到一起作解，這跟顧頡剛先生指出的，司馬遷作《史記》時“用了《帝系姓》的材料加入《玄鳥》和《生民》裏”，裘錫圭先生指出的“《帝王世紀》敘述禹出自母胸的神話時，以禹母爲鯀之妻”（見《新出》）的做法毫無二致，這只是“時代潮流造成的新傳説對於舊傳説的壓迫”，㉜是“牽合大一統帝王世系的後起附會之説”（見《新出》），自無法作爲三王感生神話的解釋依據。

前已提到，顧頡剛先生“層累説”最遭受批評的地方就是把禹視爲最早的一位人王，把堯、舜等看成春秋以後出現的人物，此後又往前疊加了五帝中的其他人物。這個設想出來的過程從系統構建的角度看，大概可以視爲一種“模型”，事實是否確如其所設想，當可商討（比如是否可能很早就有人設想出一些在觀念上比禹早的古帝，黄帝是否在比較早的時候，即在比較廣的範圍内由五方帝的中央一帝成爲古人心目中的最早一帝【編按：關於黄

（接上頁）稷成爲舜臣的説法成爲影響力很大的傳説則應稍晚，疑應與禪讓學説風起，要突出堯、舜尤其是舜的地位有密切關聯。《良臣》篇的整理者指出，此篇所記最晚的是春秋時著名君臣，文字有三晉風格，且“特別突出子産”，“作者可能與鄭國有密切關係”（《清華大學藏戰國竹簡（叁）》，第156頁），可見這篇竹書很可能有比較早的來源，其所記古史傳説的上述特點十分值得注意。

㉛　拙著《帝系新研》，第115～118頁。

㉜　顧頡剛：《中國上古史研究講義》，中華書局，1988年，第107、108頁。

帝問題，我最近的思考見於《清華簡與古史傳説(三題)》，載"《清華大學藏戰國竹簡》與儒家經典專題國際學術研討會"論文集，煙臺大學，2014年12月】，後來在整合過程中從兩頭湊起、對接，安排世系的關聯等)。㉝ 但是從離析《帝系》這種大一統帝王世系組成部分的手段看，它無疑達成了積極的效果，可以説相當清楚地揭示出這種世系的真實面目。我們認爲對待"層累説"，應當取其在研究古史傳説演變中主要的貢獻，決不宜死看，更不好把不同性質的材料放到一起對"古史辨"派的一些結論提出不恰當的批評。㉞

㉝ 池田知久先生曾指出過"古史辨"派學者的"層累説"方法太單一(池田知久、西山尚志：《出土資料研究同樣需要"古史辨"派的科學精神——池田知久教授訪談録》，《文史哲》2006年第4期，第22頁)，實際上從"古史辨"派在實際研究中的方法看，他們並非只有"層累説"一個方法。

㉞ 李鋭先生認爲著作時代早於《帝系》、《五帝德》的《容成氏》的古帝王系統，"對於顧先生'層累説'所表現的'時代愈後，傳説的古史期愈長'的歷史觀，顯然是不利的"(李鋭：《由新出文獻重評顧頡剛先生的"層累説"》，第140頁)，謝維揚先生也有類似看法，他進一步認爲《容成氏》記述的内容説明"不再能將《帝系》、《五帝德》的記述完全説成是對已有記述不斷疊加的結果"(《從豳公盨、〈子羔〉篇和〈容成氏〉看古史記述資料生成的真實過程》，第61～62頁；參看《"層累説"與古史史料學合理概念的建立》，第144～145頁)。李鋭先生的批評實際上只在説明顧先生對類似《莊子·胠篋》、《六韜·大明》《興王》等記載的這類系列以某某氏命名的古帝王出現時代看得太晚這一點上是有意義的(這類説法現在看來至少戰國中期以前已經非常流行)。但是這種原始帝王系統跟以《帝系》《五帝德》最早記載的大一統帝王世系，是不同層次的東西，有着不同的生成機理和性質；顧先生等人對前者出現時代的判斷有問題，不意味着對《帝系》等文獻記載的系譜辨析在總體上不能成立。《帝系》、《五帝德》雖未必是簡單的"不斷疊加的結果"，但是其整合的痕迹還是顯而易見的。顧先生對《帝系》譜系構建過程的描述，也並不能以簡單的"層累説"涵蓋，他在《中國上古史研究講義》中將《帝系》離析爲"五帝和禹的世系"、"楚的世系"、"商、周與帝堯、帝摯同出於嚳"三個不同層次的内容，指出其中楚國的世系可能是《帝系》發展、形成的基礎(第102～103頁)，顧先生指出的《帝系》的材料有着不同來源，顯然應當是比較符合實際的(參看《帝系新研》，第219～222頁)。《清華大學藏戰國竹簡(叁)》所收《良臣》篇，歷數遠古至春秋時代的帝王名臣，以黄帝爲首一帝，下數堯、舜二帝，緊接就是康(唐，即成湯)等歷史人物，黄帝與堯、舜間，堯、舜與湯之間皆由墨槓隔開(清華大學出土文獻研究與保護中心編、李學勤主編：《清華大學藏戰國竹簡(叁)》，第93頁)。這是在出土文獻中繼上博簡《武王踐阼》之後，又一次看到的以黄帝爲古史傳説最早一人的古帝王序列。可以注意的是，它跟《國語·魯語上》、《吕氏春秋·尊師》等篇所敘述的帝王系統一樣，並没有一個按照血緣的父子相生關係排列出來的源出黄帝的世系，當時人只是把黄帝到堯、舜再到商王等看成的前後相承的古代帝王而已，是一個十分樸素的歷史觀念系統。《莊子·應帝王》記蒲衣子語"有虞氏不及泰氏"，在有虞氏前排列一個所謂"泰氏"(成玄英疏謂是太昊伏羲)，這跟在堯、舜前排列"黄帝"的結構其實本質相同。凡此皆可見，戰國以降，在有虞氏(堯、舜等)之前到底更早的有哪些古帝王，説法極多，有的説伏羲較早，有的説黄帝最早，有的説神農最早(如 (轉下頁)

四

前兩節已對堯、舜傳説的問題有所涉及,下面再作一些引申。

裘先生後來談到五帝系統時曾指出:

> 五帝的系統不真實,而且從比較可靠的古書看,黄帝、顓頊、帝嚳的情況跟堯、舜很不一樣。

他還説道:

> 很多學者已經指出,戰國古書上不但講三代,還講四代。夏代以前還有虞代,堯、舜以至更早的某些傳説中的帝王都屬虞代。這個時代的文化應該比較發達了,不然不會有"虞夏商周"這樣的提法。

所以裘先生對於有人假設陶寺文化所在的地區就是"堯都平陽"之地、假設陶寺文化是唐堯的文化所持的態度是,"你應該允許他提出,但我絶對不承認這就是一個定論,因爲你没有確鑿的證據,只能説有一定的可能性"。但對於有些學者所謂"五帝時代"的提法,爲黄帝、帝嚳甚至伏羲等尋找都城、附會考古學文化的做法,他則明確表示反對。㉟ 這是對《新出》一文言而未詳的關於堯、舜問題態度的補充,應互相參看。

(接上頁)《吕氏春秋・尊師》),有的則較有體系地搞出一套以某氏爲名的古帝王(如上博簡《容成氏》),可謂言人人殊,這諸多無有定型且缺乏規律的遠古帝王序列,跟《帝系》等按血緣關係排列出來的、以黄帝爲唯一始源的系統,究竟何早何晚,豈非不言而喻(關於這一點,還可參看林澐《真該走出疑古時代嗎?——對當前中國古典學取向的看法》,《林澐學術文集(二)》,第 284 頁)? 王樹民先生曾經提出,古書中所謂"五帝"的本義不以五位上古帝王爲限,本是遠古渺茫歷史時期(虞夏之前)的一種統稱(《"五帝"釋義》、《五帝時期是正式朝代建立前的歷史時代之稱》,收入同作者《曙庵文史續録》,中華書局,2004 年,第 27～31、32～36 頁)。按"五帝"是否本來並不以五位"帝"爲限,尚可討論,但是王先生關於五帝和五帝時代爲代表上古傳説時代的統稱,"五帝"所指本來並無一定之説的看法則很有道理,可以作爲我們理解虞之前古帝傳説的重要參考。

㉟ 《"古史辨"派、"二重證據法"及其相關問題——裘錫圭先生訪談録(裘錫圭、曹峰)》,《裘錫圭學術文集》第六卷,第 301～303 頁。關於陶寺遺址與堯、舜可能的聯繫,參看李學勤《虞夏商周研究的十個課題》,《當代名家學術思想文庫・李學勤卷》,北方聯合出版傳媒(集團)股份有限公司、萬卷出版公司,2010 年,第 427 頁。

關於東周人歷史觀念中，在夏代之前有一個古老的“虞代”(或“有虞氏”)，堯、舜同屬虞代等，通過多位前輩學者的論證，相關事實已經比較清楚。楊向奎先生指出，有虞氏有其相傳的世系，有其事迹，與三皇五帝情況不同，我也曾據新出材料在這些學者研究的基礎上有過補正和推進。㊱這種歷史觀念，不可能是到了戰國以後“層累地造成”的。中國在夏之前，應有一個部落聯盟時代，古人統以“虞”來稱呼之，堯、舜就是有虞一代最有影響力的兩位部落聯盟首領。《新出》指出，相傳甚廣的堯、舜禪讓説，很可能曲折地反映了原始社會君長推選制度的一些史影，我們同意並越來越堅持這種意見。㊲ 清華簡《保訓》篇記載文王病重時，用以訓教武王的前人所傳的“保(寶)訓”中的典實之一便是堯、舜傳説。㊳ 這篇竹書從竹簡形制、文字抄寫和用語等各方面看，與清華簡《尚書》、《逸周書》篇目或其他相關内容有頗大差别，不可能是西周史事的實録，㊴而應當是後人

㊱ 童書業：《帝堯陶唐氏名號溯源》，童書業著、童教英整理：《童書業史籍考證論集》，中華書局，2005年，第80～109頁；楊向奎：《應當給“有虞氏”一個應有的歷史地位》，《文史哲》1956年第7期，第2567～2569頁；徐鴻修：《“虞”爲獨立朝代説——兼論中國階級社會的開端》，《寶雞師院學報(哲學社會科學版)》1990年第2期，第63～64頁；王樹民：《夏、商、周之前還有個虞朝》，《河北學刊》2002年1月(第22卷第1期)，第146～147頁；拙著《上博簡〈容成氏〉的“有虞迵”和虞代傳説的研究》，《古文字與古文獻論集》，上海古籍出版社，2011年，第106～143頁。顧炎武《日知録》卷二十七“國語注”條謂：“(《國語・周語下》)‘昔(引者按，當作其)在有虞，有崇伯鯀’。據下文‘堯用殛之於羽山’，當言‘有唐’，而曰‘有虞’者，以其事載於《虞書》。”(顧炎武著、黄汝成集釋：《日知録集釋》，嶽麓書社，1994年，第945頁)顧氏不知虞可包括唐而言，故有此解，可謂未達一間。

㊲ 參看拙著《上博簡〈容成氏〉的“有虞迵”和虞代傳説的研究》，《古文字與古文獻論集》，第136～143頁。關於這一點，應該補充指出嚴耕望先生的觀點。嚴先生曾自述：“我在高中讀書時代寫了一篇《堯舜禪讓問題研究》，我認爲堯舜禪讓只是部落酋長的選舉制，這就是從人類學家莫爾甘(L. H. Morgan 1818～1881)所寫的《古代社會》(Ancient Society)悟出來的。儒家不了解當時實情，比照後代傳子制看來，堯舜之事自是公天下的禪讓，這是美化了堯舜故事。”(《治史經驗談》，收入《治史三書》，遼寧教育出版社，1998年，第9頁)嚴文雖未正式發表，但顯然早在二十世紀的三十年代前期就看出了這個問題，鋭識可佩。

㊳ 清華大學出土文獻研究與保護中心編、李學勤主編：《清華大學藏戰國竹簡(壹)》，中西書局，2010年，第143頁。

㊴ 趙平安先生認爲“它極可能是《尚書》的佚篇”(《〈保訓〉的性質和結構》，《光明日報》2009年4月13日)，恐證據不足。

的一種擬作，[40]不過目前很難對這篇竹書的確切撰作年代作出判斷。即使我們比較保守地把它看作戰國時代擬仿的篇目，也可以知道，戰國時人認爲西周文武二王甚至更早的“前人”就應該是熟知堯、舜傳説的；這也就是説，在他們頭腦裏，這種傳説的淵源極古，否則《保訓》篇不可能跟古老的上甲微與河伯、有易氏傳説一起引述此事並將之視爲“傳寶”的。

因此，孔子屢屢稱述的堯、舜故事，決非顧頡剛先生等主張的，在春秋晚期還“若存若亡”，更不能進而懷疑《論語・堯曰》等篇的真實性，而應該對包括有虞氏在内的堯、舜傳説的發生過程有一個客觀的估計。虞代和有虞氏的傳説，因爲與戰國晚期以來逐漸構建成功的大一統帝王世系有矛盾衝突，遂致淹没不聞，有虞氏本來較爲豐富的帝王事迹、世系傳承逐漸不顯，只保存了在五帝系統中具有地位的舜的家族世系，這是形勢發展的必然；不過在比較早的古書當中和至今尚能看到的一些不同於五帝系統的傳説中，仍能看到虞夏商周四代結構比較清楚的痕迹。

從目前資料來看，堯、舜傳説和禹的傳説的性質，無疑應該區别對待。禹的平治水土傳説，從一開始就是一個神異性極强的傳説，無論是豳公盨銘所記“敷土、墮山、濬川”、“疇方、設正、降民”、“成父母、生我王”，[41]還是古書所記“鯀腹生禹”等事，皆非普通人力所能爲或極爲奇異之事，這都是原始神話的顯著特徵。但堯、舜傳説從一開始便是完全立足於人事的，無

[40] 如李零、黄懷信等先生皆傾向於或贊同《保訓》所記“惟王五十年”並非文王稱王説的直接證據、此篇當出後人的追記的觀點(《李零:《讀清華簡〈保訓〉釋文》,《中國文物報》2009 年 8 月 21 日。黄懷信:《清華簡〈保訓〉篇的性質、時代及真僞》,武漢大學簡帛研究中心網站,2011 年 3 月 11 日;《清華簡〈保訓〉補釋》,武漢大學簡帛研究中心網站,2011 年 3 月 25 日。又可參看杜勇《關於清華簡〈保訓〉的著作年代問題》,《天津師範大學學報(社會科學版)》2010 年第 4 期,第 20～26 頁)。另外此篇諸如“言不易實變名”句“名實”的概念及其與“言”之關係的看法,整理者和研究者皆引春秋戰國以後的文獻内容作解,這可能也是此篇較晚出的迹象,參看胡凱、陳民鎮集釋,陳民鎮按語《清華簡〈保訓〉集釋》,復旦大學出土文獻與古文字研究中心網站,2011 年 9 月 19 日。

[41] 裘錫圭:《豳公盨銘文考釋》,《裘錫圭學術文集》第三卷,第 146～155 頁。

論是古書和出土材料所記的堯舜事迹、君位授受過程、舜及有虞氏的世系,還是堯、舜在孔子心目中的賢君形象,都可以清楚地看出這一點,幾乎不見有任何"神迹"成分。這跟堯、舜傳説本來就屬於有虞氏傳説的一部分有密切關係,它顯然並不是什麽家派的僞造、發明、托古改制或神話的人化,㊷而是口耳相傳的古説。在有虞氏傳説流布的過程中,堯、舜在有虞氏君王當中地位逐漸凸顯(可能跟這兩位本身確實在有虞氏部落聯盟中作爲比較突出有關),甚至在春秋以後,一躍而昇爲古代的賢君聖主,二人原本遵循原始社會君長推選制度的君位替代過程(在目前可見比較早的如《容成氏》之類的傳説中,堯也是以同樣方式登位上臺的,當有古老的舊説爲根據),在理性化思潮下被逐漸附會爲"禪讓"的道德政治;慢慢地,舜被附會了平民出身與種種不幸遭遇,禹、契、后稷三位也逐漸被派到堯、舜部下爲臣,這多是爲了突出堯、舜,尤其是舜的美德及治政,爲闡揚政治學説服務的。我以爲,上述演變、整合過程的細節雖不可必,但大致情況應不會離事實太遠。

顧頡剛先生等對堯、舜禪讓傳説的研究,問題比較多。根據《新出》的研究,顧先生將禪讓説坐實爲墨家所創,已爲新出《子羔》、《唐虞之道》等文獻否定;認爲唐、虞連稱是很晚的事情,已爲《唐虞之道》否定;認爲記有"禹有皋陶"的《墨子・尚賢下》等文獻晚出甚至"定出秦後",已爲《容成氏》"禹……見皋陶之賢也,而欲以爲後"之語否定。童書業先生關於禪讓傳説問題的不少看法與顧先生接近,因爲他從比較早的文獻中發現堯、舜同屬虞代,所以力主凡有唐、虞連稱的文獻皆爲晚出,甚至否認堯和陶唐氏的關係,在錯誤的道路上走得比顧先生更遠。他們認識上最重要的誤區在於將唐、虞誤當作兩個朝代,實際上過去已有學者指出,唐、虞就是堯、舜的代號而已。㊸ 關於"禹有皋陶"説,還可爲《新出》補充兩條文獻的證據。一是《六韜・文韜・文師》:"史編曰:'編之太祖史疇,爲禹占,得皋陶。'"《六韜》過去多被認爲是漢以後人的僞作,所以顧先生討論這個問題

㊷ "古史辨"派學者過去或主張堯、舜傳説乃從其他古帝神話分化,或主張爲後世托古造説,皆不可信從(參看拙著《帝系新研》,第 24～26、32～33 頁)。

㊸ 參看拙著《帝系新研》,第 70～71 頁。

時根本不會理會《六韜》的説法。但在銀雀山漢墓竹簡中發現的《六韜》的部分抄本,正有《文師》此篇,且還有一枚"□爲禹卜"殘簡,顯然對應《文師》"爲禹占"句。㊹ 裘錫圭先生據銀雀山簡指出今本《六韜》應是先秦著作。㊺ "爲禹占,得皋陶"的講法在先秦《六韜》舊本中無疑已經存在。二是《清華大學藏戰國竹簡(叁)》所收《良臣》篇有"堯之相舜,舜有禹,禹有伯夷,有益,有史皇,有咎囡(囚)"之語,整理者指出"咎囚"應讀爲"咎繇",亦即古書的皋陶,㊻這再次直接證實"禹有皋陶"是先秦的成説。《良臣》篇只是記載名君賢臣的文獻,没有家派可言;今傳《六韜》即《太公》的一部分,《漢書·藝文志》著録於道家類,可見"禹有皋陶"也不是墨家一家的獨創。顧先生局限於早期古書皋陶和舜發生關係、益和禹發生關係的成見,故有此誤。實際上從《良臣》的意思看,皋陶爲舜臣與爲禹臣二説是並不衝突的。

五

這篇"導讀"拉拉雜雜,篇幅恐早已超過《新出》本身,不太像一篇"導讀"了,所以就此打住。希望此文的引申發揮不至於太歪曲裘先生的原意,如果能讓讀者稍多了解一些裘先生對古史傳説研究的主要態度,多體會一點他的治學方法與精神,則於願已足。歸根結底,我完全贊同林澐先生的看法,"應該在信古時代壽終正寢後,還要繼續堅持疑古、釋古並重的方針,來重建真實的中國古史","使我們重建古史的事業不走上歪路";㊼我亦完全贊同裘先生的看法,在古史傳説和上古史研究方面,"疑古"與"信古"的分歧與争論,並不在於方法和理論的差異,而很大程度上"是一

㊹　銀雀山漢墓竹簡整理小組:《銀雀山漢墓竹簡【壹】》,文物出版社,1985年,釋文注釋第107～108頁,圖版第63頁。

㊺　裘錫圭:《中國出土簡帛古籍在文獻學上的重要意義》,《裘錫圭學術文集》第二卷,第315頁。

㊻　《清華大學藏戰國竹簡(叁)》,第157～158頁。

㊼　林澐:《真該走出疑古時代嗎? ——對當前中國古典學取向的看法》,《林澐學術文集(二)》,第286頁。

個根本的態度問題”。⑱

2013 年 5 月 20 日寫完
2014 年 8 月 22 日修改

看校様按：《新出》“關於禹的傳説”一節第一段曾介紹顧頡剛先生“禹和夏本來並無關係”的看法，這種看法現應據《清華大學藏戰國竹簡(伍)·厚父》(中西書局，2015 年)加以修正。據我的研究，《厚父》應是西周時代根據夏代傳説編寫而成的《夏書》一篇(另詳他文)，此篇記叙夏代孔甲之後的某王對其大臣厚父稱“聞禹……川，乃降之民，建夏邦”，厚父答語中有“古天降下民，設萬邦，作之君，作之師”。雖然簡文有殘損，但仍可推知在此篇中禹治水所從受命的是天帝而非堯舜(仍是帶有神性的禹)，同時，他也是奉天之命降民建夏邦的。我們雖然無法肯定禹治水的神話在一開始的原初形態中就與建夏邦有關，但從《厚父》篇的描述與豳公盨銘相關傳説甚爲接近，以及我們對該篇成書時代的推測來看，這種關聯的發生應該並不會太晚。

2015 年 5 月

原刊《中西學術名篇精讀：裘錫圭卷》，中西書局，2015 年。

重印按：本文“看校樣按”根據《厚父》推論禹與夏關係發生時間的意見是有問題的，《厚父》並不能證明西周時代已有禹建夏邦的説法，顧頡剛的觀點仍無法動摇。具體請參看作者後來發表於《出土文獻與古文字研究》第七輯(上海古籍出版社，2018 年)的《近年出土戰國文獻給古史傳説研究帶來的若干新知與反思》一文。

---

⑱ 《“古史辨”派、“二重證據法”及其相關問題——裘錫圭先生訪談録(裘錫圭、曹峰)》，《裘錫圭學術文集》第六卷，第 290 頁。

跋

這是我的第二本集子。爲了避免取書名的麻煩,決定沿用裘錫圭師爲我第一本小集所賜之題,復加注“續編”兩字區别。

我把本集中的論文大致分了幾類,似乎基本上可以涵蓋我自2011年來研究的主要方向和寫作範圍(最後一類中有個别文章是在2011年之前發表的)。這些年上了不少本科生和研究生課,開始負責指導研究生,並繼續指導本科生畢業論文和學年論文,花費了相當多的時間和精力。作爲在研究單位任職的教師,能夠真正全身心投入讀書、研究的時間,反倒並不算很充裕。這幾年在教學之餘的研究工作,除了將一部分時間精力集中投入馬王堆漢墓文字資料的整理之外,主要是跟踪新見戰國文字資料及其研究,另外是結合“中華字庫”工程稍稍關注了一些金文資料。慚愧的是,取得的有意思的成果實在有限得很。

在這篇跋文中有一些需要特别交代一下的話。一是在第一類文章中清理的若干字,大多是古文字學界歧説較多,問題稍顯複雜的;對於這些字,有的我自認爲有比較確信的意見,而有些字所涉問題因爲種種原因則離最後解決還有一定距離,儘管我自認爲是在努力以實事求是的態度去討論問題,但必須承認我提出的意見只是嘗試性的而非決定性的,讀者從相關小文題目和行文分寸應可了解其中分别。其實按裘錫圭師的叮囑,應儘量寫前一類板上釘釘的文章,後面這類文章則要少寫。這當然是最理想的治學境界。不過我聊以自慰地想,把研究史較爲深入地梳理一遍、分析其間得失,退而求其次的話,應也有這些小文存在的價值吧。二是廣瀨兄和可晶兄曾與我合作兩篇文章,這兩篇文章無疑凝聚了他們的許多智慧和辛勞。我受新見伯上父鼎的啟發,一直有"剢"字就是"割"的表意初文的意見,反對將"剢"字釋讀爲"索",但因對"糸""索"的區别不甚了了,還没有把所有字形統一起來全面考慮其釋法。在可晶同我講了他對"索"與"糸"分别的重要看法後,我才知道把早期古文字的這個字的有些簡體隸定爲"紉"是錯的,這一系字實並無从"糸(絲)"的異體,而全都是象以刀割索(而非割絲)之形,所以我們決定合作把"索""剢"這兩個可以互相發明的字作一釐清;葛陵簡中的"葛丘"之"葛"字的重要證據,也是文章定稿後,可晶注意到並提示我寫入補記的。關於二年屬邦守戈的不少考證和歷史意義抉發,以及上將軍牌飾的綫圖和文字摹本製作、二年屬邦守戈綫圖的製作等,多賴廣瀨兄之力。他們不但讓我忝爲第一作者,還同意我將這兩篇收進集子,當然要特别感謝他們的慷慨支持。因爲我的校對疏忽,關於二年屬邦守戈之文在中心集刊第四輯上發表時,誤將副標題中的"廿六年丞相戈"書作"廿二年丞相戈",很不應該的是,這個錯誤我自己竟一直没有發現,感謝辛德勇教授在《雲夢睡虎地秦人簡牘與李信、王翦南滅荆楚的地理進程》一文腳注中(《出土文獻》第五輯,中西書局 2014 年,第 256 頁)細心指出,現已改正。

2011 年編第一本集子時,我是很猶豫的,客觀上有點不得已而爲之。現在我之所以不排斥給自己論文編集,主要是覺得,從個人角度講,作爲從事時效性較强的古文字學的研究者,及時整理、編輯自己的文章,是一種總結得失,督促自己在學術上自覺"清零"、更好前行的手段,如能同時爲同道師友查檢、批判小文提供一些便利,又何樂而不爲呢。

小書由復旦出土文獻與古文字研究中心慨允列入"出土文獻與古文字研究叢書"資助出版,自然要特别謝謝劉釗主任的美意,同時也藉此感謝中心同仁長期以來給予我的關愛。尤其要衷心感謝的是,裘師和陳劍老師,在十餘年中對我言傳身教,給予我大量指導和幫助。

裘師替我改文章,我在第一本集子的後記裏有過若干記述。收在此集中的文章,如關於"丽""瑟"會通的文章,從主要觀點到材料,皆多蒙裘師開示;關於《老子》第一章"道可道""名可名"解釋的那篇,裘師替我字斟句酌地改過三四稿，最終他對文章最後部分還是不滿意（我記得改到最後，我跟裘師半開玩笑説，思想史的文章比古文字文章難寫多了）；關於戰國文字“夌”的那篇文章，他至少看了兩遍，並要求我在會議稿的基礎上作大幅修改，我至今保留着他在一次會議期間給我寫在紙上示意的修改意見；關於“索”“剢”及“京”“亭”的文章，我不但多次向他請教，文章正式發表後，他讀完還打來電話跟我討論並提出修改意見……凡此我都深深銘感於心。裘師來復旦後主持的“戰國文字及其文化意義研究”項目、主編的《長沙馬王堆漢墓簡帛集成》，在他八十歲前皆已完成，作爲全程親歷的參與者，我深知這對他是“成如容易卻艱辛”的。裘師堅決反對祝壽之類的俗套，所以我只能藉此機會衷心祝愿裘師身體健康，順利地完成那些他一直想寫卻爲雜事拖累而没時間寫的重要文章。

陳劍老師對我和中心其他年輕人的影響至深，他和裘師一樣，堅持以高標的學術水準和嚴謹、自苦的寫作態度垂範後學。我常在陳老師辦公室和他聊各種問題，一談往往便是幾個小時過去，我清楚記得有一次從約摸十一點談起一直談到下午兩三點，雖錯過了吃午飯，但精神上收穫極大；此集中的有些文章也承他惠予指正，才避免了一些疏失。《長沙馬王堆漢墓簡帛集成》出版後，在接受《東方早報》采訪時，我即興説了一句：通過馬王堆簡帛整理和集中討論會，我們這個團隊互相的感情和學術上的信任感得到很大的增進。陳老師事後對我説，他覺得這句話説得很好。其實不單是馬王堆簡帛整理，十年間通過一個又一個具體問題的請教和討論、一篇又一篇文章的琢磨和批評，這種很可寶貴的感覺在我心中越發强烈。去年陳老師《戰國竹書論集》出版後，他把第一本簽贈給我，我深覺榮幸，那天恰好是中心成立九周年的紀念日。中心現在成立整整十年了，十年前我作爲歷史系的博士生，有幸見證了中心莊重的成立儀式，當時場景歷歷在目，真是彈指一揮間。謹祝愿我服務的研究中心，在裘錫圭師的引領下，不斷取得更多成績，中心學風愈來愈醇正。

此編中好多文章初稿寫成或正式發表後，都曾請吴振武老師審看，他一定會在百忙中迅速反饋審閲意見，有時是回郵件，有時是發短信，若遇公務特别繁忙，他還會先打招呼要拖幾日再看，令我一直既感且愧。2014

年初我曾致信吴老師，希望他能爲小集續編賜一簡單序言。吴老師的忙是圈内都知道的，我説即便不能答應的話，也完全理解。没想到吴老師問清交卷期限後便爽快地應承了我的不情之請，並特意問我要了全書的電子文稿閲看。在2015年元旦到來前的兩個小時，吴老師如約寄來了他的序文。序中的殷殷囑託和期望，令我感動，並倍增動力。除了感謝之外，我要説我一定會繼續加油的。

感謝海内外師友們的厚愛，尤其是曾審看過拙文、提過寶貴意見的諸位師友，謝謝你們的幫助，我也只有以繼續加油寫出更好的文字來回報你們。衷心期待讀者對小書不吝賜予批評指正，我也期待着其中部分文章的結論有機會接受今後新出材料的檢驗。

中心陳文波同學幫我統一了文章的脚注格式，使出版得以較快進行；翻譯系陳胤全同學曾幫助我翻譯或校覈過若干篇文章在刊物發表時的英文提要，在此一併致以感謝。

感謝責編顧莉丹女士對小書的精心編校，感謝六編室主任吴長青兄的鼎力支持。

最後，仍然最要感謝我的父母，兒子祝愿你們健康、愉快。

郭永秉

2015年1月6日寫定於梅川路寓所

重印附記

承上海古籍出版社美意，願將此集重印。今趁重印之機，改正了書中少量錯字，並加了一些"重印按"以體現相關研究之進展和我個人認識上的變化，或補充原文未引及的説法，聊供學者參考。

感謝顧莉丹女士的大力協助。

郭永秉
2019 年 6 月 1 日